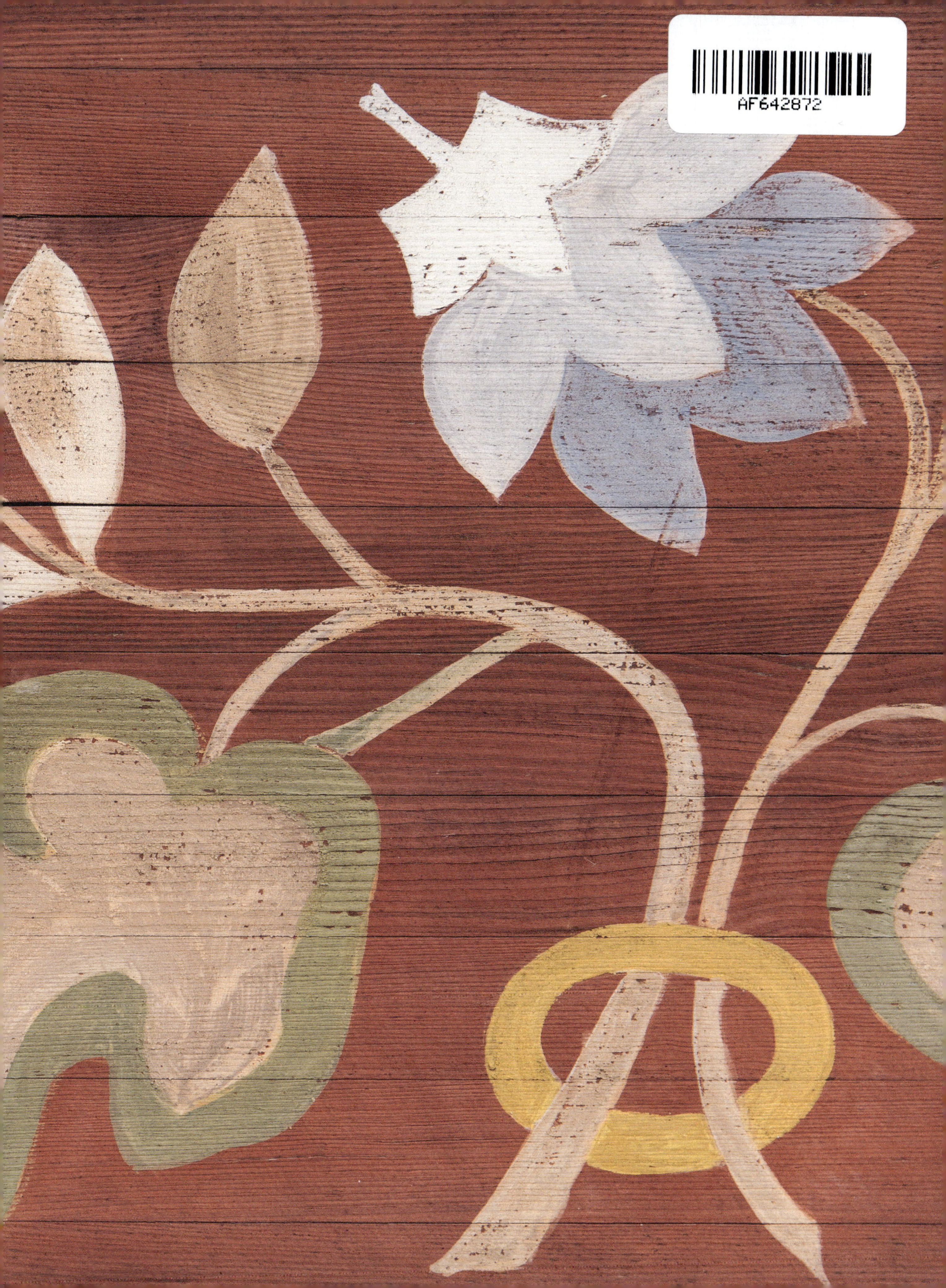

ESTNISCH STRICKEN

ALEKS BYRD

ESTNISCH STRICKEN

Traditionelle Stricktechniken
in modernen Designs

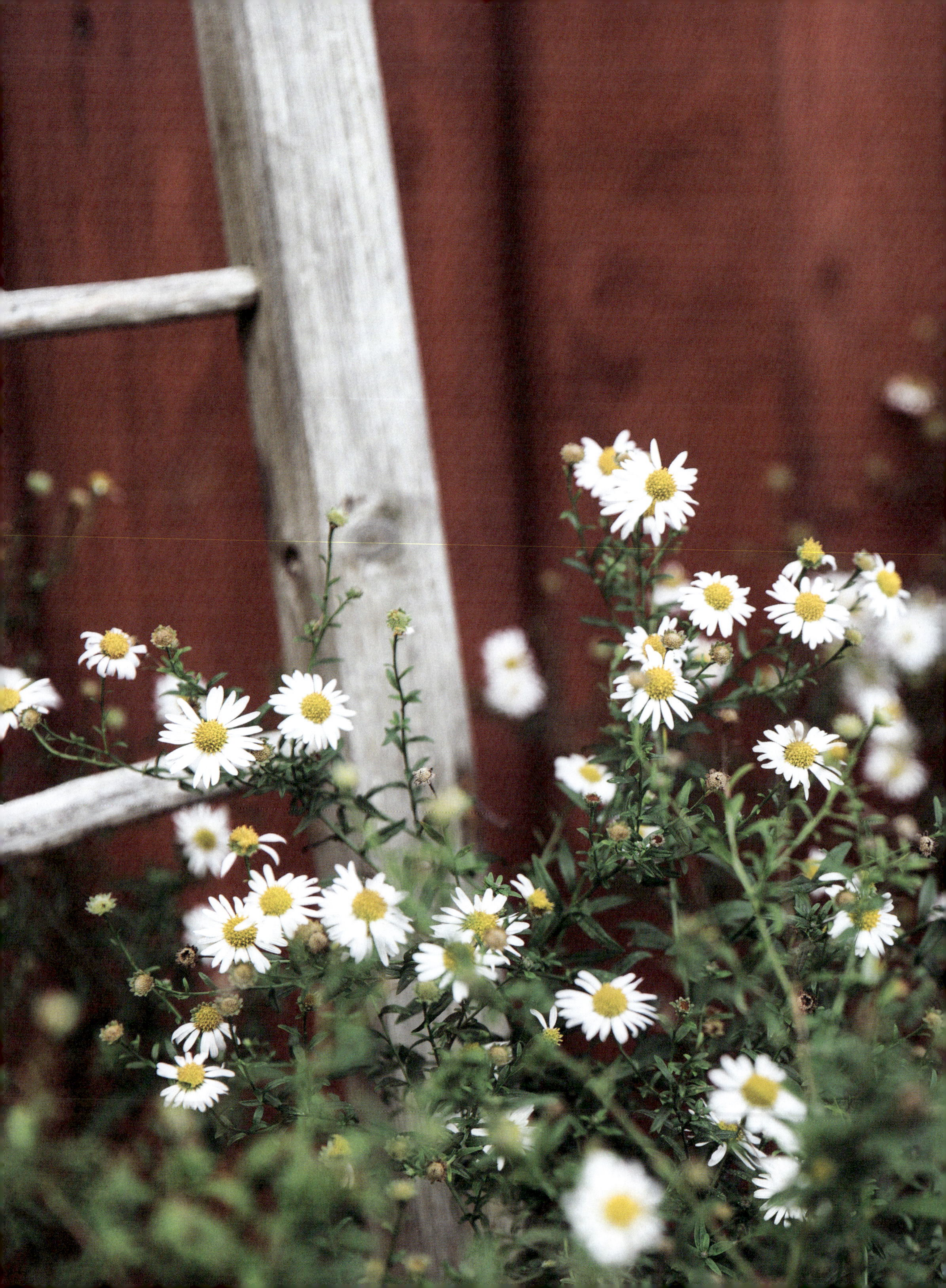

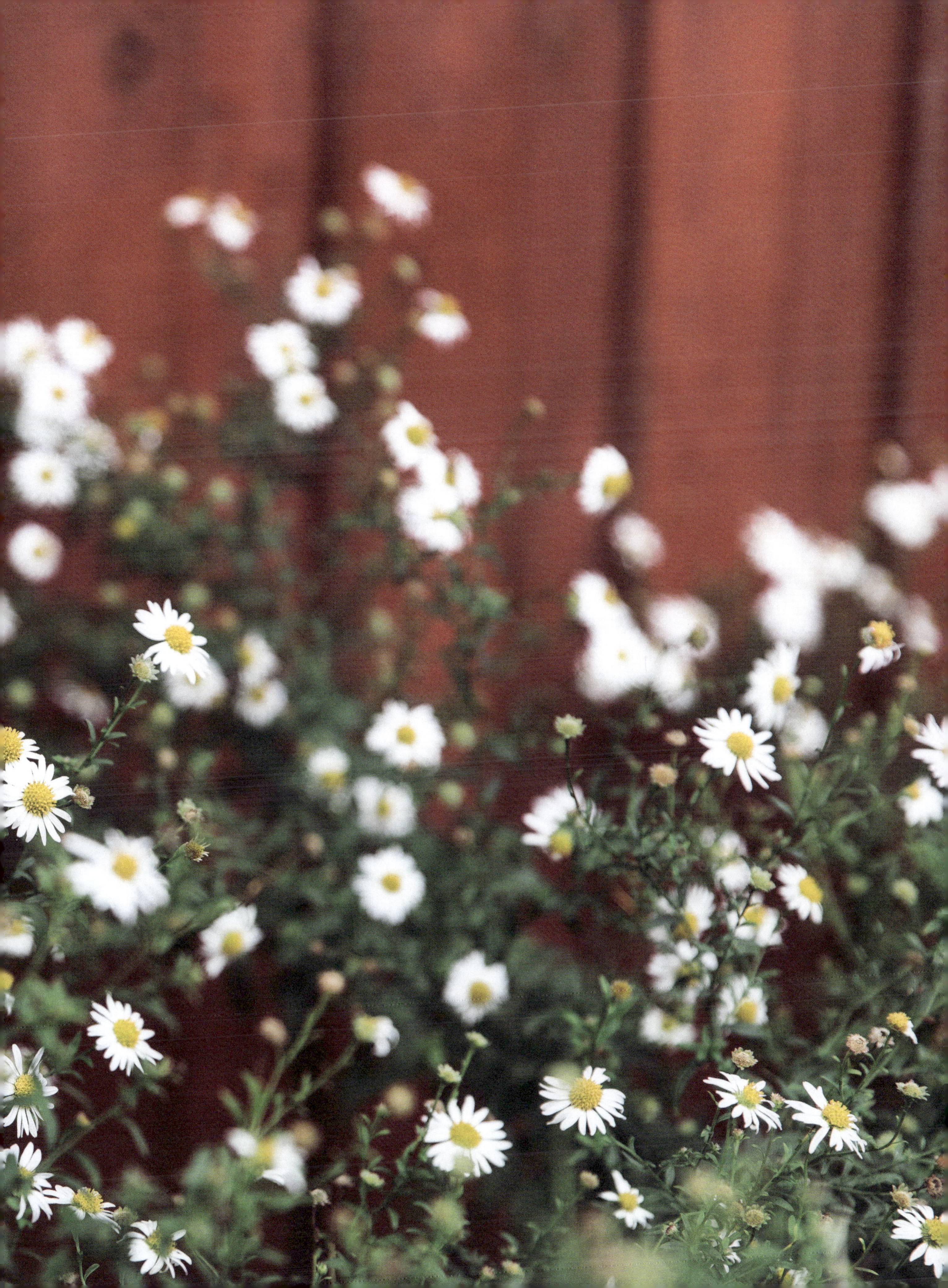

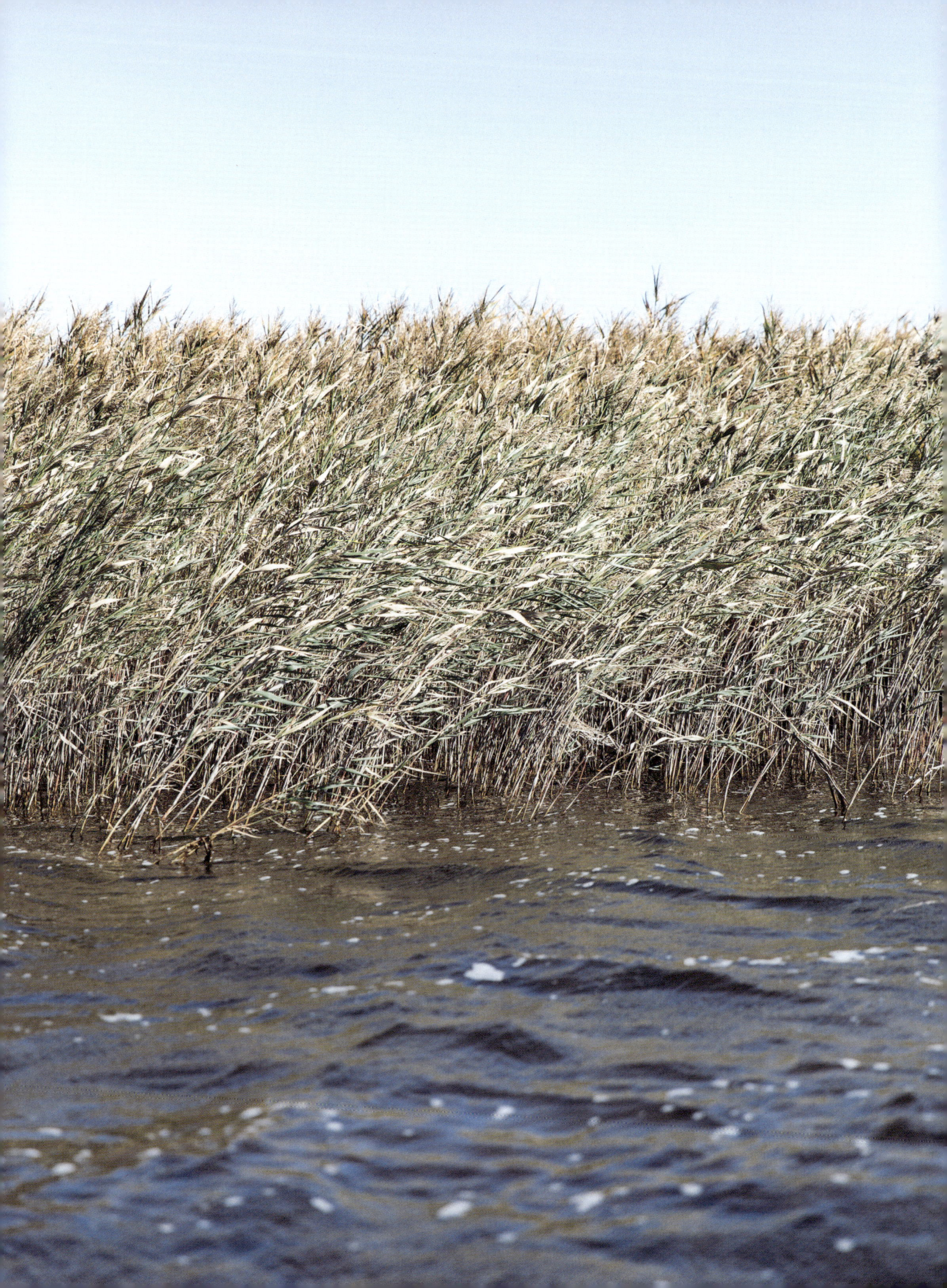

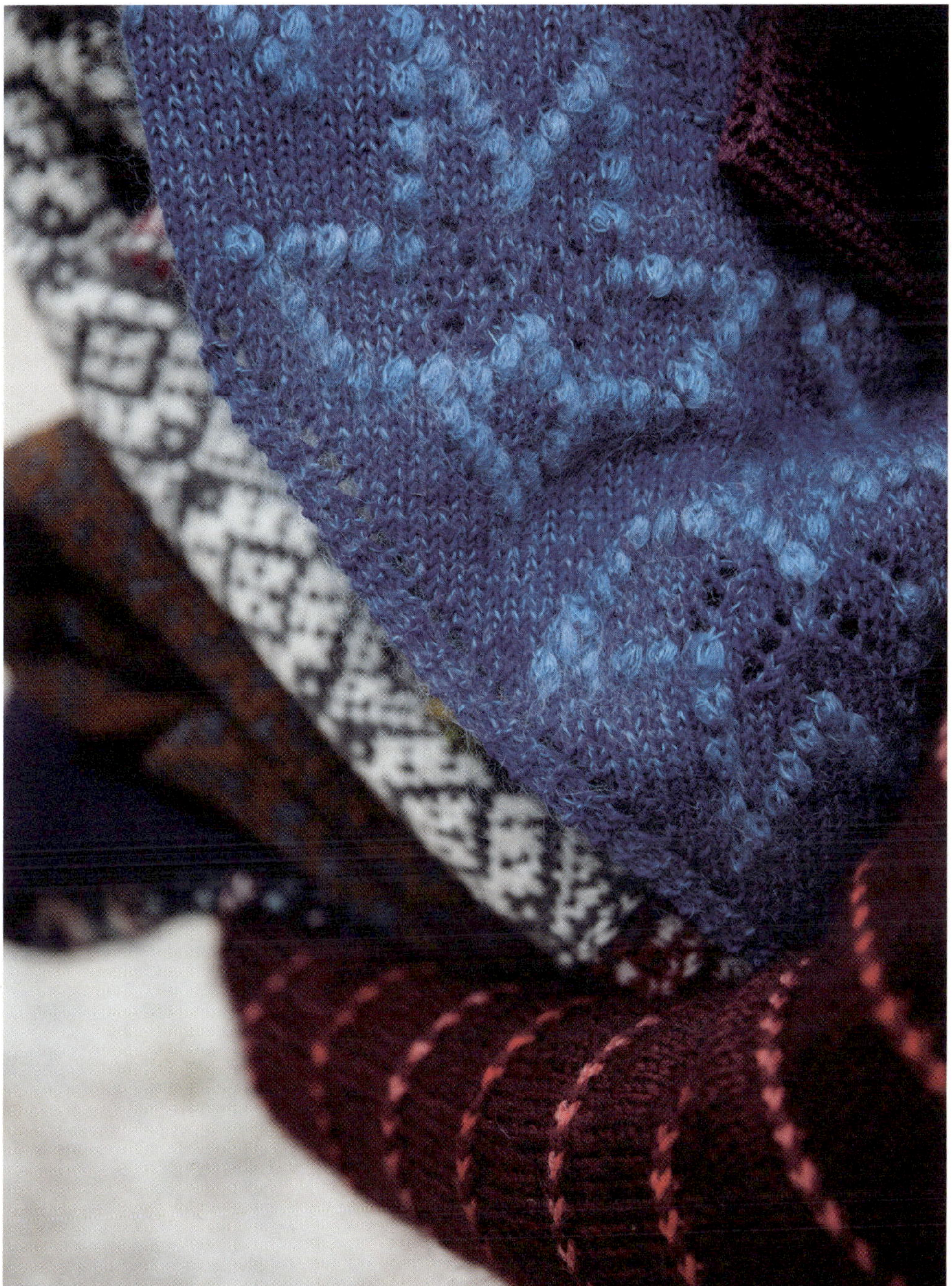

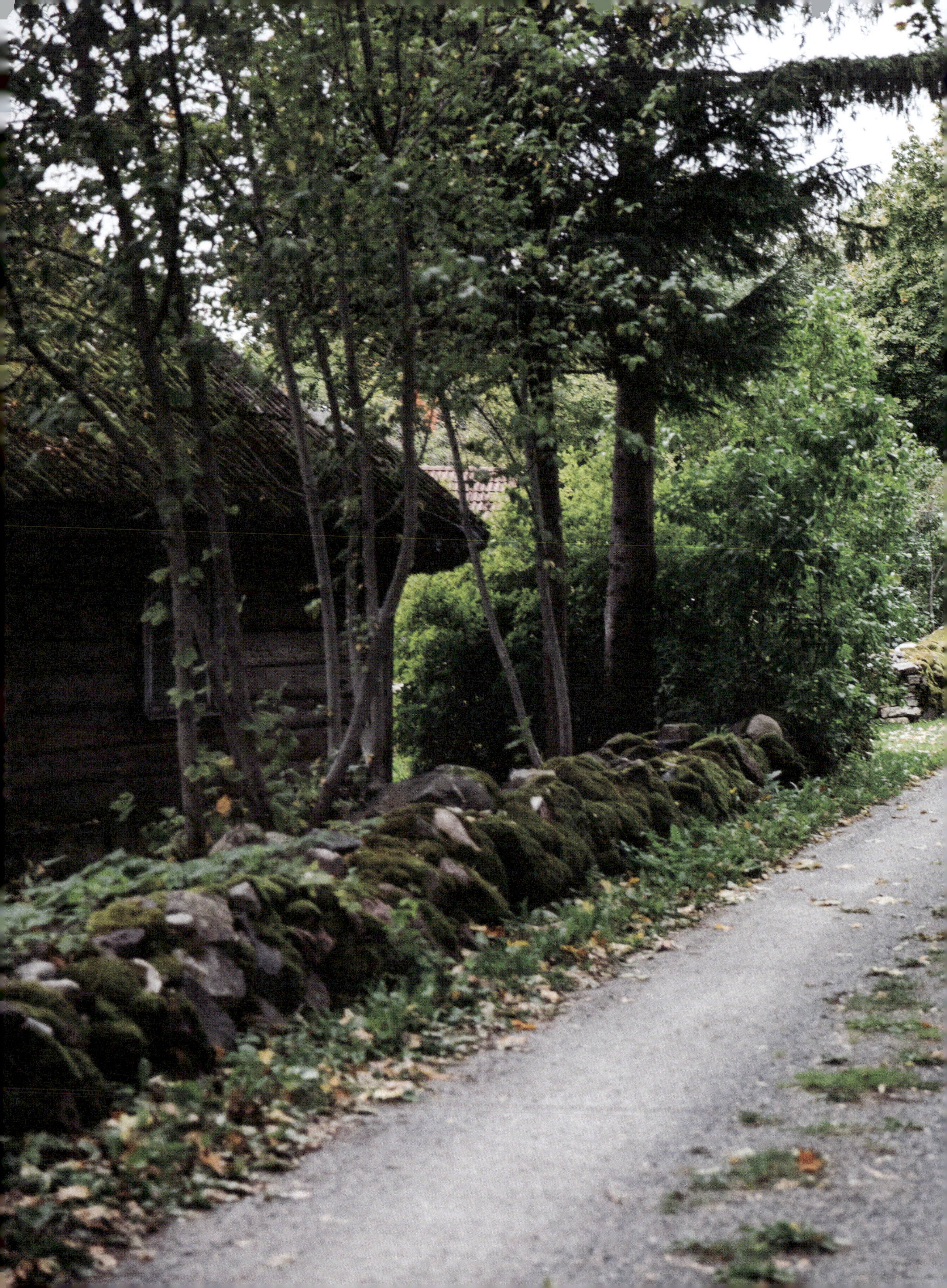

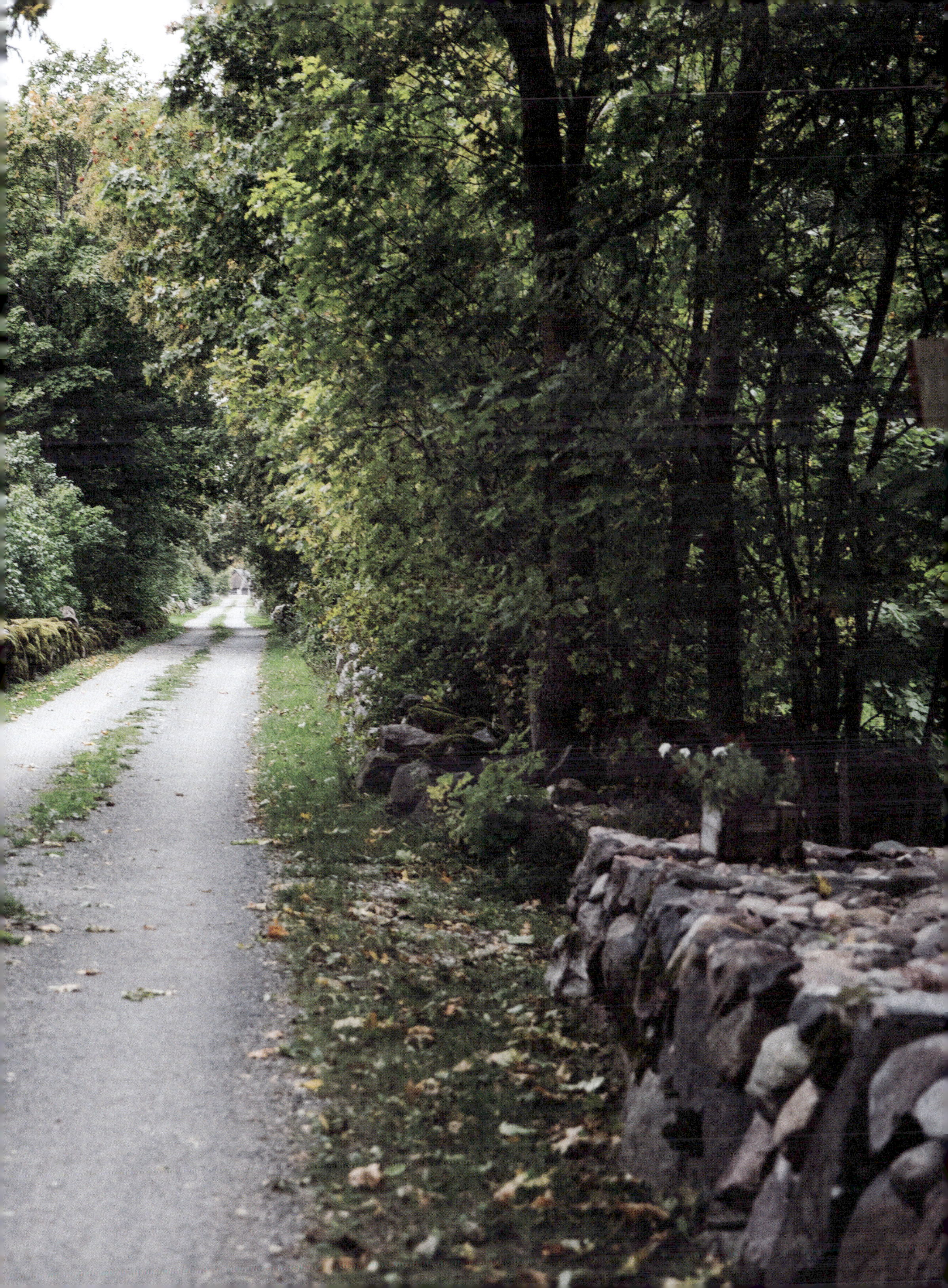

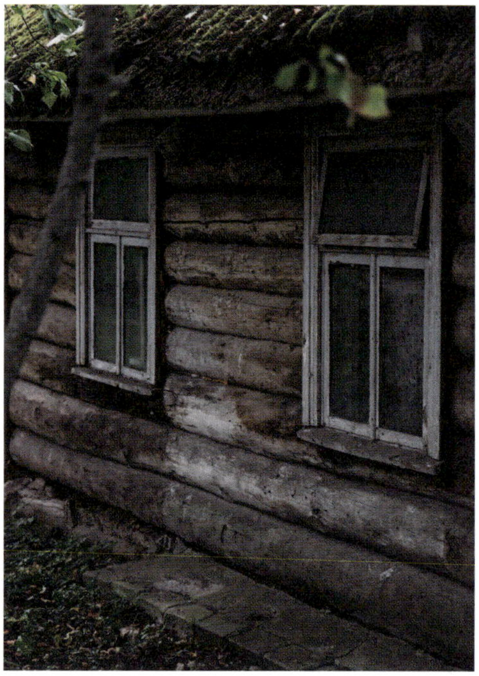

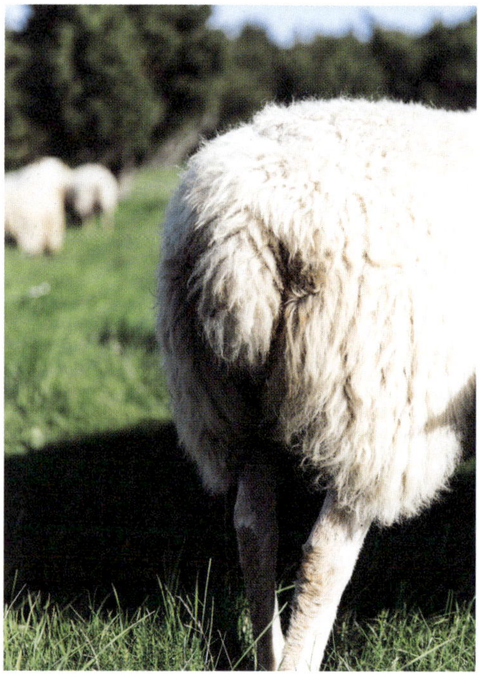

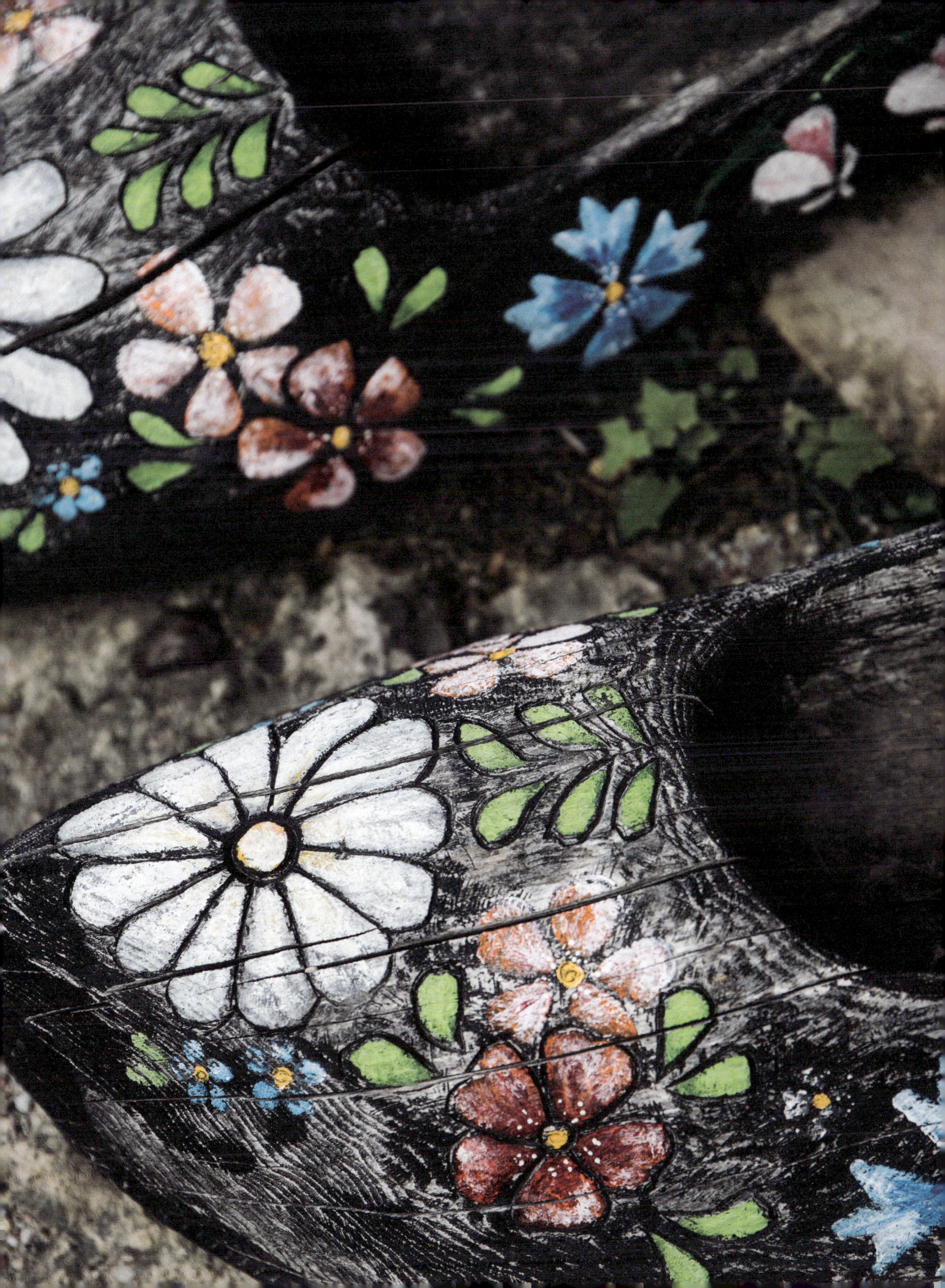

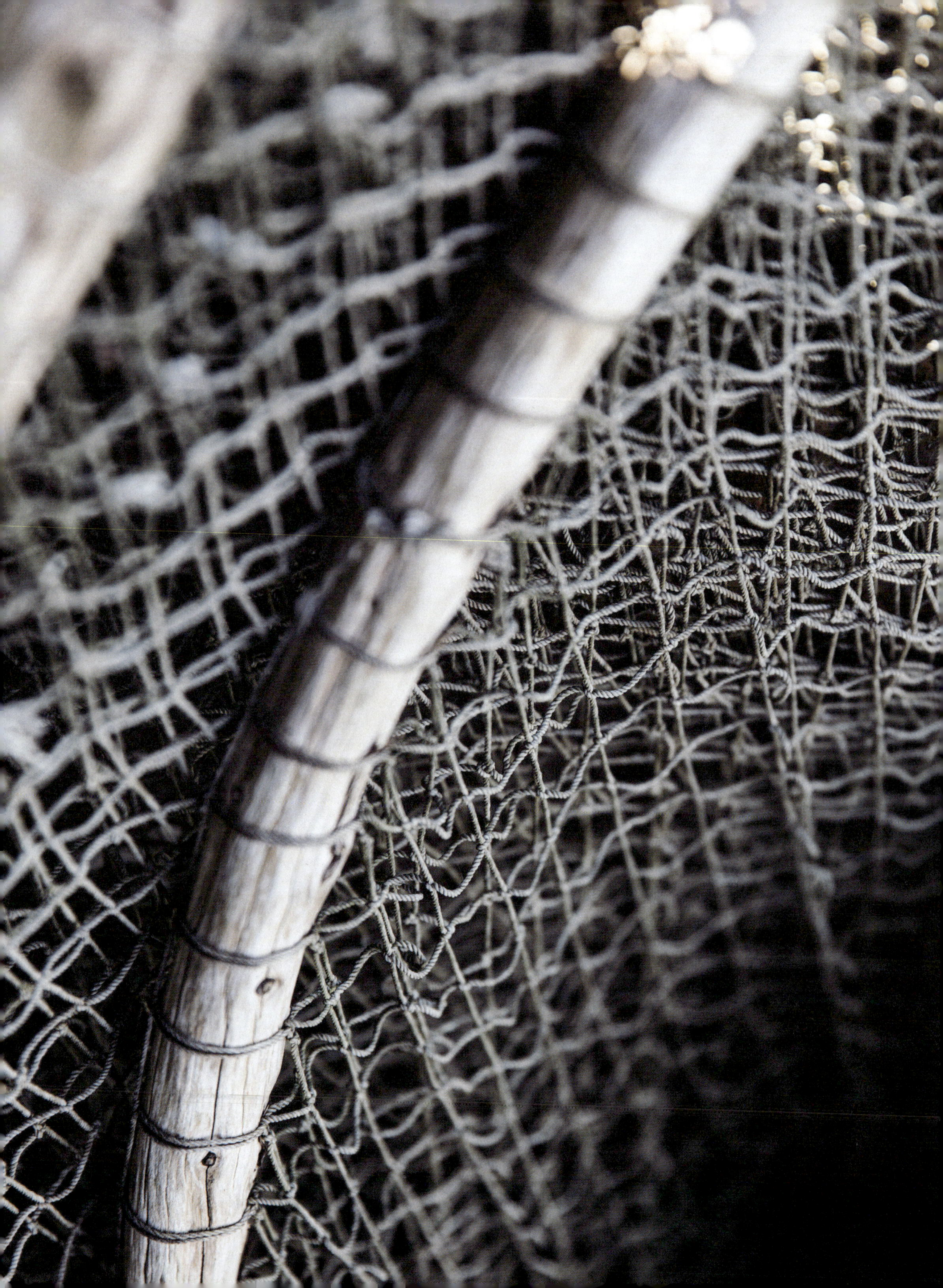

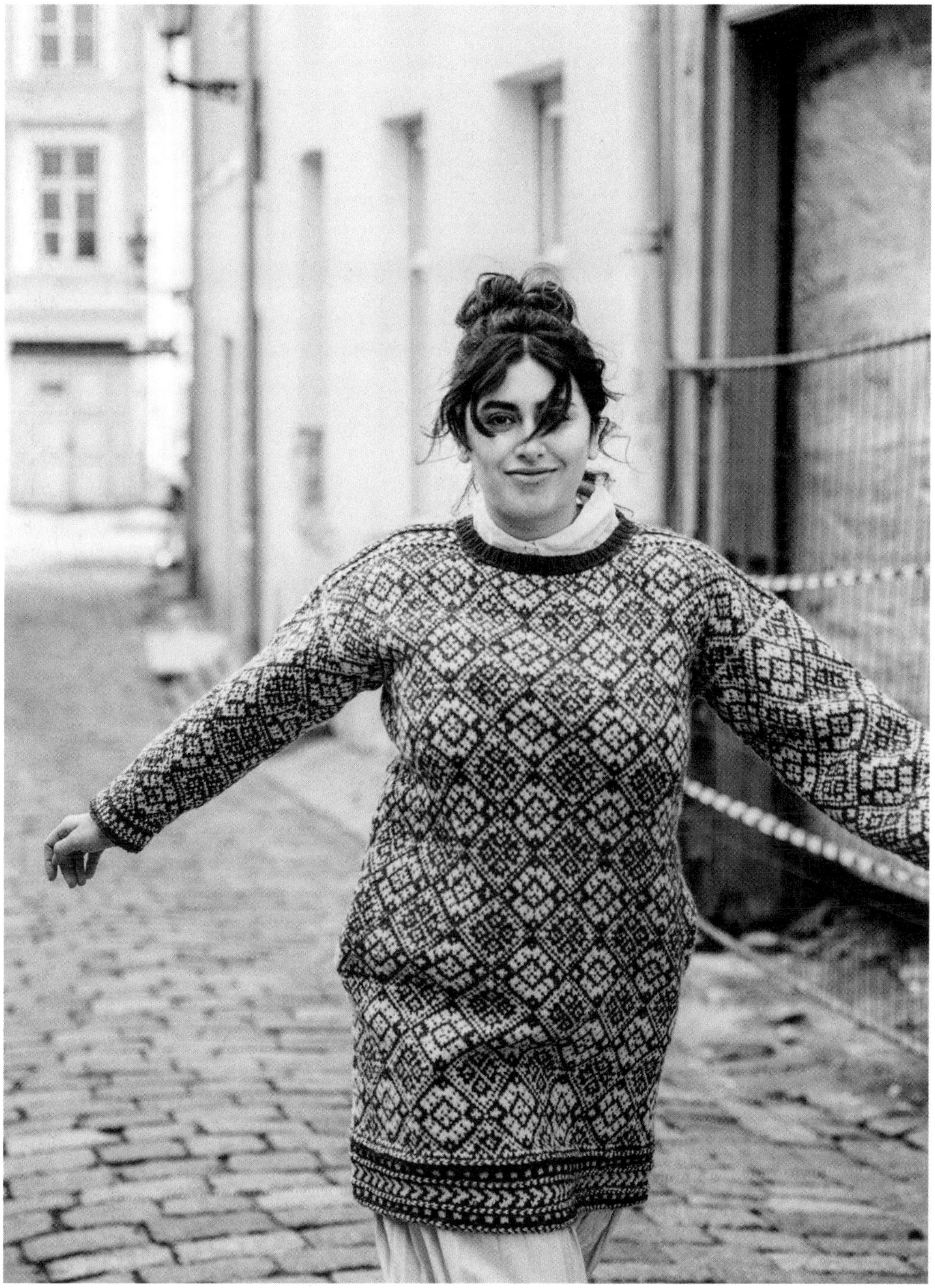

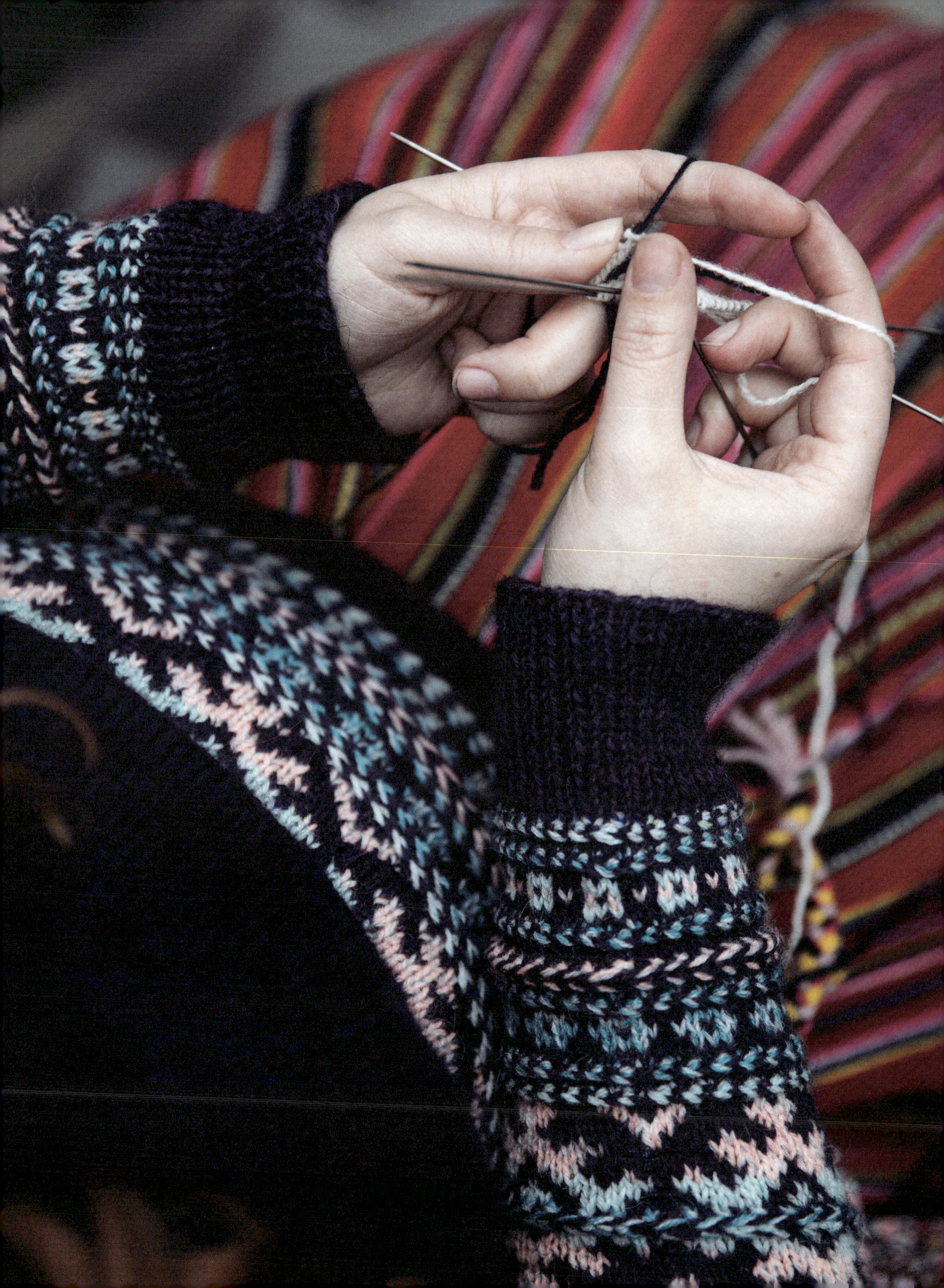

INHALT

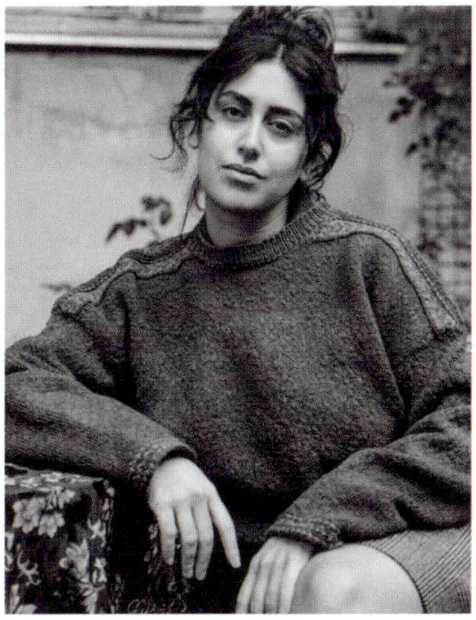

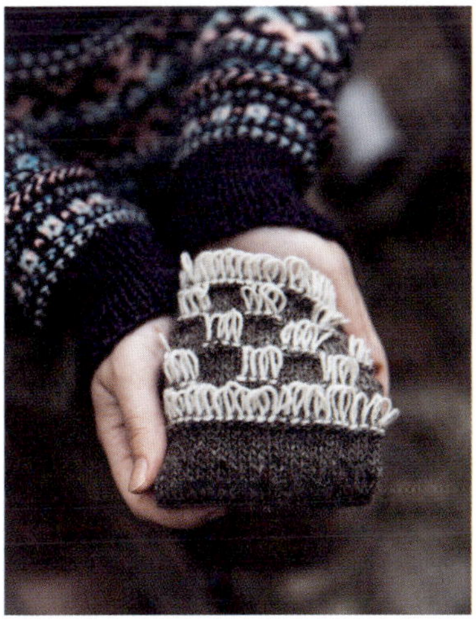

Meine Wurzeln stricken

ESTLAND IST ein kleines Land an der Ostsee, doch in Relation zu seiner Größe hat es in Sachen Handwerkskunst eine riesige Tradition. Als väliseestlane – eine im Ausland geborene und aufgewachsene Estin – wurde ich oft gebeten, von diesem schönen Land zu erzählen. Besonders als junger Mensch ist es nicht immer einfach, diese Rolle anzunehmen – bis man seinen eigenen Weg gefunden hat, damit umzugehen. Entscheidend dafür war bei mir die Handwerkskunst, genauer gesagt, das Stricken.

MEINE VANAEMA (Oma) konnte unglaublich gut stricken und hat, als ihre Kinder aufwuchsen, unzählige Lace-Tücher und traditionelle Stricksachen hergestellt. Während meiner Zeit mit meiner vanaema konnte sie leider nicht mehr stricken, sodass es für meine Mutter und mich eine echte Herausforderung war, die Techniken zu erlernen. Dadurch, dass ich voller Stolz diese Kleidung anfertige und trage, habe ich viel über meine Kultur gelernt.

»Jedes traditionelle Strickstück erzählt eine Geschichte von der Strickerin und ihrer Herkunft, denn jede Gemeinde hat ihre eigenen Stricktechniken.«

IN DER estnischen Strickkunst dreht sich alles um Techniken, Verzierungen und regionale Besonderheiten. Jedes traditionelle Strickstück erzählt eine Geschichte von der Strickerin und ihrer Herkunft, denn jede Gemeinde hat ihre eigenen Strickmotive, Farbpaletten und manchmal auch Stricktechniken. Die individuelle Kombination dieser Elemente wird zum persönlichen Erkennungszeichen der Strickerin.

ICH HABE mit vielen von Estlands Meisterstrickerinnen zusammengesessen, Frauen, die ihr Leben lang dafür gearbeitet haben, die Traditionen jeder Region lebendig zu erhalten, und ich habe unzählige alte Bücher gesammelt, um die Handarbeit und die Geschichten zu verstehen. Mein eigenes Buch ist ein Spiegel dieser langen Reise, die noch nicht zu Ende ist. Es ist eine Einführung in die estnische Strickkunst, in überlieferte und neu interpretierte Techniken, und richtet sich an alle, die gern stricken. Kommen Sie mit auf eine Reise durch Estland – mit der Roosimine-Inlaytechnik, mit Flechtborten, Fransen, Noppen und verkreuzten Maschen. Lernen Sie Muster und Techniken kennen, die nahtlos Tradition und modernes Strickdesign verbinden. Auf meiner Webseite aleks-byrd.com finden Sie auch Video-Tutorials zu den im Buch verwendeten Techniken.

JEDE DIESER Techniken ist mit einem Ort verbunden, ob mit einer kleinen Stadt oder einer Insel, und ich habe sie alle in großen oder kleinen, einfachen oder aufwendigeren Projekten modern interpretiert. Dies vermittelt nur einen kleinen Eindruck davon, was estnische Strickkunst bedeutet. Wenn Sie wie ich ein Fan von Stricktechniken sind, ist die Herausforderung, etwas Neues zu lernen, es zu verstehen, seinen Wert zu schätzen und seine Geschichte zu entdecken, genau das Richtige für Sie.

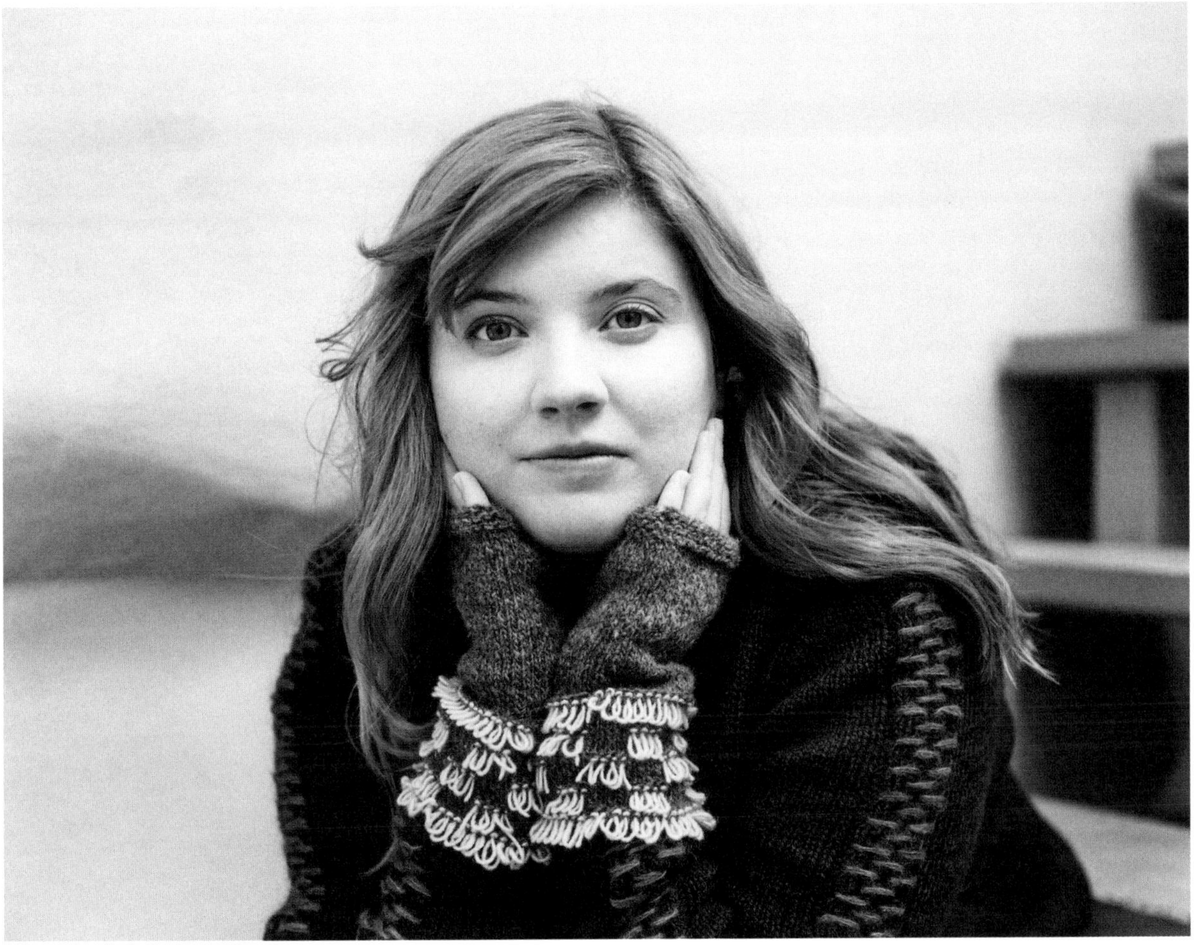

Happy Knitting!
Jõudu kudumisele!

Aleks Byrd

ABKÜRZUNGEN

abh abheben (wenn nicht anders angegeben: links abheben)
abgeh abgehoben(e)
abgeh M überz die abgehobene Masche überziehen (1 Masche abgenommen)
abgen abgenommen
abk abketten
abn/Abn abnehmen/Abnahme
Anf Anfang
anschl anschlagen
arb arbeiten
aufn aufnehmen

DM Doppelmasche von verkürzten Reihen

entf entfernen

folg. folgende(n)
fortl. fortlaufend

gestr. gestrickt(e)

HF Hauptfarbe
Hin-R Hinreihe
Hin-R DM Hinreihe bei verkürzten Reihen mit Doppelmasche; 1 Masche links abheben (Faden vor der Arbeit), Faden über die rechte Nadel fest nach hinten ziehen, sodass 2 Maschenglieder der Masche unter der abgehobenen Masche auf der Nadel erscheinen, Faden hinten lassen.

KF Kontrastfarbe

li links, links stricken
LL Lauflänge
LN linke Nadel
lvkr nach links verkreuzen

M Masche(n)
MA Maschenanschlag
mFh mit dem Faden hinter der Arbeit
mFv mit dem Faden vor der Arbeit
MM Maschenmarkierer
MMa Maschenmarkierer abheben
MMe Maschenmarkierer entfernen
MMs Maschenmarkierer setzen

Ndlsp Nadelspiel

R Reihe(n)
re rechts, rechts stricken
Rd Runde(n)
Rd Anf Rundenanfang
RN rechte Nadel
RT Rückenteil
Rück-R Rückreihe
Rück-R DM Rückreihe bei verkürzten Reihen mit Doppelmasche; 1 Masche links abheben (Faden vor der Arbeit), Faden über die rechte Nadel fest nach hinten ziehen, sodass 2 Maschenglieder der Masche unter der abgehobenen Masche auf der rechten Nadel erscheinen, Faden zwischen den Nadeln wieder nach vorn legen
rvkr nach rechts verkreuzen

SSK (slip slip knit) 2 M nacheinander rechts abheben und dann rechts verschränkt zusammenstricken (1 Masche abgenommen)
str stricken
Strickschr - Strickschrift

U Umschlag
überz überziehen

verbl. verbleiben, verblieben(e)
verschr verschränkt
VT Vorderteil

Zndl Zopfnadel
zugen zugenommen
zun/Zun zunehmen/Zunahme

[-] alles zwischen den [] wiederholen

1 li gen Zun 1 links geneigte Zunahme; mit der linken Nadel den Querfaden von vorn aufnehmen und rechts verschränkt abstricken (1 Masche zugenommen)

1 li gen Zun (li M) 1 links geneigte Zunahme (linke Masche); mit der linken Nadel den Querfaden von vorn aufnehmen und links verschränkt abstricken (1 Masche zugenommen)

1 re gen Zun 1 rechts geneigte Zunahme; mit der linken Nadel den Querfaden von hinten aufnehmen und rechts abstricken (1 Masche zugenommen)

1 re gen Zun (li M) 1 rechts geneigte Zunahme (linke Masche); mit der linken Nadel den Querfaden von hinten aufnehmen und links abstricken (1 Masche zugenommen)

2 M li abh, 1 M re, abgeh 2 M überz 2 Maschen links abheben, 1 Masche rechts, die abgehobenen 2 Maschen über die gestrickte rechte Masche ziehen (2 Maschen abgenommen)

2 M li zus 2 Maschen links zusammenstricken (1 Masche abgenommen)

2 M re zus 2 Maschen rechts zusammenstricken (1 Masche abgenommen)

2 M re aus 1 M herausstr 1 Masche rechts und 1 Masche rechts verschränkt aus 1 Masche herausstricken (1 Masche zugenommen)

7 M li zus 7 Maschen einer Noppe links zusammenstricken (6 Maschen abgenommen)
7 M re zus 7 Maschen einer Noppe rechts zusammenstricken (6 Maschen abgenommen)

15 M li zus 15 Maschen einer Noppe links zusammenstricken (14 Maschen abgenommen)

1/1 lvkr 2 re M nach links verkreuzen; die 2. Masche auf der li Nadel re verschränkt str, dann die 1. Masche auf der li Nadel re str. Beide Maschen von der li Nadel heben.

1/1 rvkr 2 re M nach rechts verkreuzen; 2 M re zus str, ohne sie von der li Nadel abzuheben, die 1. Masche auf der li Nadel noch einmal re str. Beide Maschen von der li Nadel heben.

1/1 lvkr li 1 li M und 1 re M nach links verkreuzen; die 2. Masche auf der li Nadel li verschr str, dann die 1. Masche auf der li Nadel re str. Beide Maschen von der li Nadel heben. Alternative: Mit dem Faden vor der Arbeit mit der re Nadel wie zum Links-verschränkt-Stricken in die 2. Masche auf der li Nadel einstechen. Die ersten 2 Maschen von der li Nadel heben, dabei die 2. Masche (li Masche) auf der re Nadel lassen. Mit der li Nadel die zuvor 1. Masche der li Nadel (re Masche) wieder aufnehmen. Die Masche auf der re Nadel (li Masche) zurück auf die li Nadel heben, dann die 1. Masche der li Nadel links, die 2. Masche rechts str.

1/1 rvkr li nach rechts verkreuzte Maschen mit linker Masche; die 2. Masche auf der li Nadel re str, dann die 1. Masche li str. Beide M von der li Nadel heben.

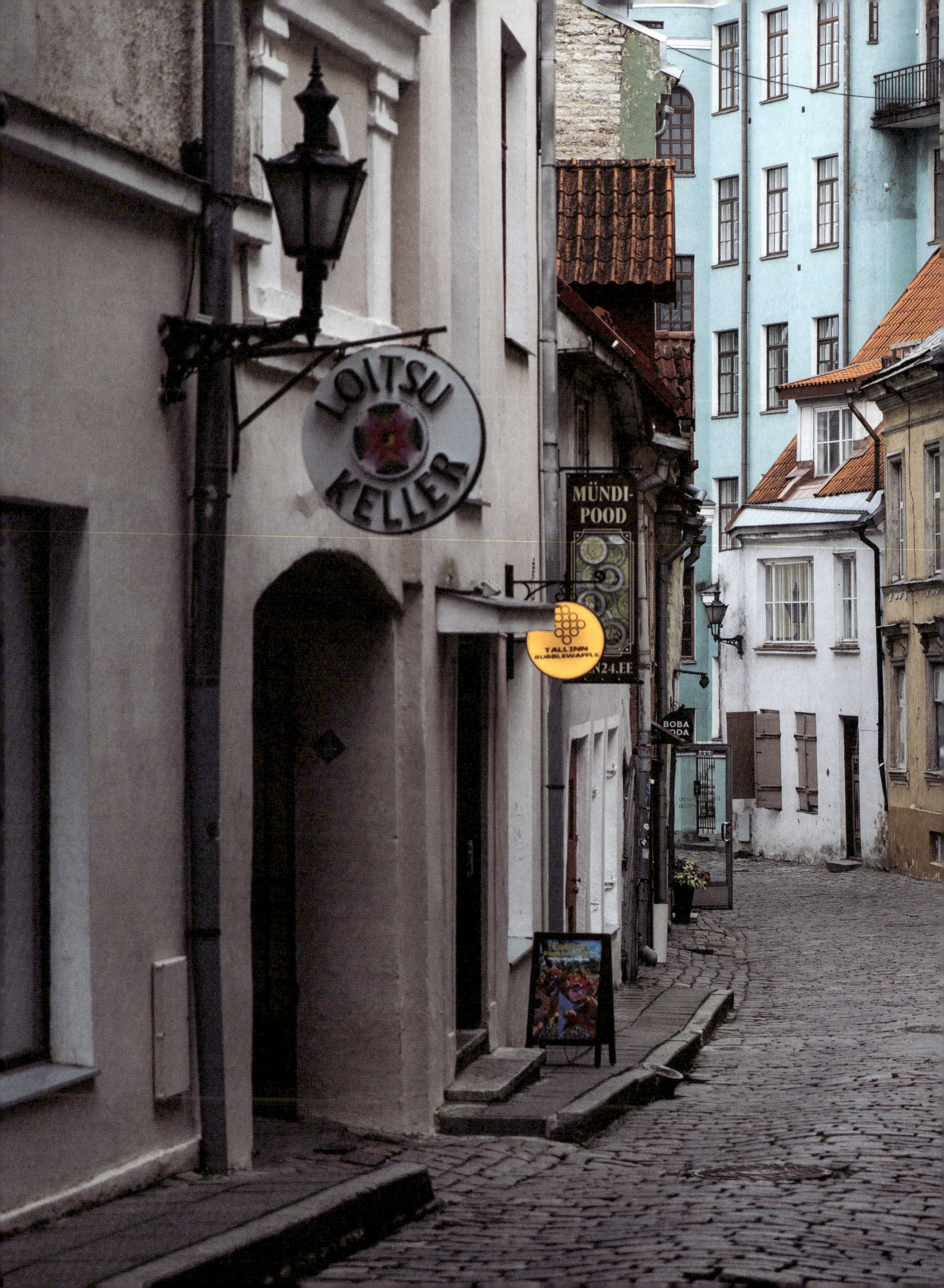
LOITSU
KELLER
MÜNDI-
POOD
TALLINN
BUBBLEWAFFLE
BOBA

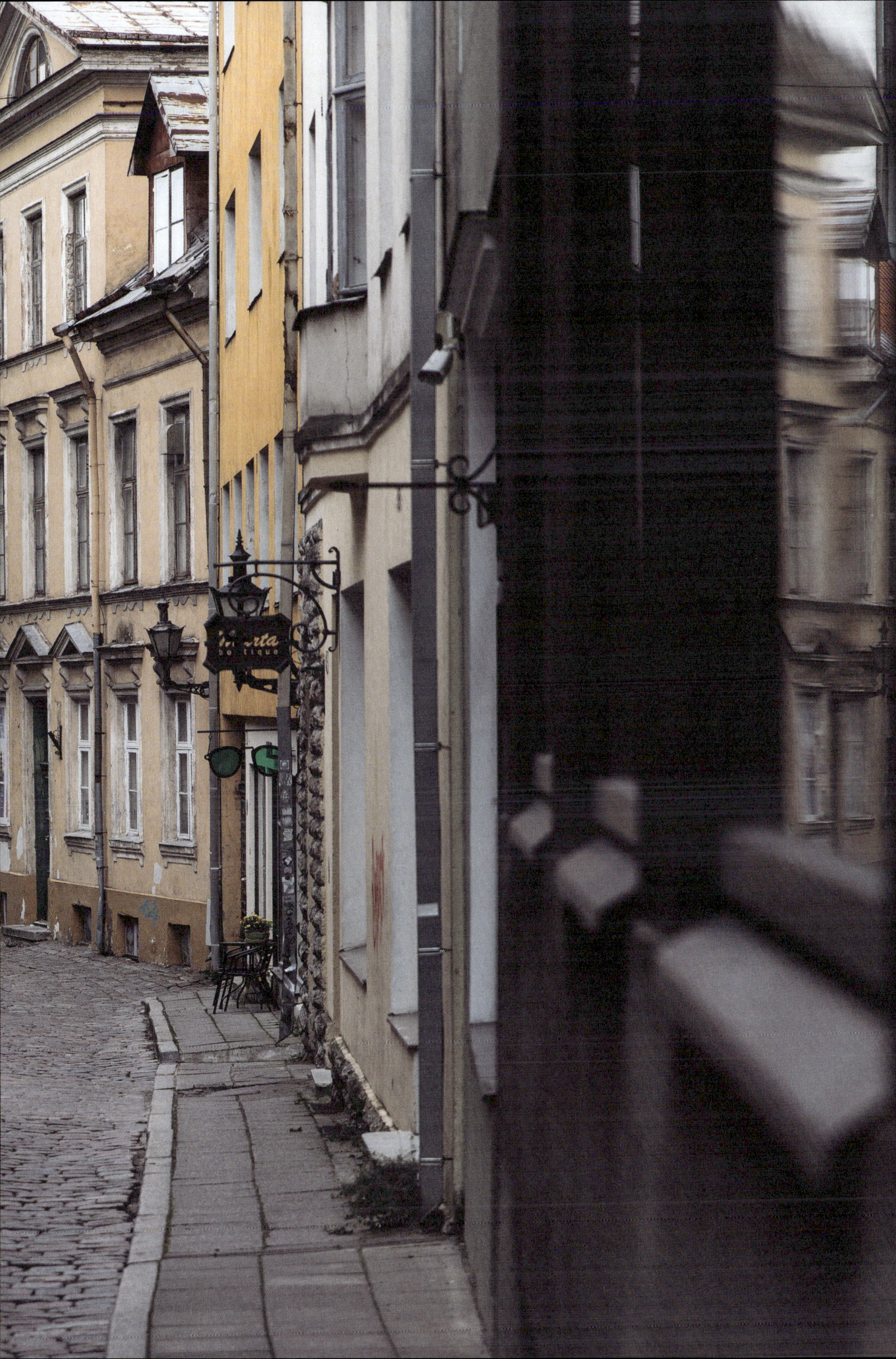

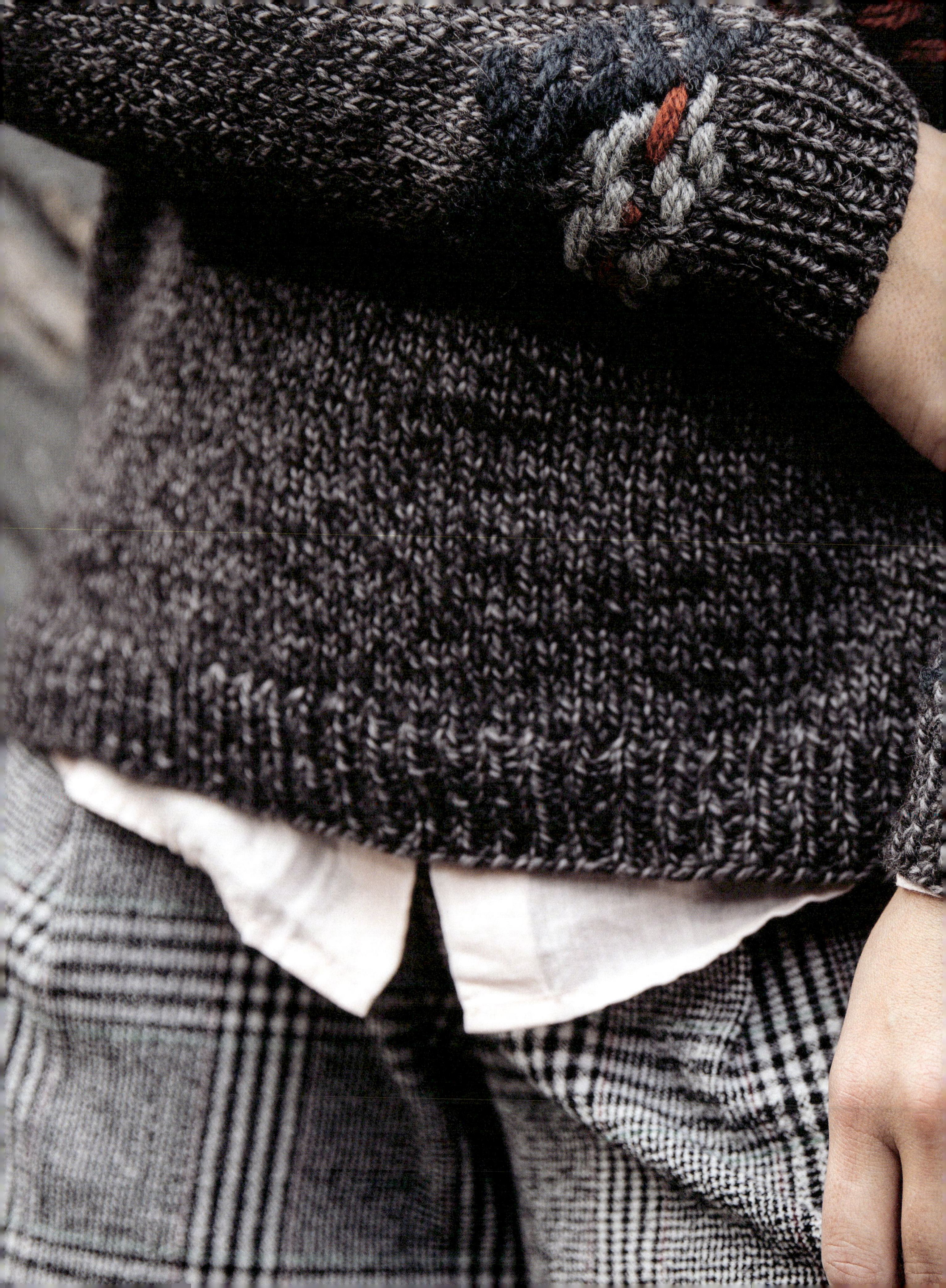

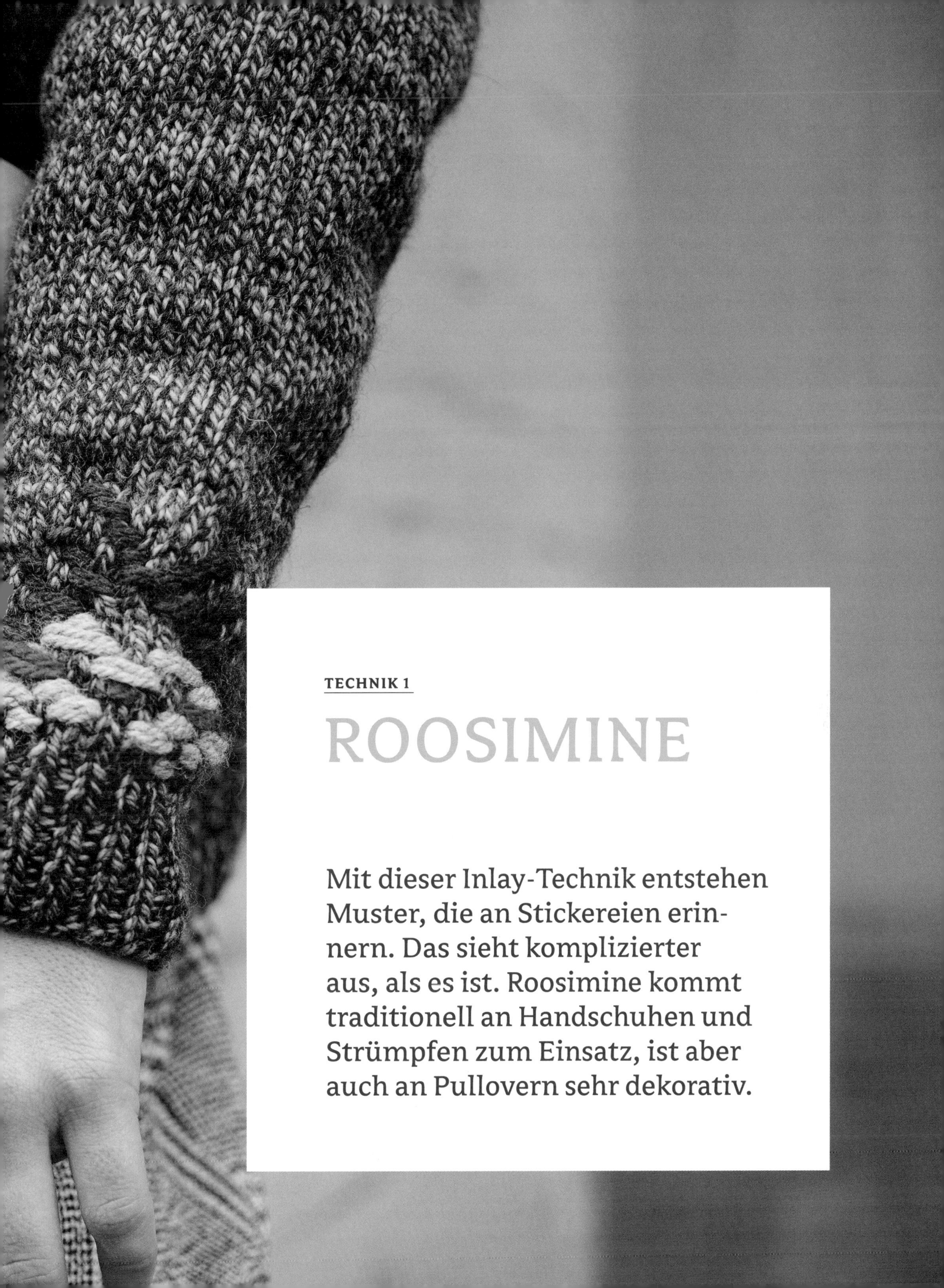

TECHNIK 1

ROOSIMINE

Mit dieser Inlay-Technik entstehen Muster, die an Stickereien erinnern. Das sieht komplizierter aus, als es ist. Roosimine kommt traditionell an Handschuhen und Strümpfen zum Einsatz, ist aber auch an Pullovern sehr dekorativ.

ROOSIMINE

ROOSIMINE IST eine Inlay-Technik, mit der man an Stickereien erinnernde Muster zaubern kann, ohne dass man Sticknadeln und Stickgarn benötigt. Man könnte sie als »irgendetwas zwischen Intarsien und Jacquardstrick« beschreiben, doch ehrlich gesagt ist Roosimine etwas ganz Eigenes!

ROOSIMINE SPIELT virtuos mit Spannfäden, die auf der rechten Seite der Strickarbeit liegen – so entstehen wunderschöne Muster im Stickerei-Look. Die Technik stammt aus der landschaftlich reizvollen Küstenregion Südwest-Estlands, vor allem aus Tõstamaa. Der Name leitet sich von den Blumenstickereien der benachbarten Insel Muhu ab und bedeutet, etwas »mit Rosen verzieren«. Roosimine wurde im 19. Jahrhundert verwendet, um besonders prachtvolle Handschuhe und Strümpfe mit geometrischen, entfernt an Rosen erinnernden Mustern herzustellen. Die Technik war kostbaren Strickwaren für besondere Anlässe vorbehalten, zum Beispiel der Aussteuer oder dem »Sonntagsstaat«.

Roosimine wurde verwendet, um besonders prachtvolle Handschuhe und Strümpfe mit geometrischen, entfernt an Rosen erinnernden Mustern herzustellen.

ÄHNLICH WIE Intarsien werden Roosimine-Muster an ausgewählten Stellen angebracht, zum Beispiel auf der Oberseite von Handschuhen oder der Außenseite von Strümpfen. Im Laufe der Zeit und mit den wechselnden Strickmoden geriet die Technik in Vergessenheit. Doch sie ging nicht ganz verloren, und so wurde sie ein Jahrhundert später von Anu Randmaa wiederentdeckt, als sie eine traditionelle Tracht aus Tõstamaa anfertigte – zu dieser gehörten Roosimine-Strümpfe! Im von Anu geleiteten Tõstamaa Käsitöökeskus (Tõstamaa Handarbeitszentrum) werden immer noch traditionelle Handschuhe und Strümpfe gestrickt, doch die Roosimine-Muster beschränken sich nicht mehr nur auf Festtagsgarderobe – heute zieren sie auch Lieblingsstücke, die jeden Tag getragen und bewundert werden.

AUF DEN ersten Blick wirkt Roosimine kompliziert zu stricken, doch in Wirklichkeit ist es verblüffend einfach. Auf der rechten Seite der Strickarbeit werden zwischen den Maschen der Hauptfarbe Spannfäden in einer Kontrastfarbe eingewebt. Gestrickt wird nur mit der Hauptfarbe. Für schön dichte Spannfäden verwendet man entweder doppelt gelegtes oder um 2 Stärken dickeres Garn als das Garn der Hauptfarbe. In den Strickschriften wird Roosimine durch farbige Striche dargestellt, die exakt die Länge jedes über die Maschen der Hauptfarbe gespannten Fadens anzeigen.

1

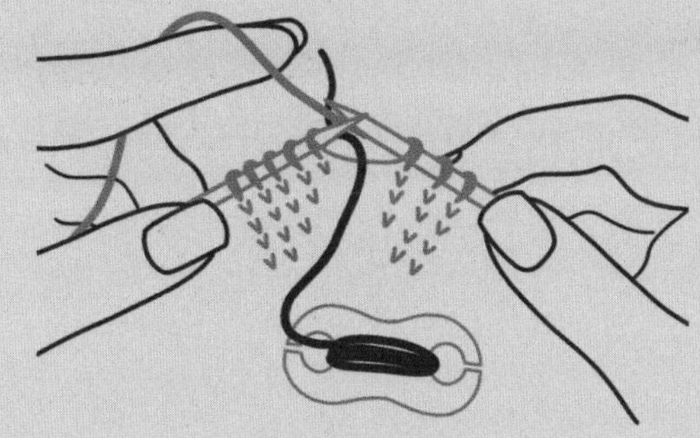

Zu Beginn die Kontrastfarbe (KF) am Anfang des ersten Spannfadens zwischen die Nadeln legen (Fadenende nach hinten, übriges Garn nach vorn, siehe Abb. 1). In der Hauptfarbe (HF) die für die Länge des Spannfadens benötigte Anzahl Maschen stricken. KF zwischen den Nadeln nach hinten und zugleich unter den Faden der HF legen (Abb. 2). Die Maschen bis zum nächsten Spannfaden stricken.

Wichtig ist, dass die KF bei den Wechseln zwischen der Vorder- und Rückseite der Arbeit immer unter der HF geführt wird, da sie so durch das Stricken der nächsten Masche eingewebt wird.

2

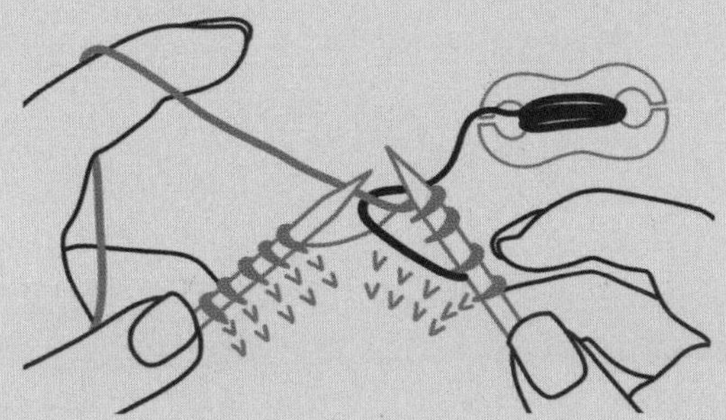

Für den nächsten Spannfaden die KF zwischen den Nadeln nach vorn legen (Abb. 1). In der HF die Maschen für die Länge des Spannfadens stricken; an dessen Ende die KF wieder nach hinten legen (Abb. 2). Auf diese Weise bis zum Ende der Strickschrift fortfahren. Die KF ist von rechts nach links gewandert.

In der nächsten Runde wird die KF von links zurück nach rechts geführt. Bis zum Beginn des ersten Spannfadens dieser Runde stricken. Nun mit der KF eine riesige Schlaufe legen, die jedoch am Ende der Strickschrift wieder verschwunden sein wird. Die KF über die linke Nadel nach vorn legen und weiter rechts zwischen den Nadeln zurück nach hinten führen. Auf der Vorderseite hängt nun eine große U-förmige Schlaufe (Abb. 3). Mit dieser Schlaufe in der KF werden alle Spannfäden der folgenden Runde gearbeitet.

3

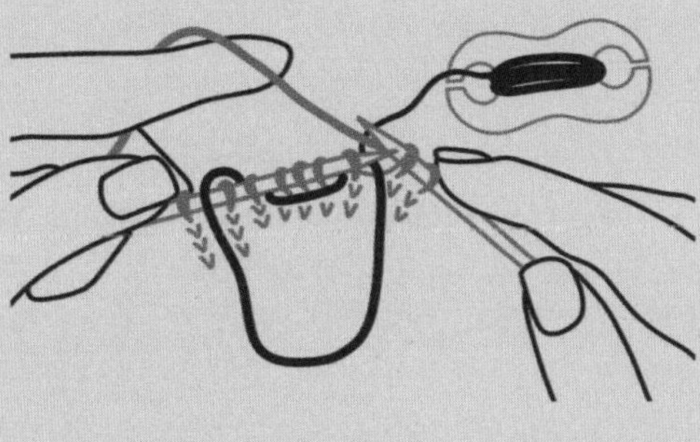

Es ist besser, wenn die Schlaufe länger als nötig ist, da sie am Ende verschwindet. Sie sollte mindestens doppelt so lang bemessen werden wie die Länge bzw. Breite der Maschen in der Strickschrift.

In der HF die für den ersten Spannfaden benötigten Maschen stricken, dann die Schlaufe der KF zwischen den Nadeln nach hinten legen. Die Schlaufe der KF weiter zwischen den Nadeln nach vorn und hinten legen, bis alle Spannfäden der Runde gear-

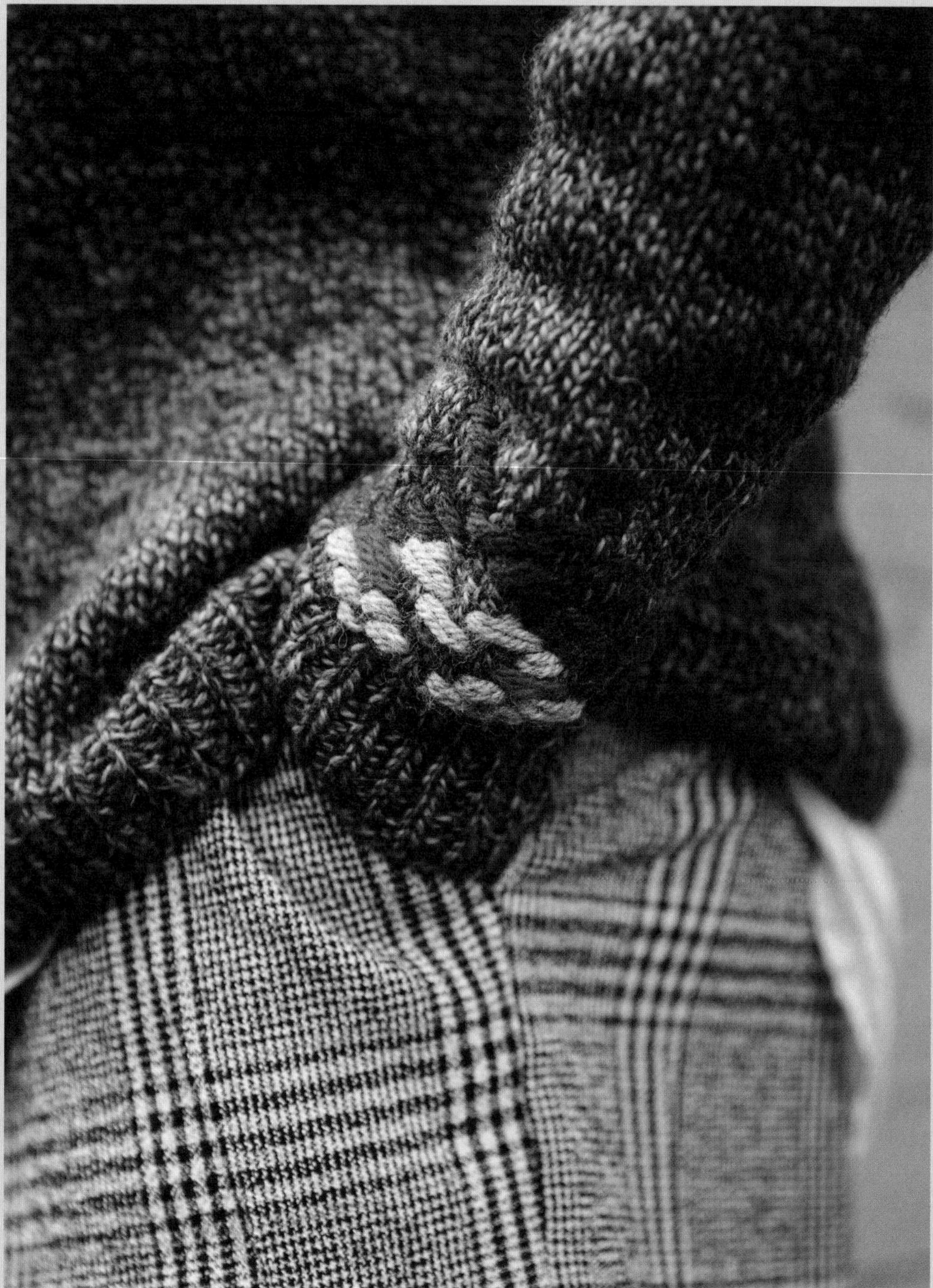

4

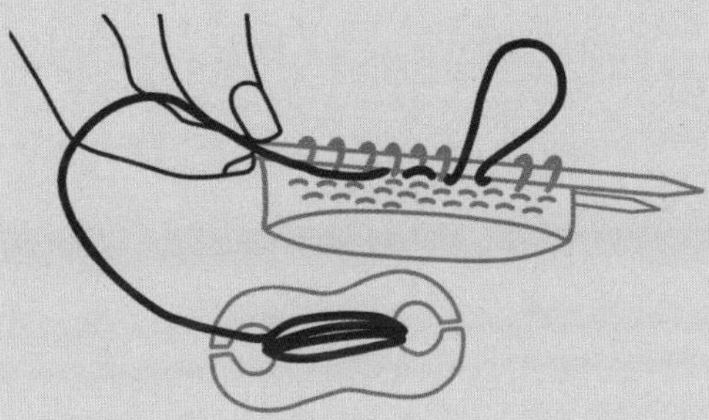

5

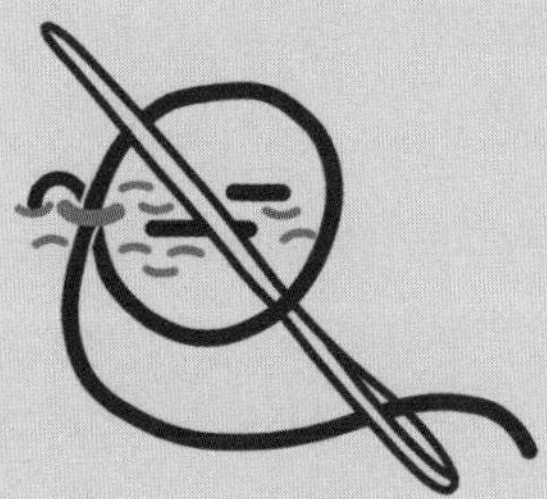

beitet sind; dabei die HF immer über die KF legen, um die Spannfäden einzuweben.

Wenn die Runde fertig ist, auf der Seite des Garnknäuels an der KF ziehen (Abb. 4), bis der Rest der KF-Schlaufe verschwunden ist.

Dabei den Faden nicht zu fest anziehen, sonst werden die Spannfäden zu straff gespannt. Die Spannung der Fäden kann mit einer Wollnadel reguliert werden.

Immer abwechselnd Runden mit der KF von der rechten Seite nach links hinüber und dann mit der KF auf der linken Seite und der Riesenschlaufe nach rechts arbeiten.

Diese Technik verbraucht nicht viel Garn in den Kontrastfarben. Damit ist sie ideal zur Verwendung von Wollresten, und es kann hilfreich sein, Mini-Garnknäuel oder -spulen zu benutzen, vor allem, wenn mit mehreren Farben gearbeitet wird. Bei weit auseinanderliegenden gleichfarbigen Partien benutzt man separate Knäuel (oder Spulen), um zu lange Spannfäden auf der Rückseite zu vermeiden.

Beim Vernähen der Roosimine-Fadenenden ist ein zusätzlicher Arbeitsschritt erforderlich, da die Fäden an den gestrickten Maschen befestigt werden müssen.

Zuerst ein Fadenende auf der Rückseite mit einem Knoten am Querfaden einer benachbarten Linksmasche befestigen (Abb. 5).

Den Knoten nicht zu fest anziehen, da sich sonst die Spannung des Roosimine-Fadens auf der Vorderseite verändert.

Nun können Sie den übrigen Faden zwischen den Spannfäden derselben Farbe auf der Rückseite vernähen. Dabei wieder zurück zum Knoten nähen und den Faden zur Sicherheit am Schluss durch den Knoten ziehen.

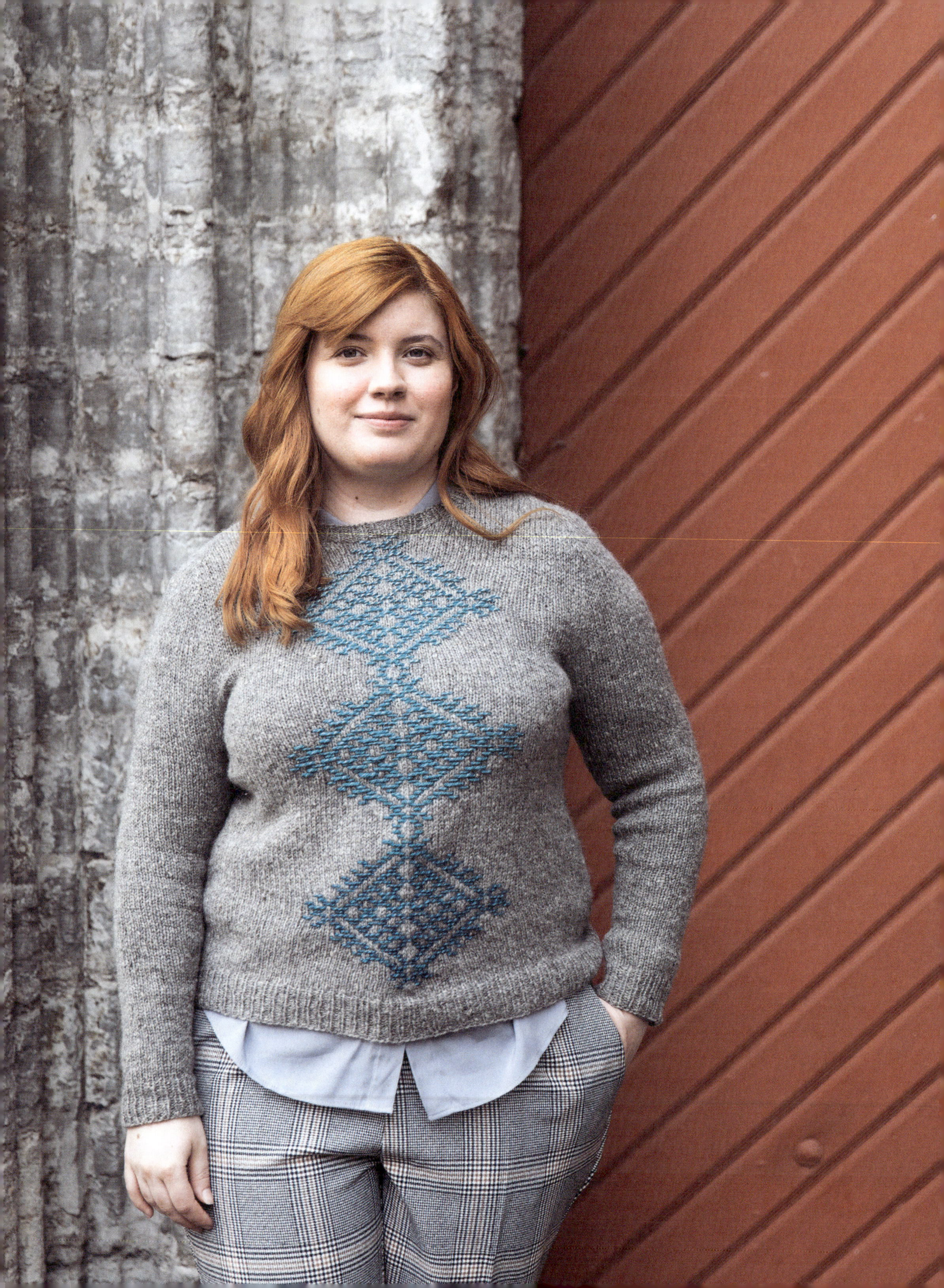

KILP

Dieses Roosimine-Muster erinnert an die traditionellen Muster von Socken und Handschuhen. Es wird selbstbewusst vorn auf der Brust getragen wie ein Schild (»kilp«), das die Trägerin beschützt, ihre Identität und ihren Stolz zum Ausdruck bringt. Es kann mit Farbverlauf, einfarbig oder in drei verschiedenen Farben gearbeitet werden.

GRÖSSEN

1 (2, 3, 4, 5) [6, 7, 8, 9, 10]
Empfohlene Mehrweite: 5–10 cm

FERTIGE MASSE

Brustumfang: 86,5 (95,5, 106,5, 115,5, 126,5) [135,5, 146,5, 155,5, 166,5, 175,5] cm
Länge ab der Achsel: 40,5 cm für alle Größen
Oberarmumfang: 31 (32, 36,5, 41, 44,5) [45,5, 50, 52, 52, 53,5] cm
Umfang Ärmelbündchen: 22 (22, 22, 22, 23,5) [23,5, 23,5, 23,5, 25,5, 25,5] cm
Ärmellänge: 44,5 (44,5, 45,5, 45,5, 47) [47, 47, 48, 48, 48] cm

GARN

HF: Tukuwool Harmas (100 % Kainuu Grey-Schurwolle ohne Superwash-Ausrüstung, LL 150 m/50 g) 5 (6, 6, 7, 8) [8, 9, 10, 10, 11] Stränge

KF: Spincycle Yarns Dream State (100 % amerikanische Superwash-Schurwolle, LL 137 m/50 g) Farbe Melancholia, 1 Strang

Oder vergleichbares Garn (Stärke Sport) in folgender Menge:
HF: 718 (792, 900, 1012, 1116) [1200, 1310, 1404, 1480, 1552] m
Oder vergleichbares Garn (Stärke Worsted) in folgender Menge:
KF: 38 m

STRICKNADELN

3 mm: Rundnadeln 40 cm und 80 cm, Nadelspiel für die Bündchen
3,25 mm: Rundnadel 80 cm sowie Nadelspiel für Glatt-rechts-Partien und Roosimine

SONSTIGES

Wollnadel, Maschenmarkierer, Garnrest oder Maschenhalter

MASCHENPROBE

18 M x 28 Rd = 10 x 10 cm, glatt rechts rundgestrickt, nach dem Spannen

ANMERKUNGEN ZUR ANLEITUNG

Dieser Pullover mit gleichzeitig eingestrickten Ärmeln wird nahtlos von oben nach unten gestrickt. Zuerst wird in Reihen gestrickt; begonnen wird am Rückenteil (RT). Darauf folgen die separat gearbeiteten Schultern, für die Maschen entlang der Kante des Rückenteils aufgenommen und Streifen gestrickt werden. Dann nimmt man in einer Verbindungsreihe aus jeder Partie (Schultern und Rücken) Maschen für die Ärmel auf. Nach Zunahme der Maschen für Vorder- und Rückenteil wird die Arbeit zur Runde geschlossen.

Am Vorderteil (VT) wird über die gesamte Mitte ein sich wiederholendes Roosimine-Motiv gearbeitet.

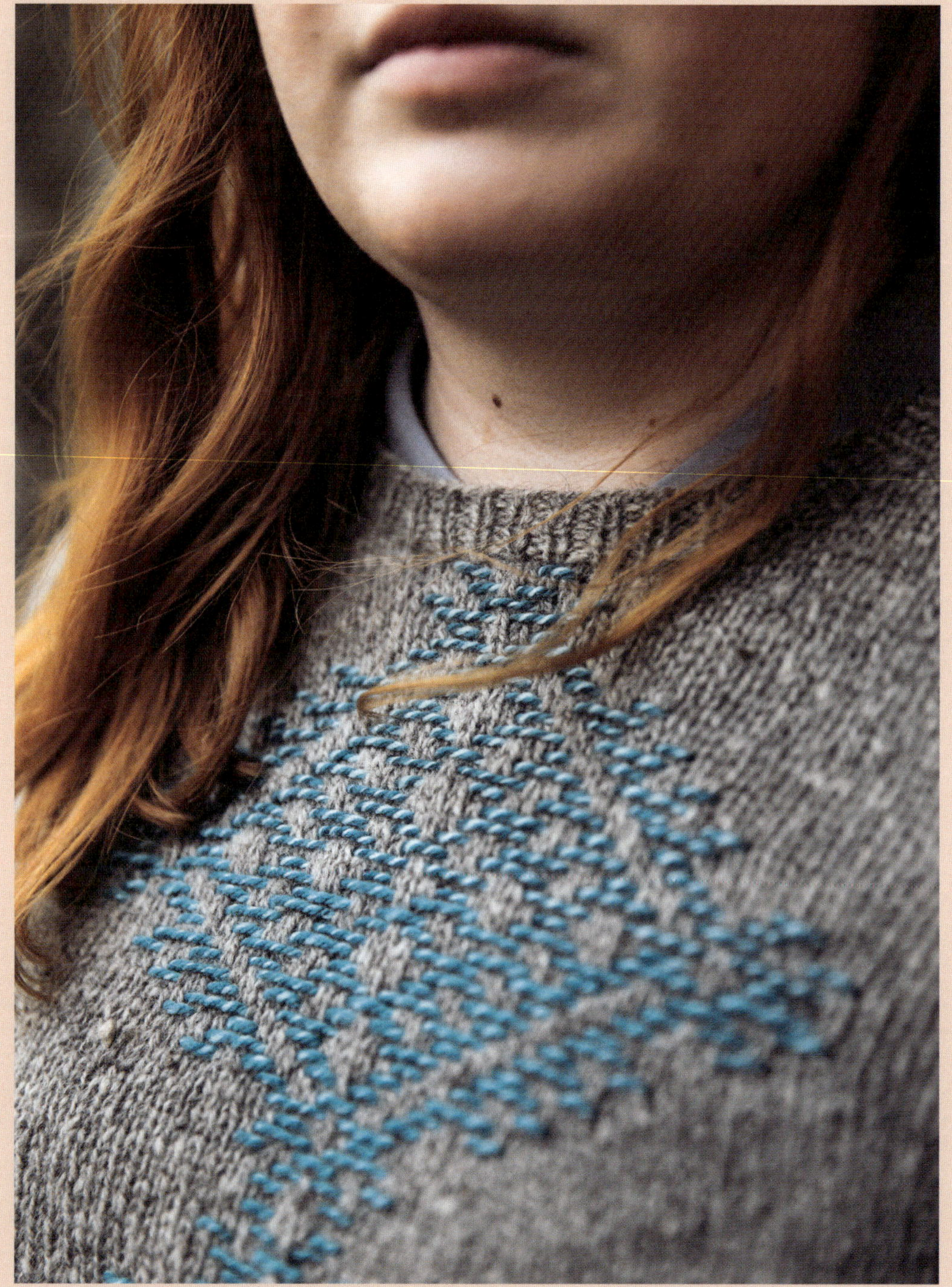

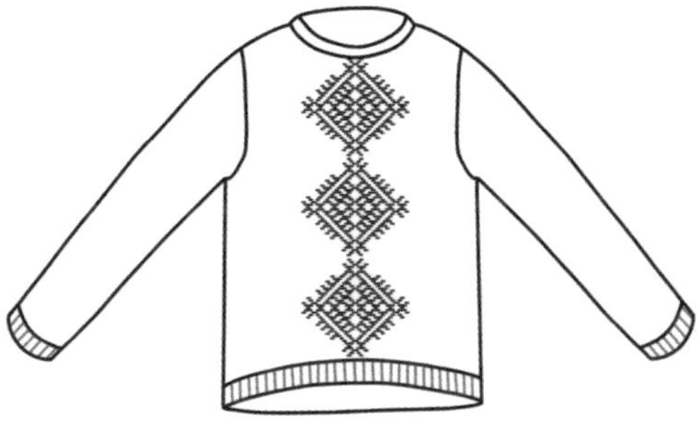

ANLEITUNG

Mit 3,25-mm-Nadeln und HF 36 (36, 36, 36, 36) [38, 40, 44, 44, 44] M anschl. Nicht zur Rd schließen.

Vorbereitungs-R (Rück-R): 2 M li, MMs, 32 (32, 32, 32, 32) [34, 36, 40, 40, 40] M li, MMs, 2 M li.

1. R (Hin-R): 2 M re, MMa, 1 M re, 1 li gen Zun, re M bis 1 M vor MM, 1 re gen Zun, 1 M re, MMa, 2 M re (2 M zugen).

2. R (Rück-R): 2 M li, MMa, 1 M li, 1 li gen Zun (li M), li M bis 1 M vor MM, 1 re gen Zun (li M), 1 M li, MMa, 2 M li (2 M zugen).

Die 1.–2. Reihe noch 7 (8, 8, 9, 10) [10, 10, 10, 10, 11]-mal wh. 68 (72, 72, 76, 80) [82, 84, 88, 88, 92] M.

RECHTE SCHULTER

Die Arbeit so halten, dass die Kante des MA oben und die offenen Maschen unten liegen. Mit dem 3,25-mm-Ndlsp aus der rechten schrägen Kante 12 (14, 14, 15, 16) [16, 16, 16, 17, 17] M aufn und re verschr str.

Diese 12 (14, 14, 15, 16) [16, 16, 16, 17, 17] M mit 2 Nadeln des 3,25-mm-Ndlsp glatt re str wie folgt:

1. R (Rück-R): Li M.
2. R (Hin-R): Re M.

Die 1.–2. Reihe noch 6 (6, 6, 6, 7) [7, 8, 9, 9, 9]-mal wh, dann die 1. R noch 1-mal wh. HF abschneiden.

LINKE SCHULTER

Die Arbeit so halten, dass die Kante des MA oben und die offenen Maschen unten liegen. Mit der HF und dem 3,25-mm-Ndlsp aus der linken schrägen Kante 12 (14, 14, 15, 16) [16, 16, 16, 17, 17] M aufn und re str.

Diese 12 (14, 14, 15, 16) [16, 16, 16, 17, 17] M mit 2 Nadeln des 3,25-mm-Ndlsp glatt re str wie folgt:

1. R (Rück-R): Li M.
2. R (Hin-R): Re M.

Die 1. und 2. Reihe noch 6 (6, 6, 6, 7) [7, 8, 9, 9, 9]-mal wh, dann die 1. R noch 1-mal wh.

ÄRMELMASCHEN AUFNEHMEN

1. R (Hin-R): 10 (12, 12, 13, 14) [14, 14, 14, 15, 15] M der li Schulter re str, SSK, für den li Ärmel entlang der Außenkante der li Schulter 10 (10, 10, 10, 12) [12, 14, 16, 16, 16] M aufn und re verschr str. Beginnend mit 2 M re zus die Rücken-M str, MMa, re M bis MM, MMa, SSK, für den re Ärmel entlang der Außenkante der re Schulter 10 (10, 10, 10, 12) [12, 14, 16, 16, 16] M aufn und re verschr str. Die re Schulter arbeiten, beginnend mit 2 M re zus, dann 10 (12, 12, 13, 14) [14, 14, 14, 15, 15] M re. Gesamt 108 (116, 116, 122, 132) [134, 140, 148, 150, 154] M.

2. R (Rück-R): 11 (13, 13, 14, 15) [15, 15, 15, 16, 16] M li für VT, MMs, 10 (10, 10, 10, 12) [12, 14, 16, 16, 16] M li für Ärmel, MMs, 1 M li, MMe, li M bis MM, MMe, 1 M li, MMs, 10 (10, 10, 10, 12) [12, 14, 16, 16, 16] M li für Ärmel, MMs, li M bis Ende. 11 (13, 13, 14, 15) [15, 15, 15, 16, 16] je VT, 10 (10, 10, 10, 12) [12, 14, 16, 16, 16] M je Ärmel, 66 (70, 70, 74, 78) [80, 82, 86, 86, 90] Rücken-M.

3. R (Hin-R, Zun für VT und Ärmel): [1 M re, 1 li gen Zun, re M bis 1 M vor MM, 1 re gen Zun, 1 M re, MMa], [-] 1-mal wh, re M bis MM, MMa, [1 M re, 1 li gen Zun, re M bis 1 M vor MM, 1 re gen Zun, 1 M re, MMa], [-] 1-mal wh (8 M zugen).

4. R (Rück-R): [Li M bis MM, MMa], [-] noch 3-mal wh, li M bis Ende.

Die 3.–4. R noch 6-mal wh.
Gesamt 164 (172, 172, 178, 188) [190 196, 204, 206, 210] M:

25 (27, 27, 28, 29) [29, 29, 29, 30, 30] M je VT, 24 (24, 24, 24, 26) [26, 28, 30, 30, 30] M je Ärmel, 66 (70, 70, 74, 78) [80, 82, 86, 86, 90] Rücken-M.

17. R (Hin-R): [1 M re, 1 li gen Zun, re M bis 1 M vor MM, 1 re gen Zun, 1 M re, MMa], [-] 1-mal wh, re M bis MM, MMa, [1 M re, 1 li gen Zun, re M bis 1 M vor MM, 1 re gen Zun, 1 M re, MMa], [-] 1-mal wh, 12 (12, 12, 14, 16) [18, 20, 24, 22, 26] M anschl, zur Rd schließen, re M bis MM (dieser MM markiert nun den Rd-Anf am li Ärmel).
Gesamt 184 (192, 192, 200, 212) [216, 224, 236, 236, 244] M: je 66 (70, 70, 74, 78) [80, 82, 86, 86, 90] M an VT und RT, 26 (26, 26, 26, 28) [28, 30, 32, 32, 32] M je Ärmel.

1. Rd: [Re M bis MM, MMa], [-] noch 2-mal wh, re M bis Ende.

2. Rd (Ärmel-Zun): 1 M re, 1 li gen Zun, re M bis 1 M vor MM, 1 re gen Zun, 1 M re, MMa, re M bis MM, MMa, 1 M re, 1 li gen Zun, re M bis 1 M vor MM, 1 re gen Zun, 1 M re, MMa, re M bis Ende (4 M zugen).

Die 1.–2. Rd noch 0 (0, 0, 0, 0) [1, 2, 3, 4, 5]-mal wh.
Gesamt 188 (196, 196, 204, 216) [224, 236, 252, 256, 268] M: je 66 (70, 70, 74, 78) [80, 82, 86, 86, 90] M an VT und RT, 28 (28, 28, 28, 30) [32, 36, 40, 42, 44] M je Ärmel.

Größen 2, 5, 6, 7, 8
Die 1. Rd wh.

Größen 1, 3, 4, 9, 10
Roosimine-Vorbereitungs-Rd: [Re M bis MM, MMa], [-] noch 2-mal wh, 10 (-, 12, 14, -) [-, -, -, 20, 22] M re, MMs, Roosimine nach Strickschr arb (45 M), MMs, re M bis Ende.

Größen 2, 5, 6, 7, 8
Roosimine-Vorbreitungs-Rd (Ärmel-Zun): 1 M re, 1 li gen Zun, re M bis 1 M vor MM, 1 re gen Zun, 1 M re, MMa, re M bis MM, MMa, 1 M re, 1 li gen Zun, re M bis 1 M vor MM, 1 re gen Zun, 1 M re, MMa, - (12, -, -, 16) [17, 18, 20, -, -] M re, MMs, Roosimine nach Strickschr arb (45 M), MMs, re M bis Ende. (4 M zugen) Gesamt - (200, -, -, 220) [228, 240, 256, -, -] M: je - (70, -, -, 78) [80, 82, 86, -, -] M an VT und RT, - (30, -, -, 32) [34, 38, 42, -, -] M je Ärmel.

Größen 1, 3, 4, 9, 10
3. Rd (Ärmel-Zun): 1 M re, 1 li gen Zun, re M bis 1 M vor MM, 1 re gen Zun, 1 M re, MMa, re M bis MM, MMa, 1 M re, 1 li gen Zun, re M bis 1 M vor MM, 1 re gen Zun, 1 M re, MMa, re M bis MM, MMa, Roosimine nach Strickschr arb, MMa, re M bis Ende. (4 M zugen) Gesamt 192, (-, 200, 208, -) [-, -, -, 260, 272] M: je 66 (-, 70, 74, -) [-, -, -, 86, 90] M an VT und RT, 30 (-, 30, 30, -) [-, -, -, 44, 46] M je Ärmel.

Alle Größen
4. Rd: [Re M bis MM, MMa], [-] noch 3-mal wh, Roosimine nach Strickschr arb, MMa, re M bis Ende.

5. Rd (Ärmel-Zun): 1 M re, 1 li gen Zun, re M bis 1 M vor MM, 1 re gen Zun, 1 M re, MMa, re M bis MM, MMa, 1 M re, 1 li gen Zun, re M bis 1 M vor MM, 1 re gen Zun, 1 M re, MMa, re M bis MM, MMa, Roosimine nach Strickschr arb, MMa, re M bis Ende (4 M zugen).

Die 4.–5. Rd noch 8 (9, 9, 9, 9) [7, 6, 5, 3, 2]-mal wh.
Gesamt 228 (240, 240, 248, 260) [260, 268, 280, 276, 284] M: je 66 (70, 70, 74, 78) [80, 82, 86, 86, 90] M an VT und RT, 48 (50, 50, 50, 52) [50, 52, 54, 52, 52] M je Ärmel.

ARMAUSSCHNITT

Größe 1
6. Rd (Zun-Rd): [1 M re, 1 li gen Zun, re M bis 1 M vor MM, 1 re gen Zun, 1 M re, MMa], [-] noch 2-mal wh, 1 M re, 1 li gen Zun, re M bis MM, MMa, Roosimine nach Strickschr arb, MMa, re M bis 1 M vor Ende, 1 re gen Zun, 1 M re (8 M zugen).

7. Rd: [Re M bis MM, MMa], [-] noch 3-mal wh, Roosimine nach Strickschr arb, MMa, re M bis Ende.

8. Rd (Zun an VT und RT): Re M bis MM, MMa, 1 M re, 1 li gen Zun, re M bis 1 M vor MM, 1 re gen Zun, 1 M re, MMa, re M bis MM, MMa, 1 M re, 1 li gen Zun, re M bis MM, MMa, Roosimine nach Strickschr arb, MMa, re M bis 1 M vor Ende, 1 re gen Zun, 1 M re (4 M zugen).

9. Rd: Wie 7. Rd.

10. Rd: Wie 6. Rd (8 M zugen).

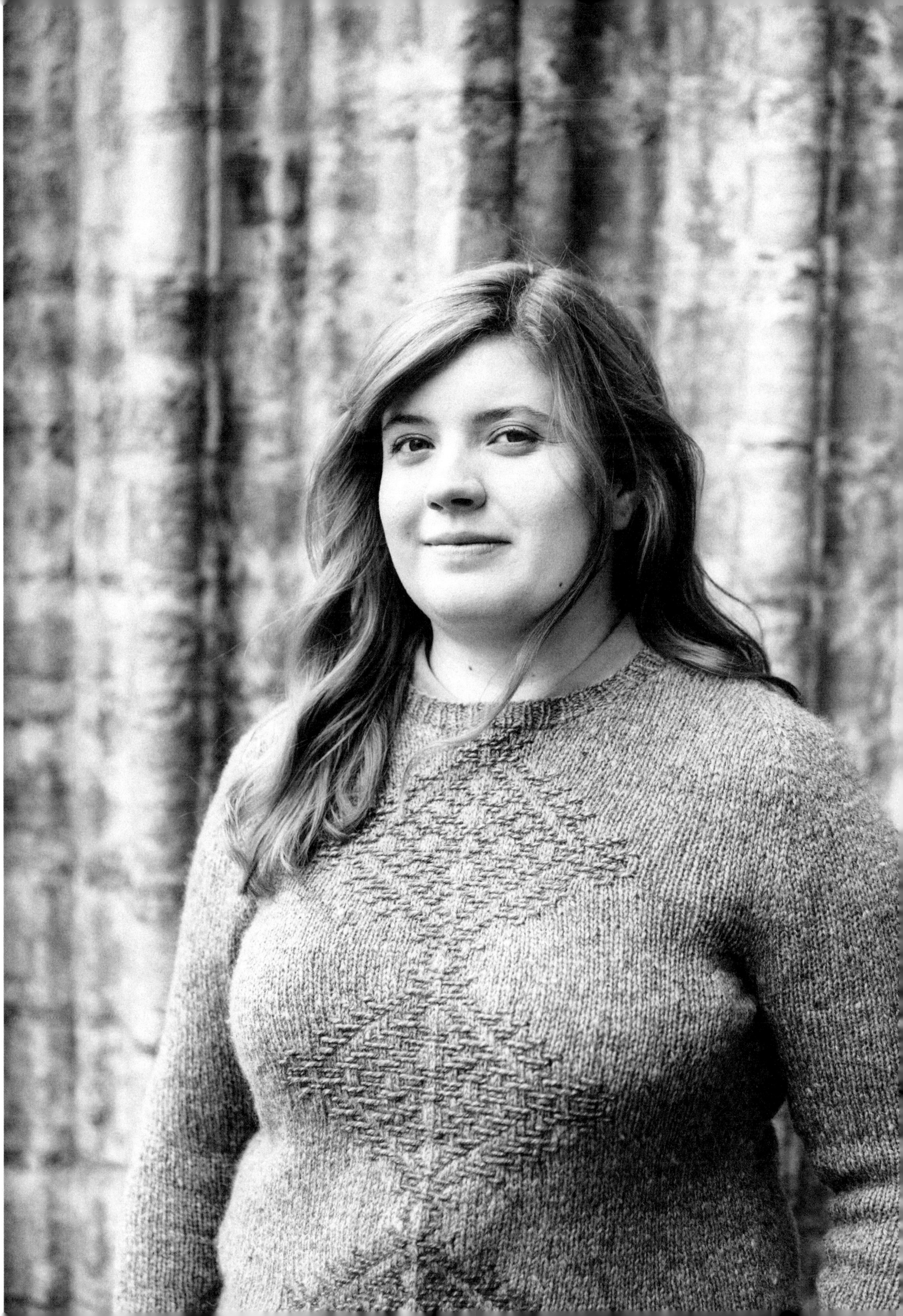

11. Rd: Wie 7. Rd.

12. Rd: Wie 8. Rd (4 M zugen).

Gesamt 252 M: je 74 M an VT und RT, 52 M je Ärmel.

Größe 2

6. Rd (Ärmel-Zun): 1 M re, 1 li gen Zun, re M bis 1 M vor MM, 1 re gen Zun, 1 M re, MMa, re M bis MM, MMa, 1 M re, 1 li gen Zun, re M bis 1 M vor MM, 1 re gen Zun, 1 M re, MMa, re M bis MM, MMa, Roosimine nach Strickschr arb, MMa, re M bis Ende (4 M zugen).

7.–9. Rd (Zun an VT und RT): Re M bis MM, MMa, 1 M re, 1 li gen Zun, re M bis 1 M vor MM, 1 re gen Zun, 1 M re, MMa, re M bis MM, MMa, 1 M re, 1 li gen Zun, re M bis MM, MMa, Roosimine nach Strickschr arb, MMa, re M bis 1 M vor Ende, 1 re gen Zun, 1 M re (4 M zugen).

10. Rd (Zun-Rd): [1 M re, 1 li gen Zun, re M bis 1 M vor MM, 1 re gen Zun, 1 M re, MMa], [-] noch 2-mal wh, 1 M re, 1 li gen Zun, re M bis MM, MMa, Roosimine nach Strickschr arb, MMa, re M bis 1 M vor Ende, 1 re gen Zun, 1 M re (8 M zugen).

11.–12. Rd (Zun an VT und RT): Re M bis MM, MMa, 1 M re, 1 li gen Zun, re M bis 1 M vor MM, 1 re gen Zun, 1 M re, MMa, re M bis MM, MMa, 1 M re, 1 li gen Zun, re M bis MM, MMa, Roosimine nach Strickschr arb, MMa, re M bis 1 M vor Ende, 1 re gen Zun, 1 M re (4 M zugen).
Gesamt 272 M: je 82 M an VT und RT, 54 M je Ärmel.

Größe 3

6. Rd (Zun-Rd): [1 M re, 1 li gen Zun, re M bis 1 M vor MM, 1 re gen Zun, 1 M re, MMa], [-] noch 2-mal wh, 1 M re, 1 li gen Zun, re M bis MM, MMa, Roosimine nach Strickschr arb, MMa, re M bis 1 M vor Ende, 1 re gen Zun, 1 M re (8 M zugen).

7. Rd (Zun an VT und RT): Re M bis MM, MMa, 1 M re, 1 li gen Zun, re M bis 1 M vor MM, 1 re gen Zun, 1 M re, MMa, re M bis MM, MMa, 1 M re, 1 li gen Zun, re M bis MM, MMa, Roosimine nach Strickschr arb, MMa, re M bis 1 M vor Ende, 1 re gen Zun, 1 M re (4 M zugen).

Die 6.–7. Rd noch 4-mal wh. Gesamt 300 M: je 90 M an VT und RT, 60 M je Ärmel.

Größe 4

6. Rd (Zun-Rd): 1 M re, 1 li gen Zun, re M bis 1 M vor MM, 1 re gen Zun, 1 M re, MMa, re M bis MM, MMa, 1 M re, 1 li gen Zun, re M bis 1 M vor MM, 1 re gen Zun, 1 M re, MMa, re M bis MM, MMa, Roosimine nach Strickschr arb, MMa, re M bis Ende (4 M zugen).

7. Rd (Zun an VT und RT): Re M bis MM, MMa, 1 M re, 1 li gen Zun, re M bis 1 M vor MM, 1 re gen Zun, 1 M re, MMa, re M bis MM, MMa, 1 M re, 1 li gen Zun, re M bis MM, MMa, Roosimine nach Strickschr arb, MMa, re M bis 1 M vor Ende, 1 re gen Zun, 1 M re (4 M zugen).

8. Rd (Zun-Rd): [1 M re, 1 li gen Zun, re M bis 1 M vor MM, 1 re gen Zun, 1 M re, MMa], [-] noch 2-mal wh, 1 M re, 1 li gen Zun, re M bis MM, MMa, Roosimine nach Strickschr arb, MMa, re M bis 1 M vor Ende, 1 re gen Zun, 1 M re (8 M zugen).

9. Rd (Zun an VT und RT): Wie 7. Rd (4 M zugen).

Die 8.–9. Rd noch 2-mal wh.

Die 8. Rd noch 3-mal wh. Gesamt 316 M: je 94 M an VT und RT, 64 M je Ärmel.

Größen 5, 7, 8, 10

6. Rd (Zun-Rd): [1 M re, 1 li gen Zun, re M bis 1 M vor MM, 1 re gen Zun, 1 M re, MMa], [-] noch 2-mal wh, 1 M re, 1 li gen Zun, re M bis MM, MMa, Roosimine nach Strickschr arb, MMa, re M bis 1 M vor Ende, 1 re gen Zun, 1 M re (8 M zugen).

7. Rd: [Re M bis MM, MMa], [-] noch 3-mal wh, Roosimine nach Strickschr arb, MMa, re M bis Ende.

8. Rd (Zun-Rd): Wie 6. Rd (8 M zugen).

9. Rd (Zun an VT und RT): Re M bis MM, MMa, 1 M re, 1 li gen Zun, re M bis 1 M vor MM, 1 re gen Zun, 1 M re, MMa, re M bis MM, MMa, 1 M re, 1 li gen Zun, re M bis MM, Roosimine nach Strickschr arb, MMa, re M bis 1 M vor Ende, 1 re gen Zun, 1 M re (4 M zugen).

Die 8.–9. Rd noch - (-, -, -, 3) [-, 5, 6, -, 11]-mal wh.

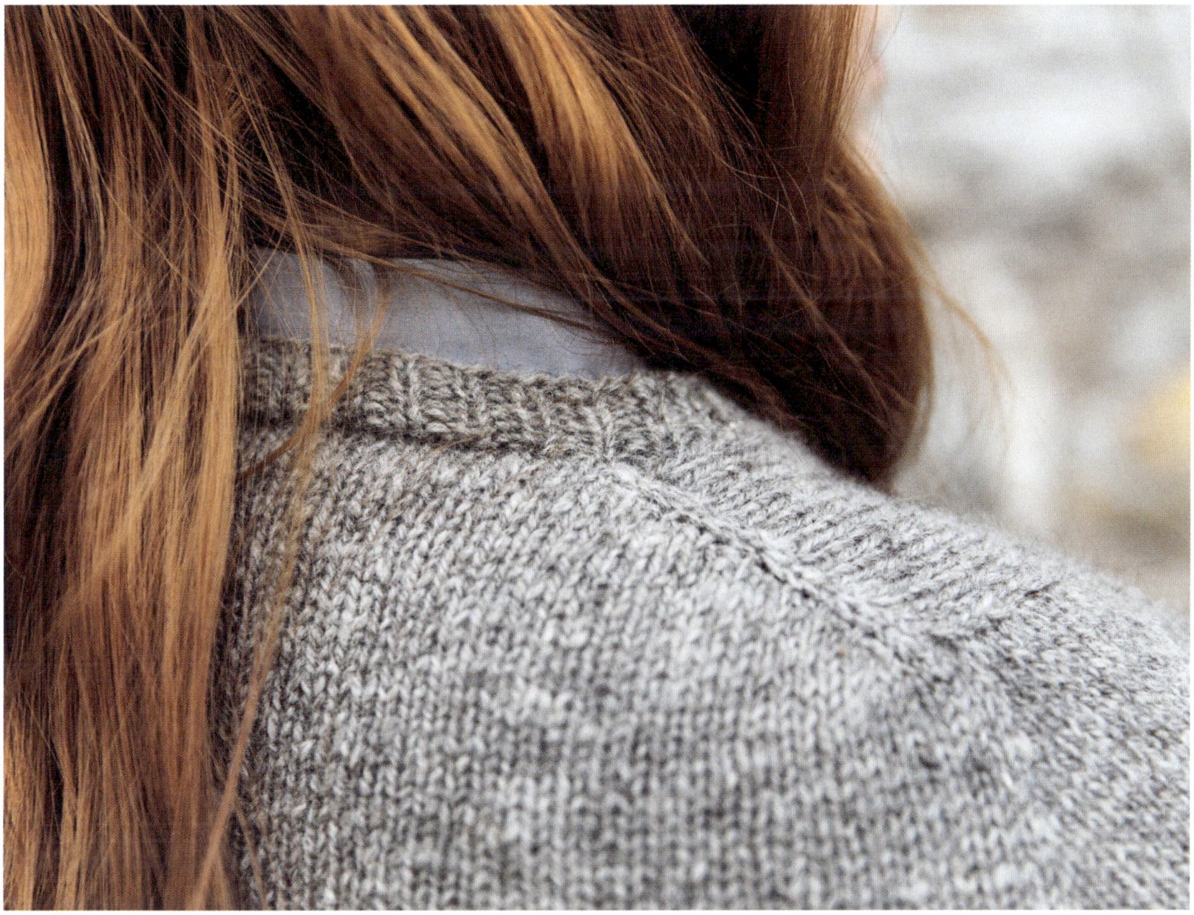

Die 8.–9. Rd noch - (-, -, -, 4) [-, 5, 5, -, 1]-mal wh. Gesamt - (-, -, -, 348) [-, 388, 412, -, 444] M: je - (-, -, -, 104) [-, 118, 126, -, 142] M an VT und RT, - (-, -, -, 70) [-, 76, 80, -, 80] M je Ärmel.

Größe 6

6. Rd (Ärmel-Zun): 1 M re, 1 li gen Zun, re M bis 1 M vor MM, 1 re gen Zun, 1 M re, MMa, re M bis MM, MMa, 1 M re, 1 li gen Zun, re M bis 1 M vor MM, 1 re gen Zun, 1 M re, MMa, re M bis MM, MMa, Roosimine nach Strickschr arb, MMa, re M bis Ende (4 M zugen).

7. Rd (Zun an VT und RT): Re M bis MM, MMa, 1 M re, 1 li gen Zun, re M bis 1 M vor MM, 1 re gen Zun, 1 M re, MMa, re M bis MM, MMa, 1 M re, 1 li gen Zun, re M bis MM, MMa, Roosimine nach Strickschr arb, MMa, re M bis 1 M vor Ende, 1 re gen Zun, 1 M re (4 M zugen).
Die 6.–7. Rd noch 1-mal wh.

8. Rd (Zun-Rd): [1 M re, 1 li gen Zun, re M bis 1 M vor MM, 1 re gen Zun, 1 M re, MMa], [-] noch 2-mal wh, 1 M re, 1 li gen Zun, re M bis MM, MMa, Roosimine nach Strickschr arb, MMa, re M bis 1 M vor Ende, 1 re gen Zun, 1 M re (8 M zugen).

9. Rd: [Re M bis MM, MMa], [-] noch 3-mal wh, Roosimine nach Strickschr arb, MMa, re M bis Ende.
10. Rd (Zun-Rd): Wie 8. Rd (8 M zugen).

11. Rd (Zun an VT und RT): Wie 7. Rd (4 M zugen).

Die 10.–11. Rd noch 4-mal wh.

Die 10. Rd noch 2-mal wh. Gesamt 360 M: je 110 M an VT und RT, 70 M je Ärmel.

Größe 9

6. Rd (Zun-Rd): [1 M re, 1 li gen Zun, re M bis 1 M vor MM, 1 re gen Zun, 1 M re, MMa], [-] noch 2-mal wh, 1 M re, 1 li gen Zun, re M bis MM, MMa, Roosimine nach Strickschr arb, MMa, re M bis 1 M vor Ende, 1 re gen Zun, 1 M re (8 M zugen).

7. Rd (Zun an VT und RT): Re M bis MM, MMa, 1 M re, 1 li gen Zun, re M bis 1 M vor MM, 1 re gen Zun, 1 M re, MMa, re M bis MM, MMa, 1 M re, 1 li gen Zun, re M bis MM, MMa, Roosimine nach Strickschr arb, MMa, re M bis 1 M vor Ende, 1 re gen Zun, 1 M re (4 M zugen).

Die 6.–7. Rd noch 10-mal wh.

Die 6. Rd noch 2-mal wh. Gesamt 424 M: je 134 M an VT und RT, 78 M je Ärmel.

ÄRMEL ABTEILEN

MM am Rd-Anf entf, 52 (54, 60, 64, 70) [70, 76, 80, 78, 80] M auf M-Halter oder Hilfsfaden legen, 2 (2, 3, 5, 5) [6, 7, 7, 8, 8] M anschl, MMs (neuer Rd-Anf), 2 (2, 3, 5, 5) [6, 7, 7, 8, 8] M anschl, re M bis MM, MMe, 52 (54, 60, 64, 70) [70, 76, 80, 78, 80] M auf M-Halter oder Hilfsfaden legen, MMe, 4 (4, 6, 10, 10) [12, 14, 14, 16, 16] M anschl, re M bis MM, MMa, Roosimine nach Strickschr arb, MMa, re M bis Rd-Anf. Gesamt 156 (172, 192, 208, 228) [244, 264, 280, 300, 316] M.

RUMPF

1. Rd: Re M bis MM, MMa, Roosimine nach Strickschr arb, MMa, re M bis Ende.

Die 1. Rd wh, bis die Roosimine-Strickschr insgesamt 3-mal gearbeitet wurde.

Folg. Rd: [Re M bis MM, MMe], [-] 1-mal wh, re M bis Ende.

0 (1, 5, 6, 8) [8, 7, 7, 7, 8] Rd oder bis 5 cm vor der gewünschten Länge re str.

Zu den 3-mm-Nadeln wechseln.

5 cm im 1/1-Rippenmuster stricken: [1 M re, 1 M li], [-] fortl. wh.

Die M im 1/1-Rippenmuster abk, wie sie erscheinen.

ÄRMEL

Vorbereitung: Aus den angeschlagenen M der Achsel 4 (4, 6, 10, 10) [12, 14, 14, 16, 16] M aufn und re str, 52 (54, 60, 64, 70) [70, 76, 80, 78, 80] M vom M-Halter re str, 2 (2, 3, 5, 5) [6, 7, 7, 8, 8] M re, MMs für Rd-Anf (Mitte der Achsel). 56 (58, 66, 74, 80) [82, 90, 94, 94, 96] M.

1.–10. Rd: Re str.

Abn-Rd: 1 M re, 2 M re zus, re M bis 3 M vor MM, SSK, 1 M re.

Die Abn-Rd noch 7 (8, 12, 16, 18) [19, 23, 25, 23, 24]-mal in jeder 11. (10., 7., 5., 5.) [5., 4., 4., 4., 4.] Rd wh. 40 (40, 40, 40, 40, 42) [42, 42, 42, 46, 46] M.

Weiter glatt re str, bis der Ärmel ab der Achsel 39,5 (39,5, 40,5, 40,5, 42) [42, 42, 43, 43, 43] cm lang ist oder bis 5 cm vor der gewünschten Länge.

Zu den 3-mm-Nadeln wechseln.

5 cm im 1/1-Rippenmuster str: [1 M re, 1 M li], [-] fortl. wh.

Die M im 1/1-Rippenmuster abk, wie sie erscheinen.

Den 2. Ärmel genauso stricken.

HALSBÜNDCHEN

Mit 3-mm-Nadeln und HF am RT beginnend 82 (84, 84, 84, 88) [92, 100, 112, 112, 114] M aufn und re str, zur Rd schließen, MMs für Rd-Anf.

2,5 cm im 1/1-Rippenmuster str: [1 M re, 1 M li], [-] fortl. wh.

Die M im 1/1-Rippenmuster abk, wie sie erscheinen.

FERTIGSTELLUNG

Fäden vernähen und Pullover auf Maß spannen.

Roosimine-Fäden:

Das Fadenende auf der Rückseite am Querfaden einer benachbarten li M festknoten. Den Knoten nicht zu fest anziehen. Den übrigen Faden zwischen den gleichfarbigen Spannfäden auf der Rückseite vernähen wie beim Jacquardstricken.

STRICKSCHRIFT ROOSIMINE

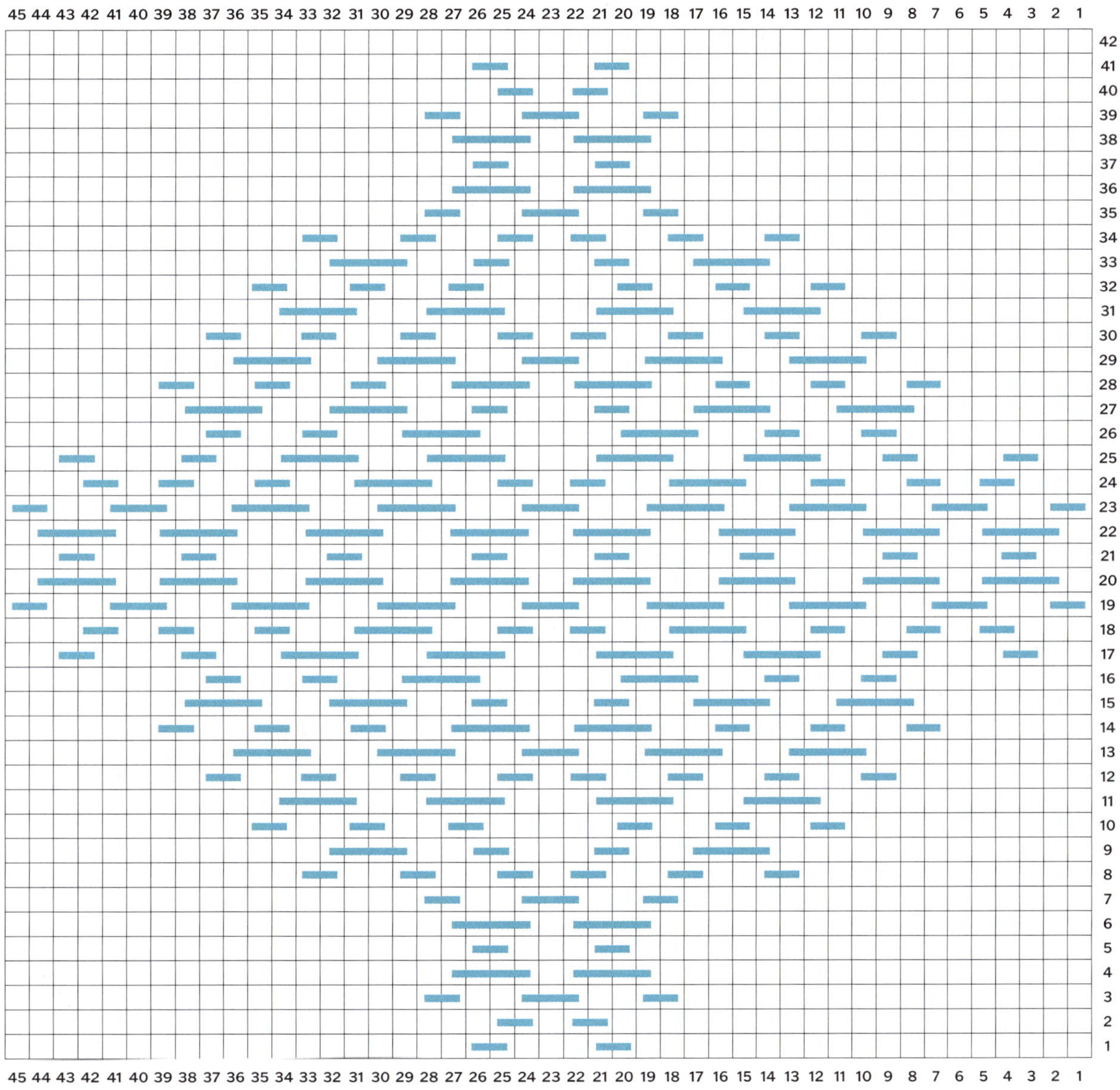

LEGENDE

☐ Re M in HF

▭ Re M in HF, Roosimine in KF

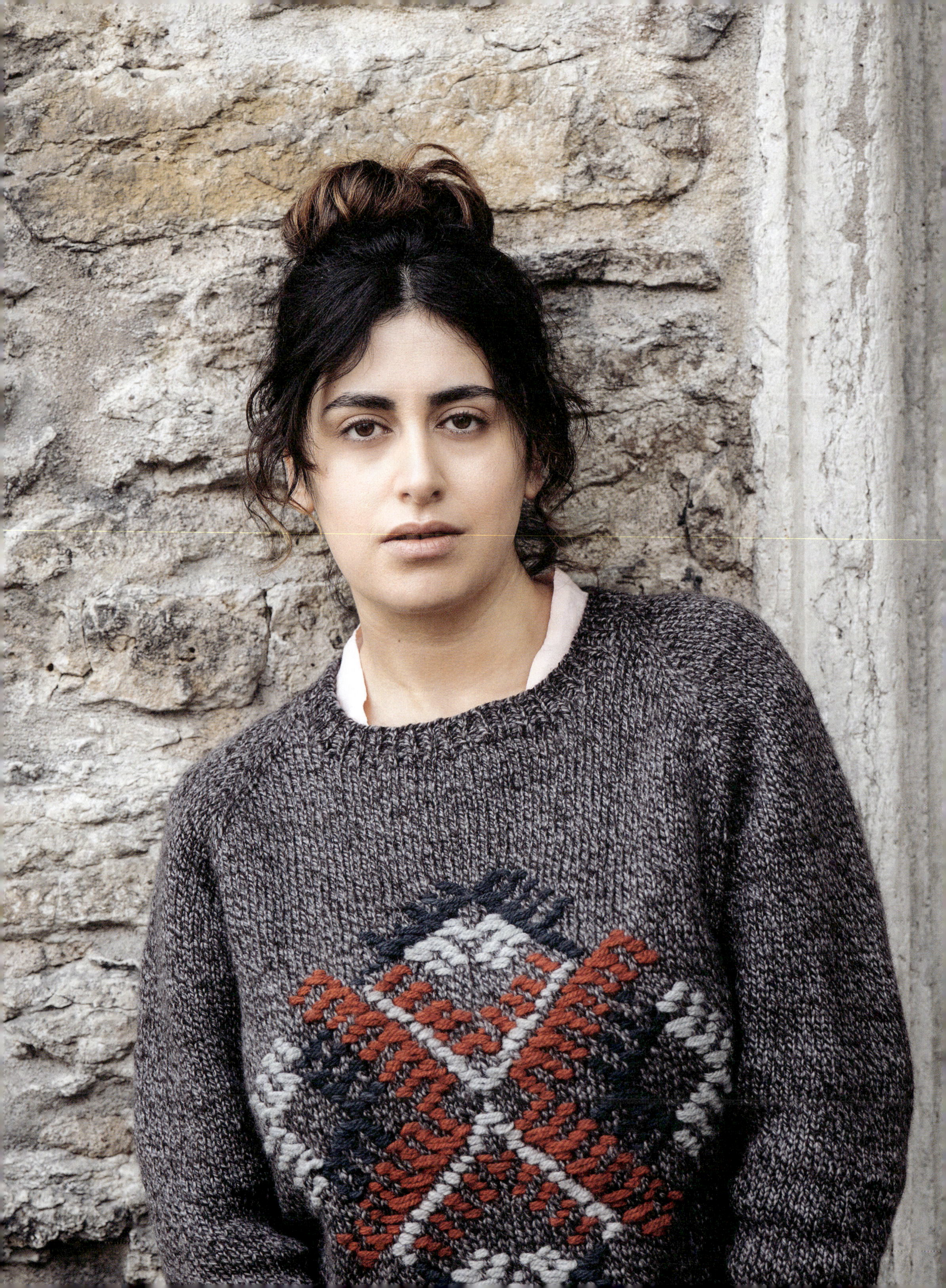

VESKI

Dieser wunderschöne Pullover hat ein Roosimine-Muster, das an eine Windmühle erinnert. Da Estland früher überwiegend landwirtschaftlich geprägt war, gab es sehr viele Windmühlen. Heute sind davon nur wenige erhalten, und noch weniger sind nach wie vor in Betrieb.

GRÖSSEN

1 (2, 3, 4, 5) [6, 7, 8, 9, 10]
Empfohlene Mehrweite: 10–15 cm

FERTIGE MASSE

Brustumfang: 92 (101, 110,5, 120, 130,5) [140, 150,5, 160, 170,5, 180] cm
Oberarmumfang: 29,5 (34, 39, 43,5, 45,5) [49, 52, 53, 53,5, 56] cm
Länge ab der Achsel: 38,5 (39,5, 39,5, 40, 40) [40,5, 40,5, 40,5, 40,5, 40,5] cm
Umfang Ärmelbündchen: 21 (21, 21, 21, 21) [21, 22,5, 23,5, 23,5, 24,5] cm
Ärmellänge: 46,5 (47, 47, 47, 47,5) [47,5 49, 49, 49, 49] cm

GARN

Magpie Fibers Nest Worsted (100 % Corriedale-Schurwolle ohne Superwash-Ausrüstung, LL 192 m/100 g)
HF: Farbe Marled Cinder, 5 (5, 6, 7, 7) [8, 8, 9, 9, 10] Stränge
KF1: Farbe Twilight Dark, 1 Strang
KF2: Farbe Twilight Linger, 1 Strang
KF3: Farbe Twilight Blaze, 1 Strang

Oder vergleichbares Garn (Stärke Worsted) in folgender Menge:
HF: 805 (928, 1051, 1164, 1275) [1393, 1507, 1605, 1696, 1788] m
KF1: 55 m
KF2: 55 m
KF3: 55 m
Alle KF werden für die Roosimine-Technik doppelt gelegt. Dazu das KF-Garn doppelt auf kleinere Knäuel oder Spulen wickeln, sodass 2 Fäden gleichzeitig abgewickelt und gestrickt werden können. So werden lange Spannfäden auf der Rückseite vermieden. Auf den kleineren Knäueln oder Spulen sollten jeweils ca. 5–10 g Garn liegen.
Mindestanzahl kleiner Knäuel/Spulen für jede KF:
KF1: 2 Knäuel/Spulen
KF2: 4 Knäuel/Spulen
KF3: 2 Knäuel/Spulen

STRICKNADELN

4,5 mm: Rundnadel 80 cm, Nadelspiel für die Bündchen
5 mm: Rundnadel 80 cm sowie Nadelspiel für Glatt-rechts-Partien und Roosimine

SONSTIGES

Wollnadel, Maschenmarkierer, Garnrest oder Maschenhalter, 8 Garnspulen

MASCHENPROBE

17 M x 24 Rd = 10 x 10 cm, glatt rechts rundgestrickt, nach dem Spannen

ANMERKUNGEN ZUR ANLEITUNG

Dieser Raglanpullover wird nahtlos von oben gestrickt. Zu Beginn wird in Reihen gestrickt, um den hinteren Halsausschnitt zu erhöhen, dann geht es in Runden weiter.

Das Vorderteil wird genau in der Mitte mit einem großen Roosimine-Motiv verziert. Über den Ärmelbündchen werden kleinere Roosimine-Motive gearbeitet.

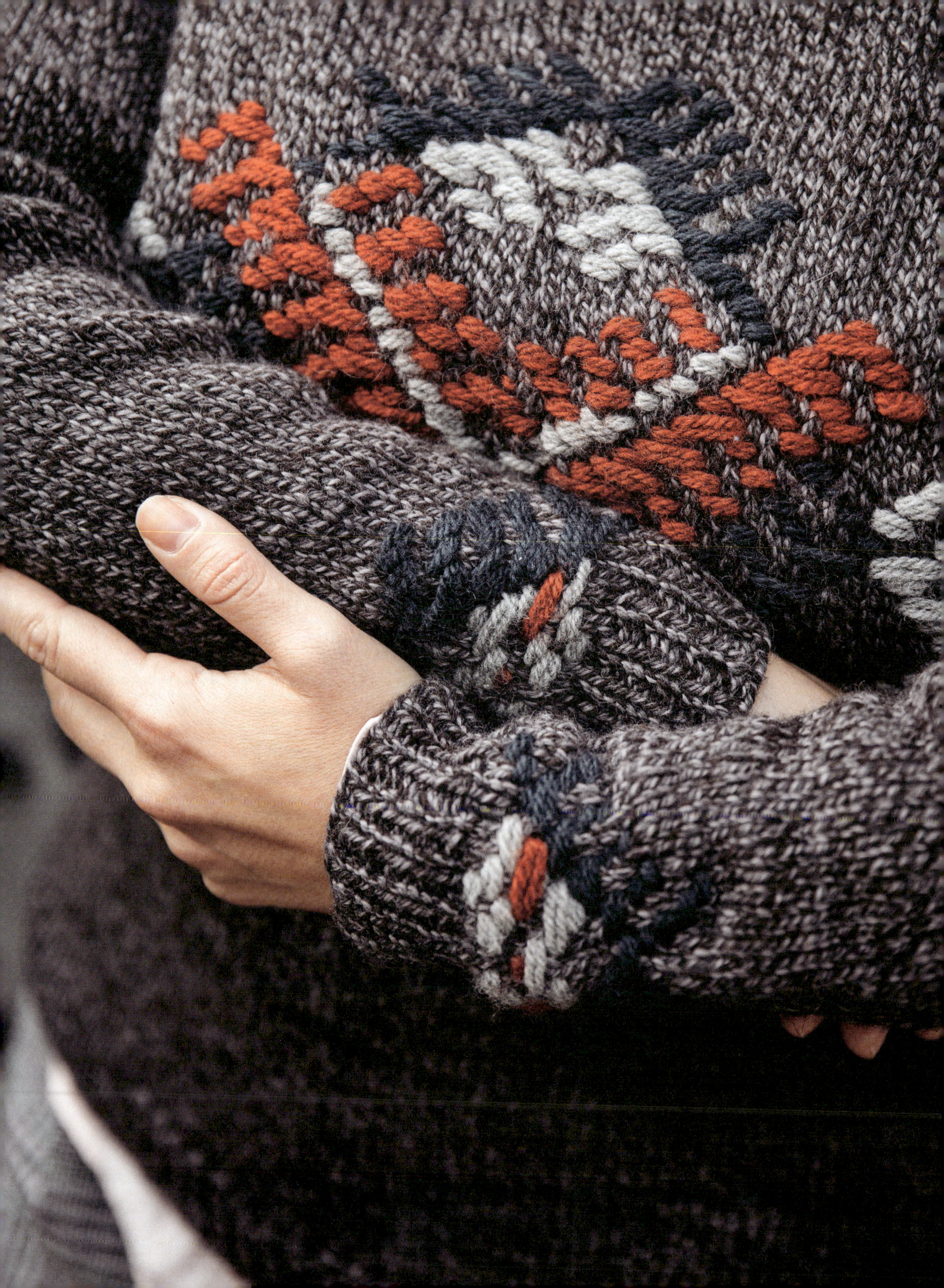

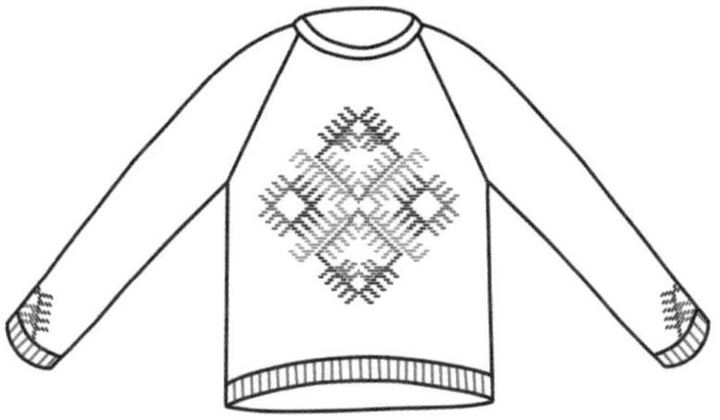

ANLEITUNG

Mit 5-mm-Nadeln und HF 42 (42, 48, 52, 54) [64, 68, 70, 74, 74] M anschl. Nicht zur Rd schließen.

Vorbereitungs-R (Rück-R): 1 M li für VT, MMs, 6 (6, 8, 8, 8) [10, 10, 10, 12, 12] M li für Ärmel, MMs, 28 (28, 30, 34, 36) [42, 46, 48, 48, 48] M li für RT, MMs, 6 (6, 8, 8, 8) [10, 10, 10, 12, 12] M li für Ärmel, MMs, 1 M li für VT.

1. R (Hin-R): 2 M re aus 1 M herausstr, MMa, 1 M re, 1 li gen Zun, [re M bis 1 M vor folg. MM, 1 re gen Zun, 1 M re, MMa, 1 M re, 1 li gen Zun], [-] 1-mal wh, re M bis 1 M vor letztem MM, 1 re gen Zun, 1 M re, MMa, 2 M re aus 1 M herausstr. Gesamt 50 (50, 56, 60, 62) [72, 76, 78, 82, 82] M: 2 M je VT, 8 (8, 10, 10, 10) [12, 12, 12, 14, 14] M je Ärmel, 30 (30, 32, 36, 38) [44, 48, 50, 50, 50] Rücken-M.

2. R (Rück-R): Li M, dabei alle MM abh.

3. R (Hin-R): Re M bis 1 M vor MM, 1 re gen Zun, 1 M re, MMa, 1 M re, 1 li gen Zun, [re M bis 1 M vor folg. MM, 1 re gen Zun, 1 M re, MMa, 1 M re, 1 li gen Zun], [-] noch 2-mal wh, re M bis Rd-Ende. Gesamt 58 (58, 64, 68, 70) [80, 84, 86, 90, 90] M: 3 M je VT, 10 (10, 12, 12, 12) [14, 14, 14, 16, 16] M je Ärmel, 32 (32, 34, 38, 40) [46, 50, 52, 52, 52] Rücken-M.

4. R (Rück-R): Li M, dabei alle MM abh.

Die 3.–4. R noch 4-mal wh.
Gesamt 90 (90, 96, 100, 102) [112, 116, 118, 122, 122] M: 7 M je VT, 18 (18, 20, 20, 20) [22, 22 22, 24, 24] M je Ärmel, 40 (40, 42, 46, 48) [54, 58, 60, 60, 60] Rücken-M.

13. R (Hin-R): 2 M re aus 1 M herausstr, re M bis 1 M vor MM, 1 re gen Zun, 1 M re, MMa, 1 M re, 1 li gen Zun, [re M bis 1 M vor folg. MM, 1 re gen Zun, 1 M re, MMa, 1 M re, 1 li gen Zun], [-] noch 2-mal wh, re M bis 1 M vor Ende, 2 M re aus 1 M herausstr. Gesamt 100 (100, 106, 110, 112) [122, 126, 128, 132, 132] M: 9 M je VT, 20 (20, 22, 22, 22) [24, 24, 24, 26, 26] M je Ärmel, 42 (42, 44, 48, 50) [56, 60, 62, 62, 62] Rücken-M.

14. R (Rück-R): Li M, dabei alle MM abh.

15. R: 2 M re aus 1 M herausstr, re M bis 1 M vor MM, 1 re gen Zun, 1 M re, MMa, 1 M re, 1 li gen Zun, [re M bis 1 M vor folg. MM, 1 re gen Zun, 1 M re, MMa, 1 M re, 1 li gen Zun], (-) noch 2-mal wh, re M bis 1 M vor Ende, 2 M re aus 1 M herausstr, 22 (22, 24, 28, 30) [36, 40, 42, 42, 42] M anschl, zur Rd schließen, ohne die Maschen zu verdrehen, re M bis MM (dies ist nun der MM des Rd-Anf, der auch den Anf des Ärmels markiert). Gesamt 132 (132, 140, 148, 152) [168, 176, 180, 184, 184] M: 22 (22, 24, 24, 24) [26, 26, 26, 28, 28] M je Ärmel, je 44 (44, 46, 50, 52) [58, 62, 64, 64, 64] M an VT und RT.

1. Rd: Re M, dabei alle MM abh.

2. Rd: 1 M re, 1 li gen Zun, [re M bis 1 M vor folg. MM, 1 re gen Zun, 1 M re, MMa, 1 M re, 1 li gen Zun], [-] noch 2-mal wh, re M bis 1 M vor Ende, 1 re gen Zun, 1 M re.

Die 1.–2. Rd noch 7 (11, 12, 14, 15) [16, 17, 18, 17, 17]-mal wh.
Gesamt 196 (228, 244, 268, 280) [304, 320, 332, 328, 328] M: 38 (46, 50, 54, 56) [60, 62, 64, 64, 64] M je Ärmel, je 60 (68, 72, 80, 84) [92, 98, 102, 100, 100] M an VT und RT.

Größen 1, 9, 10
3. Rd (Zun nur an VT & RT): Re M bis MM, MMa, 1 M re, 1 li gen Zun, re M bis 1 M vor MM, 1 re gen Zun, 1 M re, MMa, re M bis MM, MMa, 1 M re, 1 li gen Zun, re M bis 1 M vor Ende, 1 re gen Zun, 1 M re.

4. Rd: 1 M re, 1 li gen Zun, [re M bis 1 M vor MM, 1 re gen Zun, 1 M re, MMa, 1 M re, 1 li gen Zun], [-] noch 2-mal wh, re M bis 1 M vor Ende, 1 M re.

Die 3.–4. Rd noch 0 (-, -, -, -) [-, -, -, 2, 5]-mal wh. Gesamt 208 (-, -, -, -) [-, -, -, 364, 400] M: 40 (-, -, -, -) [-, -, -, 70, 76] M je Ärmel, je 64 (-, -, -, -) [-, -, -, 112, 124] an VT und RT.

Größen 3, 4, 5, 6, 7, 8

3. Rd (Roosimine-Vorbereitung): [Re M bis MM, MMa], [-] noch 2-mal wh, - (-, 6, 10, 12) [16, 19, 21, -, -] M re, MMs für Roosimine, Roosimine nach Strickschr arb (61 M), MMs für Roosimine, re M bis Ende.

4. Rd: 1 M re, 1 li gen Zun, [re M bis 1 M vor folg. MM, 1 re gen Zun, 1 M re, MMa, 1 M re, 1 li gen Zun], [-] noch 2-mal wh, re M bis MM, MMa, Roosimine nach Strickschr arb, MMa, re M bis 1 M vor Ende, 1 re gen Zun, 1 M re.

5. Rd: [Re M bis MM, MMa], [-] noch 3-mal wh, Roosimine nach Strickschr arb, MMa, re M bis Ende.

Die 4.–5. Rd noch - (-, 1, 3, 3) [5, 6, 4, -, -]-mal wh. Gesamt - (-, 260, 300, 312) [352, 376, 372, -, -] M: - (-, 54, 62, 64) [72, 76, 74, -, -] M je Ärmel, je - (-, 76, 88, 92) [104, 112, 112, -, -] M an VT und RT.

Größen 1, 2, 9, 10

Folg. Rd (Roosimine-Vorbereitung; Zun nur an VT & RT): Re M bis MM, MMa, 1 M re, 1 li gen Zun, re M bis 1 M vor MM, 1 re gen Zun, 1 M re, MMa, re M bis MM, MMa, 1 M re, 1 li gen Zun, 1 (3, -, -, -) [-, -, -, 25, 31] M re, MMs für Roosimine, Roosimine nach Strickschr arb (61 M), MMs für Roosimine, re M bis 1 M vor Ende, 1 re gen Zun, 1 M re.

Folg. Rd: 1 M re, 1 li gen Zun, [re M bis 1 M vor folg. MM, 1 re gen Zun, 1 M re, MMa, 1 M re, 1 li gen Zun, [-] noch 2-mal wh, re M bis MM, MMa, Roosimine nach Strickschr arb, MMa, re M bis 1 M vor Ende, 1 re gen Zun, 1 M re.

Gesamt 220 (240, -, -, -) [-, -, -, 376, 412] M: 42 (48, -, -, -) [-, -, -, 72, 78] M je Ärmel, je 68 (72, -, -, -) [-, -, -, 116, 128] M an VT und RT.

Alle Größen

Folg. Rd (Zun nur an VT & RT): Re M bis MM, MMa, 1 M re, 1 li gen Zun, re M bis 1 M vor MM, 1 re gen Zun, 1 M re, MMa, re M bis MM, MMa, 1 M re, 1 li gen Zun, re M bis MM, MMa, Roosimine nach Strickschr arb (61 M), MMa, re M bis 1 M vor Ende, 1 re gen Zun, 1 M re.

Folg. Rd: 1 M re, 1 li gen Zun, [re M bis 1 M vor folg. MM, 1 re gen Zun, 1 M re, MMa, 1 M re, 1 li gen Zun], [-] noch 2-mal wh, re M bis MM, MMa, Roosimine nach Strickschr arb, MMa, re M bis 1 M vor Ende, 1 re gen Zun, 1 M re.

Die letzten 2 Rd noch 0 (1, 2, 1, 2) [1, 1, 3, 4, 3]-mal wh. Gesamt 232 (264, 296, 324, 348) [376, 400, 420, 436, 460] M: 44 (52, 60, 66, 70) [76, 80, 82, 82, 86] M je Ärmel, je 72 (80, 88, 96, 104) [112, 120, 128, 136, 144] M an VT und RT.

ÄRMEL ABTEILEN

Vorbereitung: MM am Rd-Anf entf, 44 (52, 60, 66, 70) [76, 80, 82, 82, 86] Ärmel-M auf Hilfsfaden legen, MMe, 3 (3, 3, 3, 3) [3, 4, 4, 4, 4] M anschl, MMs (neuer Rd-Anf), 3 (3, 3, 3, 4) [4, 4, 4, 5, 5] M anschl, re M bis MM, MMe, 44 (52, 60, 66, 70) [76, 80, 82, 82, 86] Ärmel-M auf Hilfsfaden legen, MMe, 6 (6, 6, 6, 7) [7, 8, 8, 9, 9] M anschl, re M bis MM, MMa, Roosimine nach Strickschr arb, MMa, re M bis Ende. Rd-Anf an der Seite. Gesamt 156 (172, 188, 204, 222) [238, 256, 272, 290, 306] M.

RUMPF

Bis zum Ende der Roosimine-Strickschrift (61 Rd) arb wie folgt: Re M bis MM, MMa, Roosimine nach Strickschr arb (61 M), MMa, re M bis Ende.

Nach dem Ende der Roosimine-Strickschrift glatt rechts weiterstricken, bis der Pullover ab der Achsel 33,5 (34,5, 34,5, 35, 35) [35,5, 35,5, 35,5, 35,5, 35,5] cm lang ist oder bis 5 cm vor der gewünschten Länge.

Zu den 4,5-mm-Nadeln wechseln, 5 cm im 1/1-Rippenmuster stricken: [1 M re, 1 M li], [-] fortl. wh.

Im Rippenmuster abketten.

ÄRMEL

Mit HF aus den angeschlagenen M der Achsel 6 (6, 6, 6, 7) [7, 8, 8, 9, 9] M aufn und re str, 44 (52, 60, 66, 70) [76, 80, 82, 82, 86] stillgelegte Ärmel-M re str, 3 (3, 3, 3, 3) [3, 4, 4, 4, 4] M re, MMs für Rd-Anf. 50 (58, 66, 72, 77) [83, 88, 90, 91, 95] M.

1.–9. Rd: Re str.
Abn-Rd: 1 M re, 2 M re zus, re M bis 3 M vor Ende, SSK, 1 M re.

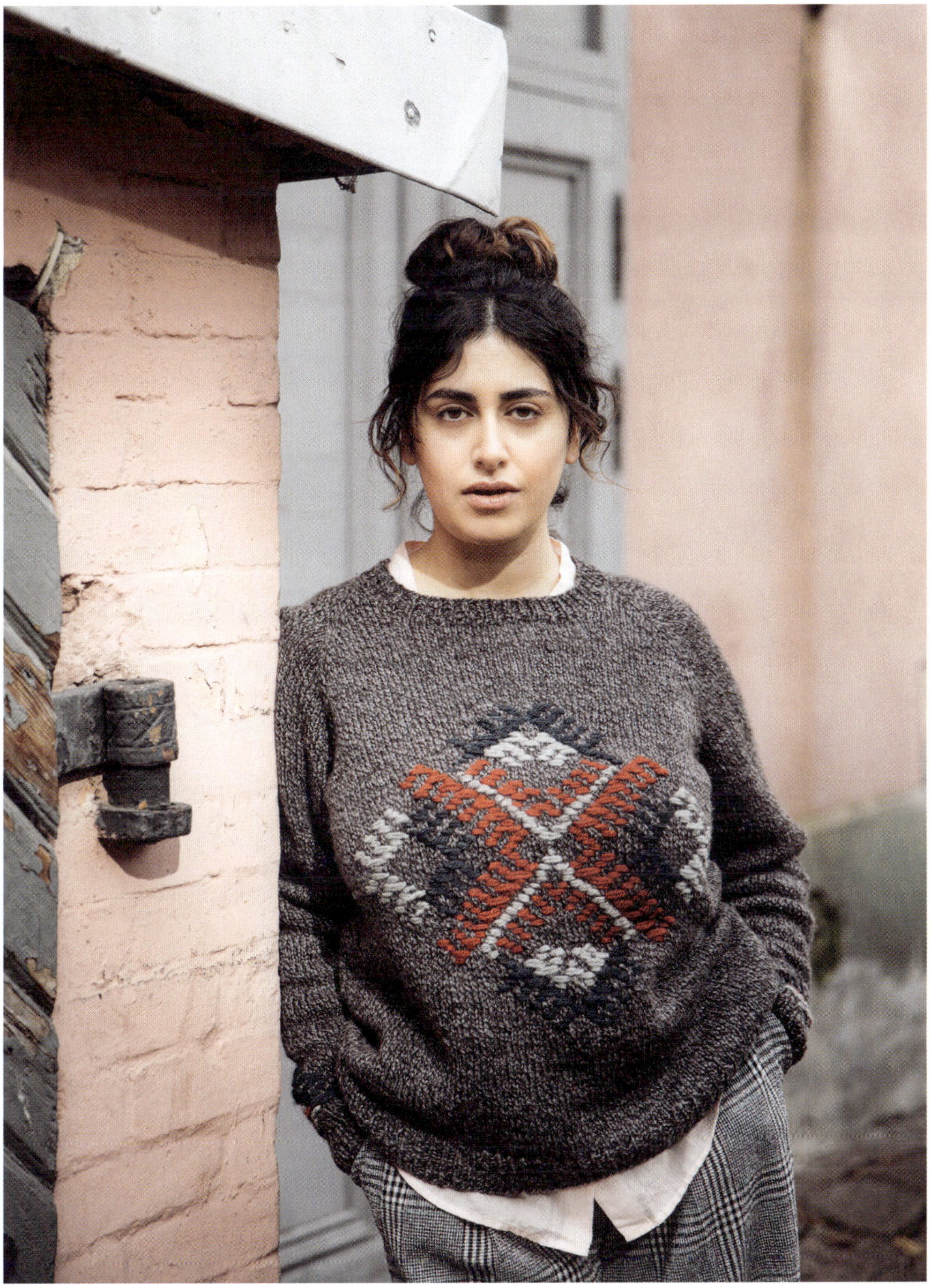

ROOSIMINE STRICKSCHRIFT UNTERER ÄRMEL

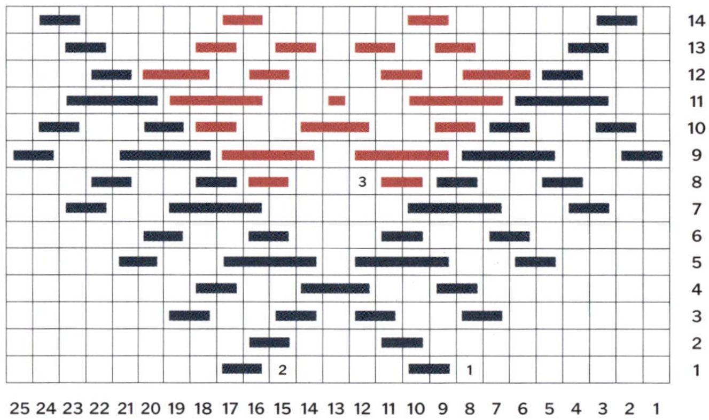

Die Abn-Rd noch 6 (10, 14, 17, 19) [22, 24, 24, 24, 25]-mal in jeder 12. (7., 5., 4., 4.) [3., 3., 3., 3., 3.] Rd wh. 36 (36, 36, 36, 37) [37, 38, 40, 41, 43] M.

Glatt rechts weiterstricken bis der Ärmel 35 (35,5, 35,5, 35,5, 36) [36, 37,5, 37,5, 37,5, 37,5] cm lang ist oder bis 11,5 cm vor der gewünschten Länge.

UNTERER ÄRMEL

Roosimine

Vorbereitung: 6 (6, 6, 6, 6) [6, 7, 8, 8, 9] M re, MMs, Roosimine nach Strickschr Unterer Ärmel arb (25 M), MMs, re M bis Ende.

Gemäß der Roosimine Strickschrift Unterer Ärmel arb (14 Rd) wie folgt: Re M bis MM, MMa, Roosimine nach Strickschr Unterer Ärmel arb, MMa, re M bis Ende. Beide KF abschneiden.

Größen 1, 2, 3, 4, 7, 8

Folg. Rd: Re M.

Größen 5, 6, 9, 10

Folg. Rd: Re M bis 2 M vor Ende, 2 M re zus. - (-, -, -, 36) [36, -, -, 40, 42] M.

Alle Größen

Zu den 4,5-mm-Nadeln wechseln und 5 cm im 1/1-Rippenmuster str: [1 M re, 1 M li], [-] fortl. wh.

Im Rippenmuster abketten.

Den 2. Ärmel genauso stricken.

HALSBÜNDCHEN

Mit 4,5-mm-Nadeln und HF 84 (84, 92, 100, 104) [120, 128, 132, 136, 136] M aufn und re str; dabei am RT beginnen und MMs für Rd-Anf.

2,5 cm im 1/1-Rippenmuster stricken.

Im Rippenmuster abketten.

FERTIGSTELLUNG

Fäden vernähen und den Pullover auf Maß spannen.

Roosimine-Fäden:

Das Fadenende auf der Rückseite am Querfaden einer benachbarten li M festknoten. Den Knoten nicht zu fest anziehen. Den übrigen Faden zwischen den gleichfarbigen Spannfäden auf der Rückseite vernähen wie beim Jacquardstricken.

ROOSIMINE STRICKSCHRIFT

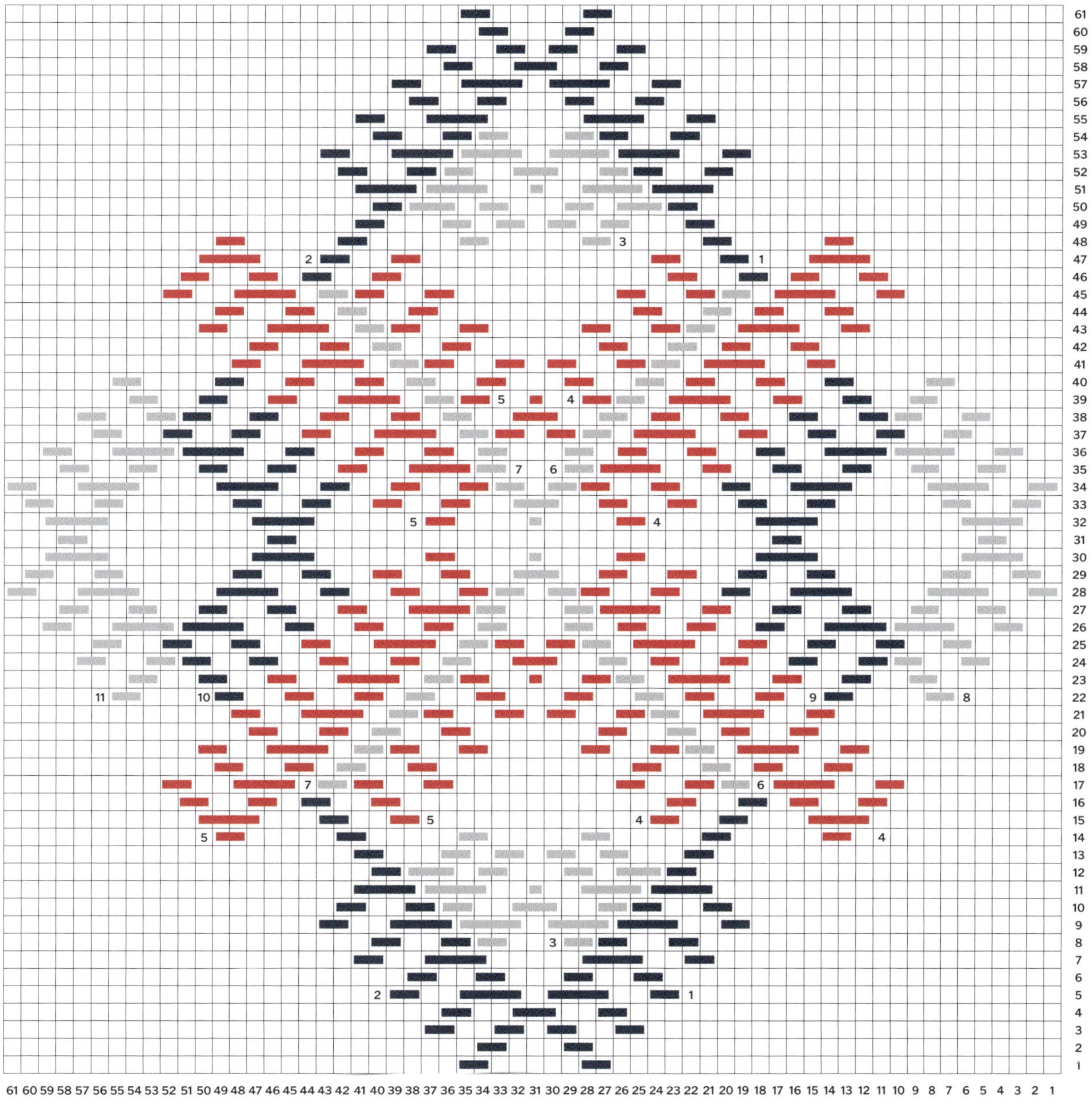

LEGENDE

- Re M in HF
- Re M in HF, Roosimine mit KF1
- Re M in HF, Roosimine mit KF2
- Re M in HF, Roosimine mit KF3

1–11 ((oder 1, 2, 3 … 11)) Jede Partie mit einem separaten kleinen Knäuel (oder einer kleinen Spule) arbeiten. Das ist einfacher und vermeidet lange Spannfäden auf der Rückseite. Die Zahlen in der Strickschrift geben die Nummer der für eine Partie zu verwendenden Knäuel/Spulen an.

PÄIKENE

Wie Sonnenstrahlen breitet sich das Roosimine-Muster oberhalb von Saum und Ärmelbündchen dieses Cardigans aus. Es ist die Abwandlung eines klassischen Roosimine-Motivs, das am Bündchen von Handschuhen aus Tõstamaa gefunden wurde.

GRÖSSEN

1 (2, 3, 4, 5) [6, 7, 8, 9, 10]

Empfohlene Mehrweite: 10–15 cm

FERTIGE MASSE

Brustumfang: 100 (111, 120, 131, 141) [155,5, 164,5, 180, 191, 204,5] cm

Oberarmumfang: 34,5 (34,5, 34,5, 38, 40) [45,5, 48, 52, 54,5, 58] cm

Länge ab der Achsel: 48,5 cm

Umfang Ärmelbündchen: 25,5 cm

Ärmellänge: 44,5 (44,5, 45,5, 45,5, 47) [47, 47, 48, 48, 48] cm

GARN

Purl Soho Cashmere Merino Bloom (75 % extrafeine Merinowolle, 25 % Kaschmir, LL 199 m/100 g)

HF: Farbe Salt + Pepper Helix, 5 (6, 6, 7, 7) [8, 9, 9, 10, 10] Stränge

Purl Soho Mulberry Merino (80 % Merinowolle, 20 % Maulbeerseide, LL 226 m/100 g)

KF1: Farbe Turmeric Yellow, 2 (2, 2, 2, 3) [3, 3, 3, 3, 4] Stränge

KF2: Farbe Black Green, 1 Strang

Oder vergleichbares Garn (Stärke DK) in folgender Menge:

HF: 974 (1061, 1176, 1262, 1389) [1473, 1630, 1732, 1889, 1989] m

KF1: 339 (368, 407, 438, 481) [513, 564, 599, 654, 690] m

KF2: 97 (103, 114, 124, 134) [142, 158, 167, 183, 193] m

Für die Roosimine-Technik das KF-Garn doppelt genommen auf kleine Knäuel oder Spulen wickeln. Für jede KF2-Partie und für jede Wiederholung der Strickschrift des Rumpfs in KF1 ein separates kleines Knäuel (oder kl. Spule) verwenden (KF2: ca. 5 g/Spule, KF1: ca. 10 g/Spule). Für jede Ärmel-Strickschrift 3 kleine KF1-Knäuel (ca. 10 g/Knäuel) verwenden.

STRICKNADELN

3,75 mm: Rundnadel 80 cm, Nadelspiel für die Bündchen

4 mm: Rundnadel 80 cm sowie Nadelspiel für Glatt-rechts-Partien und Roosimine

SONSTIGES

Wollnadel, Maschenmarkierer, Garnspulen

MASCHENPROBE

18 M x 28 R = 10 x 10 cm, glatt rechts gestrickt, nach dem Spannen

ANMERKUNGEN ZUR ANLEITUNG

Dieser Cardigan wird nahtlos gestrickt. Ab dem unteren Saum wird der Rumpf zunächst rundgestrickt, mit einem Steek an der Roosimine-Partie. Nach dem Roosimine-Muster wird der übrige Rumpf in Reihen gearbeitet. Die Kontrastfarben für die Roosimine-Arbeit werden doppelt gelegt. Verwendet man dafür ein dickeres Garn (Stärke Aran), genügt ein Faden.

Vorder- und Rückenteil werden an den Schultern durch Abketten mit drei Nadeln verbunden.

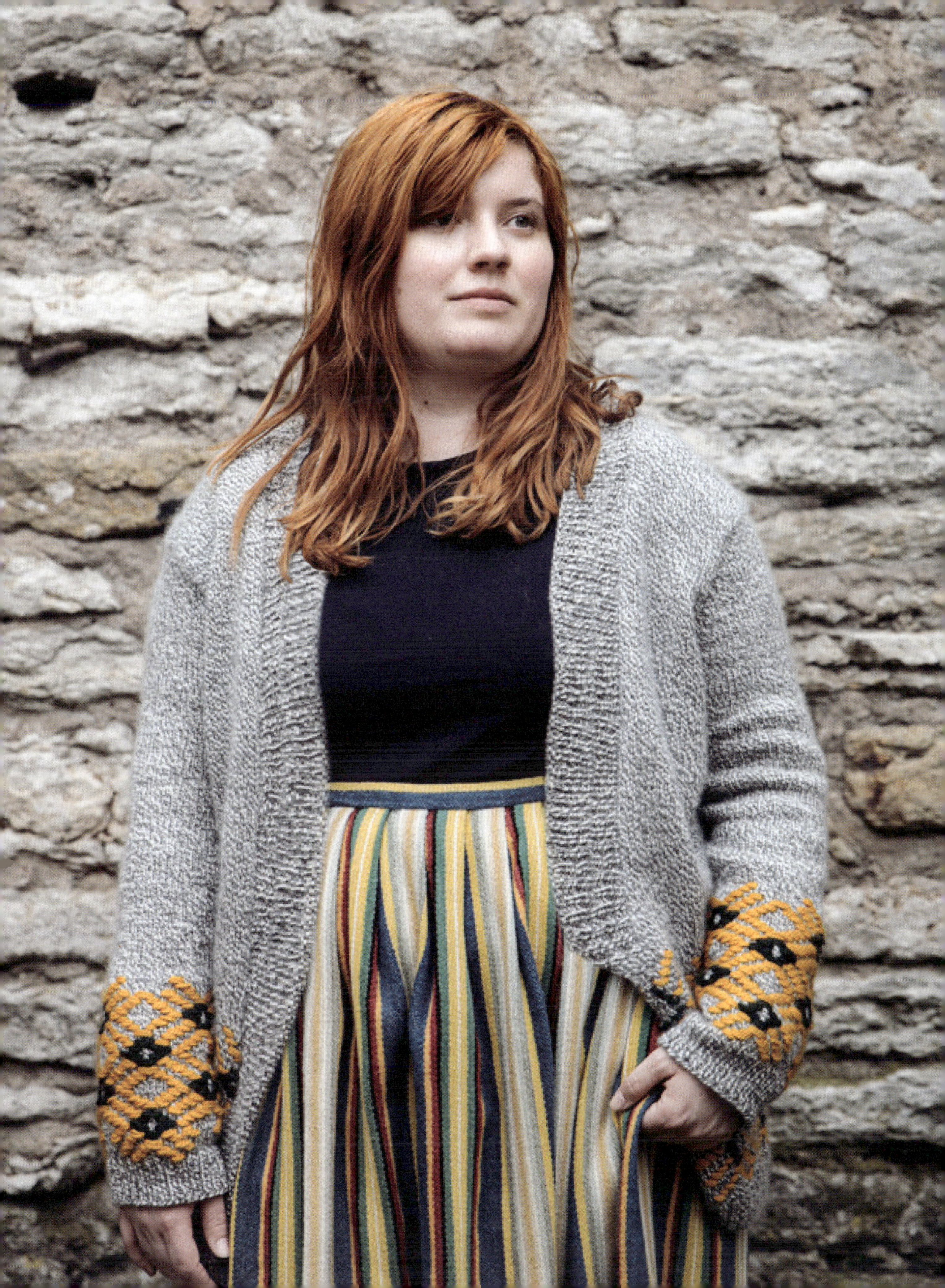

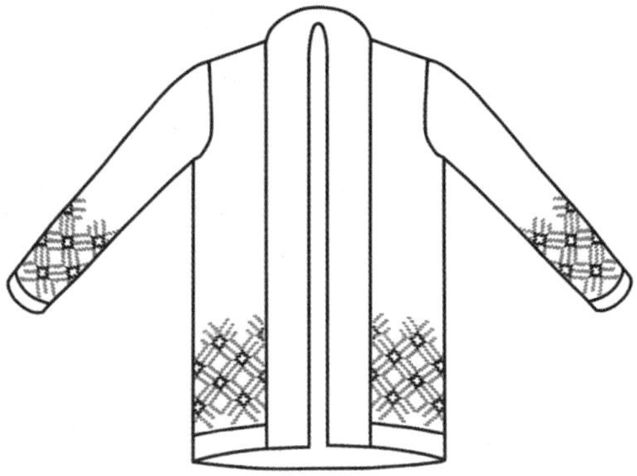

Die Ärmelmaschen werden aus dem Armausschnitt aufgenommen. Die Ärmel beginnen mit einer Armkugel mit verkürzten Reihen und werden dann nach unten bis zum Roosimine-Muster und dem gerippten Bündchen gestrickt.

Nach dem Steeken des Vorderteils werden an den Vorderkanten und am Rückenteil Maschen aufgenommen, um die breite gerippte Blende anzustricken.

SPEZIALTECHNIK

Abketten mit drei Nadeln

Mit zugewandter Rückseite die Nadeln, auf denen die Maschen liegen, parallel zueinander legen. [Mit einer 3. Nadel in passender Stärke in die jeweils erste Masche auf beiden parallelen Nadeln einstechen wie zum Rechtsstricken, die beiden Maschen re zus str], [-] noch 1-mal wiederholen, die 2. M auf der 3. Nadel über die 1. M ziehen. Auf diese Weise fortfahren, d. h. stets 2 M re zus von den parallelen Nadeln und dann auf der 3. Nadel die 2. M über die 1. M ziehen, bis alle M gestrickt wurden. Garn abschneiden und das Fadenende durch die letzte Masche auf der 3. Nadel ziehen.

ANLEITUNG

RUMPF

Mit 3,75-mm-Nadeln und HF 151 (169, 187, 205, 223) [241, 259, 277, 295, 313] M anschl und zur Rd schließen, MMs für Rd-Anf. Rd-Anf an der vorderen Mitte in der Mitte des Steeks.

1. Rd: 1 M li, 2 M re, MMs (markiert Steek), 1 M re, MMs, [1 M re, 1 M li], [-] wh bis 3 M vor Ende, MMs, 1 M re, MMs (markiert Steek), 2 M re.

2. Rd: 1 M li, re M bis MM, MMa 1 M re, MMa, [1 M re, 1 M li], [-] wh bis MM, MMa, 1 M re, MMa, re M bis Ende.

Die 2. Rd bis zu einer Höhe von 5 cm ab MA wh.

Zu den 4-mm-Nadeln wechseln.

3. Rd: 1 M li, re M bis MM, MMa, 1 M re, MMa, Roosimine nach Strickschr Rumpf arb bis MM, MMa, 1 M re, MMa, re M bis Ende.

Die 3. Rd wh, bis alle 40 Rd der Roosimine-Strickschrift Rumpf gearbeitet wurden. KF1 und KF2 abschneiden.

Folg. Rd: 1 M li, re M bis MM, MMa, 1 M re, MMe, re M bis MM, MMe, 1 M re, MMa, 2 M abk, MM am Rd-Anf entf, 3 M abk (alle Steek-M abgekettet). 146 (164, 182, 200, 218) [236, 254, 272, 290, 308] M.

Von nun an wird der Rumpf in Reihen gestrickt.

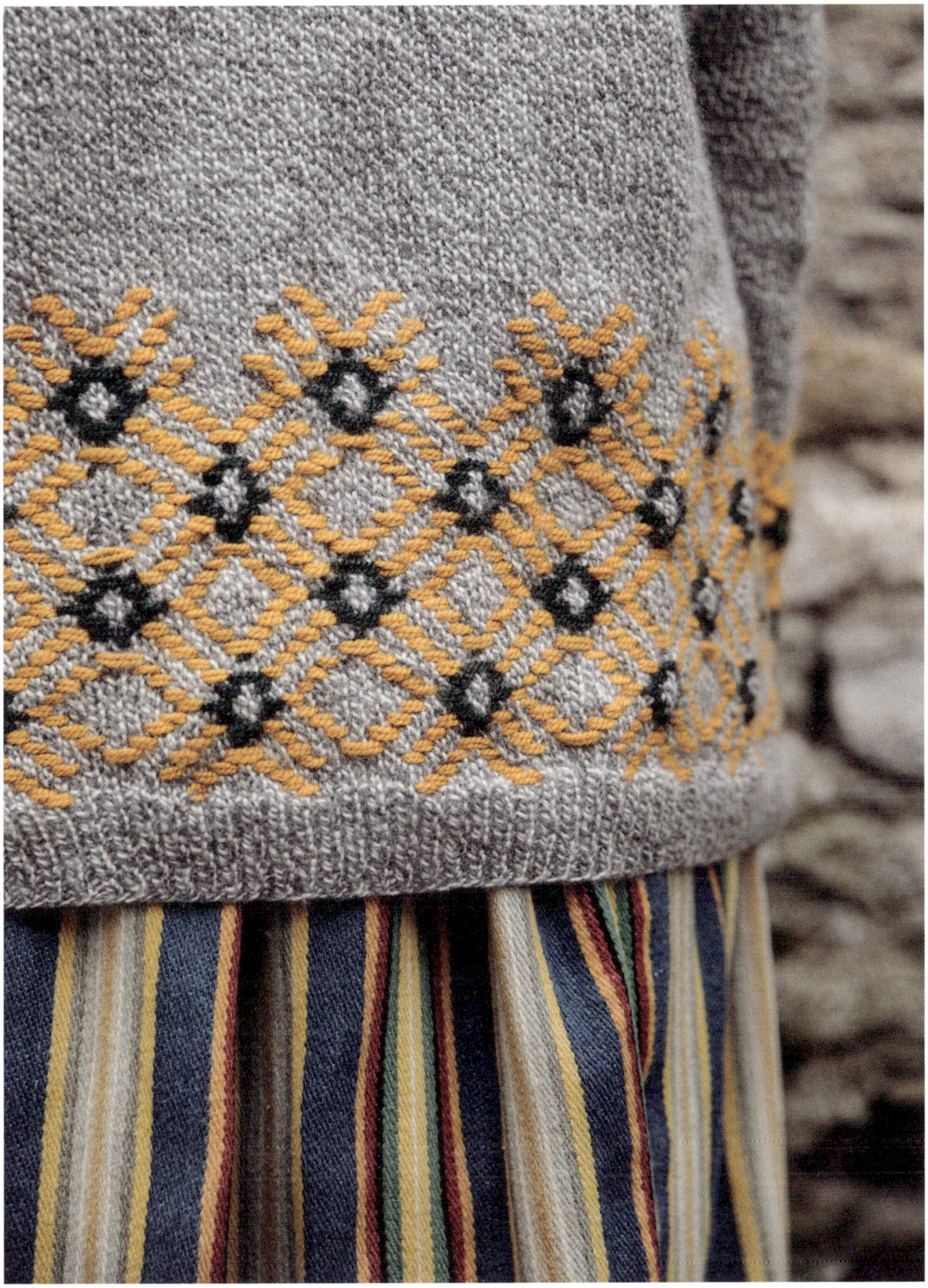

1. R (Hin-R): Re M.
2. R (Rück-R): Li M.

Die 1.–2. Rd bis zu einer Länge von 48,5 cm ab MA oder der gewünschten Länge bis zur Achsel wh.

RECHTES VORDERTEIL

1. R (Hin-R): 26 (30, 35, 39, 43) [44, 49, 49, 52, 54] M re, wenden.

2. R (Rück-R): 1 M li, 2 M li zus, li M bis Ende, wenden (1 M abgen).

3. R (Hin-R): Re M bis 3 M vor Ende, 2 M re zus, 1 M re (1 M abgen).

Die 2.–3. R noch 1 (3, 5, 7, 8) [9, 10, 9, 9, 11]-mal wh. 22 (22, 23, 23, 25) [24, 27, 29, 32, 30] M.

Größen 1, 2, 3, 4, 5, 8, 9

4. R (Rück-R): Li M.

5. R (Hin-R): Re M bis 3 M vor Ende, 2 M re zus, 1 M re (1 M abgen).

Die 4.–5. R noch 1 (1, 0, 0, 0) [-, -, 0, 1, -]-mal wh. 20 (20, 22, 22, 24) [-, -, 28, 30, -] M.

Alle Größen

20 (20, 22, 22, 24) [24, 27, 28, 30, 30] M.

6. R (Rück-R): Li M.
7. R (Hin-R): Re M.

Die 6.–7. R noch 17 (16, 13, 15, 14) [16, 16, 15, 13, 15]-mal wh.

8. R (Rück-R): Li M.
Abn-Rd (Hin-R): 1 M re, SSK, re M bis Ende (1 M abgen).

Die Abn-Rd noch 1 (1, 3, 2, 3) [3, 4, 5, 6, 5]-mal in jeder 4. Rd wh. 18 (18, 18, 19, 20) [20, 22, 22, 23, 24] M.

Folg. Rück-R: Li M.
Folg. Hin-R: Re M.
Folg. Rück-R: Li M.

HF abschneiden. Die M auf Halter oder Hilfsfaden stilllegen.

LINKES VORDERTEIL

Die folg. 90 (100, 108, 118, 127) [140, 148, 162, 172, 184] M für das Rückenteil auf Hilfsfaden oder M-Halter stilllegen.

1. R (Hin-R): In HF in Hin-R 4 (4, 4, 4, 5) [8, 8, 12, 14, 16] M abk, 26 (30, 35, 39, 43) [44, 49, 49, 52, 54] M re, wenden.

2. R (Rück-R): Li M bis 3 M vor Ende, 2 M li verschr zus, 1 M li (1 M abgen).

3. R (Hin-R): 1 M re, SSK, re M bis Ende (1 M abgen).

Die 2.–3. R noch 1 (3, 5, 7, 8) [9, 10, 9, 9, 11]-mal wh. 22 (22, 23, 23, 25) [24, 27, 29, 32, 30] M.

Größen 1, 2, 3, 4, 5, 8, 9

4. R (Rück-R): Li M.

5. R (Hin-R): 1 M re, SSK, re M bis Ende (1 M abgen).

Die 4.–5. R noch 1 (1, 0, 0, 0) [-, -, 0, 1, -]-mal wh. 20 (20, 22, 22, 24) [-, -, 28, 30, -] M.

Alle Größen

20 (20, 22, 22, 24) [24, 27, 28, 30, 30] M.

6. R (Rück-R): Li M.
7. R (Hin-R): Re M.

Die 6.–7. R noch 17 (16, 13, 15, 14) [16, 16, 15, 13, 15]-mal wh.

8. R (Rück-R): Li M.
Abn-Rd (Hin-R): Re M bis 3 M vor Ende, 2 M re zus, 1 M re (1 M abgen).

Die Abn-Rd noch 1 (1, 3, 2, 3) [3, 4, 5, 6, 5]-mal in jeder 4. Rd wh. 18 (18, 18, 19, 20) [20, 22, 22, 23, 24] M.

Folg. Rück-R: Li M.
Folg. Hin-R: Re M.
Folg. Rück-R: Li M.

HF abschneiden. Alle M auf Halter oder Hilfsfaden stilllegen.

HINTERER ARMAUSSCHNITT
Die Rückenmaschen auf die 4-mm-Nadeln legen.
1. R (Hin-R): Mit HF 8 (8, 8, 8, 10) [16, 16, 24, 28, 32] M abk, 82 (92, 100, 110, 117) [124, 132, 138, 144, 152] M re, wenden.

2. R (Rück-R): 4 (4, 4, 4, 5) [8, 8, 12, 14, 16] M abk, li M bis Ende. 78 (88, 96, 106, 112) [116, 124, 126, 130, 136] M.

3. R (Hin-R): 1 M re, SSK, re M bis 3 M vor Ende, 2 M re zus, 1 M re (2 M abgen).

4. R (Rück-R): 1 M li, 2 M li zus, li M bis 3 M vor Ende, 2 M li verschr zus, 1 M li (2 M abgen).

Die 3.–4. R noch 1 (3, 5, 7, 8) [9, 10, 9, 9, 11]-mal wh. 70 (72, 72, 74, 76) [76, 80, 86, 90, 88] M.

Größen 1, 2, 3, 4, 5, 8, 9
5. R (Hin-R): 1 M re, SSK, re M bis 3 M vor Ende, 2 M re zus, 1 M re (2 M abgen).

6. R (Rück-R): Li M.

Die 5.–6. R noch 1 (1, 0, 0, 0) [-, -, 0, 1, -]-mal wh. 66 (68, 70, 72, 74) [-, -, 84, 86, -] M.

Alle Größen
66 (68, 70, 72, 74) [76, 80, 84, 86, 88] M.

8. R (Hin-R): Re M.
9. R (Rück-R): Li M.

Die 8.–9. R noch 21 (20, 21, 21, 22) [24, 26, 27, 27, 27]-mal wh.
Die 8. Reihe noch 1-mal wh.

VERBINDUNG DER SCHULTERN
Den Cardigan auf links wenden, sodass die Innenseite des Rückenteils und beider Vorderteile außen liegt.

Die M des li VT auf 4-mm-Nadeln legen. Die ersten 18 (18, 18, 19, 20) [20, 22, 22, 23, 24] M des RT und die M des li VT durch Abketten mit 3 Nadeln verbinden. Folg. 30 (32, 34, 34, 34) [36, 36, 40, 40, 40] M des RT auf Hilfsfaden oder M-Halter legen. Die M des re VT auf 4-mm-Nadeln legen. Die ersten 18 (18, 18, 19, 20) [20, 22, 22, 23, 24] M des RT und die M des re VT durch Abketten mit 3 Nadeln verbinden.

ÄRMEL
Mit 4-mm-Nadeln und HF ab der Schulternaht entlang des Armausschnitts 27 (27, 27, 30, 31) [33, 35, 35, 35, 36] M aufn und re str (etwa alle 2 Reihen 1 Masche). 4 (4, 4, 4, 5) [8, 8, 12, 14, 16] M aus den abgeketteten M der Achsel aufn und re str, MMs (dies wird nach den verkürzten Reihen der Rd-Anf), 4 (4, 4, 4, 5) [8, 8, 12, 14, 16] M aus den abgeketteten M der Achsel aufn und re str, entlang des Armausschnitts bis zur Schulternaht 27 (27, 27, 30, 31) [33, 35, 35, 35, 36] M aufn und re str (etwa alle 2 Reihen 1 Masche), MMs. 62 (62, 62, 68, 72) [82, 86, 94, 98, 104] M.

ARMKUGEL MIT VERKÜRZTEN REIHEN
1. R (Hin-R): 11 (11, 11, 12, 13) [15, 14, 16, 17, 19] M re, wenden.

2. R (Rück-R): Rück-R DM, li M bis MM, 11 (11, 11, 12, 13) [15, 14, 16, 17, 19] M li, wenden.

3. R (Hin-R): Hin-R DM, re M bis MM, MMa, re M bis vorige Wende-M, die DM der verk. R als 2 M re zus str, 1 M re, wenden.

4. R (Rück-R): Rück-R DM, li M bis MM, MMa, li M bis vorige Wende-M, die DM der verk. R als 2 M li zus str, 1 M li, wenden.

Die 3.–4. R noch 19 (19, 19, 21, 22) [25, 28, 30, 31, 32]-mal wh oder bis alle M bis zum MM des Rd-Anf gearbeitet wurden. MM oben an der Schulter entf.

Ab jetzt in Runden str. Bei Erreichen der letzten DM der verk. R die DM als 2 M re zus str.

1.–10. Rd: Re M.

Abn-Rd: 1 M re, 2 M re zus, re M bis 2 M vor Ende, SSK.

Die Abn-Rd noch 3 (3, 3, 6, 8) [13, 15, 19, 21, 24)-mal in jeder 14. (11., 9., 8., 6.) [4., 3., 3., 3., 2.] Rd wh. 54 M.

In Rd weiterstr, bis der Ärmel 25 (25, 26, 26, 27,5) [27,5, 27,5, 28,5, 28,5, 28,5] cm lang ist oder bis 19,5 cm vor der gewünschten Länge.

Die Roosimine-Strickschrift Ärmel arbeiten (40 Rd). 46 M. KF1 und KF2 abschneiden.

Folg. Rd: Re M.

ÄRMELBÜNDCHEN

Zu den 3,75-mm-Nadeln wechseln.

5 cm im 1/1-Rippenmuster stricken: [1 M re, 1 M li], [-] fortl. wh.

Die M im 1/1-Rippenmuster abk, wie sie erscheinen.

Den 2. Ärmel genauso stricken.

STEEK AUFSCHNEIDEN

Den Steek der rundgestrickten Roosimine-Partie am Vorderteil mit der Nähmaschine oder Häkelnadel (Kettmaschen) befestigen. Die mittlere der 5 M (li M) durchschneiden.

KRAGEN UND BLENDE

Mit 3,75-mm-Nadeln und HF entlang der re Vorderkante 125 (125, 125, 129, 130) [133, 136, 136, 136, 137] M aufn und re str (etwa alle 3 Reihen 2 M), 30 (32, 34, 34, 34) [36, 36, 40, 40, 40] stillgelegte M des RT re str, entlang der li Vorderkante 125 (125, 125, 129, 130) [133, 136, 136, 136, 137] M aufn und re str (etwa alle 3 Reihen 2 M). Noch 1 M aus dem MA aufn und re str. 281 (283, 285, 293, 295) [303, 309, 313, 313, 315] M.

7,5 cm oder gewünschte Höhe im 1/1-Rippenmuster str:
Rück-R: [1 M li, 1 M re], [-] wh bis 1 M vor Ende, 1 M li.
Hin-R: [1 M re, 1 M li], [-] wh bis 1 M vor Ende, 1 M re.

Die M im 1/1-Rippenmuster abk, wie sie erscheinen.

FERTIGSTELLUNG

Fäden vernähen und die Jacke auf Maß spannen.

Roosimine-Fäden:

Das Fadenende auf der Rückseite am Querfaden einer benachbarten li M festknoten. Den Knoten nicht zu fest anziehen. Den übrigen Faden zwischen den gleichfarbigen Spannfäden auf der Rückseite vernähen wie beim Jacquardstricken. Mit den Enden der KF2 können lange Spannfäden der KF1 auf der Rückseite befestigt werden: Dazu die KF2-Fadenenden senkrecht über die KF1-Spannfäden führen und nach jedem KF1-Spannfaden durch den Querfaden einer linken HF-Masche und einen KF2-Spannfaden ziehen.

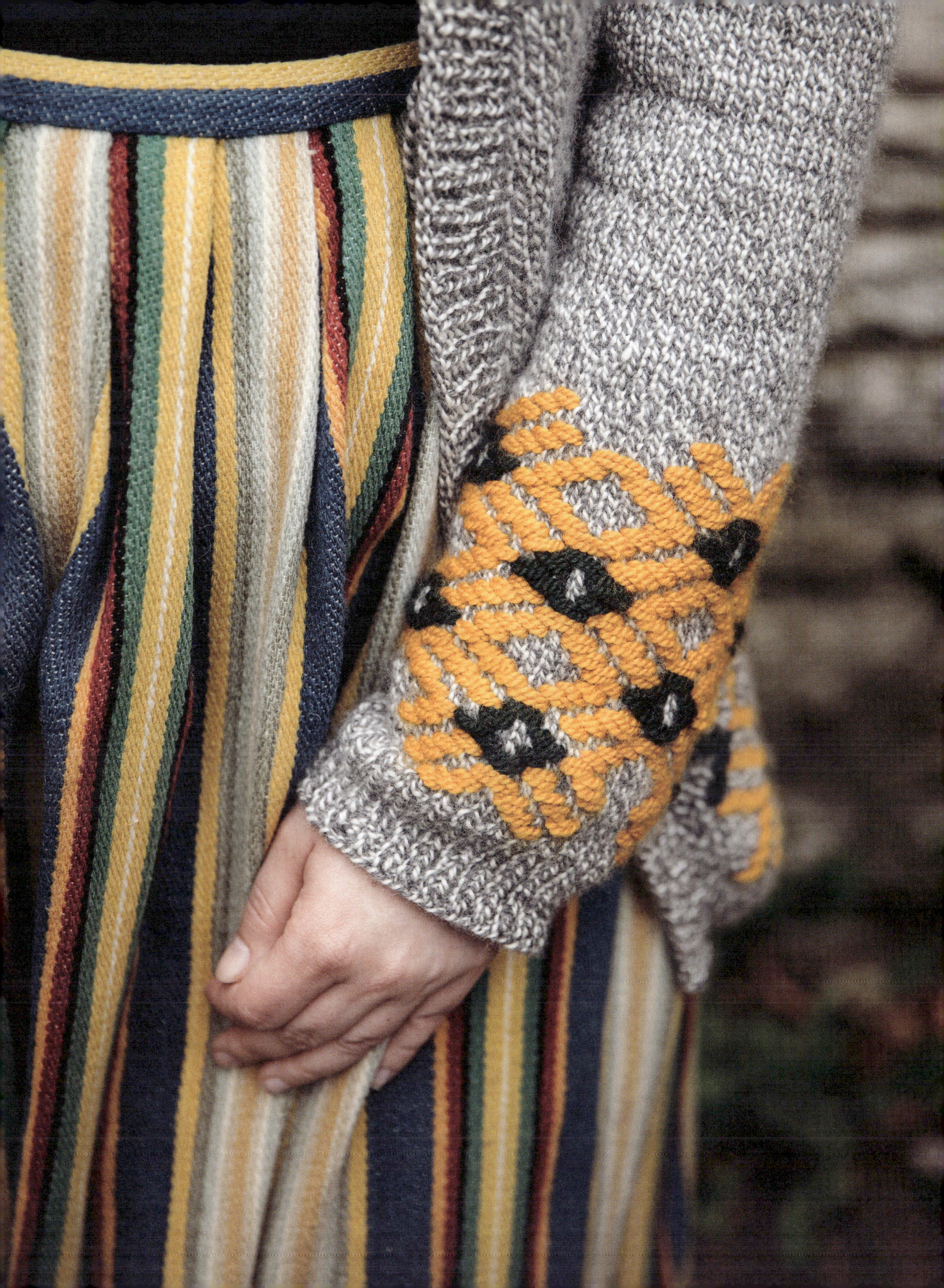

ANLEITUNG PÄIKENE

ROOSIMINE-STRICKSCHRIFT RUMPF

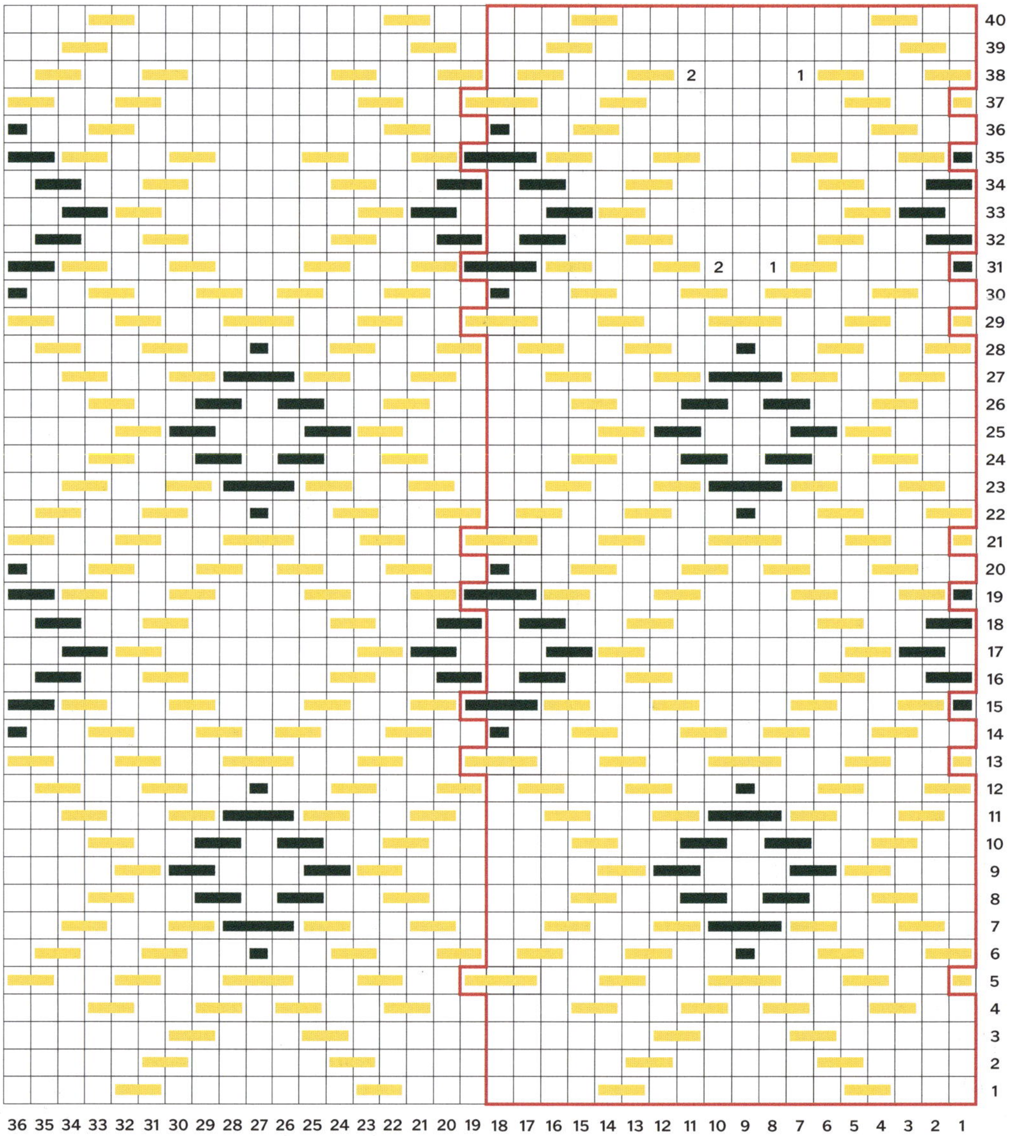

LEGENDE

- Re M in HF
- Re M in HF, Roosimine in KF1
- Re M in HF, Roosimine in KF2
- Rapport

1, 2 Die KF1-Spannfäden dieses Motivs oder halben Motivs mit einem separaten kleinen Knäuel (oder einer kleinen Spule) arbeiten, um lange Spannfäden auf der Rückseite zu vermeiden. Die Zahlen in der Strickschrift geben die Nummer des zu verwendenden Knäuels bzw. der Spule an.

ROOSIMINE-STRICKSCHRIFT ÄRMEL

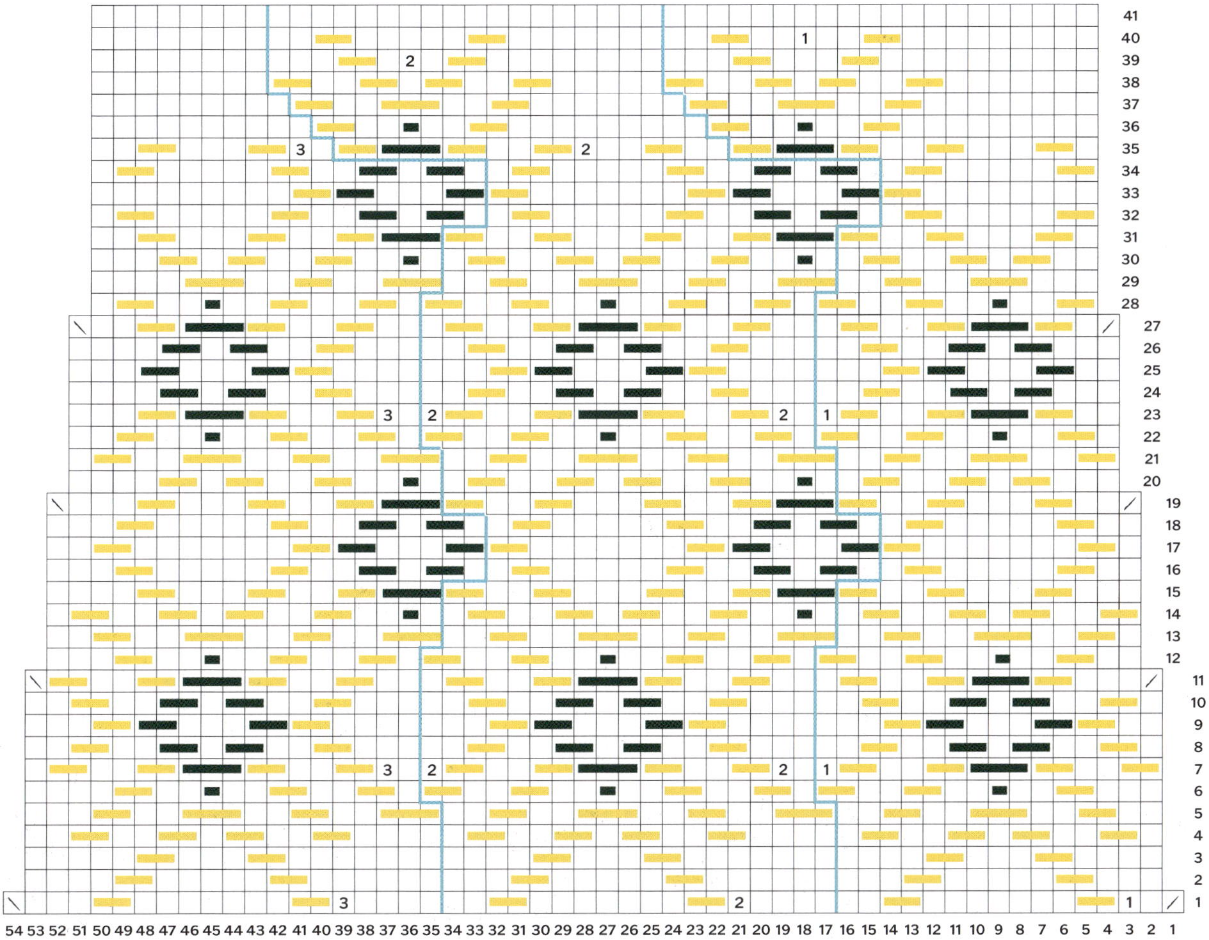

LEGENDE

- Re M in HF
- Re M in HF, Roosimine in KF1
- Re M in HF, Roosimine in KF2
- 2 M re zus
- SSK

1, 2, 3 Die KF1-Spannfäden dieses Motivs oder halben Motivs mit einem separaten kleinen Knäuel (oder einer kleinen Spule) arbeiten, um lange Spannfäden auf der Rückseite zu vermeiden. Die Zahlen in der Strickschrift geben die Nummer des zu verwendenden Knäuels bzw. der Spule an.

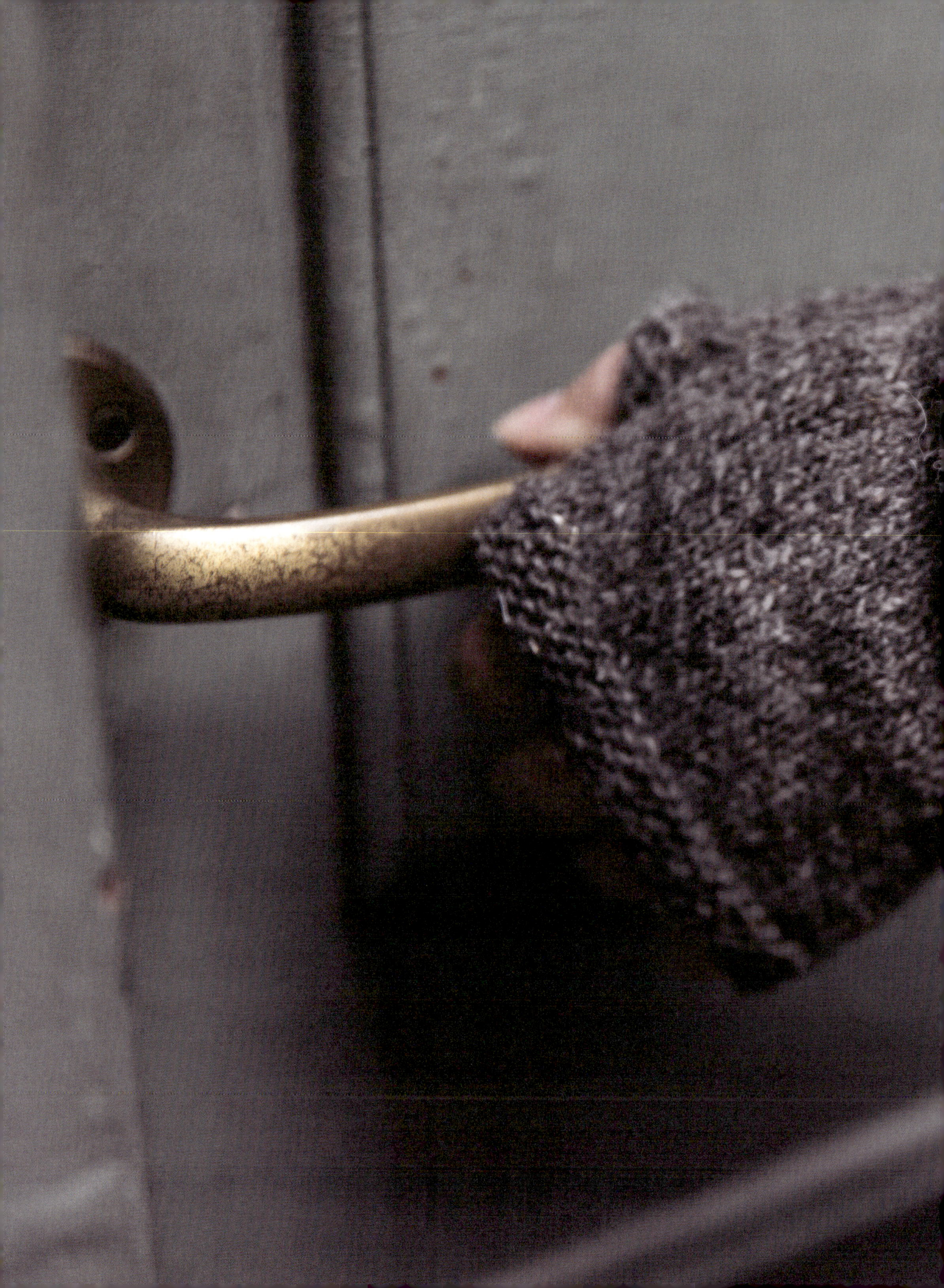

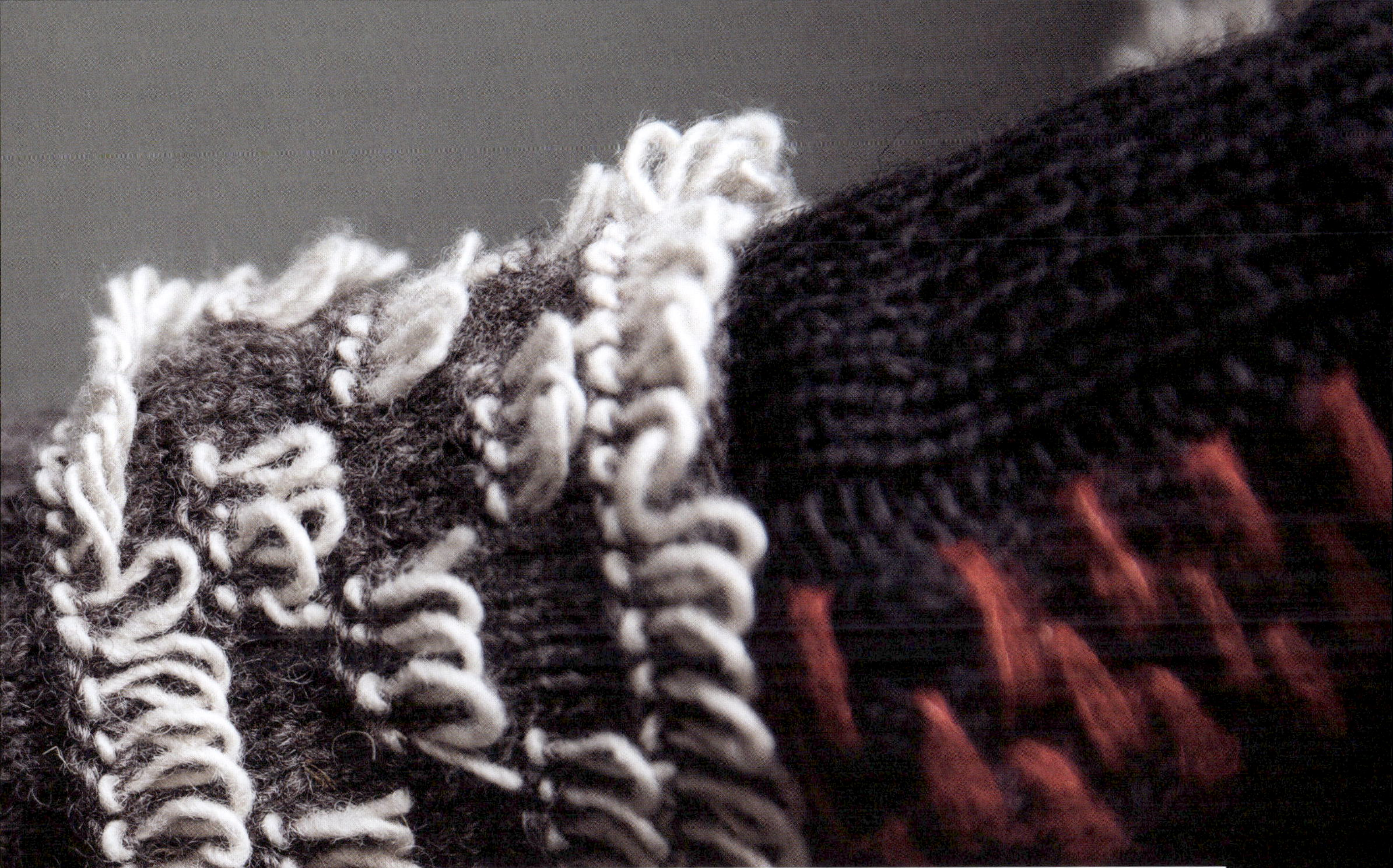

TECHNIK 2

GESTRICKTE FRANSEN

Für gestrickte Fransen werden Garnschlaufen in einer Kontrastfarbe gearbeitet. In estnischen Strickarbeiten werden Fransen oft am Handgelenk von Handschuhen oder Fäustlingen angebracht – verzieren Sie damit jedoch auch einmal einen Schal oder Pullover!

GESTRICKTE FRANSEN – NARMAD

FRANSEN SIND eine weitere Art der Verzierung, meist am Handgelenk von Handschuhen und Fäustlingen, die zu besonderen Anlässen (z. B. Hochzeiten) getragen werden.
FRANSEN KÖNNEN in einer oder mehreren Farben gearbeitet werden. Traditionell wurden sie entweder an eine Krausrechts-Rippe oder die Querfäden linker Maschen angenäht, oder sie wurden direkt mit angestrickt. Wie bei allen estnischen Techniken unterscheiden sich die Methoden je nach Region, und angenähte Fransen finden sich an Handschuhen der Inseln Saaremaa und Hiiumaa sowie in einzelnen Gemeinden und Gebieten des Festlands, etwa Setomaa.

Gestrickte Fransen werden oft mit Roosimine kombiniert.

GESTRICKTE FRANSEN finden sich in der Region von Pärnumaa, zu der die Gemeinden Audru, Mihkli, und Tõstamaa gehören. Dort werden sie oft mit Roosimine kombiniert. Um angestrickte Fransen geht es auch in diesem Buch, da die Technik sehr interessant ist und zugleich einen schönen Abschluss eines Projekts bildet.

ES GIBT verschiedene Methoden, gestrickte Fransen zu arbeiten, doch es existieren keine Aufzeichnungen darüber, welche die ursprüngliche Art und Weise ist. Manche estnischen Strickerinnen arbeiten die Fransen auf links, manche auf rechts. Ich persönlich finde es einfacher, sie auf rechts zu stricken, da man so während der Arbeit sehen kann, was passiert.

1

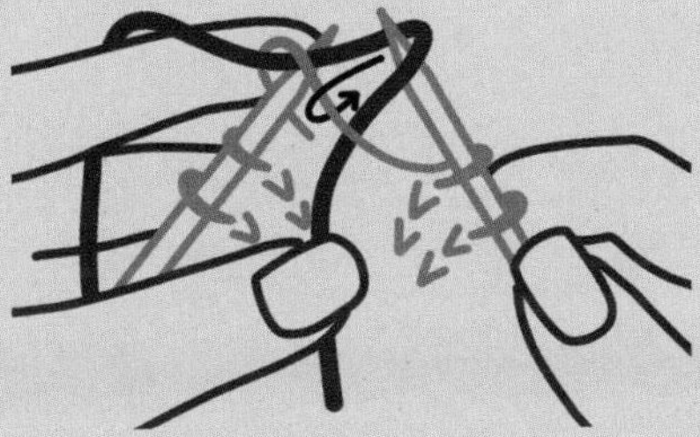

2

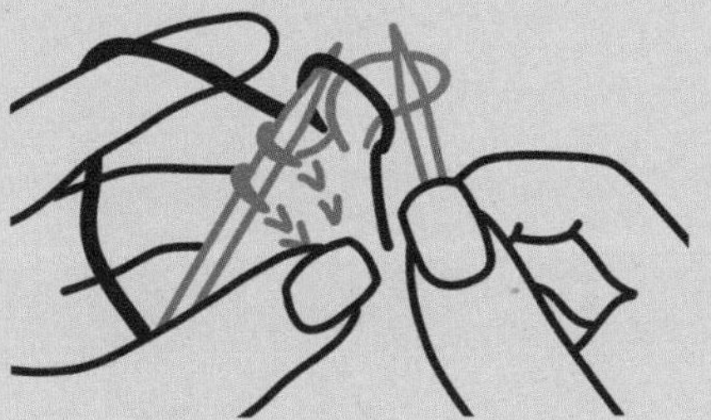

3

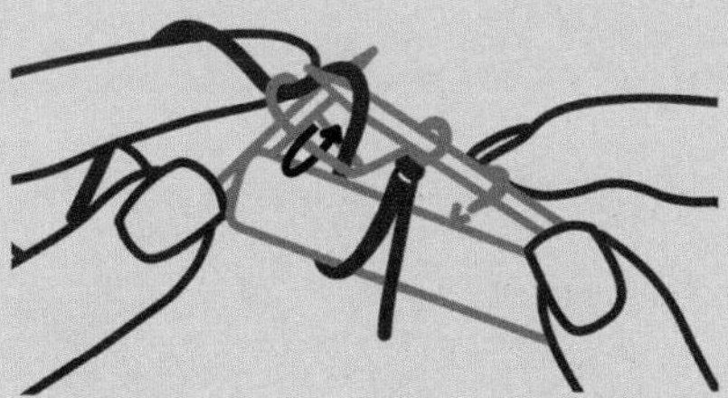

Die gestrickten Fransen in diesem Buch werden auf rechts gearbeitet. Dazu werden in einer Kontrastfarbe Schlaufen gebildet. Zunächst wird von unten nach oben bis zu der Stelle gestrickt, an der die Fransen sitzen sollen. Um dann die Fransen anzufertigen, benötigen Sie einen Streifen Pappe oder einen flachen Stab in der gewünschten Breite der Fransen.

Mit zugewandter Vorderseite das Garn für die Fransen (Kontrastfarbe) wie zum Linksstricken an die Nadeln legen; das Fadenende hängt vorn. Mit dem Fransengarn eine linke Masche stricken, die Masche der Hauptfarbe (HF) jedoch nicht von der linken Nadel heben (Abb. 1).

Mit der rechten Nadel das vordere Maschenglied der Masche auf der linken Nadel von vorn nach hinten aufnehmen (Abb. 1, in Pfeilrichtung) und die Masche von der linken auf die rechte Nadel abheben (Abb. 2). Die linke Masche in der Fransenfarbe gleitet von der rechten Nadel und wickelt sich um den Stiel der von der linken auf die rechte Nadel gehobenen HF-Masche. Das sieht aus wie eine linke Masche in der Kontrastfarbe.

[Nun die Fransenfarbe um einen Stab von der Breite der gewünschten Fransenlänge wickeln. Dazu den Faden vorn über den Stab, darunter durch nach hinten und zurück nach oben zu den Nadeln führen. Die nächste HF-Masche auf der linken Nadel mit dem Fransengarn links stricken, aber nicht von der linken Nadel abheben. Mit der rechten Nadel das vordere Glied der Masche auf der linken Nadel von vorn nach hinten aufnehmen (Abb. 3, Pfeil) und auf die rechte Nadel abheben. Die linke Masche in der Fransenfarbe gleitet von der rechten Nadel und wickelt sich um den Stiel der HF-Masche wie der Querfaden einer linken Masche in der Kontrastfarbe.]

[-] entsprechend der Anzahl der Maschen wiederholen, an denen Fransen in einer bestimmten Farbe angestrickt werden sollen.

Zwischendurch hin und wieder die fertigen Fransenschlaufen vom Stab herunterschieben, damit die folgenden Fransen leichter gearbeitet werden können.

Wenn die Fransenkante fertig ist, das Fransengarn abschneiden; das Fadenende vorn hängen lassen. Die Enden des Fransengarns auf die Länge der Fransen abschneiden.

Nun wird die Reihe oder Runde noch einmal in der HF links gestrickt, um die Fransen zu befestigen.

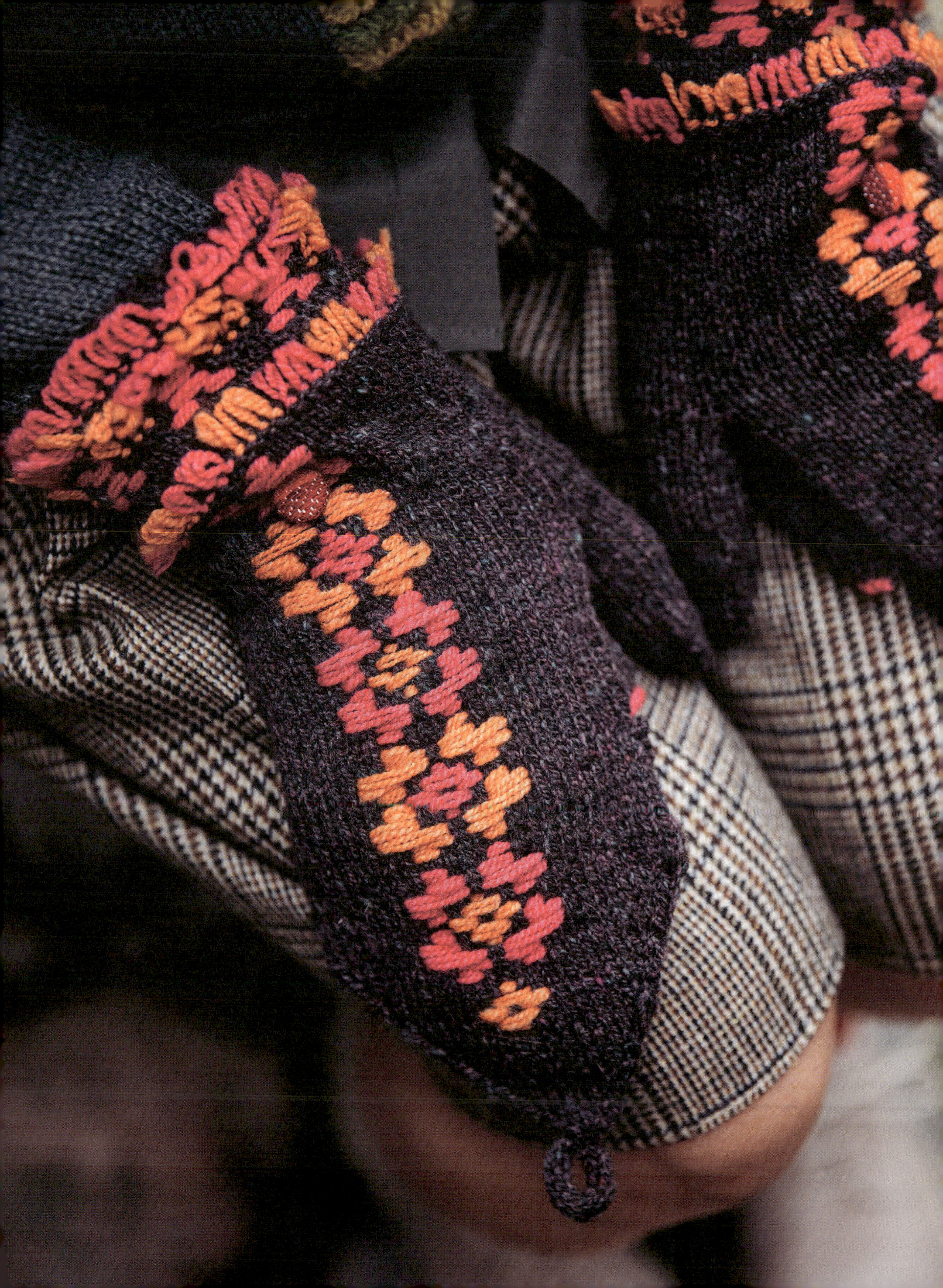

KIPEROOSA

Kiperoosa ist eine vereinfachte, moderne Version von üppig verzierten traditionellen Fäustlingen. Die Techniken stammen aus Tõstamaa, die Farben hingegen sind typisch für die Insel Muhu, die für ihre Blumenstickereien bekannt ist. Die moderne umklappbare Spitze (Fliptop) ist praktisch und stilvoll zugleich.

GRÖSSEN

1 (2)

FERTIGE MASSE

Umfang Handgelenk: 20 (23) cm
Gesamtlänge: 27,5 (28,5) cm

GARN

Olann Méara (100 % Merinowolle, LL ca. 410 m/100 g)
HF: Farbe Temper, 1 Strang
KF1: Farbe Budburst, 1 Strang
KF2: Farbe Ostara, 1 Strang

Oder vergleichbares Garn (Stärke Fingering) in folgender Menge:
HF: 183 (218) m
KF1: 40 (48) m
KF2: 27 (33) m

Für die Roosimine-Technik das KF-Garn doppelt legen.

STRICKNADELN

2,75 mm: Nadelspiel oder 80-cm-Rundnadel für Magic-Loop-Technik

SONSTIGES

Wollnadel, Maschenmarkierer, Garnrest, 1,5 cm breiter Stab für die Fransen, 2 Knöpfe (14 mm) für Fliptop

MASCHENPROBE

28 M x 36 Rd = 10 x 10 cm, glatt rechts rundgestrickt, nach dem Spannen

ANMERKUNGEN ZUR ANLEITUNG

Diese Fäustlinge werden vom Handgelenk nach oben gestrickt. Sie werden am Handgelenk mit Fransen und Roosimine verziert; das Roosimine-Muster zieht sich über den gesamten Handrücken. Dafür wird das Garn doppelt gelegt. Die Roosimine-Technik wurde im vorigen Technikteil erläutert.

Optional können die Fäustlinge mit Fliptop gearbeitet werden. Für die Öffnung von Fliptop und Daumen werden bestimmte Maschen auf einem Hilfsfaden stillgelegt.

Um den Daumen zu stricken, werden die stillgelegten Maschen wieder aufgenommen. Beidseits werden weitere Maschen aufgenommen, damit keine Lücken entstehen.

Die, für die Fliptop-Spitze, stillgelegten Maschen werden wieder aufgenommen, um die Kanten der Öffnung zu arbeiten, einschließlich einer überlappenden Kante im Rippenmuster.

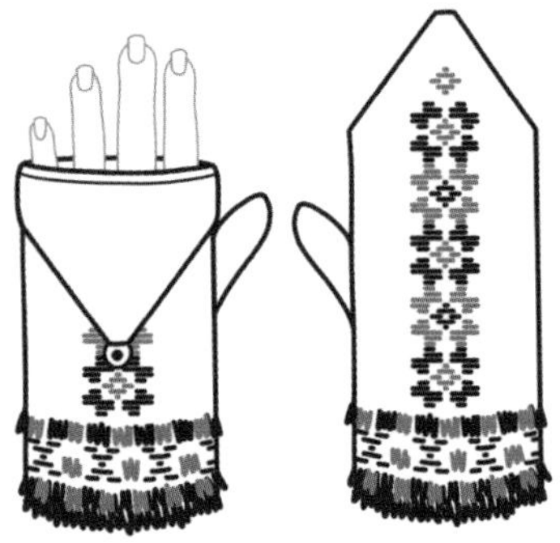

ANLEITUNG

BÜNDCHEN

Mit 2,75-mm-Nadeln und HF 56 (64) M anschlagen und zur Rd schließen. MMs für Rd-Anf.
1.–5. Rd: [1 M re, 1 M li], [-] fortl. wh.

FRANSEN IN KF1

In KF1 bis zum Rd-Ende angestrickte Fransen arbeiten. KF1 abschneiden. Nur in HF 1 Rd li str.

Folg. Rd: Re M.

FRANSEN IN KF1 & KF2

[In KF1 angestrickte Fransen über 4 M str, KF1 abschneiden, in KF2 angestrickte Fransen über 4 M str, KF2 abschneiden], [-] fortl. wh. Beide KF abschneiden. Nur in HF 1 Rd li str.

Folg. Rd: Re M.

Folg. 5 Rd: Strickschr Handgelenk zu Ende arb.

Folg. 6 Rd: Re M.

FRANSEN IN KF1 & KF2

[In KF2 angestrickte Fransen über 4 M str, KF2 abschneiden, in KF1 angestrickte Fransen über 4 M str, KF1 abschneiden], [-] fortl. wh. Beide KF abschneiden. Nur in HF 1 Rd li str.

Folg. Rd: Re M.

HAUPTTEIL

Vorbereitungs-Rd: 9 (11) M re, MMs, Strickschr Hauptteil arb (11 M), MMs, 8 (10) M re, MMs, re M bis Ende.

Folg. Rd: Re M bis MM, MMa, Strickschr Hauptteil, MMa, re M bis MM, MMa, re M bis Ende.

Die letzte Rd wh, bis alle 22 Rd der Strickschrift Hauptteil gearbeitet wurden.

DAUMENÖFFNUNG

Rechte Daumenöffnung: Re M bis MM, MMa, 1. Rd der Strickschrift Hauptteil arb, MMa, re M bis MM, MMa, 1 M re, mit Hilfsfaden 8 (10) M re, 8 (10) Hilfsfaden-M zurück auf LN heben, 8 (10) M re in HF, 1 M re in HF.

Linke Daumenöffnung: Re M bis MM, MMa, 1. Rd der Strickschr Hauptteil arb, MMa, re M bis MM, MMa, 19 (21) M re, mit Hilfsfaden 8 (10) M re, 8 (10) Hilfsfaden-M zurück auf LN heben, 8 (10) M re in HF, 1 M re in HF.

Den Hauptteil des Fäustlings weiterstr wie folgt: Re M bis MM, MMa, Strickschr Hauptteil, MMa, re M bis Ende.

FÄUSTLING MIT FLIPTOP

Hauptteil des Fäustlings bis 21. Rd der 2. Wiederholung der Strickschr str.

FLIPTOP-ÖFFNUNG

Fliptop-Öffnung: Re M bis MM, MMa, 22. Rd der Strickschr Hauptteil arb, MMa, re M bis MM, MMa, mit Hilfsfaden 28 (32) Handflächen-M re, 28 (32) Hilfsfaden-M zurück auf LN heben, 28 (32) M re in HF.

BEIDE VERSIONEN

HAUPTTEIL

Den Hauptteil des Fäustlings weiterstr wie folgt: Re M bis MM, MMa, Strickschr Hauptteil, MMa, re M bis Ende.

Weiterstr, bis die Strickschr Hauptteil 2-mal ganz und einmal bis zur 8. Rd gearbeitet wurde.

SPITZE

Abn-Rd Strickschr Hauptteil: SSK, re M bis MM, MMa, Strickschr Hauptteil, MMa, re M bis 2 M vor MM, 2 M re zus, MMa, SSK, re M bis 2 M vor Ende, 2 M re zus. 52 (60) M (4 M abgen).

Folg. Rd: Re M bis MM, MMa, Strickschr Hauptteil, MMa, re M bis MM, MMa, re M bis Ende.

Folg. Rd: Abn-Rd str.

Folg. Rd: [Re M bis MM, MMa], [-] noch 2-mal wh, re M bis Ende.

Abn-Rd Strickschr Spitze: SSK, re M bis MM, MMa, Strickschr Spitze, MMa, re M bis 2 M vor MM, 2 M re zus, MMa, SSK, re M bis 2 M vor Ende, 2 M re zus (4 M abgen).

Folg. Rd: Re M bis MM, MMa, Strickschr Spitze, MMa, re M bis MM, MMa, re M bis Ende.

Die letzten 2 Rd 1-mal wh.

Folg. Rd: Abn-Rd Strickschr Spitze 1-mal wh.

Folg. Rd: [Re M bis MM, MMe], [-] 1-mal wh, re M bis MM, MMa, re M bis Ende.

Abn-Rd: SSK, re M bis 2 M vor MM, 2 M re zus, MMa, SSK, re M bis 2 M vor Ende, 2 M re zus (4 M abgen).

Folg. Rd: Re M bis MM, MMa, re M bis Ende.

Die Abn-Rd noch 6 (8)-mal in jeder 2. Rd wh. 8 M.

Folg. Rd: SSK, 2 M re zus, MMe, SSK, 2 M re zus. 4 M.

Fliptop I-Cord (Schlaufe)

Folg. Rd: 4 M re, 4 M zurück auf LN heben.

Diese Rd wh, bis der I-Cord 4,5 cm lang ist.
HF mit langem Fadenende abschneiden, das Ende durch alle 4 M ziehen.

Normaler Fäustling

Die 4 M im Maschenstich zusammennähen.

DAUMEN

Vorsichtig den Hilfsfaden herausziehen und die 16 (20) M auf die 2,75-mm-Nadeln aufnehmen.

1. Rd: In HF seitl. der Daumenöffnung 1 M aufn und re str, 8 (10) M re, seitl. der Öffnung 1 M aufn und re str, 8 (10) M re. 18 (22) M.

2. Rd: 9 (11) M re, MMs, re M bis Ende.

3.–19. Rd: Re M bis MM, MMa, re M bis Ende.
Bis ca. 1,5 cm vor der gewünschten Daumenlänge str.

Abn-Rd: SSK, re M bis 2 M vor MM, 2 M re zus, MMa, SSK, re M bis 2 M vor Ende, 2 M re zus (4 M abgen).

Folg. Rd: Re M bis MM, MMa, re M bis Ende.

Die Abn-Rd noch 2 (3)-mal in jeder 2. Rd wh. 6 M.

Die 6 M im Maschenstich zusammennähen.

Den 2. Daumen ebenso arbeiten.

FÄUSTLING MIT FLIPTOP

FLIPTOP-KANTE

Vorsichtig den Hilfsfaden herausziehen und die 56 (64) M auf die 2,75-mm-Nadeln aufnehmen.
Die M auf 2 Nadeln legen: 28 (32) M pro Nadel.

Untere Maschen (näher am Daumen)

1. R (Hin-R): In KF1 2 M re zus, 26 (30) M re.

2. R (Rück-R): 1 M re, [1 M re, 2. M auf RN über die 1. M ziehen], [-] fortl. wh. KF1 abschneiden und das Fadenende durch die letzte M ziehen.

Obere Maschen (näher an der Spitze)

1. R (Hin-R): In HF 2 M re zus, 26 (30) M re.

2. R (Rück-R): [1 M li, 1 M re], [-] wh bis 1 M vor Ende, 1 M li.

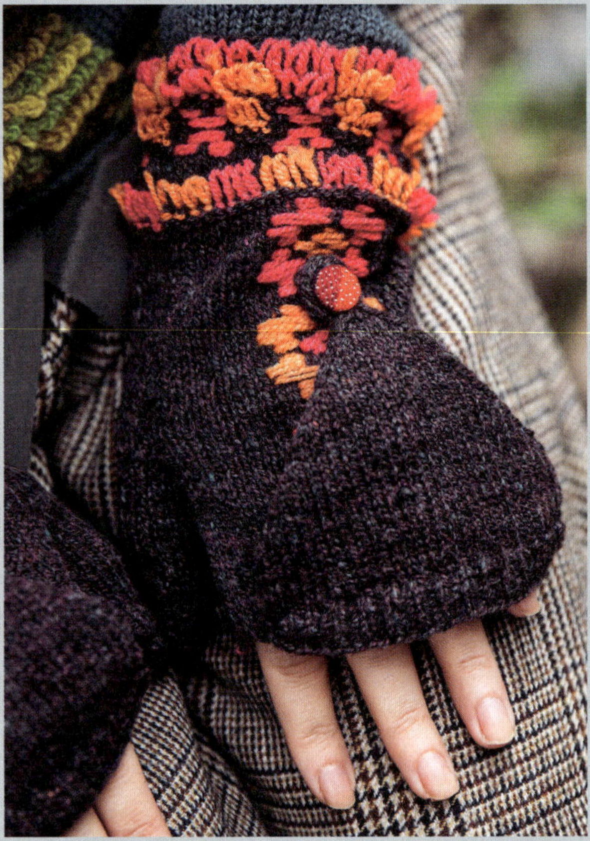

Die Kante der umklappbaren Spitze wird in einer Kontrastfarbe gestrickt, hier im für Muhu typischen Rosa (»kiperoosa«).

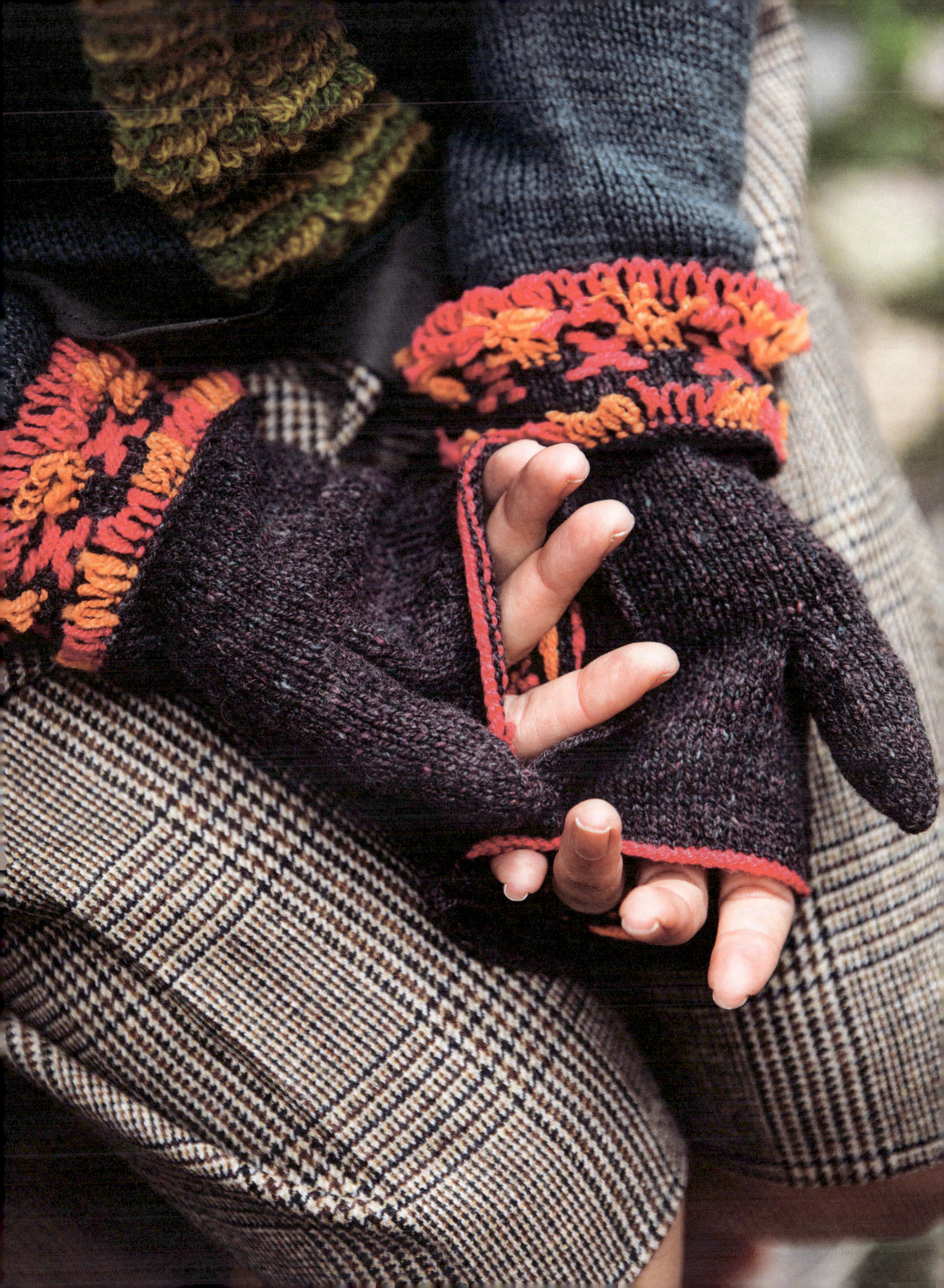

ANLEITUNG KIPEROOSA

STRICKSCHRIFT HAUPTTEIL

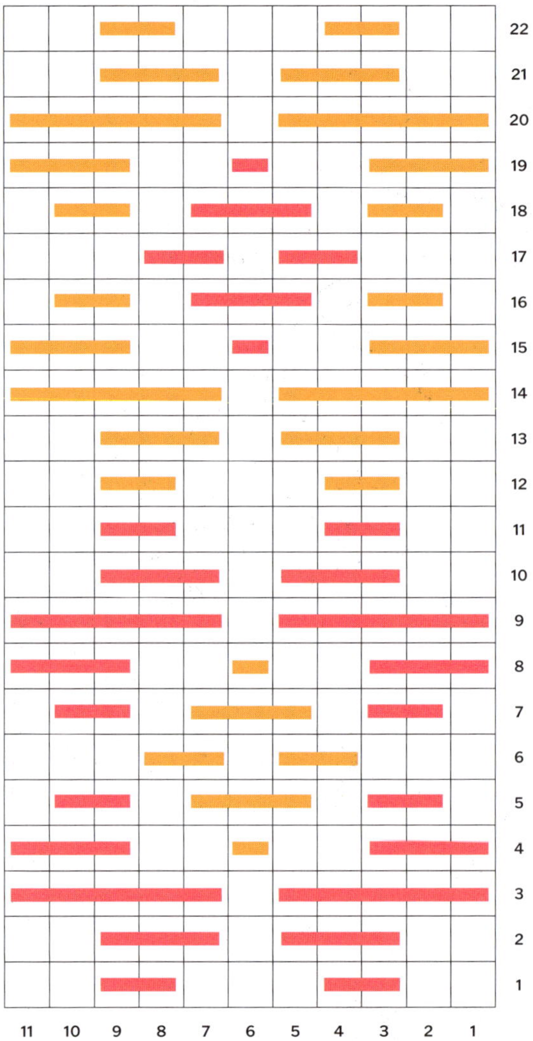

STRICKSCHRIFT SPITZE

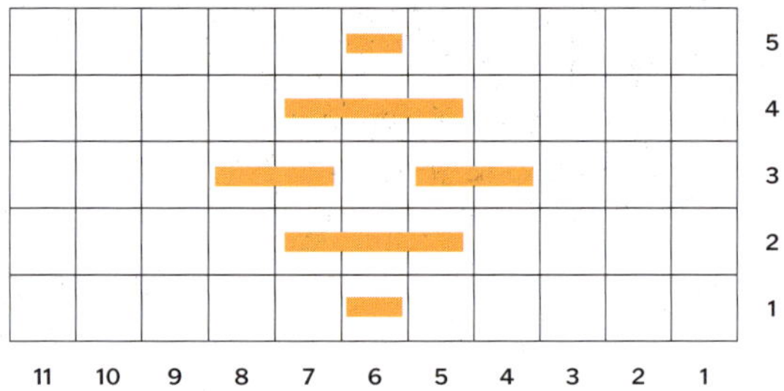

STRICKSCHRIFT HANDGELENK

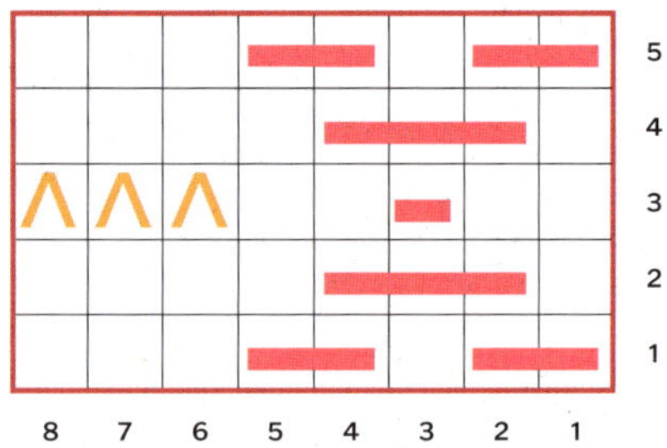

LEGENDE

- Re M in HF
- Re M in HF, Roosimine in KF1
- Re M in HF, Roosimine in KF2
- Rapport
- Λ Gestrickte Fransen in KF2

3. R (Hin-R): Mit LN in der Vor-R das re M-Glied der M seitl. der Öffnung aufn, die so aufgenommene M und die 1. M re zus str, [1 M li, 1 M re], [-] wh bis 2 M vor Ende, 1 M li, 1 M re abh mFh, mit RN in der Vor-R das li M-Glied der M seitl. der Öffnung aufn, SSK mit der so aufgenommenen M und der abgehobenen M.

4. R (Rück-R): Wie 2. R.

5. R (Hin-R): Mit LN 2 R über der letzten aufgen. M das re M-Glied der M seitl. der Öffnung aufn, die so aufgenommene M und die 1. M re zus str, [1 M li, 1 M re], [-] wh bis 2 M vor Ende, 1 M li, 1 M re abh mFh, mit RN 2 R über der letzten aufgen. M das li M-Glied der M seitl. der Öffnung aufn, SSK mit der so aufgenommenen M und der abgehobenen M.

6. R (Rück-R): Wie 2. R.

7. R (Hin-R): Mit LN 2 R über der letzten aufgen. M das re M-Glied der M seitl. der Öffnung aufn, die so aufgenommene M und die 1. M re zus str, 1 M li, die 2. M auf der RN über die 1. M ziehen, [1 M re, die 2. M auf der RN über die 1. M ziehen, 1 M li, die 2. M auf der RN über die 1. M ziehen], [-] wh bis 2 M vor Ende, 1 M li, 1 M re abh mFh, mit RN 2 R über der letzten aufgen. M das li M-Glied der M seitl. der Öffnung aufn, SSK mit der so aufgenommenen M und der abgehobenen M, die 2. M auf der RN über die 1. M ziehen. HF abschneiden und das Fadenende durch die letzte M ziehen.

BEIDE VERSIONEN

FERTIGSTELLUNG

Faden vernähen und Fäustlinge auf Maß spannen.

Roosimine-Fäden:

Das Fadenende auf der Rückseite am Querfaden einer benachbarten li M festknoten. Den Knoten nicht zu fest anziehen. Den übrigen Faden zwischen den gleichfarbigen Spannfäden auf der Rückseite vernähen wie beim Jacquardstricken.

Die Fadenenden von KF1 und KF2 an der Fransenkante auf die Länge der Fransen abschneiden.

FÄUSTLING MIT FLIPTOP

Mit dem I-Cord-Fadenende den I-Cord auf der Innenseite an der Spitze annähen, sodass eine Schlaufe für den Knopf entsteht.

Den Knopf in den Zwischenraum zwischen den ersten beiden Roosimine-»Blumen«-Motiven annähen.

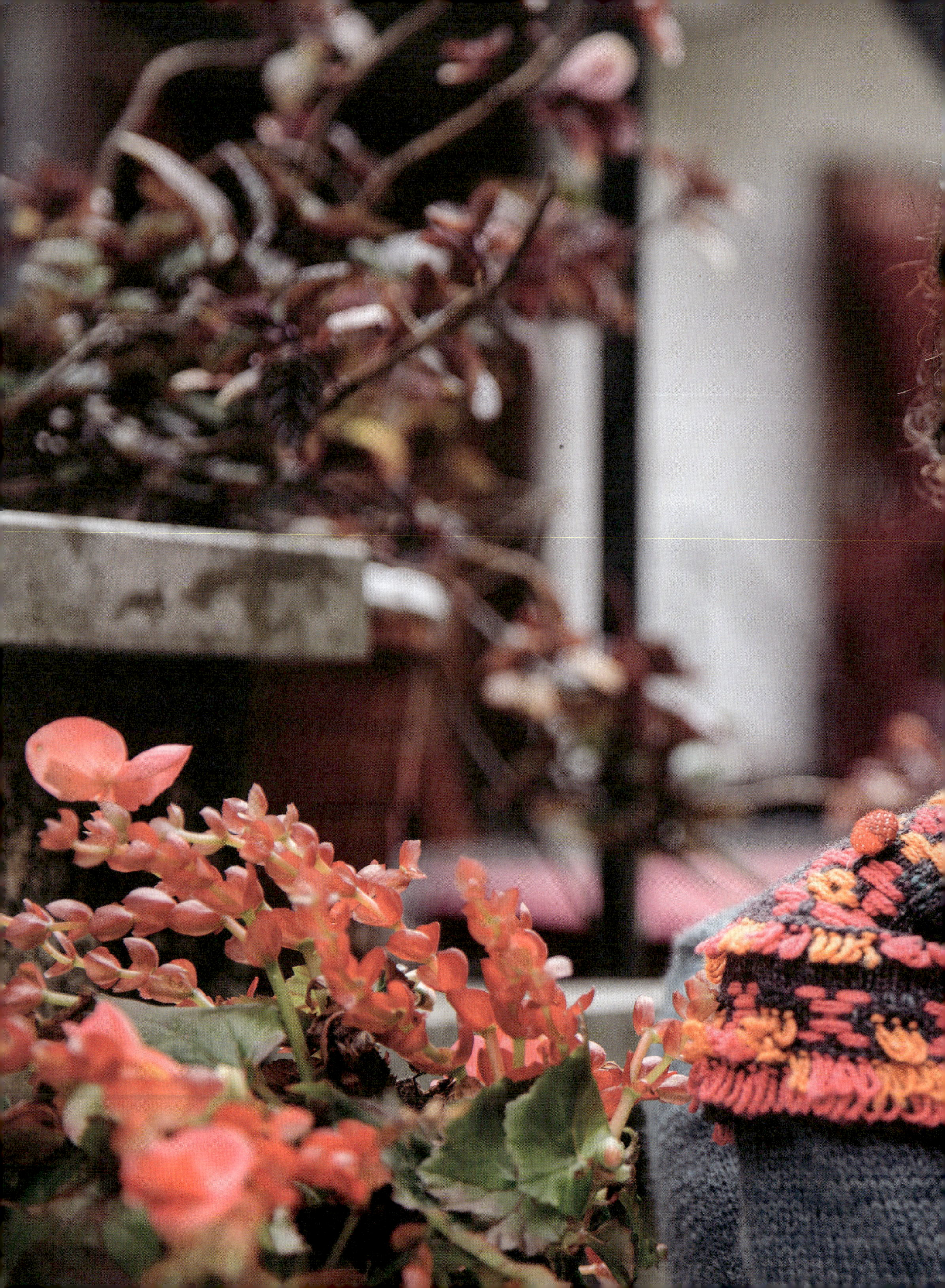

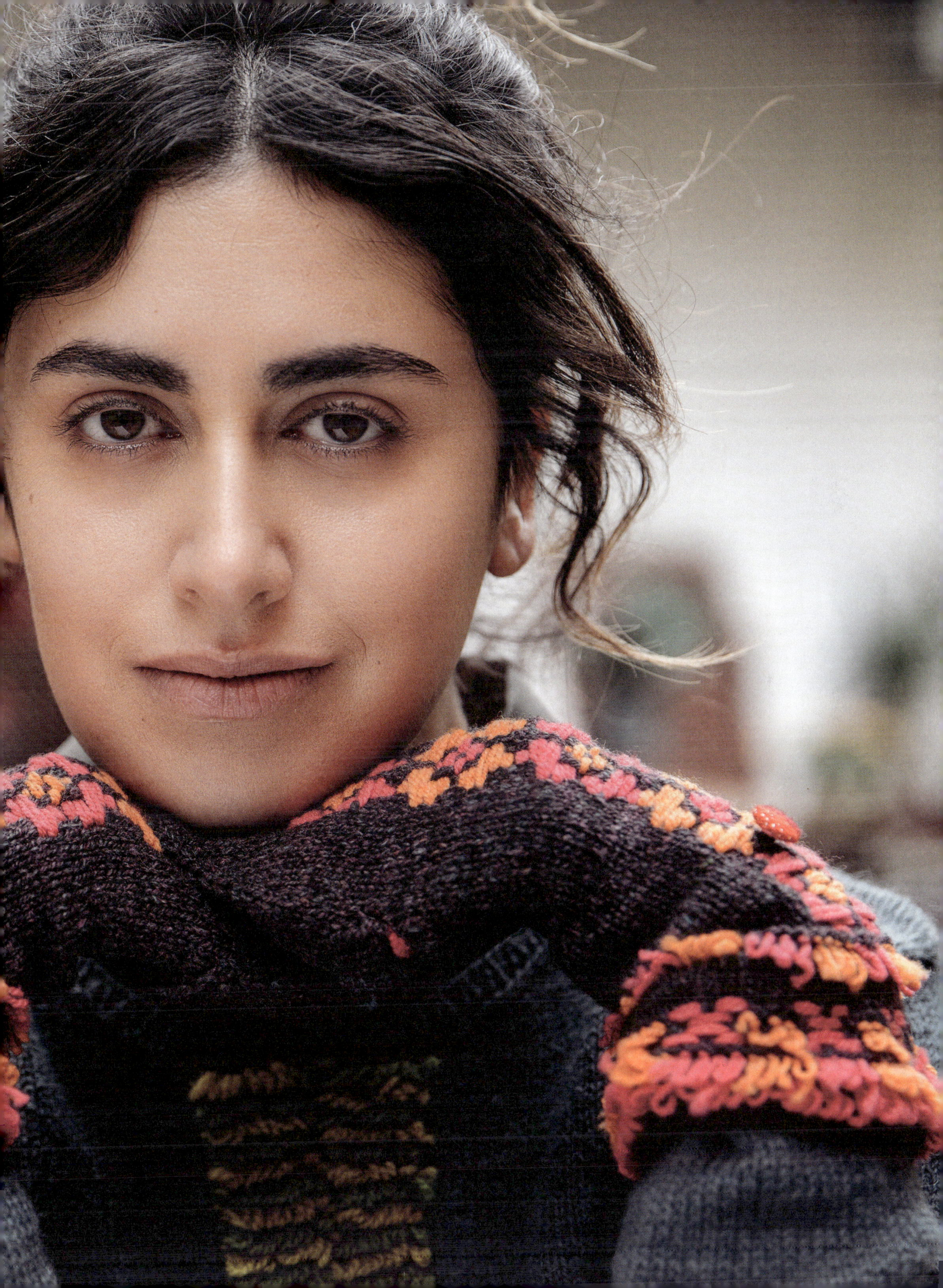

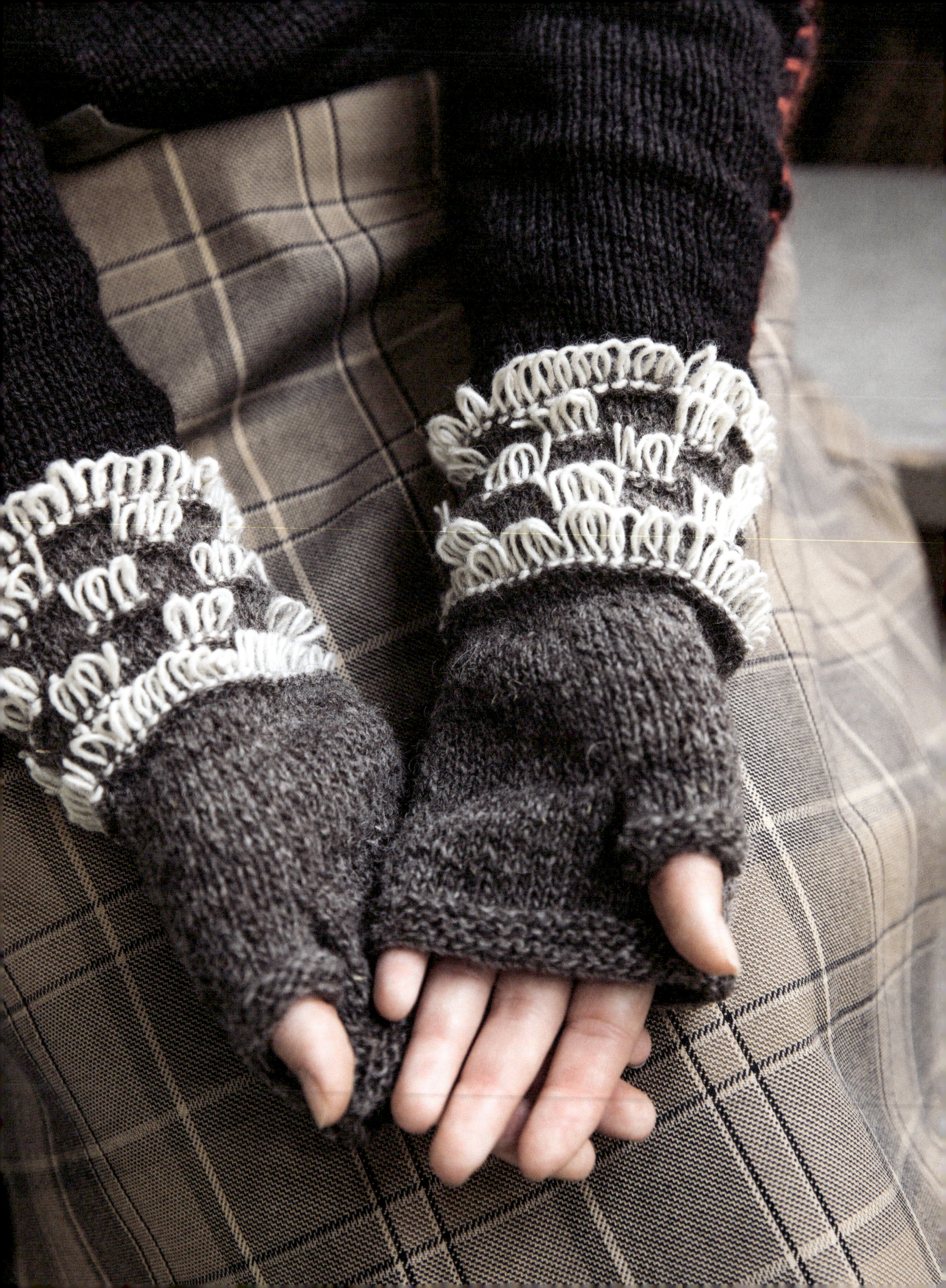

SIIL

In den ausgedehnten Wäldern, die weite Teile Estlands bedecken, gibt es viele niedliche Igel (»siil«). Manchmal sieht man diese Tierchen sogar in den Stadtparks. Verzieren Sie diese praktischen Halbhandschuhe mit stylischen Igelstacheln in Form von versetzten Fransen.

GRÖSSEN
1 (2)

FERTIGE MASSE
Umfang Handgelenk: 20,5 (23,5) cm
Gesamtlänge: 20,5 cm
Fransenlänge: 1 cm

GARN
Pom Pom Suoma Single (100 % Finnschaf-Schurwolle, LL 205 m/50 g)
HF: Farbe Rusko, 1 Strang

Pom Pom Suoma Single DK (100 % Finnschaf-Schurwolle, LL 250 m/100 g)
KF: Farbe Valko, 1 Strang

Oder vergleichbares Garn in ca. folgender Menge:
HF (Stärke Fingering): 205 m
KF (Stärke DK): 25 m

STRICKNADELN
2,75 mm: Nadelspiel oder 80-cm-Rundnadel für Magic-Loop-Technik

SONSTIGES
Maschenmarkierer, Wollnadel, 1 cm breiter Stab für die Fransen, Garnrest

MASCHENPROBE
24 M x 32 Rd = 10 x 10 cm, glatt rechts rundgestrickt, nach dem Spannen

ANMERKUNGEN ZUR ANLEITUNG
Diese Fäustlinge werden vom Handgelenk nach oben gestrickt. Der obere und untere Rand werden in Reihen kraus rechts gearbeitet. Die Seitenkanten der krausrechten Partien werden mit den Fadenenden vom Maschenanschlag und vom Abketten zusammengenäht.

Am Handgelenk werden die Halbhandschuhe mit Fransen in Streifen und im Schachbrettmuster verziert.

Für den Daumen werden einige Maschen auf einem Hilfsfaden stillgelegt. Um den Daumen zu stricken, werden die stillgelegten Maschen wieder aufgenommen. Beidseitig werden weitere Maschen aufgenommen, damit keine Lücken entstehen.

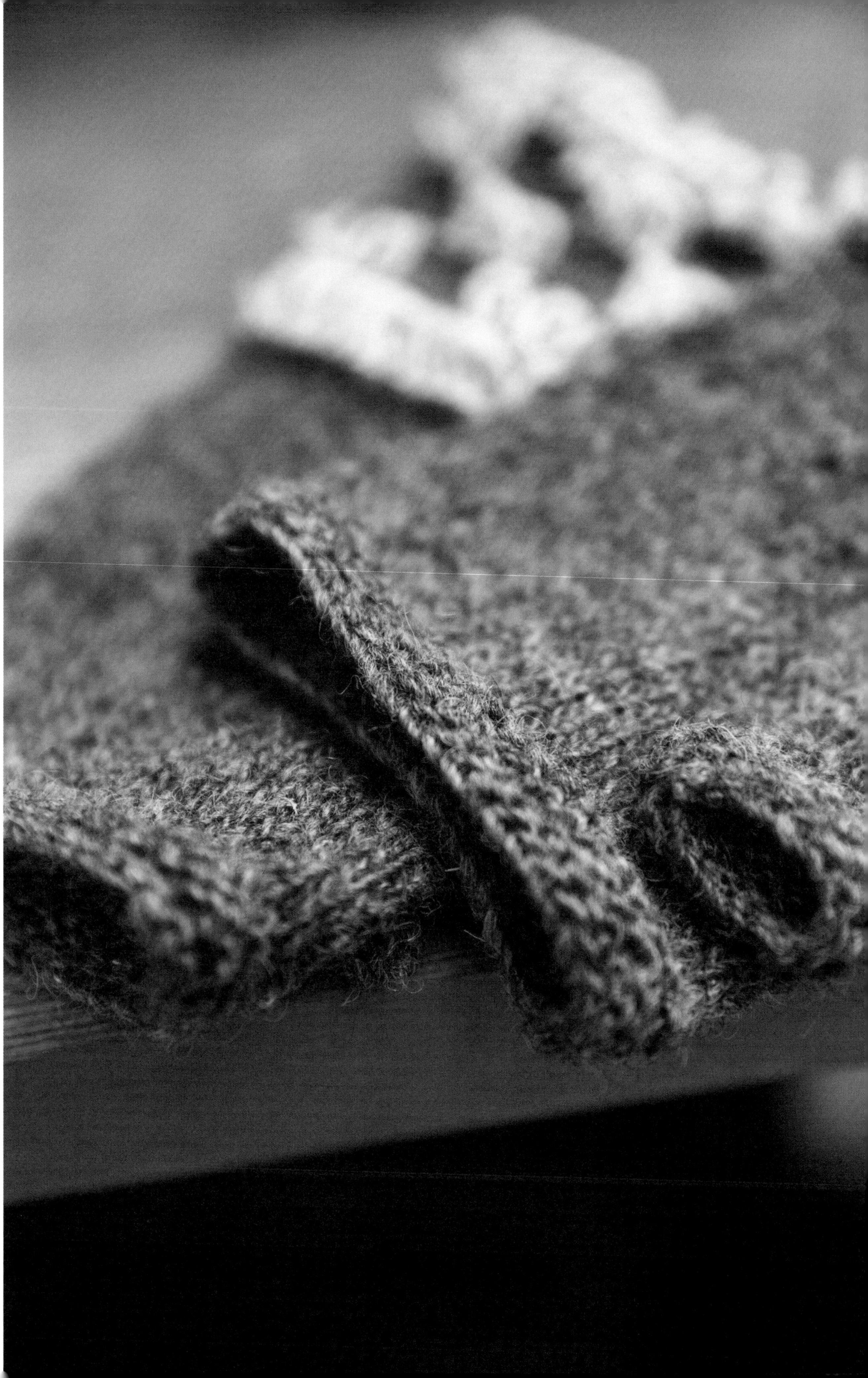

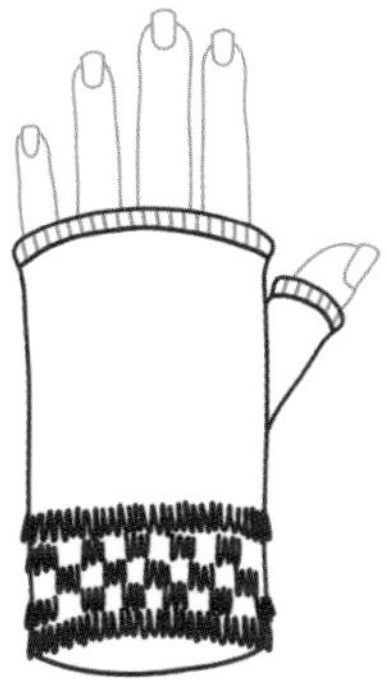

ANLEITUNG

Mit HF 48 (56) M anschl. Nicht zur Rd schließen.

1.–4. R: Re M.

5. R (Hin-R): Re M, zur Rd schließen, MMs für Rd-Anf.

1. Fransen-Rd: Nur in KF die gestrickten Fransen arbeiten, KF abschneiden, dann die Rd in HF li str.

Folg. 5 Rd: Re M.

2. Fransen-Rd: [In KF gestrickte Fransen über 4 M arb, KF abschneiden, 4 Fransen-M von RN zurück auf LN heben, 4 M li in HF, 4 M re in HF], [-] fortl. wh.

Folg. 5 Rd: Re M.

3. Fransen-Rd: [4 M re in HF, in KF gestrickte Fransen über 4 M str, KF abschneiden, 4 Fransen-M von RN zurück auf LN heben, 4 M li in HF], [-] fortl. wh.

Folg. 5 Rd: Re M.

4. Fransen-Rd: Wie 2. Fransen-Rd.

Folg. 5 Rd: Re M.

5. Fransen-Rd: Wie 1. Fransen-Rd.

22 Rd oder gewünschte Höhe bis zum Daumen re str.

DAUMENÖFFNUNG

Rechte Daumenöffnung: 1 M re, mit Hilfsfaden 6 (8) M re, 6 (8) Hilfsfaden-M zurück auf LN heben, 6 (8) M re in HF, re M bis Ende in HF.

Linke Daumenöffnung: 17 (19) M re, mit Hilfsfaden 6 (8) M re, 6 (8) Hilfsfaden-M zurück auf LN heben, 6 (8) M re in HF, re M bis Ende in HF.

12 Rd oder bis 1 cm vor gewünschter Länge re str.

Folg. Rd: Re M, Arbeit auf links wenden.

Weiter in Reihen stricken.

1.–5. R: Re M.

Abketten. Langen Faden zum Zusammennähen der krausrechten Maschen hängen lassen.

Den 2. Halbhandschuh ebenso arbeiten.

DAUMEN

Vorsichtig den Hilfsfaden herausziehen und die 12 (16) M auf die 2,75-mm-Nadeln aufnehmen.

1. Rd: In HF seitl. der Daumenöffnung 1 M aufn und re str, 6 (8) M re, seitl. der Öffnung 2 M aufn und re str, 6 (8) M re, seitl. der Öffnung 1 M aufn und re str. 16 (20) M.

2.–6. Rd: Re M.

7. Rd: Li M.
8. Rd: Re M.
9. Rd: Li M.

Abketten.

Den Daumen des 2. Handschuhs ebenso arbeiten.

FERTIGSTELLUNG

Mit den Fadenenden die krausrechten oberen Partien der Halbhandschuhe an den Seiten im Matratzenstich zusammennähen. Die KF-Fadenenden auf die Länge der Fransen abschneiden.

TIIVAD

Die Fransen an diesem Schultertuch flattern im leisesten Windhauch wie Federn an den Flügeln (»tiivad«) eines Vogels. Vorbild dafür waren die Fransenstreifen am Rand vieler traditioneller Fäustlinge.

GRÖSSEN

1 (2)

FERTIGE MASSE

Spannweite: 175 (200,5) cm
Höhe: 81 (96,5) cm
Fransenlänge: 1 cm

GARN

Garthenor Organic Preseli (75 % Polwarth-Schurwolle, 15 % Romney-Schurwolle, 10 % Hebridean-Schurwolle), LL 200 m/50 g
HF: Farbe Holly, 5 (6) Stränge
KF1: Farbe Raspberry, 1 Strang
KF2: Farbe Tuscany, 1 Strang

Oder vergleichbares Garn (Stärke 4 ply Fingering) in folgender Menge:
HF: 1000 (1200) m
KF1: 80 m
KF2: 80 m

STRICKNADELN

3,25 mm: Rundnadel 100 cm

SONSTIGES

Maschenmarkierer, Wollnadel, 1 cm breiter Stab für die Fransen

MASCHENPROBE

23 M x 36 Rd = 10 x 10 cm, glatt rechts in Reihen gestrickt, nach dem Spannen

ANMERKUNGEN ZUR ANLEITUNG

Dieses Dreiecktuch wird von den Außenkanten nach innen gestrickt. Von der größten Maschenzahl am Beginn wird bis auf 6 M abgenommen. Die verbleibenden 6 M werden im Maschenstich zusammengenäht, damit an der Oberkante ein nahtloser Übergang entsteht.

Das Tuch hat Streifen aus gestrickten Fransen in ein oder zwei Farben; die Partien dazwischen werden glatt rechts gestrickt.

MUSTER

Glatt-rechts-Partien

1. R (Hin-R Abn): Re M bis MM, MMa, 2 M re zus, re M bis 2 M vor MM, SSK, MMa, 1 M re, MMa, 2 M re zus, re M bis 2 M vor MM, SSK, MMa, re M bis Ende (4 M abgen).

2. R (Rück-R): Re M bis MM, MMa, [li M bis MM, MMa], (-) noch 2-mal wh, re M bis Ende.

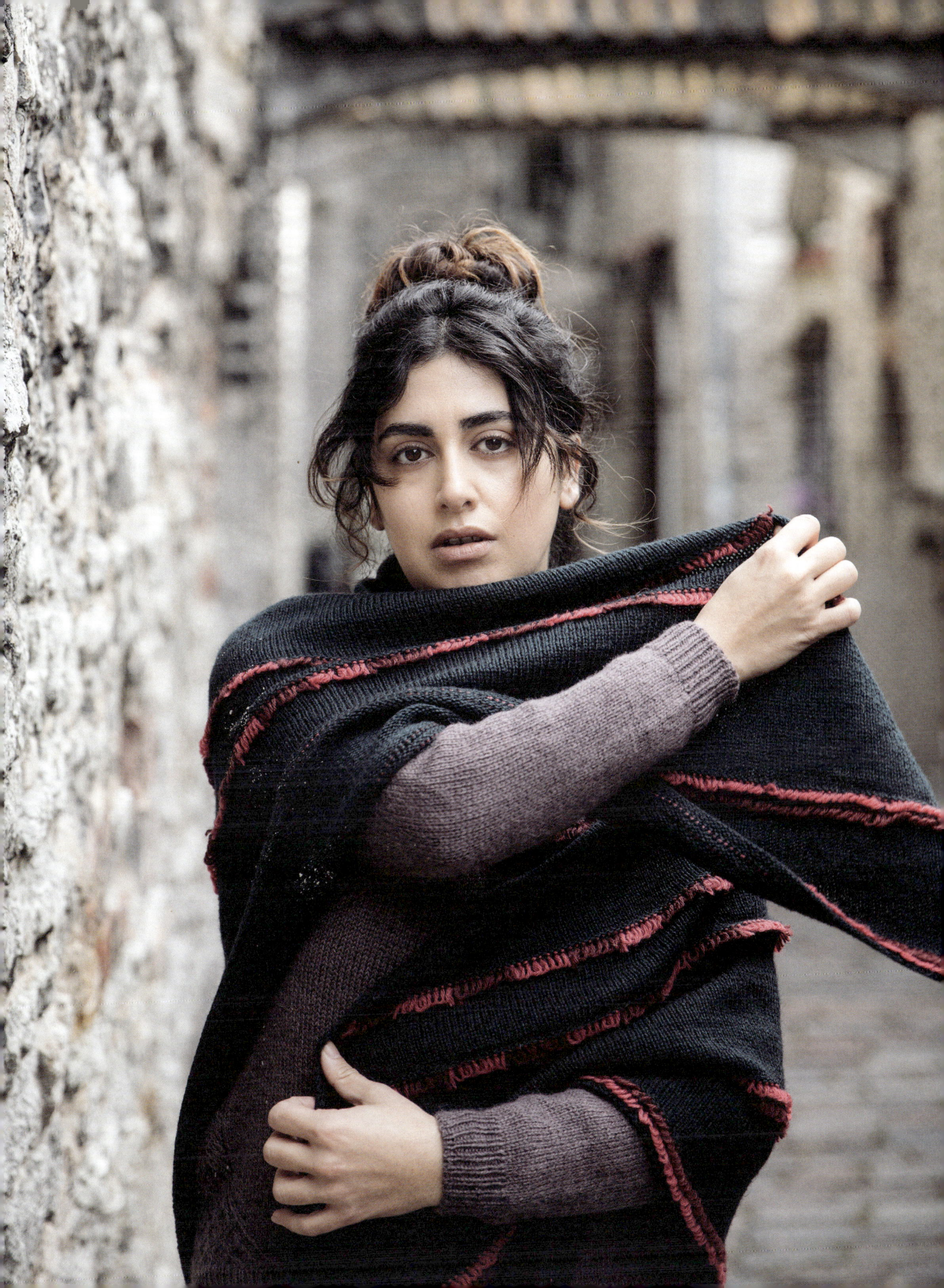

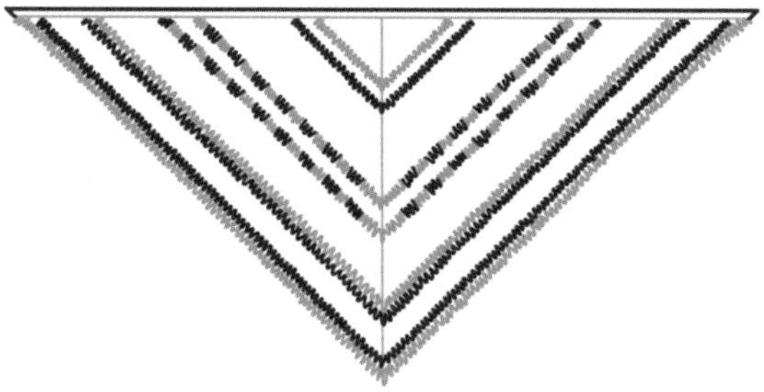

ANLEITUNG

Mit HF 463 (547) M anschl.

KRAUSRECHTE KANTE

1. R (Hin-R): 3 M re, MMs, 228 (270) M re, MMs, 1 M re, MMs, re M bis 3 M vor Ende, MMs, re M bis Ende.

2. R (Rück-R): [Re M bis MM, MMa], [-] wh bis 1 M vor Ende, re M bis Ende.

3. R (Hin-R Abn): Re M bis MM, MMa, 2 M re zus, re M bis 2 M vor MM, SSK, MMa, 1 M re, MMa, 2 M re zus, re M bis 2 M vor MM, SSK, MMa, re M bis Ende (4 M abgen). 459 (543) M.

4. R (Rück-R): Wie 2. R.

5. R (Hin-R Abn): Wie 3. R. 455 (539) M.

6. R (Rück-R): Re M bis MM, MMa, [li M bis MM, MMa], [-] noch 2-mal wh, re M bis Ende.

Nur Größe 1: Weiter mit Fransen 3

FRANSEN 1

Nur Größe 2

Folg. R (Hin-R Abn): 3 M abh, MMa, [nur in KF1 gestrickte Fransen arb bis MM, MMa], [-] noch 2-mal wh, 3 M abh, KF1 abschneiden. Zum Anf der R zurückkehren und nur in HF re M bis MM, MMa, 2 M re zus, li M bis 2 M vor MM, SSK, MMa, 1 M li, MMa, 2 M re zus, li M bis 2 M vor MM, SSK, MMa, re M bis Ende (4 M abgen). 535 M.

Folg. R (Rück-R): Re M bis MM, MMa, [li M bis MM, MMa], [-] noch 2-mal wh, re M bis Ende.

Eine Glatt-rechts-Partie stricken; dafür die 1.–2. R 1-mal stricken. 531 M.

FRANSEN 2

Nur Größe 2

Folg. R (Hin-R Abn): 3 M abh, MMa, [nur in KF2 gestrickte Fransen arb bis MM, MMa], [-] noch 2-mal wh, 3 M abh, KF2 abschneiden. Zum Anf der R zurückkehren und nur in HF re M bis MM, MMa, 2 M re zus, li M bis 2 M vor MM, SSK, MMa, 1 M li, MMa, 2 M re zus, li M bis 2 M vor MM, SSK, MMa, re M bis Ende (4 M abgen). 527 M.

Folg. R (Rück-R): Re M bis MM, MMa, [li M bis MM, MMa], [-] noch 2-mal wh, re M bis Ende.

Eine Glatt-rechts-Partie stricken; dafür die 1.–2. R insgesamt 17-mal stricken. 459 M.

FRANSEN 3

Folg. R (Hin-R Abn): 3 M abh, MMa, [nur in KF2 gestrickte Fransen arb bis MM, MMa], [-] noch 2-mal wh, 3 M abh, KF2 abschneiden. Zum Anf der R zurückkehren und nur in HF re M bis MM, MMa, 2 M re zus, li M bis 2 M vor MM, SSK, MMa, 1 M li, MMa, 2 M re zus, li M bis 2 M vor MM, SSK, MMa, re M bis Ende (4 M abgen). 455 M.

Folg. R (Rück-R): Re M bis MM, MMa, [li M bis MM, MMa], [-] noch 2-mal wh, re M bis Ende.

Eine Glatt-rechts-Partie stricken; dafür die 1.–2. R 1-mal stricken. 451 M.

FRANSEN 4

Folg. R (Hin-R Abn): 3 M abh, MMa, [nur in KF1 gestrickte Fransen arb bis MM, MMa], [-] noch 2-mal wh, 3 M abh, KF1 abschneiden. Zum Anf der R zurückkehren und nur in HF re M bis MM, MMa, 2 M re zus, li M bis 2 M vor MM, SSK, MMa, 1 M li, MMa, 2 M re zus, li M bis 2 M vor MM, SSK, MMa, re M bis Ende (4 M abgen). 447 M.

Folg. R (Rück-R): Re M bis MM, MMa, [li M bis MM, MMa], [-] noch 2-mal wh, re M bis Ende.

Eine Glatt-rechts-Partie stricken; dafür die 1.–2. R insgesamt 25-mal stricken. 347 M.

FRANSEN 5: ZWEIFARBIGE FRANSEN

Folg. R (Hin-R Abn): 3 M abh, MMa, [in KF2 gestrickte Fransen über 8 M arb, KF2 abschneiden, in KF1 gestrickte Fransen über 8 M arb, KF1 abschneiden], [-] wh bis 10 M vor MM, in KF2 gestrickte Fransen über 7 M arb, KF2 abschneiden, in KF1 gestrickte Fransen über 3 M arb, MMa, in KF1 gestrickte Franse über 1 M arb, MMa, in KF1 gestrickte Fransen über 3 M arb, KF1 abschneiden, in KF2 gestrickte Fransen über 7 M arb, [in KF1 gestrickte Fransen über 8 M arb, KF1 abschneiden, in KF2 gestrickte Fransen über 8 M arb, KF2 abschneiden], [-] wh bis MM, MMa, 3 M abh. Zum Anf der R zurückkehren und nur in HF re M bis MM, MMa, 2 M re zus, li M bis 2 M vor MM, SSK, MMa, 1 M li, MMa, 2 M re zus, li M bis 2 M vor MM, SSK, MMa, re M bis Ende. (4 M abgen) 343 M.

Folg. R (Rück-R): Re M bis MM, MMa, [li M bis MM, MMa], [-] noch 2-mal wh, re M bis Ende.

Eine Glatt-rechts-Partie stricken; dafür die 1.–2. R insgesamt 10-mal stricken. 303 M.

FRANSEN 6: ZWEIFARBIGE FRANSEN

Folg. R (Hin-R Abn): 3 M abh, MMa, [in KF2 gestrickte Fransen über 8 M arb, KF2 abschneiden, in KF1 gestrickte Fransen über 8 M arb, KF1 abschneiden], [-] wh bis 4 M vor MM, in KF2 gestrickte Fransen über 4 M arb, MMa, in KF2 gestrickte Franse über 1 M arb, MMa, in KF2 gestrickte Fransen über 4 M arb, KF2 abschneiden, [in KF1 gestrickte Fransen über 8 M arb, KF1 abschneiden, in KF2 gestrickte Fransen über 8 M arb, KF2 abschneiden], [-] wh bis MM, MMa, 3 M abh. Zum Anf der R zurückkehren und nur in HF re M bis MM, MMa, 2 M re zus, li M bis 2 M vor MM, SSK, MMa, 1 M li, MMa, 2 M re zus, li M bis 2 M vor MM, SSK, MMa, re M bis Ende (4 M abgen). 299 M.

Folg. R (Rück-R): Re M bis MM, MMa, [li M bis MM, MMa], [-] noch 2-mal wh, re M bis Ende.

Eine Glatt-rechts-Partie stricken; dafür die 1.–2. R insgesamt 25-mal stricken. 199 M.

FRANSEN 7

Folg. R (Hin-R Abn): 3 M abh, MMa, [in KF2 gestrickte Fransen arb bis MM, MMa], [-] noch 2-mal wh, 3 M abh, KF2 abschneiden. Zum Anf der R zurückkehren und nur in HF re M bis MM, MMa, 2 M re zus, li M bis 2 M vor MM, SSK, MMa, 1 M li, MMa, 2 M re zus, li M bis 2 M vor MM, SSK, MMa, re M bis Ende (4 M abgen). 195 M.

Folg. R (Rück-R): Re M bis MM, MMa, [li M bis MM, MMa], [-] noch 2-mal wh, re M bis Ende.

Eine Glatt-rechts-Partie stricken; dafür die 1.-2. R insgesamt 6-mal stricken. 171 M.

FRANSEN 8

Folg. R (Hin-R Abn): 3 M abh, MMa, [in KF1 gestrickte Fransen arb bis MM, MMa], [-] noch 2-mal wh, 3 M abh, KF1 abschneiden. Zum Anf der R zurückkehren und nur in HF re M bis MM, MMa, 2 M re zus, li M bis 2 M vor MM, SSK, MMa, 1 M li, MMa, 2 M re zus, li M bis 2 M vor MM, SSK, MMa, re M bis Ende (4 M abgen). 167 M.

Folg. R (Rück-R): Re M bis MM, MMa, [li M bis MM, MMa], [-] noch 2-mal wh, re M bis Ende.

Glatt-rechts-Partie

Die 1.–2. R der Glatt-rechts-Partie insgesamt 38-mal stricken. 15 M.

3. R (Hin-R Abn): 3 M re, MMa, 2 M re zus, SSK, MMa, 1 M re, MMa, 2 M re zus, SSK, MMa, re M bis Ende (4 M abgen). 11 M.

4. R (Rück-R): Re M bis MM, MMa, [li M bis MM, MMa], [-] noch 2-mal wh, re M bis Ende.

5. R (Hin-R Abn): 3 M re, MMa, 2 M re zus, MMa, 1 M re, MMa, SSK, MMa, re M bis Ende (2 M abgen). 9 M.

6. R (Rück-R): 3 M re, MMa, li M bis MM, MMa, 1 M li, MMa, li M bis MM, MMa, 3 M re.

7. R (Hin-R Abn): 3 M re, MMa, 2 M abh, dabei MMe, 1 M re, 2 abgehobene M überz, MMa, re M bis Ende (2 M abgen). 7 M.

8. R (Rück-R): Re M bis MM, MMa, 1 M li, MMa, re M bis Ende.

9. R (Hin-R Abn): 2 M re, MMe, 2 M re zus, re M bis Ende (1 M abgen). 6 M.

Die 6 M auf 2 Nadeln verteilen (je 3 M pro Nadel). Die Nadeln aneinanderlegen und die Maschen im Maschenstich zusammennähen.

FERTIGSTELLUNG

Die Fäden der HF vernähen.

Das Tuch auf die angegebenen Maße spannen.

Die Fadenenden von KF1 und KF2 auf die Länge der Fransen abschneiden.

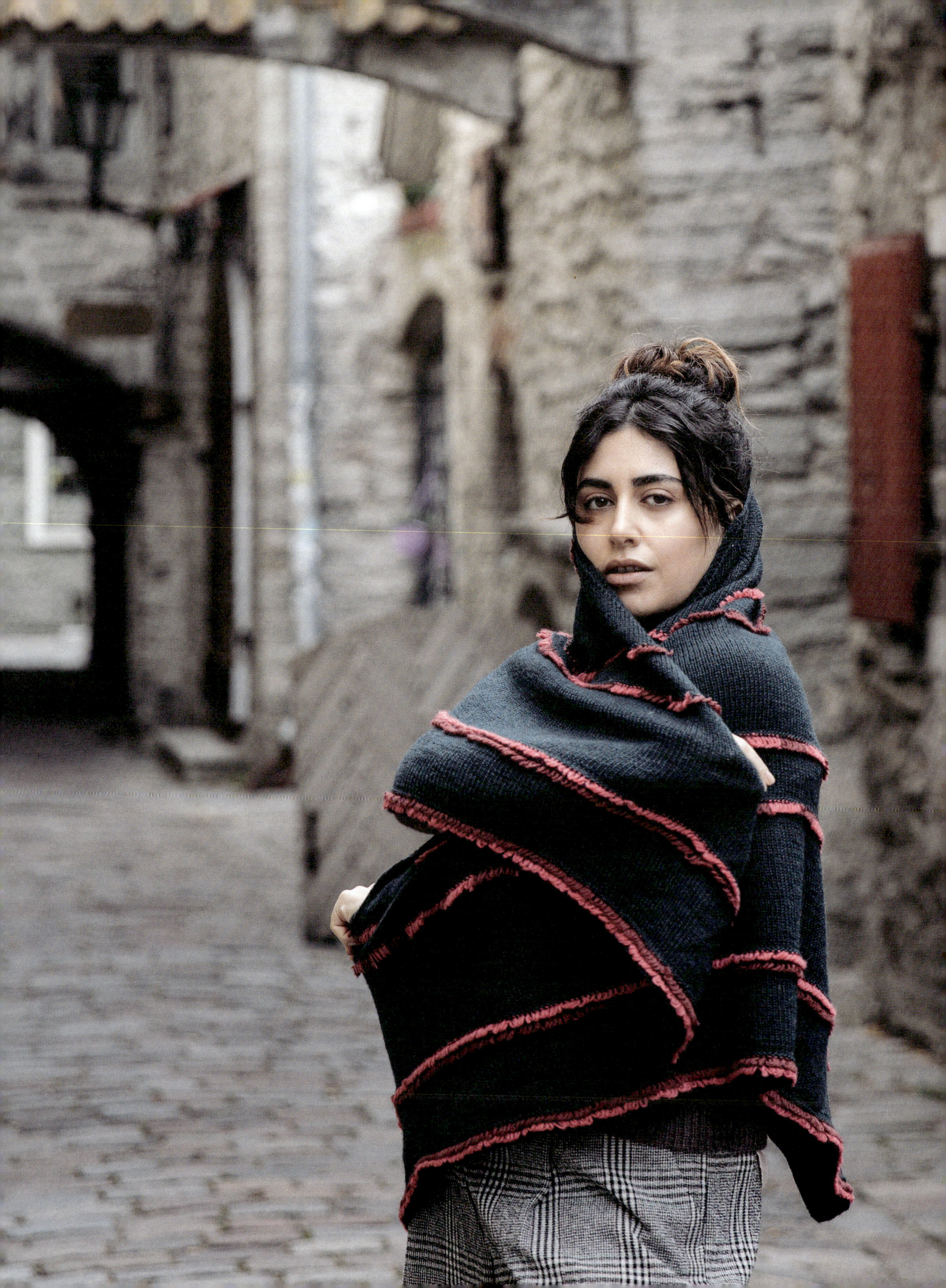

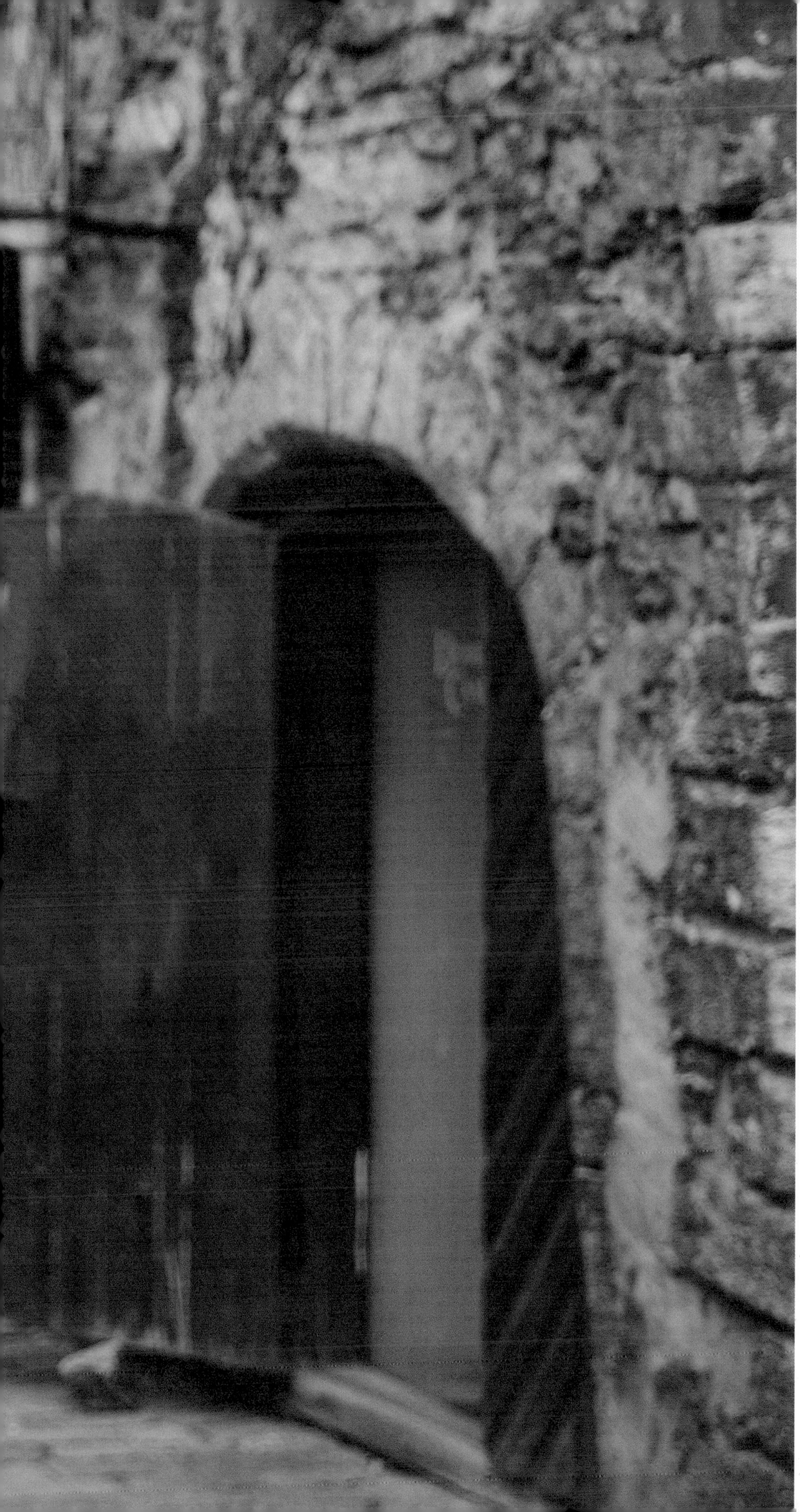

Die flatternden Fransen in dynamischen Streifen bringen Bewegung in das ansonsten sehr schlichte Dreiecktuch.

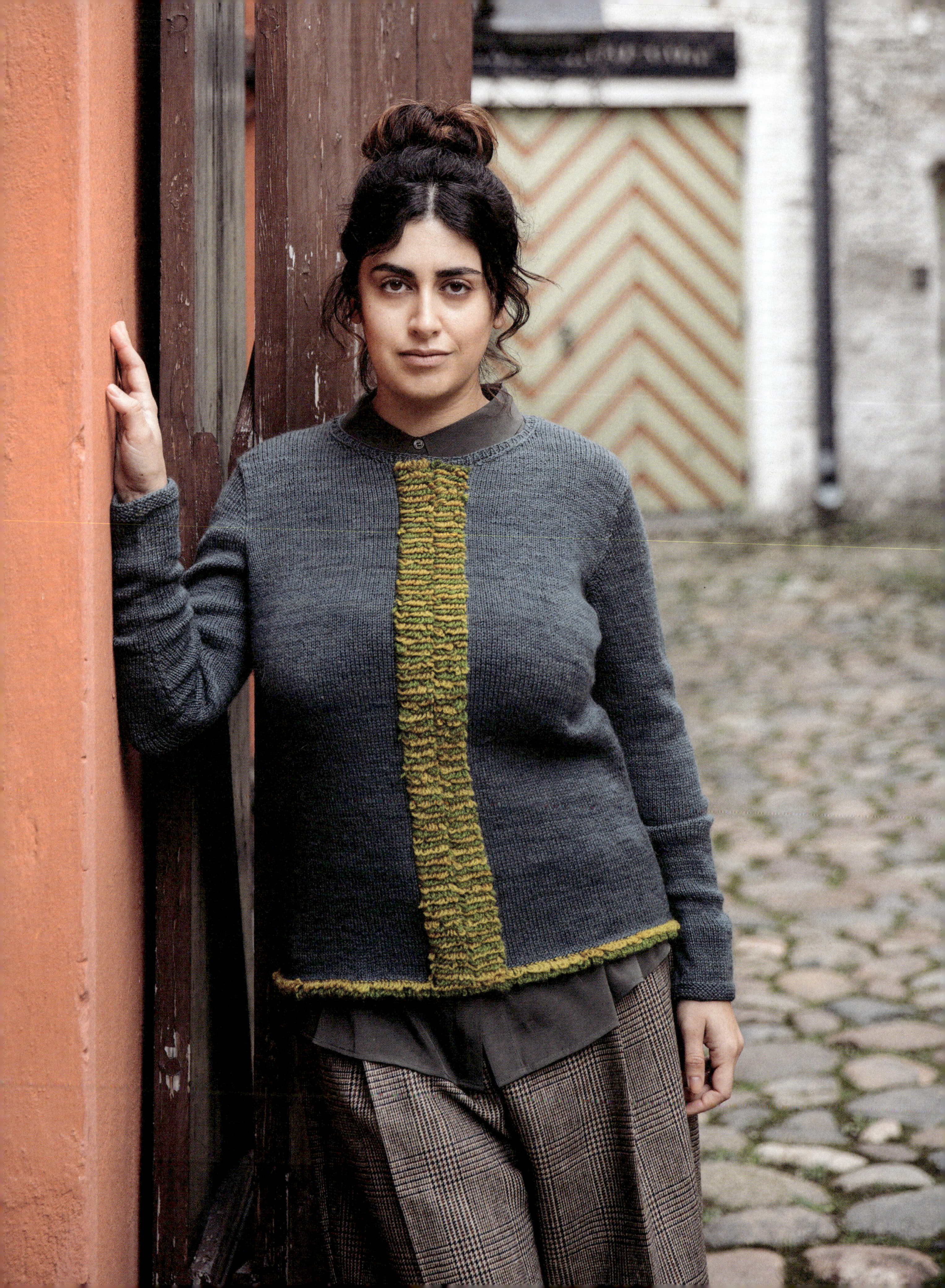

AJATU

Dieser Pullover mit gestrickten Fransen ist zeitlos (»ajatu«) wie eine Chanel-Tweedjacke. Pate dafür standen die Blusen und Jacken der traditionellen Tracht der Insel Muhu, an denen bestickte Bordüren die Schließen und Schnallen bedecken.

GRÖSSEN

1 (2, 3, 4, 5) [6, 7, 8, 9, 10]
Empfohlene Mehrweite: 5–10 cm

FERTIGE MASSE:

Brustumfang: 85 (95, 105, 115, 125) [135, 145, 155, 165, 175] cm
Oberarmumfang: 33,5 (35, 36,5, 38,5, 38,5) [41, 43,5, 49, 54, 55] cm
Länge ab der Achsel: 40,5 cm
Umfang Ärmelbündchen: 21 (21, 21,5, 21,5, 22,5) [22,5, 24, 24, 26, 26] cm
Ärmellänge: 44,5 (44,5, 45,5, 45,5, 47) [47, 47, 48, 48, 48] cm
Fransenlänge: 1,5 cm

GARN

Lanivendole A Chic Blend (60 % abruzzesische Schafwolle, 20 % Alpaca, 20 % Mohair, LL 225 m/ 50 g)
HF: Farbe Nautilus, 5 (5, 5, 6, 6) [7, 7, 8, 9, 9] Stränge
KF1: Farbe Senape, 1 Strang
KF2: Farbe Bergamotto, 1 Strang

Oder vergleichbares Garn (Stärke 4ply Fingering) in folgender Menge:
HF: 923 (1025,1125,1224,1317) [1436, 1537, 1715, 1858, 1941] m
KF1: 50 (54, 64, 68, 73) [82, 82, 90, 99, 104] m
KF2: 50 (54, 64, 68, 73) [82, 82, 90, 99, 104] m

STRICKNADELN

3 mm: Rundnadel 80 cm und Nadelspiel

SONSTIGES

Maschenmarkierer, Garnrest oder Maschenhalter, Wollnadel, 1,5 cm breiter Stab für Fransen

MASCHENPROBE

24 M x 34 Rd = 10 x 10 cm, glatt rechts rundgestrickt, nach dem Spannen

ANMERKUNGEN ZUR ANLEITUNG

Ajatu ist ein nahtlos von unten nach oben gestrickter Pullover mit angestrickten Ärmeln. Am Saum wird er mit gestrickten Fransen in zwei Kontrastfarben verziert, entlang der vorderen Mitte mit Fransen im Schachbrettmuster.

Vorder- und Rückenteil werden von unten nach oben bis zur Achsel rundgestrickt. Dann werden sie in Reihen weitergestrickt und an der Schulter durch Abketten mit drei Nadeln verbunden.

Für die Ärmel werden Maschen aus dem Armausschnitt aufgenommen, dann werden die Ärmel von oben nach unten bis zum Bündchen gestrickt.

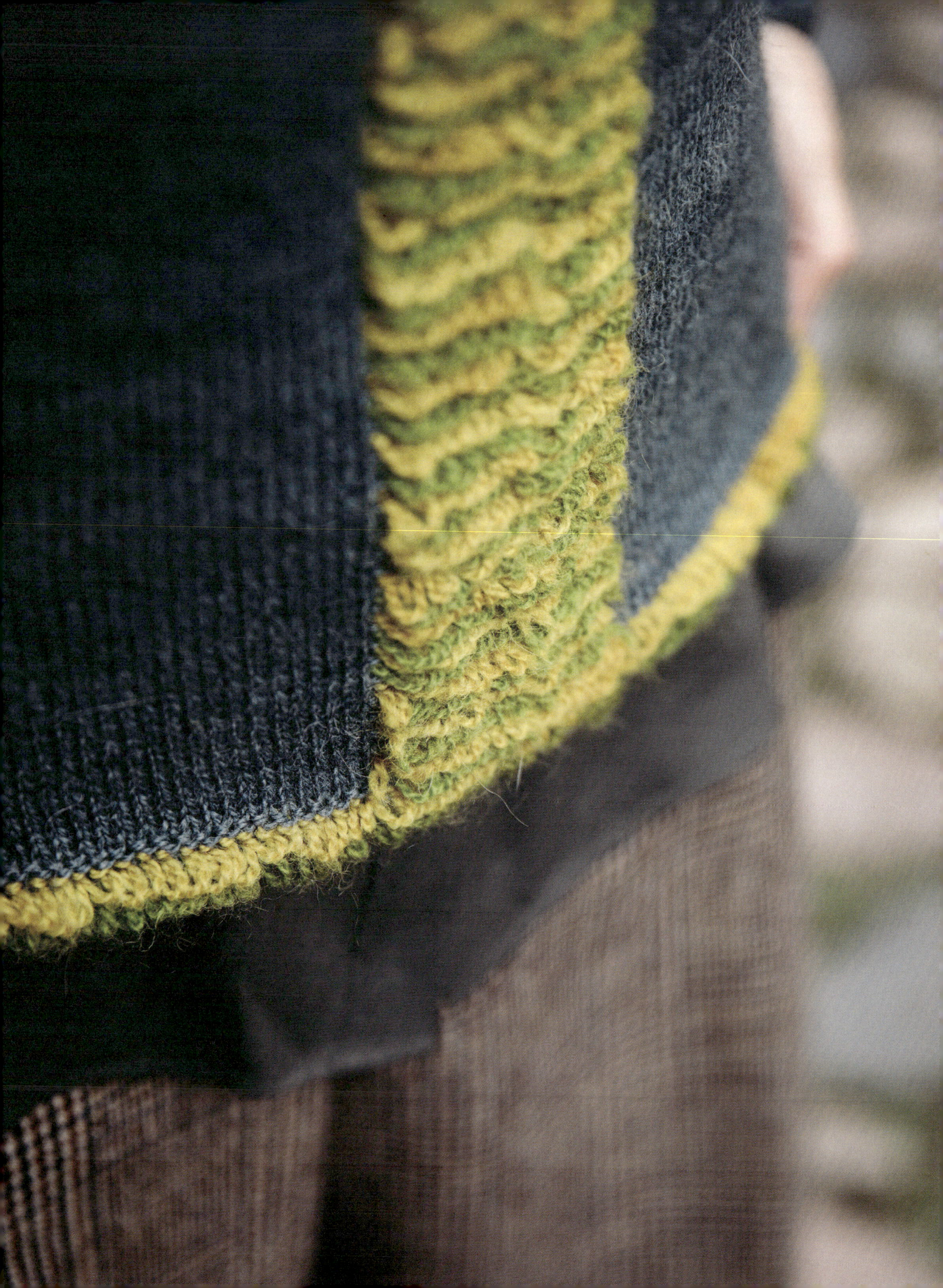

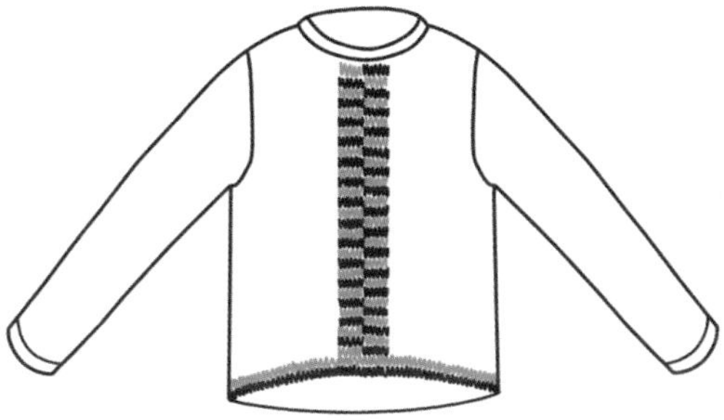

ANLEITUNG

Mit 3-mm-Nadeln und HF 204 (228, 252, 276, 300) [324, 348, 372, 396, 420] M anschl. Nicht zur Rd schließen.

1.-4. R: Re M.

Mit zugewandter Vorderseite zur Rd schließen, MMs für Rd-Anf.

1. Rd: Re M.

FRANSEN 1

2. Rd: In KF2 gestrickte Fransen arb bis Rd-Ende. KF2 abschneiden. In HF die gesamte Rd li str.

3. Rd: Re M.

FRANSEN 2

4. Rd: In KF1 gestrickte Fransen arb bis Rd-Ende. KF1 abschneiden. In HF die gesamte Rd li str.

FRANSEN-BORDÜRE

Vorbereitung: 45 (50, 55, 61, 66) [71, 77, 82, 87, 92] M re, MMs, 12 (14, 16, 16, 18) [20, 20, 22, 24, 26] M re, MMs, re M bis Ende.

6. Rd: Re M bis MM, MMa, in KF1 gestrickte Fransen über 6 (7, 8, 8, 9) [10, 10, 11, 12, 13] M arb, KF1 abschneiden, in KF2 gestrickte Fransen über 6 (7, 8, 8, 9) [10, 10, 11, 12, 13] M arb, KF2 abschneiden, 12 (14, 16, 16, 18) [20, 20, 22, 24, 26] M mit gestr. Fransen zurück auf LN heben, in HF 12 (14, 16, 16, 18) [20, 20, 22, 24, 26] M li, MMa, re M bis Ende.

Die zweifarbige Fransenbordüre im Schachbrettmuster verleiht dem Pullover Farbakzente und Struktur.

7. Rd: Re M.

8. Rd: Re M bis MM, MMa, in KF2 gestrickte Fransen über 6 (7, 8, 8, 9) [10, 10, 11, 12, 13] M arb, KF2 abschneiden, in KF1 gestrickte Fransen über 6 (7, 8, 8, 9) [10, 10, 11, 12, 13] M arb, KF1 abschneiden, 12 (14, 16, 16, 18) [20, 20, 22, 24, 26] M mit gestr. Fransen zurück auf LN heben, in HF 12 (14, 16, 16, 18) [20, 20, 22, 24, 26] M li, MMa, re M bis Ende.

9. Rd: Re M.

Die 6.–9. Rd bis zu einer Gesamthöhe von 40,5 cm oder bis zur gewünschten Länge bis zur Achsel wh.

VORDERTEIL

ARMAUSSCHNITT

1. R (Hin-R): 3 (3, 3, 5, 5) [6, 9, 12, 14, 15] M abk, re M bis MM, MMa, in KF1 gestrickte Fransen über 6 (7, 8, 8, 9) [10, 10, 11, 12, 13] M arb, KF1 abschneiden, in KF2 gestrickte Fransen über 6 (7, 8, 8, 9) [10, 10, 11, 12, 13] M arb, KF2 abschneiden, 12 (14, 16, 16, 18) [20, 20, 22, 24, 26] M mit gestr. Fransen zurück auf LN heben, in HF 12 (14, 16, 16, 18) [20, 20, 22, 24, 26] M li, MMa, 45 (50, 55, 61, 66) [71, 77, 82, 87, 92] M re. Die verbleibenden 102 (114, 126, 138, 150) [162, 174, 186, 198, 210] M für das Rückenteil stilllegen.

2. R (Rück-R): 3 (3, 3, 5, 5) [6, 9, 12, 14, 15] M abk, [li M bis MM, MMa], [-] 1-mal wh, li M bis Ende. Gesamt 96 (108, 120, 128, 140) [150, 156, 162, 170, 180] Vorderteil-M.

Größen 2, 3, 4, 5, 6, 7, 8, 9, 10

3. R (Hin-R): 1 M re, SSK, re M bis MM, MMa, in abwechselnder KF gestrickte Fransen über 6 (7, 8, 8, 9) [10, 10, 11, 12, 13] M arb, KF abschneiden, in abwechselnder KF gestrickte Fransen über - (7, 8, 8, 9) [10, 10, 11, 12, 13] M arb, KF abschneiden, - (14, 16, 16, 18) [20, 20, 22, 24, 26] M mit gestr. Fransen zurück auf LN heben, in HF - (14, 16, 16, 18) [20, 20, 22, 24, 26] M li, MMa, re M bis 3 M vor Ende, 2 M re zus, 1 M re (2 M abgen).

4. R (Rück-R): 1 M li, 2 M li verschr zus, [li M bis MM, MMa], [-] 1-mal wh, li M bis 3 M vor Ende, 2 M li zus, 1 M li (2 M abgen).

Die 3.–4. R noch - (3, 5, 4, 8) [10, 11, 11, 13, 14]-mal wh; dabei in den Hin-R stets die KF der Fransen abwechseln. Gesamt - [92, 96, 108, 104) [106, 108, 114, 120] M.

Größen 1, 3, 4, 5, 6, 7, 8

5. R (Hin-R): 1 M re, SSK, re M bis MM, MMa, in abwechselnder KF gestrickte Fransen über 6 (-, 8, 8, 9) [10, 10, 11, -, -] M arb, KF abschneiden, in abwechselnder KF gestrickte Fransen über 6 (-, 8, 8, 9) [10, 10, 11, -, -] M arb, KF abschneiden, 12 (-, 16, 16, 18) [20, 20, 22, -, -] M mit gestr. Fransen zurück auf LN heben, in HF 12 (-, 16, 16, 18) [20, 20, 22, -, -] M li, MMa, re M bis 3 M vor Ende, 2 M re zus, 1 M re (2 M abgen).

6. R (Rück-R): [Li M bis MM, MMa], [-] 1-mal wh, li M bis Ende.

Die 5.–6. R noch 3 (-, 0, 3, 1) [0, 0, 0, -, -]-mal wh; dabei in den Hin-R stets die KF der Fransen abwechseln. Gesamt 88 (-, 94, 100, 100) [104, 106, 112, -, -] M.

Alle Größen

Gesamt 88 (92, 94, 100, 100) [104, 106, 112, 114, 120] M.

Hin-R: Re M bis MM, MMa, in abwechselnder KF gestrickte Fransen über 6 (7, 8, 8, 9) [10, 10, 11, 12, 13] M arb, KF abschneiden, in abwechselnder KF gestrickte Fransen über 6 (7, 8, 8, 9) [10, 10, 11, 12, 13] M arb, KF abschneiden, 12 (14, 16, 16, 18) [20, 20, 22, 24, 26] M mit gestr. Fransen zurück auf LN heben, in HF 12 (14, 16, 16, 18) [20, 20, 22, 24, 26] M li, MMa, re M bis Ende.

Rück-R: [Li M bis MM, MMa], [-] 1-mal wh, li M bis Ende.

Diese Hin- und Rück-R noch 12 (14, 12, 12, 11) [11, 10, 13, 15, 14]-mal wh.

HALSAUSSCHNITT

Vorbereitung: 37 (39, 40, 42, 42) [44, 45, 48, 49, 51] M re, 14 (14, 14, 16, 16) [16, 16, 16, 16, 18] M abk (dabei MMe), re M bis Ende. Gesamt 74 (78, 80, 84, 84) [88, 90, 96, 98, 102] M: 37 (39, 40, 42, 42) [44, 45, 48, 49, 51] M je VT. Die 37 (39, 40, 42, 42) [44, 45, 48, 49, 51] M des rechten VT auf Hilfsfaden oder Halter stilllegen und am linken VT weiterstr.

LINKES VORDERTEIL

1. R (Rück-R Abn): Li M bis 3 M vor Ende, 2 M li verschr zus, 1 M li (1 M abgen).

2. R (Hin-R Abn): 1 M re, SSK, re M bis Ende (1 M abgen).

Die 1.–2. R noch 5 (5, 6, 6, 6) [7, 6, 8, 8, 8]-mal wh. 25 (27, 26, 28, 28) [28, 31, 30, 31, 33] M.

Größen 1, 2, 3, 4, 5, 6, 7

3. R (Rück-R): Li M.

4. R (Hin-R Abn): 1 M re, SSK, re M bis Ende (1 M abgen).

Die 3.–4. R noch 2 (2, 1, 1, 1) [0, 1, -, -, -]-mal wh. 22 (24, 24, 26, 26) [27, 29, -, -, -] M.

Alle Größen

22 (24, 24, 26, 26) [27, 29, 30, 31, 33] M.

5. R (Rück-R): Li M.

6. R (Hin-R): Re M.

Die 5.–6. R noch 1 (1, 1, 2, 2) [3, 2, 3, 3, 3]-mal wh, dann die 5. R noch 1-mal wh.

Die Maschen des linken VT stilllegen.

RECHTES VORDERTEIL

Die 37 (39, 40, 42, 42) [44, 45, 48, 49, 51] stillgelegten M des re VT auf 3-mm-Nadeln legen.

Mit zugewandter Vorderseite HF anschließen.

1. R (Rück-R Abn): 1 M li, 2 M li zus, li M bis Ende (1 M abgen).

2. R (Hin-R Abn): Re M bis 3 M vor Ende, 2 M re zus, 1 M re (1 M abgen).

Die 1.–2. R noch 5 (5, 6, 6, 6) [7, 6, 8, 8, 8]-mal wh. 25 (27, 26, 28, 28) [28, 31, 30, 31, 33] M.

Größen 1, 2, 3, 4, 5, 6, 7

3. R (Rück-R): Li M.

4. R (Hin-R Abn): Re M bis 3 M vor Ende, 2 M re zus, 1 M re (1 M abgen).

Die 3.–4. R noch 2 (2, 1, 1, 1) [0, 1, -, -, -]-mal wh. 22 (24, 24, 26, 26) [27, 29, -, -, -] M.

Alle Größen

22 (24, 24, 26, 26) [27, 29, 30, 31, 33] M.

5. R (Rück-R): Li M.

6. R (Hin-R): Re M.

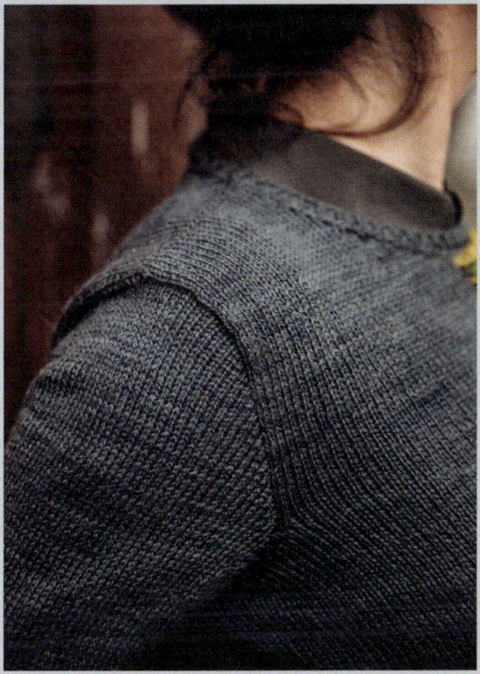

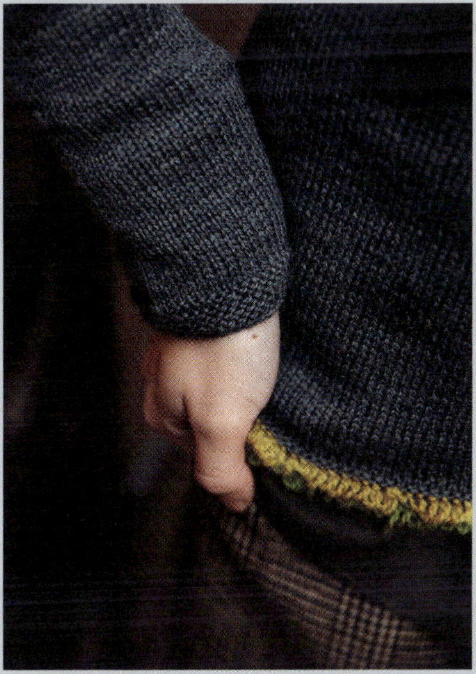

Die 5.–6. R noch 1 (1, 1, 2, 2) [3, 2, 3, 3, 3]-mal wh, dann die 5. R noch 1-mal wh.

Die Maschen des rechten VT stilllegen.

RÜCKENTEIL

ARMAUSSCHNITT

Die 102 (114, 126, 138, 150) [162, 174, 186, 198, 210] stillgelegten Rücken-M auf 3-mm-Nadeln legen.

1. R (Hin-R): In HF 3 (3, 3, 5, 5) [6, 9, 12, 14, 15] M abk, re M bis Ende.

2. R (Rück-R): 3 (3, 3, 5, 5) [6, 9, 12, 14, 15] M abk, li M bis Ende. Gesamt 96 (108, 120, 128, 140) [150, 156, 162, 170, 180] Rücken-M.

Alle Größen

Die 3.–6. R wie in der Anleitung für den Armausschnitt an den Vorderteilen arbeiten.
Gesamt 88 (92, 94, 100, 100) [104, 106, 112, 114, 120] Rücken-M.

Folg. Hin-R: Re M.

Folg. Rück-R: Li M.

Diese Hin- und Rück-R noch 18 (20, 18, 18, 17) [18, 17, 20, 22, 21]-mal stricken.

HINTERER HALSAUSSCHNITT

Vorbereitung (Hin-R): 31 (33, 33, 36, 36) [37, 38, 40, 41, 43] M re, 1 M re, 26 (26, 28, 28, 28) [30, 30, 32, 32, 34] M abk, re M bis Ende. Die ersten 31 (33, 33, 36, 36) [37, 38, 40, 41, 43] M für das rechte Rückenteil auf Hilfsfaden stilllegen.

LINKES RÜCKENTEIL

1. R (Rück-R Abn): Li M bis 3 M vor Ende, 2 M li verschr zus, 1 M li (1 M abgen).

2. R (Hin-R Abn): 1 M re, SSK, re M bis Ende (1 M abgen).

Die 1.–2. R noch 3 (3, 3, 4, 4) [4, 3, 4, 4, 4]-mal wh.
23 (25, 25, 26, 26) [27, 30, 30, 31, 33] M.

Größen 1, 2, 3, 7

3. R (Rück-R Abn): Li M bis 3 M vor Ende, 2 M li verschr zus, 1 M li (1 M abgen).
22 (24, 24, -, -) [-, 29, -, -, -] M.

Größen 4, 5, 6, 8, 9, 10

3. R (Rück-R): Li M.

Alle Größen

22 (24, 24, 26, 26) [27, 29, 30, 31, 33] M.

Folg. R: Re M bis Ende.

Den Pullover auf links wenden (Innenseite nach außen).

Die 22 (24, 24, 26, 26) [27, 29, 30, 31, 33] M des li VT auf eine weitere 3-mm-Nadel legen.

Die Maschen des li VT und des li RT durch Abketten mit 3 Nadeln verbinden. Fadenende durch die letzte M ziehen.

RECHTES RÜCKENTEIL

Die 31 (33, 33, 36, 36) [37, 38, 40, 41, 43] stillgelegten M des re RT auf 3-mm-Nadeln legen.

Mit zugewandter linker Seite HF anschließen.

1. R (Rück-R Abn): 1 M li, 2 M li zus, li M bis Ende (1 M abgen).

2. R (Hin-R Abn): Re M bis 3 M vor Ende, 2 M re zus, 1 M re (1 M abgen).

Die 1.–2. R noch 3 (3, 3, 4, 4) [4, 3, 4, 4, 4]-mal wh.
23 (25, 25, 26, 26) [27, 30, 30, 31, 33] M.

Größen 1, 2, 3, 7

3. R (Rück-R Abn): 1 M li, 2 M li zus, li M bis Ende (1 M abgen).
22 (24, 24, -, -) [-, 29, -, -, -] M.

Größen 4, 5, 6, 8, 9, 10

3. R (Rück-R): Li M.

Alle Größen

22 (24, 24, 26, 26) [27, 29, 30, 31, 33] M.

Folg. R: Re M.

Den Pullover auf links wenden (Innenseite nach außen).

Die 22 (24, 24, 26, 26) [27, 29, 30, 31, 33] M des re VT auf eine weitere 3-mm-Nadel legen.

Die Maschen des re VT und des re RT durch Abketten mit 3 Nadeln verbinden. Fadenende durch die letzte M ziehen.

ÄRMEL

Mit 3-mm-Nadeln und HF ab der Schulternaht entlang des Armausschnitts bis unten 37 (39, 41, 41, 41) [43, 43, 47, 51, 51] M aufn und re str (etwa 2 M auf 3 Reihen). Aus den abgeketteten M an der Achsel 3 (3, 3, 5, 5) [6, 9, 12, 14, 15] M aufn und re str, MMs (dies wird nach den verkürzten Reihen der MM des Rd-Anf), noch 3 (3, 3, 5, 5) [6, 9, 12, 14, 15] M aus den abgeketteten M der Achsel aufn und re str, entlang des Armausschnitts bis zur Schulternaht 37 (39, 41, 41, 41) [43, 43, 47, 51, 51] M aufn und re str (etwa 2 M auf 3 Reihen), MMs. 80 (84, 88, 92, 92) [98, 104, 118, 130, 132] M.

Armkugel mit verkürzten Reihen
1. R (Hin-R): 14 (14, 14, 16, 16) [17, 18, 19, 21, 22] M re, wenden.

2. R (Rück-R): Rück-R DM, li M bis MM, MMa, 14 (14, 14, 16, 16) [17, 18, 19, 21, 22] M li, wenden.

3. R (Hin-R): Hin-R DM, re M bis MM, MMa, re M bis vorige Wende-M, die DM der verk. R als 2 M re zus str, 1 M re, wenden.

4. R (Rück-R): Rück-R DM, li M bis MM, MMa, li M bis vorige Wende-M, die DM der verk. R als 2 M li zus str, 1 M li, wenden.
Die 3.–4. R noch 25 (27, 29, 29, 29) [31, 33, 39, 43, 43]-mal wh oder bis alle M bis zum MM des Rd-Anf gearbeitet wurden. MM oben an der Schulter entf.

Ab jetzt in Runden str. Bei Erreichen der letzten DM der verk. R die DM als 2 M re zus str.

1.–10. Rd: Re M.

Abn-Rd: 1 M re, 2 M re zus, re M bis 2 M vor Ende, SSK (2 M abgen).

Die Abn-Rd noch 14 (16, 17, 19, 18) [21, 22, 29, 33, 34]-mal in jeder 5. (5., 4., 4., 4.) [4., 4., 3., 2., 2.] Rd wh. 50 (50, 52, 52, 54) [54, 58, 58, 62, 62] M.

In Rd weiterstr, bis der Ärmel 42 (42, 43, 43, 44,5) [44,5, 44,5, 45,5, 45,5, 45,5] cm lang ist oder bis 2,5 cm vor der gewünschten Länge.

ÄRMELBÜNDCHEN

Den MM am Rd-Anf entf. und Bündchen in Reihen str.

1.–8. R: Re M.

Abketten.

Den 2. Ärmel genauso stricken.

HALSBÜNDCHEN

Mit 3-mm-Nadeln und HF ab der Schulternaht am RT beginnend 108 (108, 110, 116, 116) [122, 122, 124, 124, 128] M aufn und re str, zur Rd schließen, MMs für Rd-Anf.

1.–4. Rd: [1 M re, 1 M li], [-] fortl. wh.

Die M im 1/1-Rippenmuster abk, wie sie erscheinen.

FERTIGSTELLUNG

Mit dem Fadenende am Ärmelbündchen die krausrechte Partie im Matratzenstich zusammennähen.

Die KF-Fadenenden der Fransen auf die Länge der Fransen abschneiden.

Alle HF-Fadenenden vernähen.

Den Pullover auf die angegebenen Maße spannen.

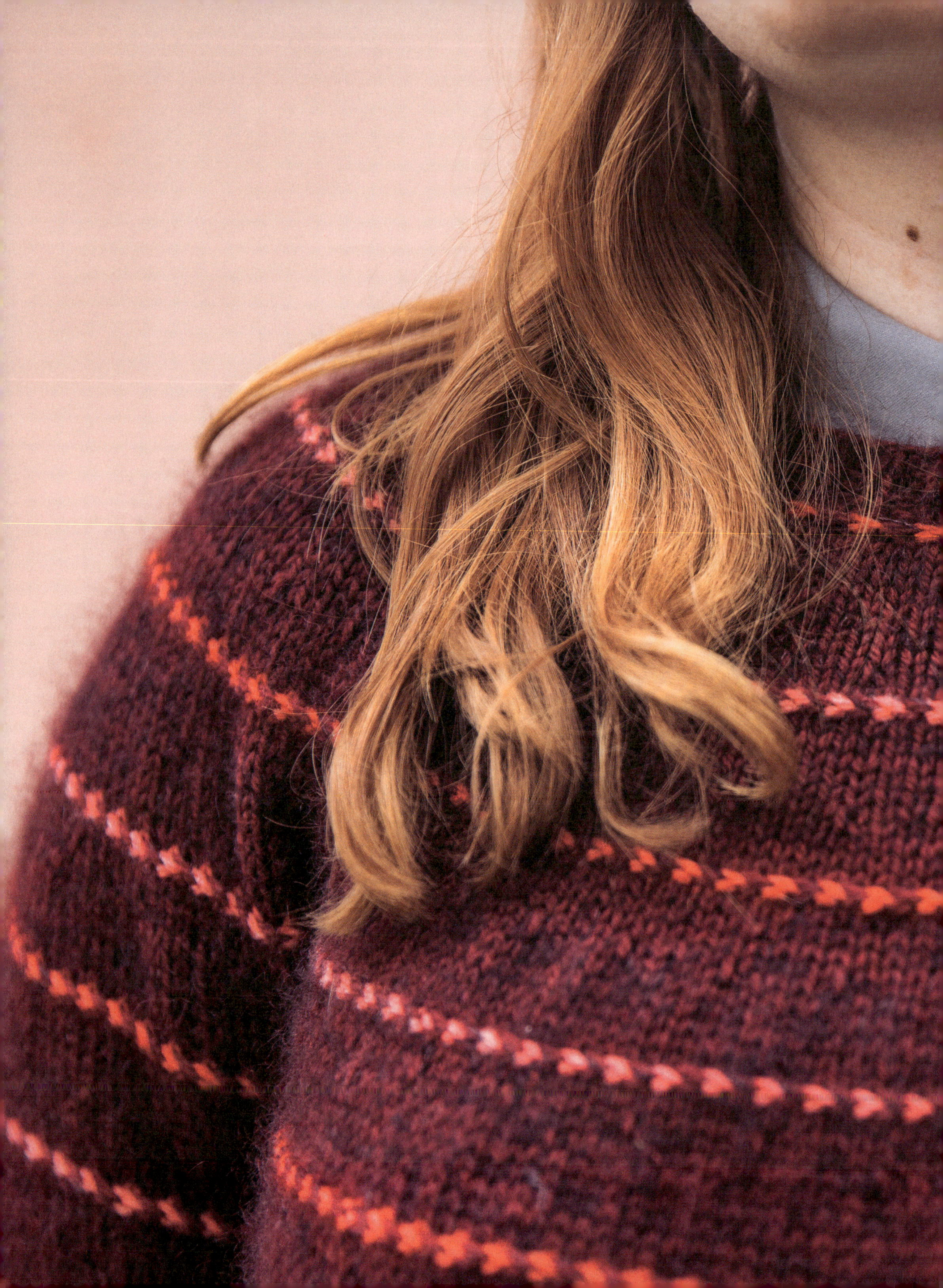

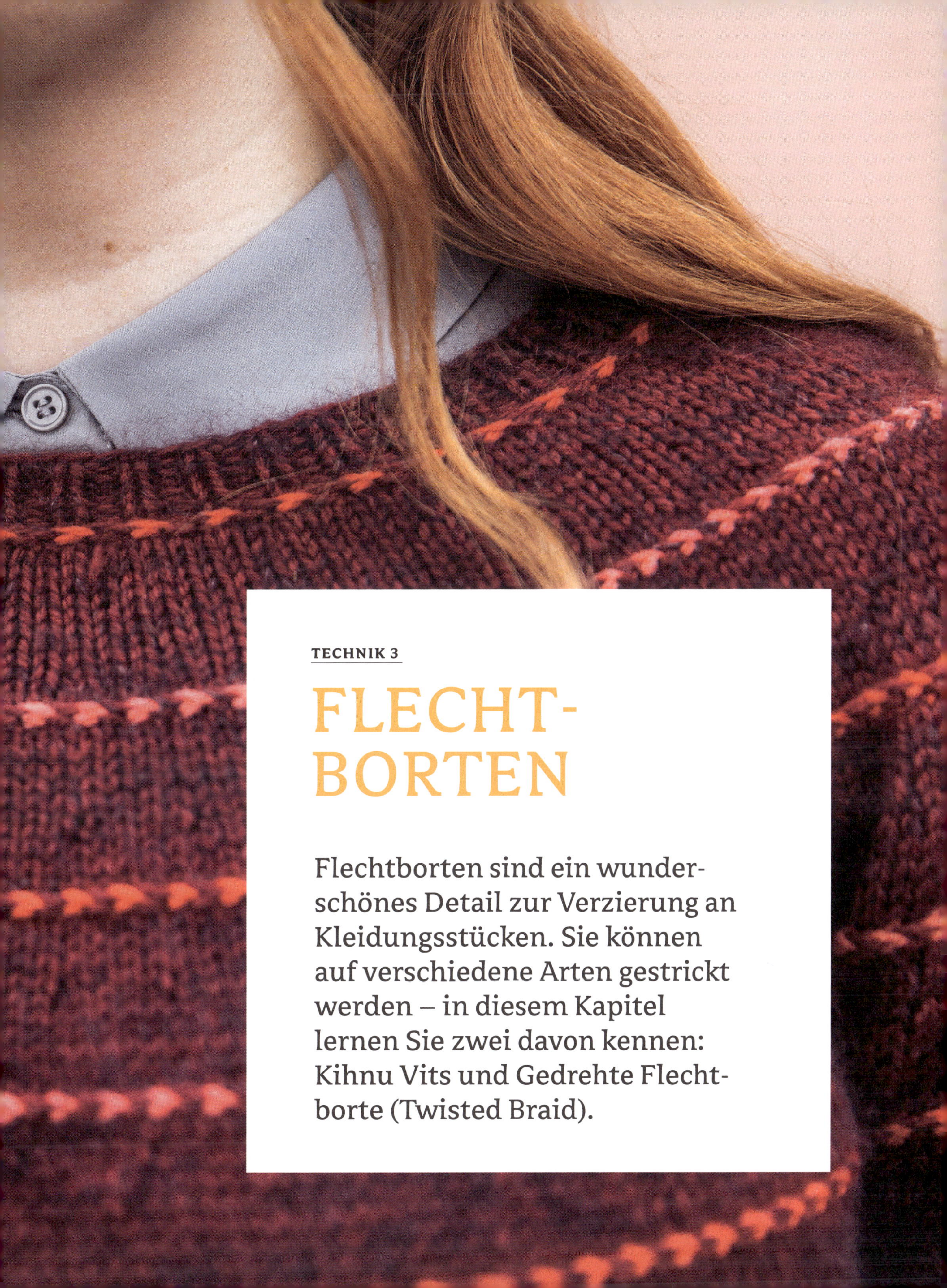

TECHNIK 3

FLECHT-BORTEN

Flechtborten sind ein wunderschönes Detail zur Verzierung an Kleidungsstücken. Sie können auf verschiedene Arten gestrickt werden – in diesem Kapitel lernen Sie zwei davon kennen: Kihnu Vits und Gedrehte Flechtborte (Twisted Braid).

FLECHTBORTEN – VITSAD

DIE BELIEBTEN gestrickten Flechtborten (vitsad) haben jede Menge zu bieten, denn sie vereinen in sich Form und Farbe, Struktur und Dynamik. Meist werden sie an Handgelenk und Saum von Handschuhen und Pullovern angebracht, damit die Kanten sich nicht aufrollen, doch sie bilden zugleich sehr dekorative Streifen. Sie können diese Borten in einer oder mehreren Farben stricken und als Blickfang oder hübschen Farbakzent einsetzen.

IN DER estnischen Strickkunst gibt es ganz verschiedene gestrickte Flechtborten, die oft typisch für eine bestimmte Region sind. Die Borten bestehen aus verkreuzten Maschen auf der rechten Seite der Strickarbeit. Dafür werden entweder in Hinreihen linke Maschen oder in Rückreihen rechte Maschen gestrickt und auf ganz besondere Art verkreuzt, übereinander oder untereinander, um die Richtung der Flechtborte festzulegen.

Traditionelle Troi-Pullover haben in der Regel an Ärmelbündchen und Saum aus rotem Garn gestrickte Flechtborten – die Farbe soll den Träger vor Unheil beschützen.

KIHNU VITS

KIHNU VITS (oder Kihnu-Flechtborte) ist eine süße kleine Borte, die nach der estnischen Insel Kihnu benannt ist. Manchmal wird sie auch als »Fischgrätborte« bezeichnet. Sie wird in zwei Farben gestrickt, und oft werden am Saum von Handschuhen oder dem traditionellen Kihnu-Fischerpullover (»Troi«) mehrere dieser Borten übereinander angebracht. Traditionelle Troi-Pullover haben Jacquardmuster mit Anker- oder Kreuzmotiven, dazu an Ärmelbündchen und Saum in der Regel aus rotem Garn gestrickte Flechtborten – die Farbe soll den Träger vor Unheil beschützen. Elly Karjam ist eine der wenigen Frauen, die auf Kihnu noch diese Pullover stricken und die Tradition lebendig erhalten.

GEDREHTE FLECHTBORTE

DIE GEDREHTE Flechtborte kann in einer oder mehreren Farben gestrickt werden. Sie ist etwas breiter als die Kihnu-Flechtborte, und es ist keine Vorbereitungsrunde erforderlich. Die Borte kann über eine oder zwei Reihen/Runden gearbeitet werden, je nach gewünschtem Look. Eine einzelne Reihe/Runde dieser Borte sieht aus wie ein gedrehtes Seil. Durch zwei Reihen/Runden nacheinander – eine mit übereinander und eine mit untereinander verkreuzten Maschen – entsteht die typische Flechtborte mit einem Fischgrätmuster.

1 Kontinental

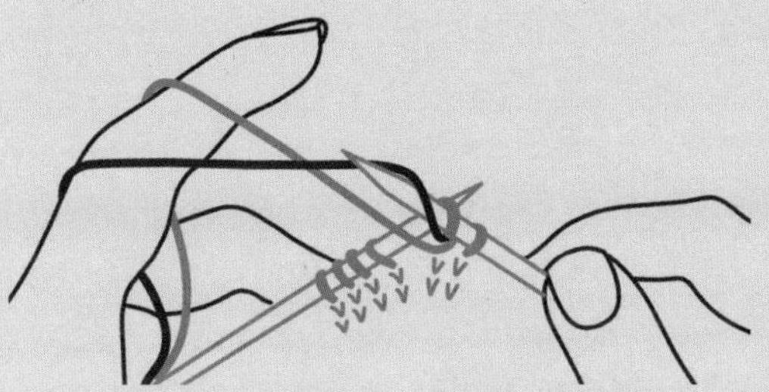

2 Englisch

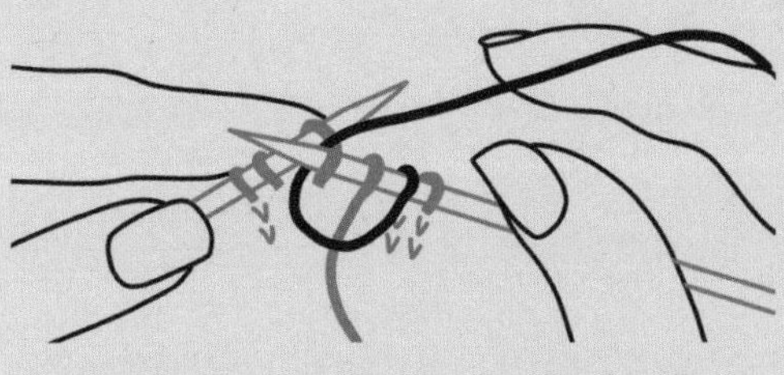

3 Deutsch/kontinental

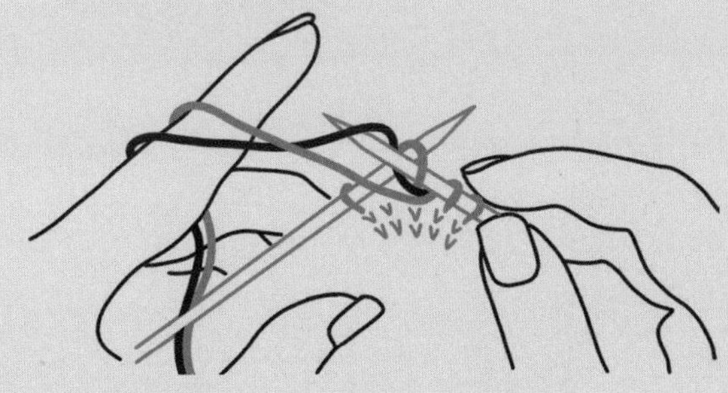

4 Englisch

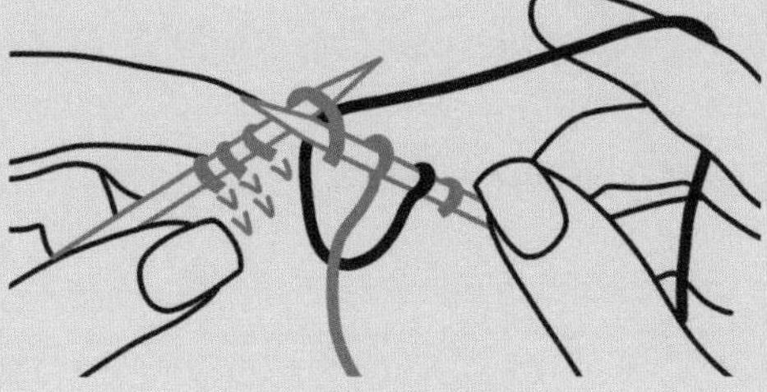

TUTORIAL: ÜBEREINANDER VERKREUZEN (FÜR KIHNU VITS UND GEDREHTE FLECHTBORTE)

Hin-R: Beide Fäden werden während der gesamten Runde vor der Arbeit gehalten. Es werden linke Maschen gestrickt; dabei wird der Arbeitsfaden jeweils über die andere Farbe gekreuzt.

Abb. 1 und 2 zeigen, wie die Fäden je nach Strickweise geführt werden. Bei der deutschen (kontinentalen) Strickweise (Abb. 1) liegen beide Fäden auf dem linken Zeigefinger. Die Farbe, mit der die folgende linke Masche gestrickt werden soll, liegt weiter von den Nadeln entfernt und wird über die andere Farbe gekreuzt. Nach jeder Masche muss die Position der Fäden geändert werden.

Wird beim Stricken in Reihen von der Rückseite aus verkreuzt, werden beide Fäden hinter der Arbeit gehalten, und beim Verkreuzen werden rechte Maschen gestrickt, damit auf der Vorderseite linke Maschen erscheinen.

TUTORIAL: UNTEREINANDER VERKREUZEN (FÜR GEDREHTE FLECHTBORTE)

Hin-R: Beide Fäden werden während der gesamten Runde vor der Arbeit gehalten. Es werden linke Maschen gestrickt; dabei wird der Arbeitsfaden jeweils unter die andere Farbe gekreuzt.

Abb. 3 und 4 zeigen, wie die Fäden je nach Strickweise geführt werden. Bei der deutschen (kontinentalen) Strickweise (Abb. 3) liegen beide Fäden auf dem linken Zeigefinger. Die Farbe, mit der die folgende linke Masche gestrickt werden soll, liegt weiter von den Nadeln entfernt und wird unter die andere Farbe gekreuzt. Nach jeder Masche muss die Position der Fäden geändert werden.

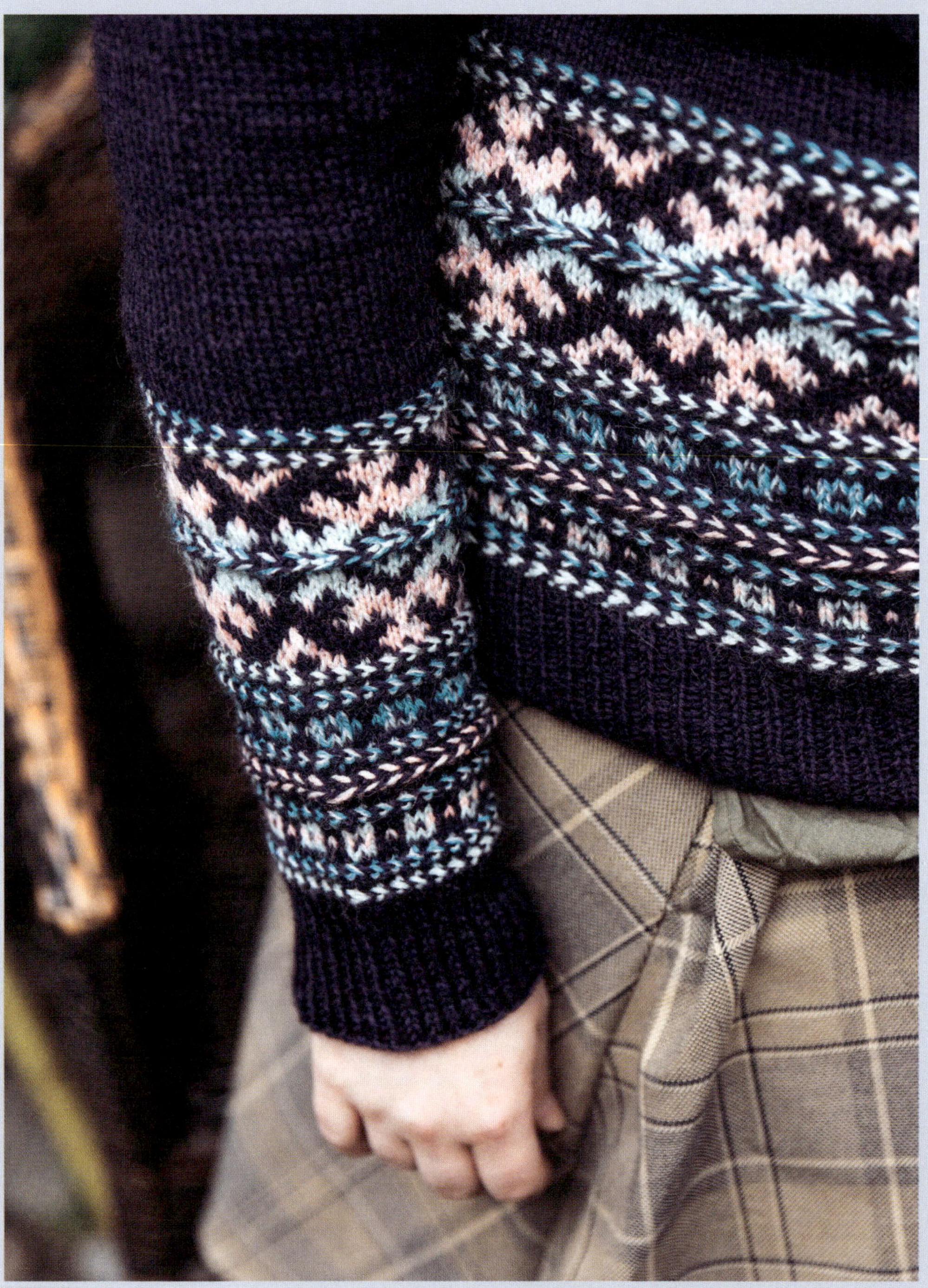

ANLEITUNG KIHNU VITS

Die Kihnu-Flechtborte beginnt mit einer Vorbereitungsreihe oder -runde, bei der immer abwechselnd eine Masche in jeder Farbe rechts gestrickt wird.

Rundgestrickt: Mit beiden Fäden vor der Arbeit jede Masche in abwechselnder Farbe zur Masche auf der Nadel links stricken, dabei den Arbeitsfaden stets über den Faden der anderen Farbe kreuzen.

Nahtloser Übergang an rundgestrickten Kihnu Vits: Die Vorbereitungsrunde in abwechselnden Farben bis zur letzten Masche rechts stricken. An der letzten Masche den Farbwechsel fortsetzen, dann die Masche zurück auf die LN heben und erneut in derselben Farbe stricken. Die letzte Masche wird also zweimal gestrickt. Die folgenden Runde bis zur letzten Masche in abwechselnden Farben links stricken, dabei den Arbeitsfaden stets über die andere Farbe kreuzen. Mit der RN wie zum Linksstricken in die Masche 1 Reihe unter der folgenden Masche auf der LN einstechen, um eine Masche aufzunehmen (2 Maschen auf der LN), dann in der anderen Farbe mit über der vorigen Farbe gekreuztem Faden 2 M li zus str.

In Reihen gestrickt von der Rückseite aus: Beide Fäden während der gesamten Reihe hinter der Arbeit führen. Die Reihe in entgegengesetzten Farben zu den Maschen auf der Nadel rechts stricken, dabei den Arbeitsfaden stets über den Faden der anderen Farbe kreuzen.

ANLEITUNG GEDREHTE FLECHTBORTE

Wenn Sie für ein Fischgrätmuster zwei Flecht-Reihen/Runden übereinander arbeiten, beginnen Sie mit stets übereinander oder stets untereinander verkreuzten Fäden und kreuzen Sie die Fäden in der zweiten Reihe/Runde in der Gegenrichtung. In der zweiten Reihe/Runde die Farbfolge der ersten Reihe/Runde beibehalten.

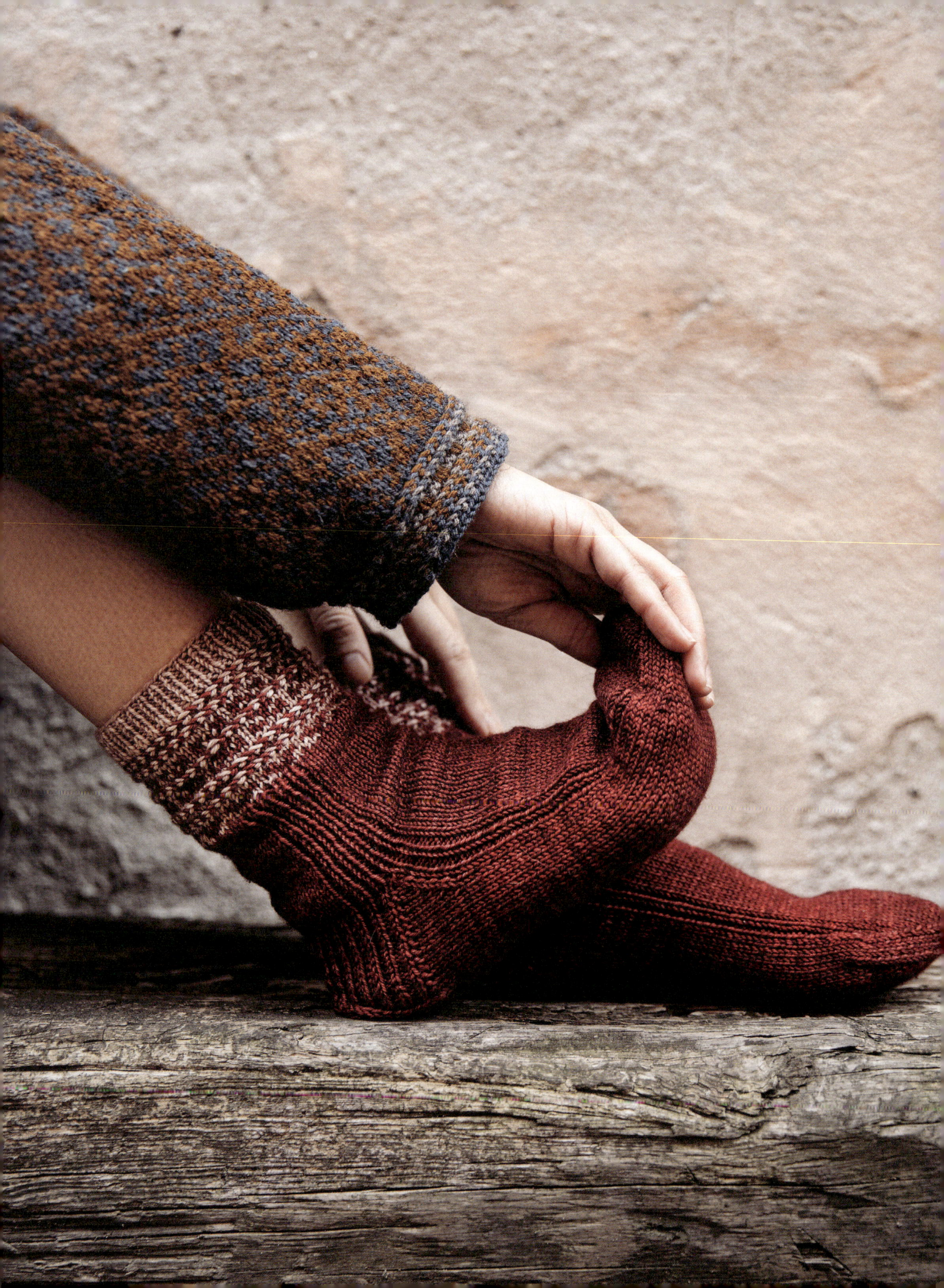

KIHNU

Eine moderne Variante der traditionellen Socken von der Insel Kihnu, nach der diese Socken auch benannt sind. Die Socken haben zweifarbige Details mit Kihnu Vits und Zähnchenmuster (»sukahambad«). Am Bein hinunter zur Ferse und bis zu den Zehen verläuft ein Rippenmuster, das an die aufwendigen traditionellen Vorbilder erinnert.

GRÖSSEN

1 (2)

Fußumfang: 20,5 (22,5) cm
Beinlänge vom Bündchen bis zum Fersenbeginn (variabel): 15 cm

GARN

Magpie Fibers Swanky Sock (80 % Superwash-Merinowolle, 10 % Kaschmir, 10 % Nylon; LL 366 m/ 115 g)
HF: Farbe Drops of Jupiter, 1 Strang
KF: Farbe Bougie Beaver, 1 Strang

Oder vergleichbares Garn (Stärke 4ply Fingering) in folgender Menge:
HF: 165 (183) m
KF: 44 (53) m

STRICKNADELN

2,25 mm: Nadelspiel oder 80-cm-Rundnadel (Magic-Loop-Technik) für Glatt-rechts-Partien
2,5 mm: Nadelspiel oder 80-cm-Rundnadel (Magic-Loop-Technik) für Jacquardmuster und Flechtborten

SONSTIGES

2 Maschenmarkierer, Wollnadel

MASCHENPROBE

32 M x 36 Rd = 10 x 10 cm, glatt rechts rundgestrickt, nach dem Spannen
32 M x 32 Rd = 10 x 10 cm in Jacquardmuster und Flechtborten rundgestrickt, nach dem Spannen

SPEZIALTECHNIK

Kihnu Vits
1. Rd: [1 M re in KF, 1 M re in HF], [-] fortl. wh.
2. Rd: Mit HF und KF vor der Arbeit [1 M li in HF mit HF-Faden über KF verkreuzt, 1 M li in KF mit KF-Faden über HF verkreuzt], [-] fortl. wh.

ANMERKUNGEN ZUR ANLEITUNG

Diese Socken werden von oben nach unten, also vom Bündchen bis zur Spitze gestrickt. Sie sind die moderne Interpretation traditioneller Trachtensocken für Frauen von der Insel Kihnu, mit Jacquardmustern und Kihnu Vits am Bündchen. Seitlich am Bein entlang verlaufen gerippte Streifen zur Ferse und bis zur Spitze.

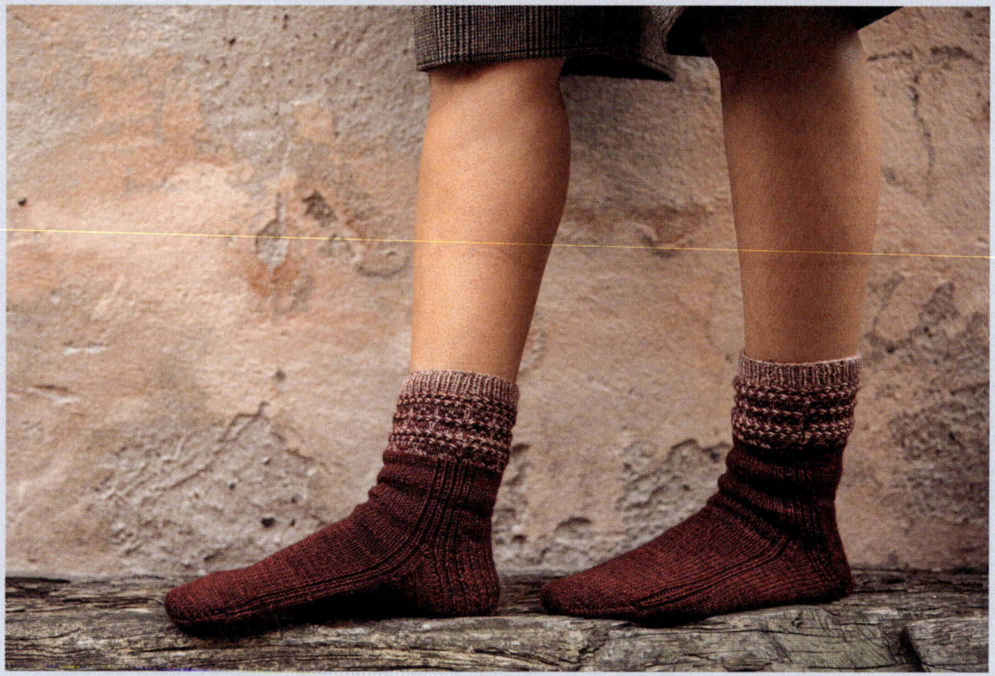

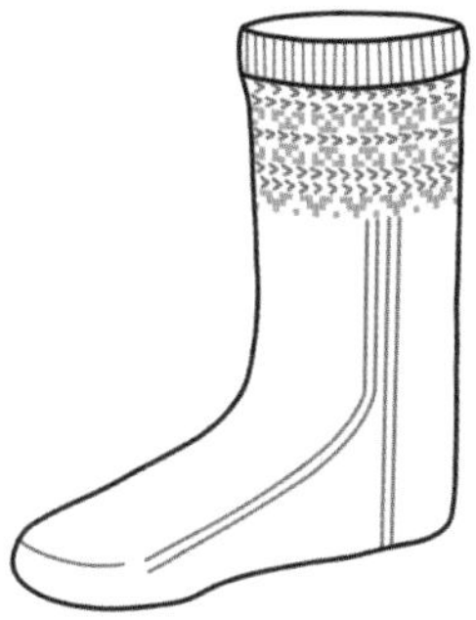

ANLEITUNG

BÜNDCHEN

Mit 2,25-mm-Nadeln und KF 66 (72) M anschlagen und zur Rd schließen. MMs für Rd-Anf.

8 Rd im 1/1-Rippenmuster stricken: [1 M re, 1 M li], [-] fortl. wh.

Zu den 2,5-mm-Nadeln wechseln.

Die HF hinzunehmen und die 24 Rd der Socken-Strickschrift stricken (jeweils den Rapport von 6 M bis zum Rd-Ende fortl. wh).

KF abschneiden.

Folg. Rd: Re M in HF.

BEIN

1. Rd: 1 M li, 2-mal [1 M re, 1 M li], 24 (27) M re, 1 M li, 4-mal [1 M re, 1 M li], 24 (27) M re, 2-mal [1 M li, 1 M re].

Die 1. Rd bis zu einer Gesamtlänge von 15 cm ab MA oder bis 9,5 cm vor gewünschter Länge bis zum Fersenende wh.

FERSENWAND

Die Fersenwand wird in Reihen über die ersten 34 (37) M gestrickt.

Größe 1

Hin-R: 1 M li, 2-mal [1 M re, 1 M li], 12-mal (1 M re, 1 M abh], 1 M li, 2-mal [1 M re, 1 M li].

Größe 2

Hin-R: 1 M li, 2-mal [1 M re, 1 M li], 13-mal (1 M re, 1 M abh], 3-mal [1 M re, 1 M li].

Alle Größen

Rück-R: 1 M re, 2-mal [1 M li, 1 M re], 24 (27) M li, 1 M re, 2-mal [1 M li, 1 M re].

Die Hin- und Rück-R noch 15 (16)-mal wh.

KÄPPCHEN

1. R (Hin-R): 1 M abh, 2-mal [1 M re, 1 M li], 18 (20) M re, SSK, wenden.

2. R (Rück-R): 1 M abh, 12 (13) M li, 2 M li zus, wenden.

3. R (Hin-R): 1 M abh, 12 (13) M re, SSK, wenden.

Die 2.–3. R noch 8 (9)-mal wh, dann die 2. R noch 1-mal wh. 14 (15) M.

ZWICKEL

Die Fersenmaschen re str, an der Seite der Fersenwand 14 M aufn und re str, zwischen Fersenwand und Rist 1 M aufn und re str, 2-mal [1 M re, 1 M li], 24 (27) M re, 2-mal [1 M li, 1 M re], zwischen Rist und Fersenwand 1 M aufn und re str, an der Seite der Fersenwand 14 M aufn und re str, 7 (7) M re, MMs für neuen Rd-Anf in der Mitte der Fersenmaschen. 76 (80) M.

1. Rd: 22 (23) M re, MMs, 2-mal [1 M re, 1 M li], 24 (27) M re, 2-mal (1 M li, 1 M re], MMs, re M bis Ende.

2. Rd (Abn): Re M bis 2 M vor MM, 2 M re zus, MMa, 2-mal [1 M re, 1 M li], 24 (27) M re, 2-mal [1 M li, 1 M re], MMa, SSK, re M bis Ende (2 M abgen).

3. Rd: Re M bis MM, MMa, 2-mal [1 M re, 1 M li], 24 (27) M re, 2-mal [1 M li, 1 M re], MMa, re M bis Ende.

Die 2.–3. Rd noch 4 (3)-mal wh. 66 (72) M.

FUSS

1. Rd: Re M bis MM, MMa, 2-mal [1 M re, 1 M li], 24 (27) M re, 2-mal [1 M li, 1 M re], MMa, re M bis Ende.

Die 1. Rd bis 5 (5,5) cm vor der gewünschten Fußlänge wh.

SPITZE

Folg. Rd: Re M bis 1 M vor MM, MMs, 1 M re, MMe, 32 (35) M re, MMa, re M bis Ende. Maschen umverteilt, sodass an Rist und Sohle jeweils 33 (36) M liegen.

1. Rd (Abn): Re M bis 3 M vor MM, 2 M re zus, 1 M re, MMa, 1 M re, SSK, re M bis 3 M vor MM, 2 M re zus, 1 M re, MMa, 1 M re, SSK, re M bis Ende (4 M abgen).

2. Rd: [Re M bis MM, MMa], [-] fortl. wh.

Die 1.–2. Rd noch 5 (5)-mal wh. 42 (48) M.

Die 1. Rd wh, bis 22 (24) M verbleiben.

FERTIGSTELLUNG

Die 22 (24) M im Maschenstich zusammennähen.

Fäden vernähen und Socken auf Maß spannen.
ce, k24 (27), [p1, k1] twice, SM, ssk, k to end. (2 sts decreased)

STRICKSCHRIFT KIHNU-SOCKEN

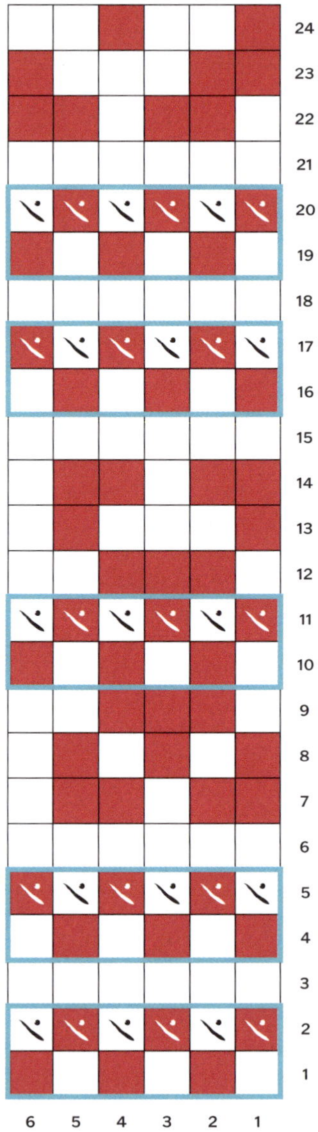

LEGENDE

- Knit
- Re M
- HF
- KF
- Beide Fäden vor der Arbeit, li M mit Arbeitsfaden ÜBER anderer Farbe
- Kihnu Vits

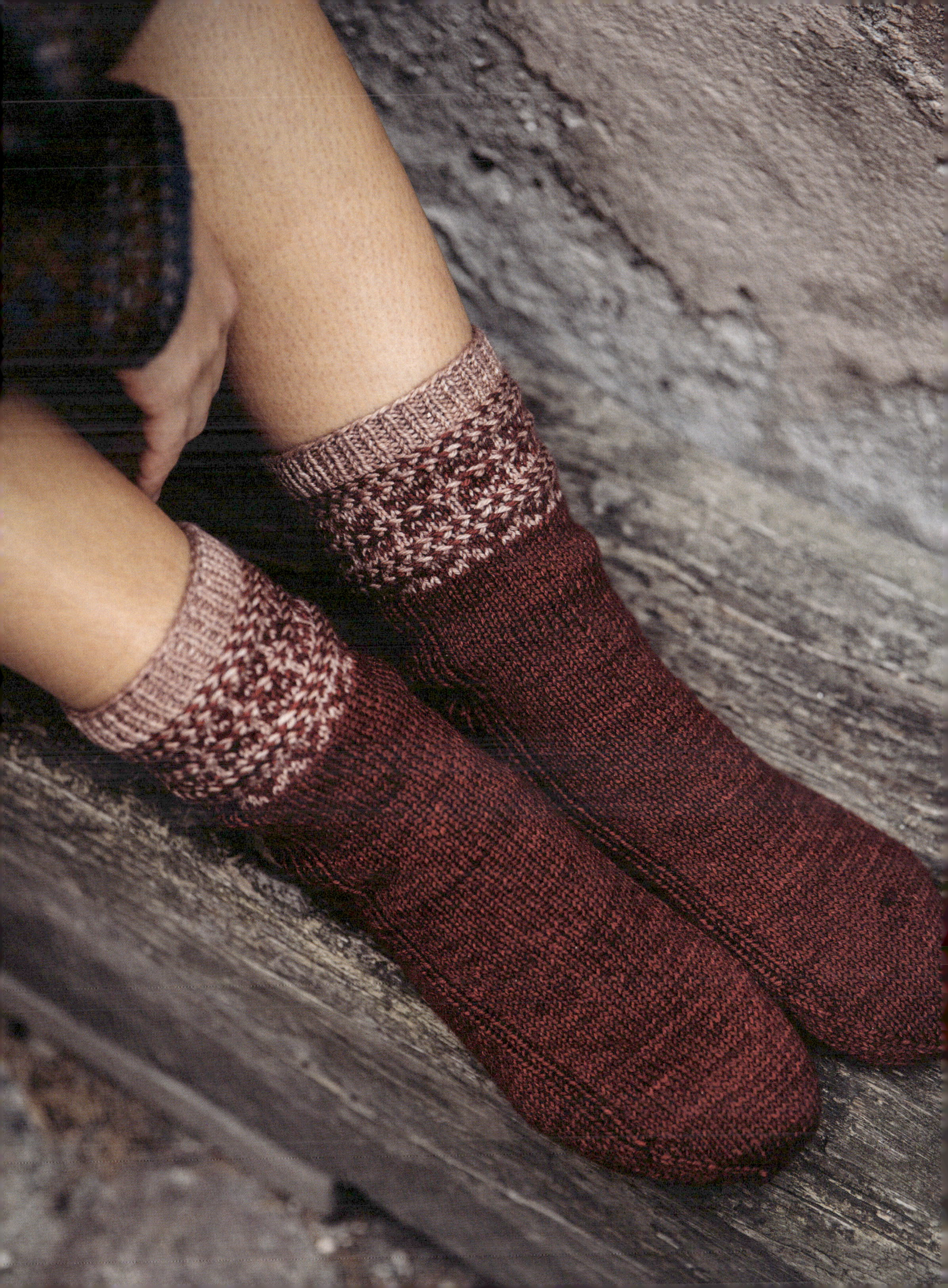

KANGAS

Dieses große Schultertuch sieht aus, als würde man einen Ballen des handgewebten Stoffs (»kangas«) abwickeln, aus dem die Röcke der Nationaltracht genäht werden. In Estland hat jede Gemeinde ihre eigenen Farben für die Röcke der Frauen, damit man sieht, woher die Trägerin stammt.

GRÖSSE

Einheitsgröße

FERTIGE MASSE

Spannweite: 191 cm
Höhe: 64 cm

GARN

Dyed by Delz Twist DK (100 % Superwash-Merinowolle, LL 250 m/100 g)
HF: Farbe Louis' Shade, 4 Stränge
KF: Farbe Lyra's Hat, 1 Strang

Oder vergleichbares Garn (Stärke DK) in folgender Menge:
HF: 1000 m
KF: 25 m

STRICKNADELN

4 mm: 100-cm-Rundnadel

SONSTIGES

Wollnadel, Garnrest, Häkelnadel

MASCHENPROBE

20 M x 36 Rd = 10 x 10 cm, kraus rechts gestrickt, nach dem Spannen

ANMERKUNGEN ZUR ANLEITUNG

Dieses asymmetrische kraus rechts gestrickte Schultertuch wird von einer Spitze zur anderen gestrickt. Die kraus rechts gestrickten Partien werden von Flechtbortenstreifen unterbrochen.
Alle Kanten werden mit sauberen I-Cord-Abschlüssen gearbeitet. Der Schal beginnt mit einem aufgehäkelten provisorischen Maschenanschlag, für den ein Garnrest verwendet wird – dadurch erhält man eine I-Cord-Spitze oder einen abgewandelten dreiseitigen Maschenanschlag.

Sowohl in der Hauptfarbe als auch in der Kontrastfarbe werden zwei Arten von Flechtborten gestrickt: Kihnu Vits und Gedrehte Flechtborte.

SPEZIALTECHNIK

Kraus-Rechts-Zunahmen
1. R (Hin-R Zun): 2 M re, 1 re gen Zun, re M bis 2 M vor Ende, 2 M abh mFv (1 M zugen).
2.–4. R: Re M bis 2 M vor Ende, 2 M abh mFv.

Kraus-Rechts-Abnahmen
1. R (Hin-R Abn): 2 M re, SSK, re M bis 2 M vor Ende, 2 M abh mFv (1 M abgen).
2. R: Re M bis 2 M vor Ende, 2 M abh mFv.

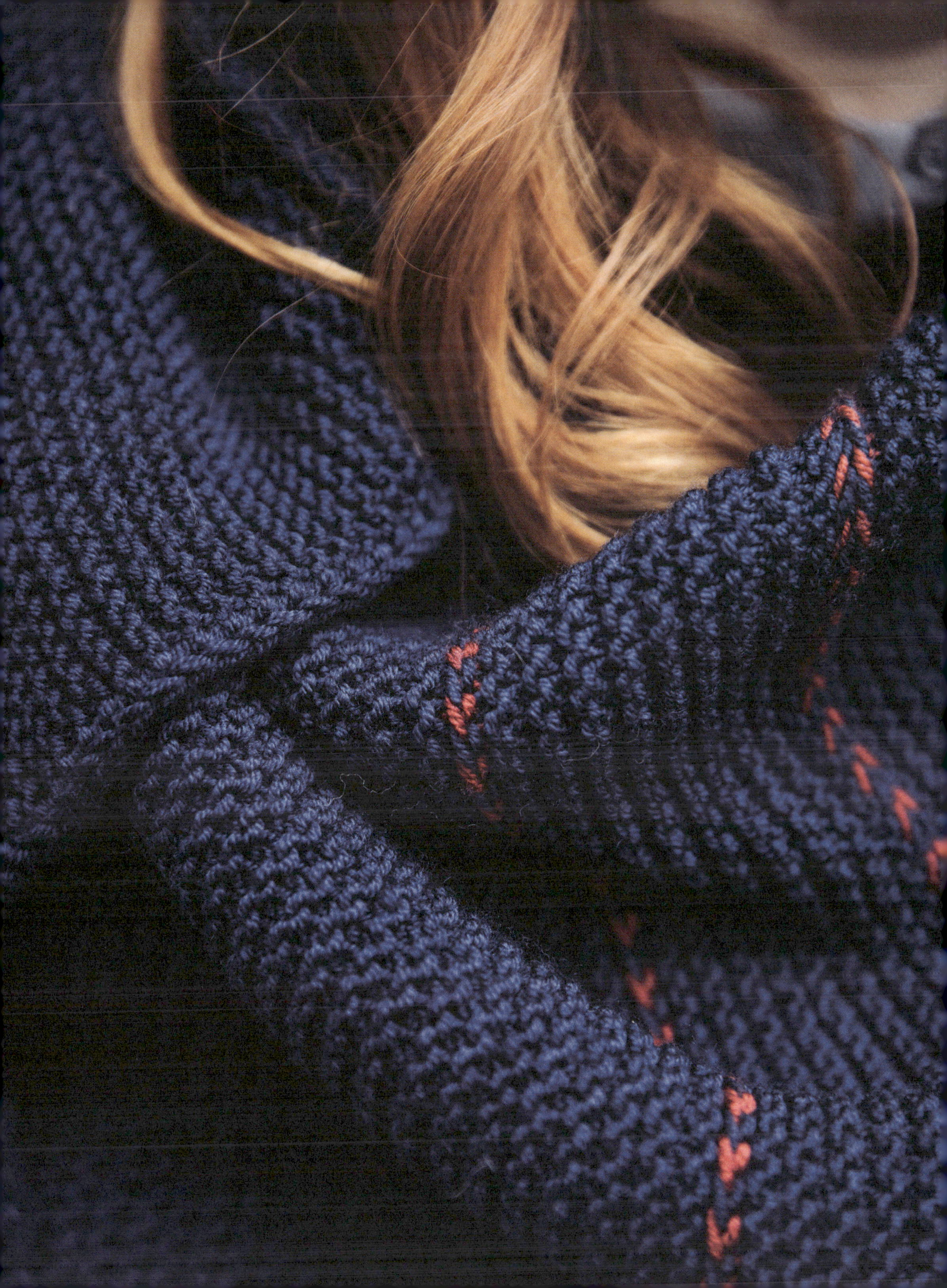

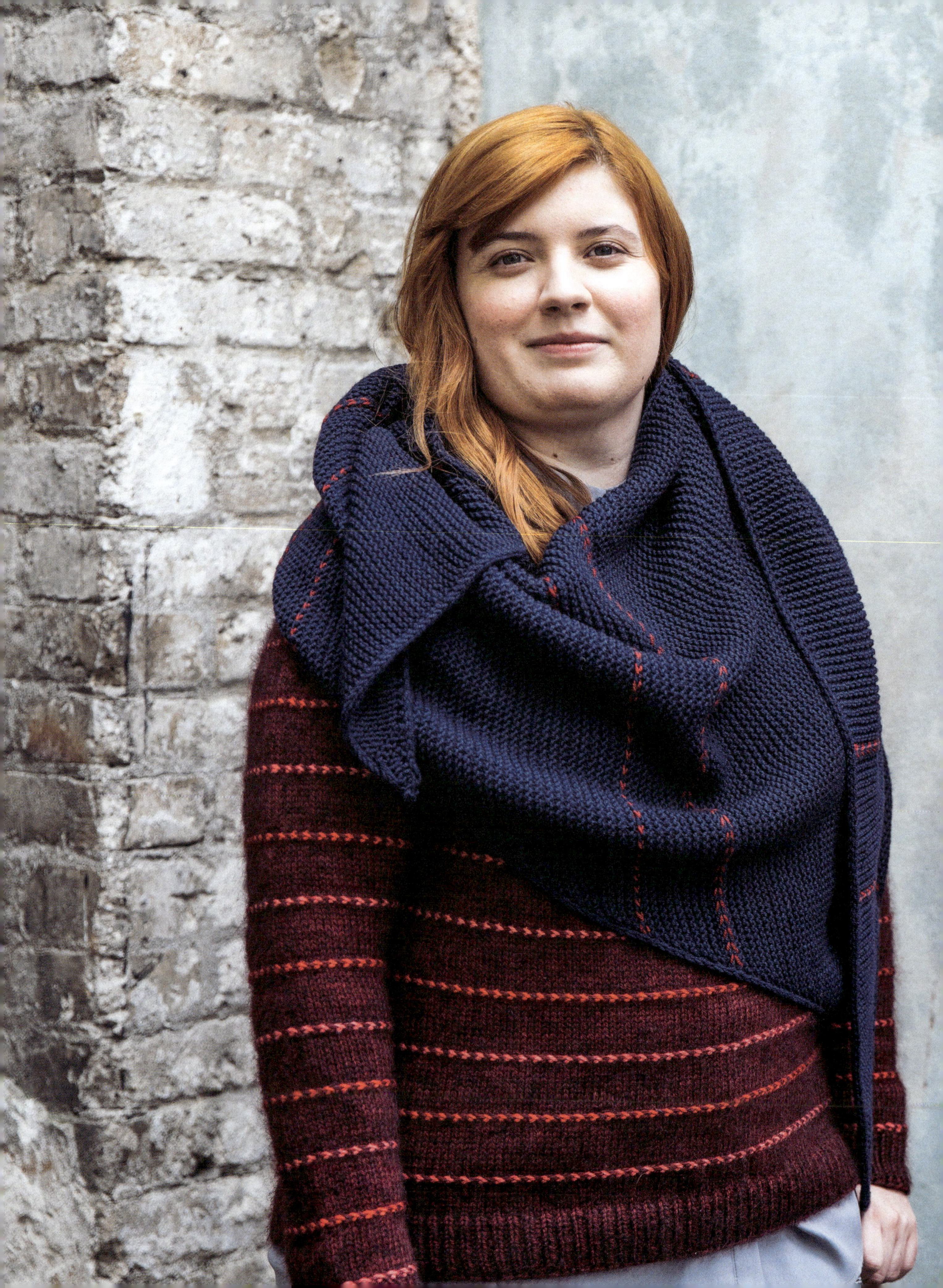

Flechtborten im Duo: Eine Kombination aus dem gestreiften Kangas-Tuch und dem Virvendus-Pullover.

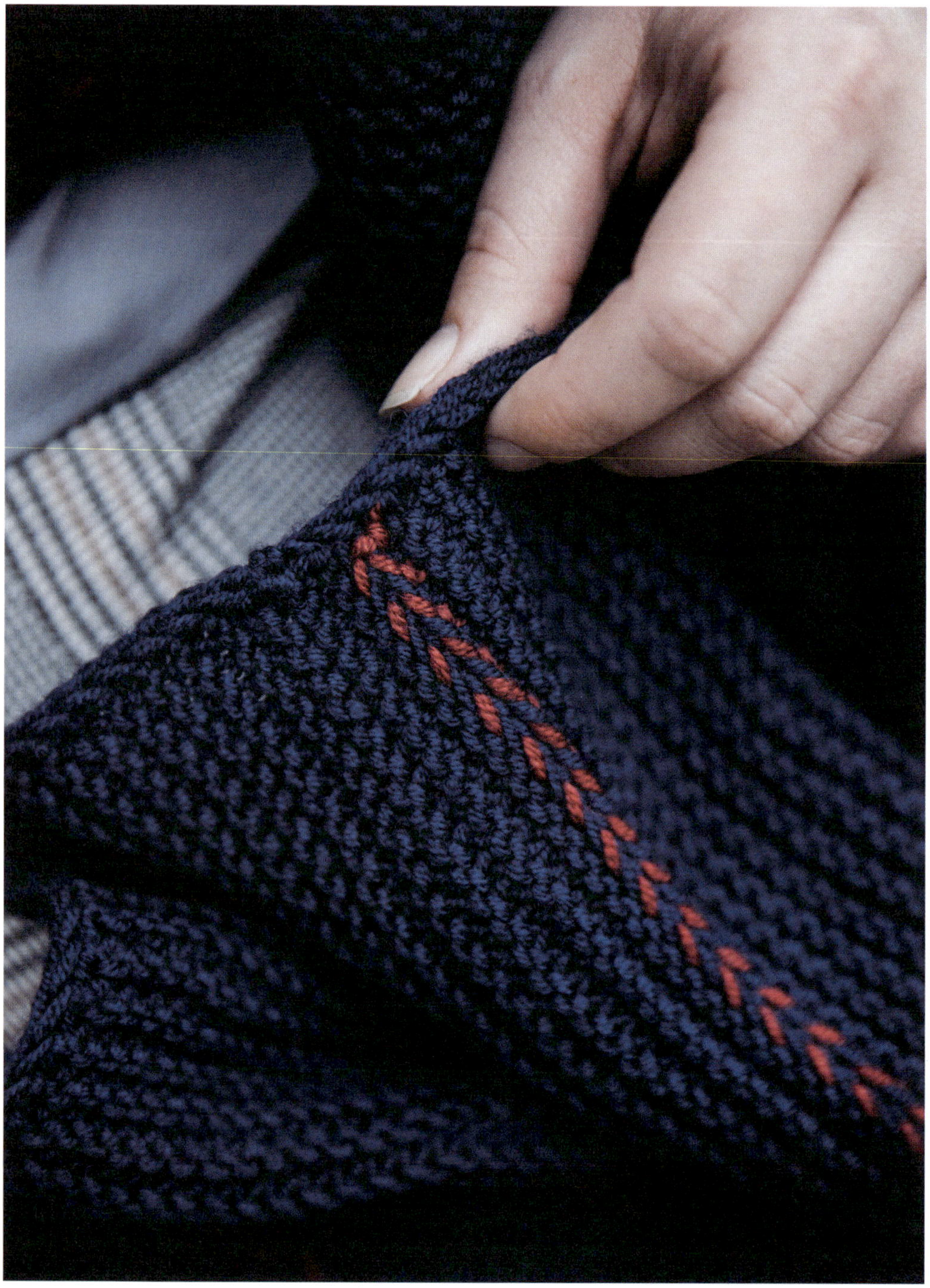

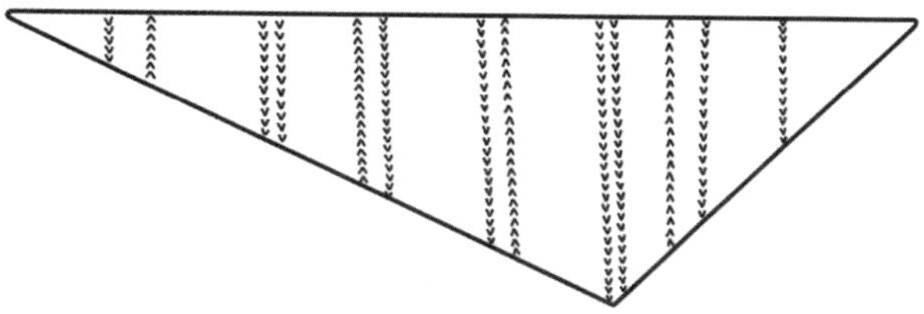

ANLEITUNG

Mit einem aufgehäkelten provisorischen MA und einem Garnrest 2 M anschl.

1.–3. R: In HF 2 M re, die 2 M zurück auf LN heben.

4. R: 1 M re, 2 M re aus 1 M herausstr, die 2 M zurück auf LN heben. 3 M.

5.–6. R: 2 M re, die 2 M zurück auf LN heben.

7. R: 2 M re, 2 M re aus 1 M herausstr, provisor. MA auftrennen und die 2 M des MA mit der links gestrickten Seite nach vorn auf LN legen, 2 M abh mFv, wenden. 6 M.

8.–9. R: Re M bis 2 M vor Ende, 2 M abh mFv.

10.–93. R: Spezialtechnik Kraus-Rechts-Zunahmen insgesamt 21-mal str. 27 M.

94.–95. R: 1.-2. R der Spezialtechnik Kraus-Rechts-Zunahmen str. 28 M.

Kihnu Vits
96. R (Hin-R): 2 M re, [1 M re in KF, 1 M re in HF], [-] wh bis 2 M vor Ende, 2 M abh mFv.

97. R (Rück-R): 2 M re in HF, mit beiden Fäden hinter der Arbeit [1 M re in KF über HF, 1 M re in HF über KF], [-] wh bis 2 M vor Ende, 2 M abh mit beiden Fäden vor der Arbeit. KF abschneiden.

98.–129. R: Spezialtechnik Kraus-Rechts-Zunahmen 8-mal str. 36 M.

130.–131. R: 1.-2. R der Spezialtechnik Kraus-Rechts-Zunahmen str. 37 M.

GEDREHTE FLECHTBORTE
132. R (Hin-R): 2 M re in HF, KF anschließen (zwischen Nadeln legen, Fadenende hinten), beide Fäden nach vorn legen, [1 M li in KF über HF, 1 M li in HF über KF], [-] wh bis 3 M vor Ende, 1 M li in KF über HF, 2 M abh mFv.

133. R (Rück-R): 2 M re in HF, mit beiden Fäden hinten [1 M re in KF über HF, 1 M re in HF über KF], [-] wh bis 3 M vor Ende, 1 M re in KF über HF, beide Fäden nach vorn legen, KF abschneiden, in HF 2 M abh mFv.

134.–221. R: Spezialtechnik Kraus-Rechts-Zunahmen 22-mal stricken. 59 M.

222.–223. R: 1.-2. R der Spezialtechnik Kraus-Rechts-Zunahmen str. 60 M.

Kihnu Vits
224. R (Hin-R): 2 M re, [1 M re in KF, 1 M re in HF], [-] wh bis 2 M vor Ende, 2 M abh mFv.

225. R (Rück-R): 2 M re in HF, mit beiden Fäden hinten [1 M re in KF über HF, 1 M re in HF über KF], [-] wh bis 2 M vor Ende, 2 M abh mit beiden Fäden vorn. KF abschneiden.

226.–233. R: Spezialtechnik Kraus-Rechts-Zunahmen 2-mal str. 62 M.

234.–235. R: 1.-2. R der Spezialtechnik Kraus-Rechts-Zunahmen str. 63 M.

Kihnu Vits
236. R (Hin-R): 2 M re, [1 M re in KF, 1 M re in HF], [-] wh bis 3 M vor Ende, 1 M re in KF, 2 M abh mFv.

237. R (Rück-R): 2 M re in HF, mit beiden Fäden hinten [1 M re in HF über KF, 1 M re in KF über HF], [-] wh bis 3 M vor Ende, 1 M re in HF über KF, 2 M abh mit beiden Fäden vorn. KF abschneiden.

238.–297. R: Spezialtechnik Kraus-Rechts-Zunahmen 15-mal str. 78 M.

298.–299. R: 1.-2. R der Spezialtechnik Kraus-Rechts-Zunahmen str. 79 M.

GEDREHTE FLECHTBORTE

300. R (Hin-R): 2 M re in HF, KF anschließen (zwischen Nadeln legen, Fadenende hinten), beide Fäden nach vorn legen, [1 M li in KF über HF, 1 M li in HF über KF], [-] wh bis 3 M vor Ende, 1 M li in KF über HF, 2 M abh mit beiden Fäden vorn.

301. R (Rück-R): 2 M re in HF, mit beiden Fäden hinten [1 M re in KF über HF, 1 M re in HF über KF], [-] wh bis 3 M vor Ende, 1 M re in KF über HF, beide Fäden nach vorn legen, KF abschneiden, in HF 2 M abh mFv.

302.–317. R: Spezialtechnik Kraus-Rechts-Zunahmen 4-mal str. 83 M.

318.–319. R: 1.–2. R der Spezialtechnik Kraus-Rechts-Zunahmen str. 84 M.

Kihnu Vits

320. R (Hin-R): 2 M re, [1 M re in KF, 1 M re in HF], [-] wh bis 2 M vor Ende, 2 M abh mFv.

321. R (Rück-R): 2 M re in HF, mit beiden Fäden hinten [1 M re in KF über HF, 1 M re in HF über KF], [-] wh bis 2 M vor Ende, 2 M abh mit beiden Fäden vorn. KF abschneiden.

322.–393. R: Spezialtechnik Kraus-Rechts-Zunahmen 18-mal str. 102 M.

394.–395. R: 1.–2. R der Spezialtechnik Kraus-Rechts-Zunahmen str. 103 M.

Kihnu Vits

396. R (Hin-R): 2 M re, [1 M re in KF, 1 M re in HF], [-] wh bis 3 M vor Ende, 1 M re in KF, 2 M abh mFv.

397. R (Rück-R): 2 M re in HF, mit beiden Fäden hinten [1 M re in HF über KF, 1 M re in KF über HF], [-] wh bis 3 M vor Ende, 1 M re in HF über KF, 2 M abh mit beiden Fäden vorn. KF abschneiden.

398.-413. R: Spezialtechnik Kraus-Rechts-Zunahmen 4-mal str. 107 M.

414.–415. R: 1.–2. R der Spezialtechnik Kraus-Rechts-Zunahmen str. 108 M.

GEDREHTE FLECHTBORTE

416. R (Hin-R): 2 M re in HF, KF anschließen (zwischen Nadeln legen, Fadenende hinten), beide Fäden nach vorn legen, [1 M li in KF über HF, 1 M li in HF über KF], [-] wh bis 2 M vor Ende, 2 M abh mit beiden Fäden vorn.

417. R (Rück-R): 2 M re in HF, mit beiden Fäden hinten [1 M re in KF über HF, 1 M re in HF über KF], [-] wh bis 2 M vor Ende, beide Fäden nach vorn legen, KF abschneiden, in HF 2 M abh mFv.

418.–489. R: Spezialtechnik Kraus-Rechts-Zunahmen 18-mal str. 126 M.

490.–491. R: 1.–2. R der Spezialtechnik Kraus-Rechts-Zunahmen str. 127 M.

Kihnu Vits

492. R (Hin-R): 2 M re, [1 M re in KF, 1 M re in HF], [-] wh bis 3 M vor Ende, 1 M re in KF, 2 M abh mFv.

493. R (Rück-R): 2 M re in HF, mit beiden Fäden hinten [1 M re in HF über KF, 1 M re in KF über HF], [-] wh bis 3 M vor Ende, 1 M re in HF über KF, 2 M abh mit beiden Fäden vorn. KF abschneiden.

494.–495. R: Re M bis 2 M vor Ende, 2 M abh mFv.

496.–503. R: Spezialtechnik Kraus-Rechts-Abnahmen 4-mal str. 123 M.

Kihnu Vits

504. R (Hin-R Abn): 2 M re, SSK in KF, 1 M re in HF, [1 M re in KF, 1 M re in HF], [-] wh bis 2 M vor Ende, 2 M abh mFv. 122 M.

505. R (Rück-R): 2 M re in HF, mit beiden Fäden hinten [1 M re in KF über HF, 1 M re in HF über KF], [-] wh bis 2 M vor Ende, 2 M abh mit beiden Fäden vorn. KF abschneiden.

506.–547. R: Spezialtechnik Kraus-Rechts-Abnahmen 21-mal str. 101 M.

GEDREHTE FLECHTBORTE

548. R (Hin-R Abn): 2 M re in HF, KF anschließen (zwischen Nadeln legen, Fadenende hinten), beide Fäden nach vorn legen, 2 M li verschr zus in KF über HF, [1 M li in HF über KF, 1 M li in KF über HF], [-] wh bis 3 M vor Ende, 1 M li in HF über KF, 2 M abh mit beiden Fäden vorn. 100 M.

549. R (Rück-R): 2 M re in HF, mit beiden Fäden hinten [1 M re in HF über KF, 1 M re in KF über HF], [-] wh bis 2 M vor Ende, beide Fäden nach vorn legen, KF abschneiden, in HF 2 M abh mFv.

550.–573. R: Spezialtechnik Kraus-Rechts-Abnahmen 12-mal str. 88 M.

Kihnu Vits

574. R (Hin-R Abn): 2 M re, SSK in KF, [1 M re in HF, 1 M re in KF], [-] wh bis 2 M vor Ende, 2 M abh mFv. 87 M.

575. R (Rück-R): 2 M re in HF, mit beiden Fäden hinten [1 M re in HF über KF, 1 M re in KF über HF], [-] wh bis 3 M vor Ende, 1 M re in HF über KF, 2 M abh mit beiden Fäden vorn. KF abschneiden.

576.–631. R: Spezialtechnik Kraus-Rechts-Abnahmen 28-mal str. 59 M.

Kihnu Vits

632. R (Hin-R Abn): 2 M re, SSK in KF, [1 M re in HF, 1 M re in KF], [-] wh bis 3 M vor Ende, 1 M re in HF, 2 M abh mFv. 58 M.

633. R (Rück-R): 2 M re in HF, mit beiden Fäden hinten [1 M re in KF über HF, 1 M re in HF über KF], [-] wh bis 2 M vor Ende, 2 M abh mit beiden Fäden vorn. KF abschneiden.

634.–739. R: Spezialtechnik Kraus-Rechts-Abnahmen 53-mal str. 5 M.

ABKETTEN MIT I-CORD

1 M aufschlingen, [1 M re, 1 M abh, 1 M re, abgeh. M überz., 2 M zurück auf LN heben], [-] wh bis 2 M verbl., 2 M re verschr zus. HF abschneiden, Fadenende durch letzte M ziehen.

FERTIGSTELLUNG

Fäden vernähen und Tuch auf Maß spannen.

VIRVENDUS

Dieser Pullover ist eine Variante des klassischen Streifenpullis. Die Streifen werden hier in Form von Kihnu Vits gearbeitet. Werden starke Kontrastfarben gewählt, sieht es aus, als würden die Streifen über den Pullover flackern (»Virvendus«).

GRÖSSEN

1 (2, 3, 4, 5) [6, 7, 8, 9, 10]
Empfohlene Mehrweite: 5–10 cm

FERTIGE MASSE

Brustumfang: 85 (96, 106, 115, 124) [135, 145, 155, 166, 175] cm
Oberarmumfang: 30 (33, 36, 41, 44) [46, 50, 52, 53, 54] cm
Länge ab der Achsel: 38,5 (39,5, 39,5, 40, 40) [40,5, 40,5, 40,5, 40,5, 40,5] cm
Umfang Ärmelbündchen: 20 (21, 22, 24, 24) [24, 24, 25, 26, 26] cm
Ärmellänge: 43 (43, 45,5, 45,5, 47) [47, 48, 48, 48, 48] cm

GARN

HF: Stärke DK und Lacegarn zusammen verstrickt
HF DK: John Arbon Textiles Knit by Numbers DK (100 % Falkland-Merinowolle, LL 250 m/100 g), Farbe 74, 4 (4, 4, 5, 5) [6, 6, 7, 7, 7] Stränge
HF Lacegarn: Isager Silk Mohair (75 % Kid Mohair, 25 % Seide, LL 212 m/25 g), Farbe 36, 4 (5, 5, 6, 6) [7, 7, 8, 8, 9] Knäuel

KF1: John Arbon Textiles Knit by Numbers DK (100 % Falkland-Merinowolle, LL 250 m/100 g), Farbe 20, 1 Strang

KF2: John Arbon Textiles Knit by Numbers DK (100 % Falkland-Merinowolle, LL 250 m/100 g), Farbe 22, 1 Strang)

Oder vergleichbares Garn (Stärke DK und Lacegarn) in folgender Menge:
HF Lace: 779 (884, 993, 1126, 1233) [1335, 1458, 1563, 1647, 1728] m
HF DK: 779 (884, 993, 1126, 1233) [1335, 1458, 1563, 1647, 1728] m
KF1: 250 m
KF2: 250 m

STRICKNADELN

3,75 mm: Rundnadel 80 cm, Nadelspiel für die Bündchen
4 mm: Rundnadel 80 cm sowie Nadelspiel für Glatt-rechts-Partien und Kihnu Vits/Flechtborte

SONSTIGES

Maschenmarkierer, Wollnadel

MASCHENPROBE

20 M x 24 Rd = 10 x 10 cm, glatt rechts rundgestrickt, nach dem Spannen

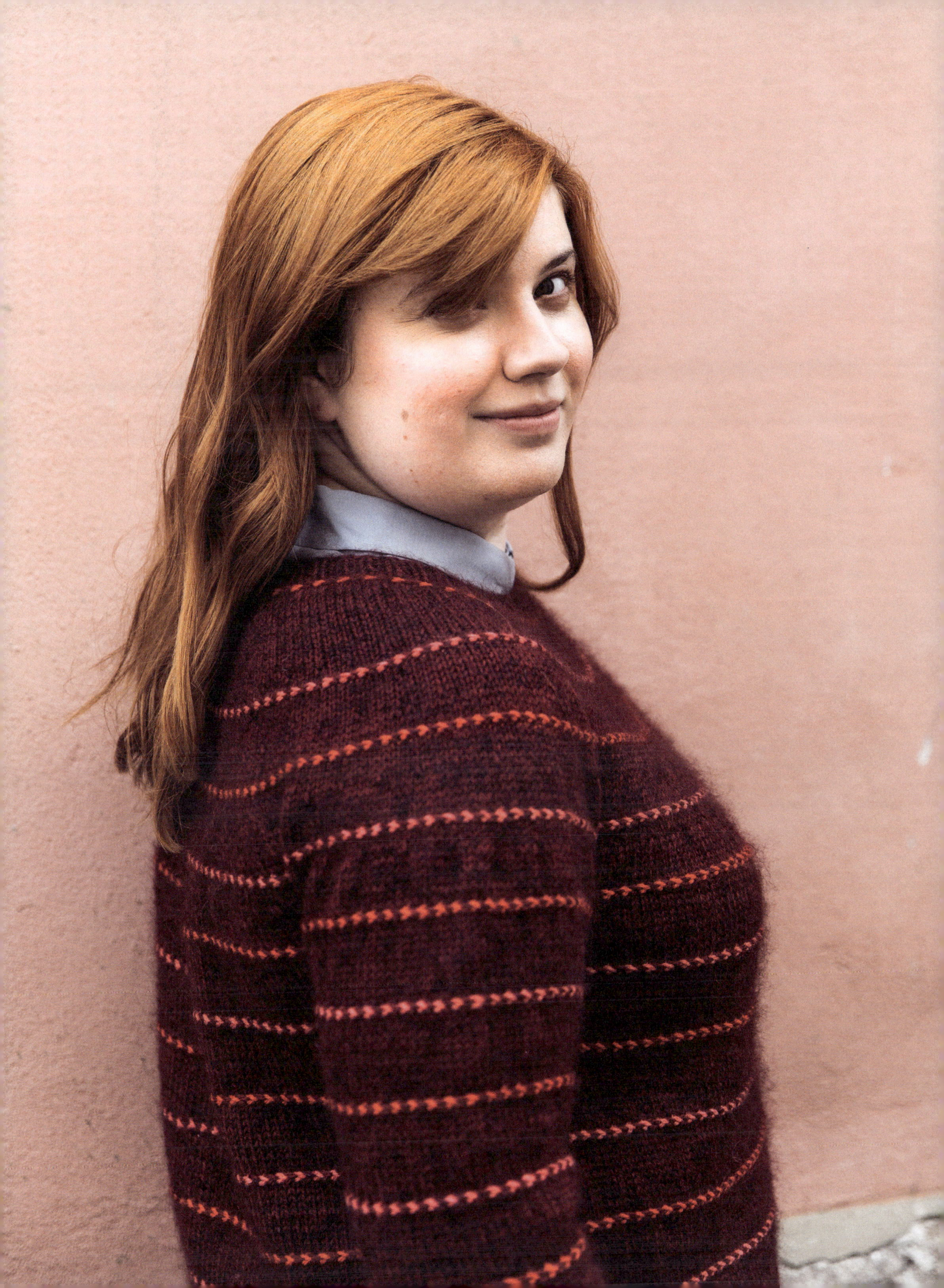

ANLEITUNG VIRVENDUS

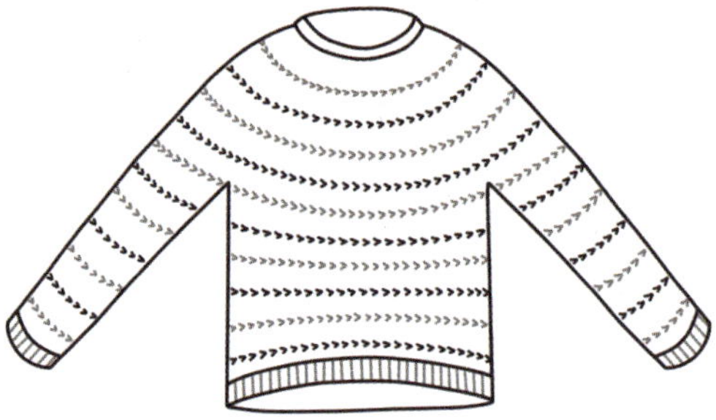

ANMERKUNGEN ZUR ANLEITUNG

Dieser Pullover mit Rundpasse wird nahtlos von oben nach unten gestrickt. An Rumpf und Ärmeln hat er in abwechselnden Farben gearbeitete Flechtbortenstreifen in der Kihnu-Vits-Technik.

Die Kihnu Vits werden mit nahtlosem Übergang gestrickt.

SPEZIALTECHNIK

Kihnu Vits mit nahtlosem Übergang

1. Rd: [1 M re in KF, 1 M re in HF], [-] fortl. wh, die letzte M zurück auf LN heben und erneut in HF stricken (letzte M 2-mal in derselben Farbe gestrickt).

2. Rd: Mit HF und KF vor der Arbeit 1 M li in HF über KF, [1 M li in KF über HF, 1 M li in HF über KF], [-] wh bis 1 M vor Ende, RN wie zum Linksstricken in die M 1 R unter folg. M auf LN einstechen, um 1 M aufzunehmen (2 M in HF auf LN), 2 M li zus in KF über HF.

ANLEITUNG

Mit 3,75-mm-Nadeln und HF 94 (94, 96, 96, 96) [98, 100, 102, 108, 110] M anschl. Zur Rd schließen, MMs für Rd-Anf.

2,5 cm im 1/1-Rippenmuster str: [1 M re, 1 M li], [-] fortl. wh.

Zu den 4-mm-Nadeln wechseln.

Kihnu Vits in HF und KF1 arbeiten. KF1 abschneiden.

Folg. Rd: Re M.

Größe 1

1. Zun-Rd: 1 M re, 1 li gen Zun, 2 M re, 1 li gen Zun, [3 M re, 1 li gen Zun], [-] wh bis 1 M vor Ende, 1 M re. 126 M.

Größen 2 & 6

1. Zun-Rd: [- (1, -, -, -) [1, -, -, -, -] M re, 1 li gen Zun], [-] 1-mal wh, [- (2, -, -, -) [2, -, -, -, -] M re, 1 li gen Zun], [-] wh bis Ende. - (142, -, -, -) [148, -, -, -, -] M.

Größen 3, 4, 5, 7, 8, 9, 10

1. Zun-Rd: [- (-, 3, 2, 2) [-, 2, 1, 1, 1] M re, 1 li gen Zun], [-] wh bis Ende. - (-, 128, 144, 144) [-, 150, 204, 216, 220] M.

VERKÜRZTE REIHEN ZUR FORMGEBUNG

1. R (Hin-R): 32 (36, 39, 36, 36) [37, 38, 51, 54, 55] M re, wenden.

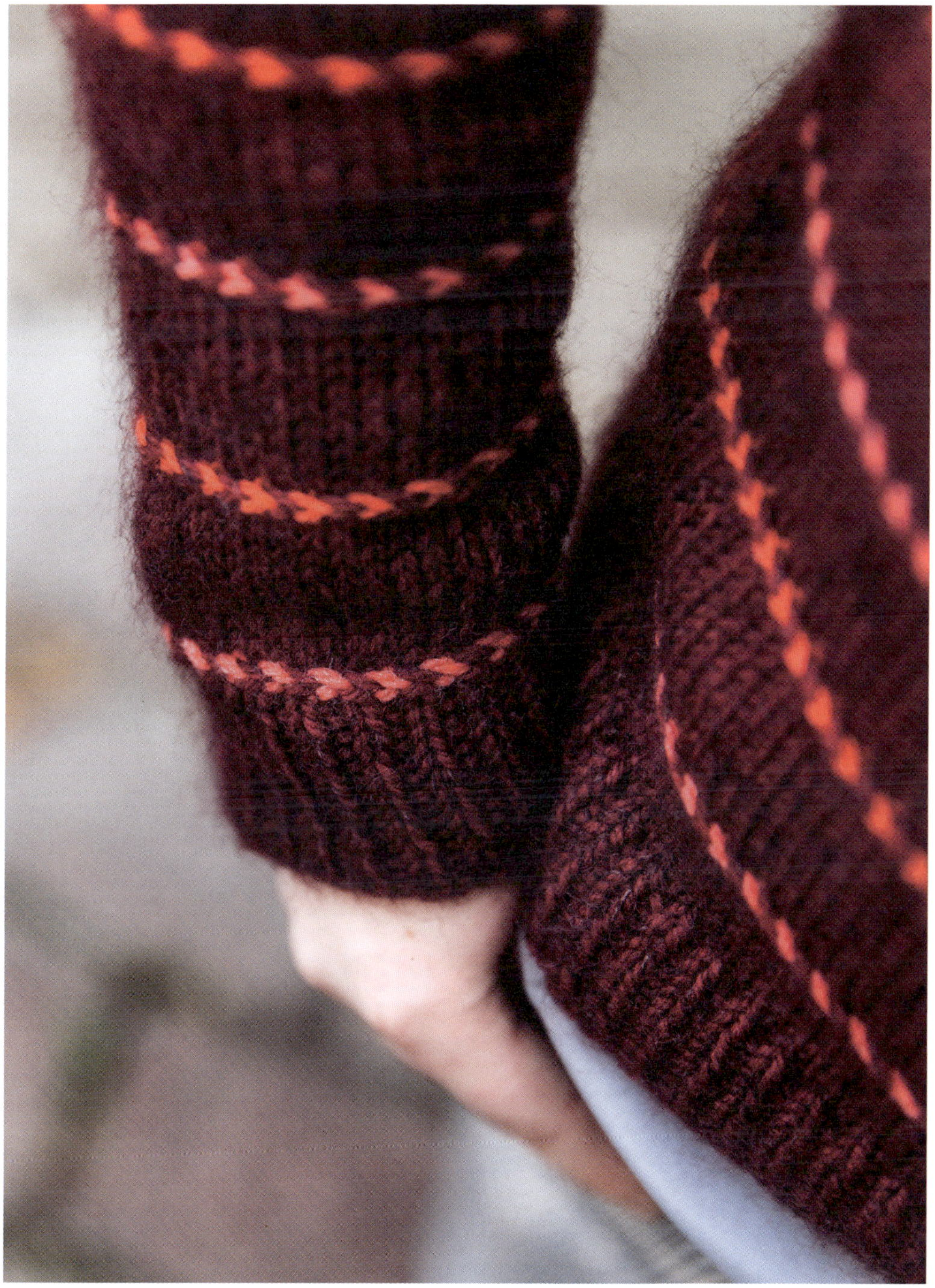

2. R (Rück-R): Rück-R DM, li M bis MM, MMa, 32 (36, 32, 36, 36) [37, 38, 51, 54, 55] M re, wenden.

3. R (Hin-R): Hin-R DM, re M bis MM, MMa, re M bis vorige Wende-M, DM der verk. R als 2 M re zus str, 2 M re, wenden.

4. R (Rück-R): Rück-R DM, li M bis MM, MMa, li M bis vorige Wende-M, DM der verk. R als 2 M li zus str, 2 M li, wenden.

Die 3.–4. R noch 2-mal wh.

Folg. R: Re M bis MM (Rd-Anf).

9 (9, 9, 9, 8) [8, 8, 9, 9, 9] Rd re str.

Größen 5, 6, 7, 8, 9, 10

Folg. 2 Rd: Kihnu Vits in HF und KF2 arbeiten. KF2 abschneiden.

Größen 1 & 2

2. Zun-Rd: 2 M re, 1 li gen Zun, [4 (4, -, -, -) [-, -, -, -, -] M re, 1 li gen Zun], [-] wh bis Ende. 158 (178, -, -, -) [-, -, -, -, -] M.

Größe 3

2. Zun-Rd: 1 M re, 1 li gen Zun, 1 M re, 1 li gen Zun, [3 M re, 1 li gen Zun], [-] wh bis Ende. 172 M.

Größen 4, 5, 6, 8, 9

2. Zun-Rd: [- (-, -, 3, 3) [2, -, 3, 3, -] M re, 1 li gen Zun], [-] wh bis Ende. - (-, -, 192, 192) [222, -, 272, 288, -] M.

Größe 7

1 M re, 1 li gen Zun, 1 M re, 1 li gen Zun, [2 M re, 1 li gen Zun], [-] wh bis Ende. 226 M.

Größe 10

2. Zun-Rd: 2 M re, [3 M re, 1 li gen Zun], [-] wh bis 2 M vor Ende, 2 M re. 292 M.

Größen 1, 2, 3, 4

Folg. 2 Rd: Kihnu Vits in HF und KF2 arbeiten. KF2 abschneiden.

7 (7, 7, 7, 8) [8, 8, 9, 9, 9] Rd re str.

Größen 5, 6, 7, 8, 9, 10

Folg. 2 Rd: Kihnu Vits in HF und KF1 arbeiten. KF1 abschneiden.

Größen 1 & 2

3. Zun-Rd: 3 (3, -, -, -) [-, -, -, -, -] M re, 1 li gen Zun, [5 (5, -, -, -) [-, -, -, -,] M re, 1 li gen Zun], [-] wh bis Ende. 190 (214, -, -, -) [-, -, -, -, -] M.

Größe 3

3. Zun-Rd: 2 M re, 1 li gen Zun, 2 M re, 1 li gen Zun, [4 M re, 1 li gen Zun], [-] wh bis Ende. 216 M.

Größen 4, 5, 6, 8, 9

3. Zun-Rd: [- (-, -, 4, 3) [3, -, 4, 4, -] M re, 1 li gen Zun], [-] wh bis Ende. - (-, -, 240, 256) [296, -, 340, 360, -] M.

Größe 7

3. Zun-Rd: 1 M re, 1 li gen Zun, [3 M re, 1 li gen Zun], [-] wh bis Ende. 302 M.

Größe 10

3. Zun-Rd: 2 M re, [4 M re, 1 li gen Zun], [-] wh bis 2 M vor Ende, 2 M re. 364 M.

Größen 1, 2, 3, 4

2 (2, 2, 2, -) [-, -, -, -, -] Rd re str.

Folg. 2 Rd: Kihnu Vits in HF und KF1 arbeiten. KF1 abschneiden.

5 (5, 5, 5, 8) [8, 8, 9, 9, 9] Rd re str.

Größen 5, 6, 7, 8, 9, 10

Folg. 2 Rd: Kihnu Vits in HF und KF2 arbeiten. KF2 abschneiden.

Größen 1, 2, 7

4. Zun-Rd: 4 (4, -, -, -) [-, 2, -, -, -] M re, 1 li gen Zun, [6 (6, -, -, -) [-, 4, -, -, -] M re, 1 li gen Zun], [-] wh bis Ende. 222 (250, -, -, -) [-, 378, -, -, -] M.

Größen 3, 4, 8, 9

4. Zun-Rd: [- (-, 4, 4, -) [-, -, 5, 5, -] M re, 1 li gen Zun], [-] wh bis Ende. -(-, 270, 300, -) [-, -, 408, 432, -] M.

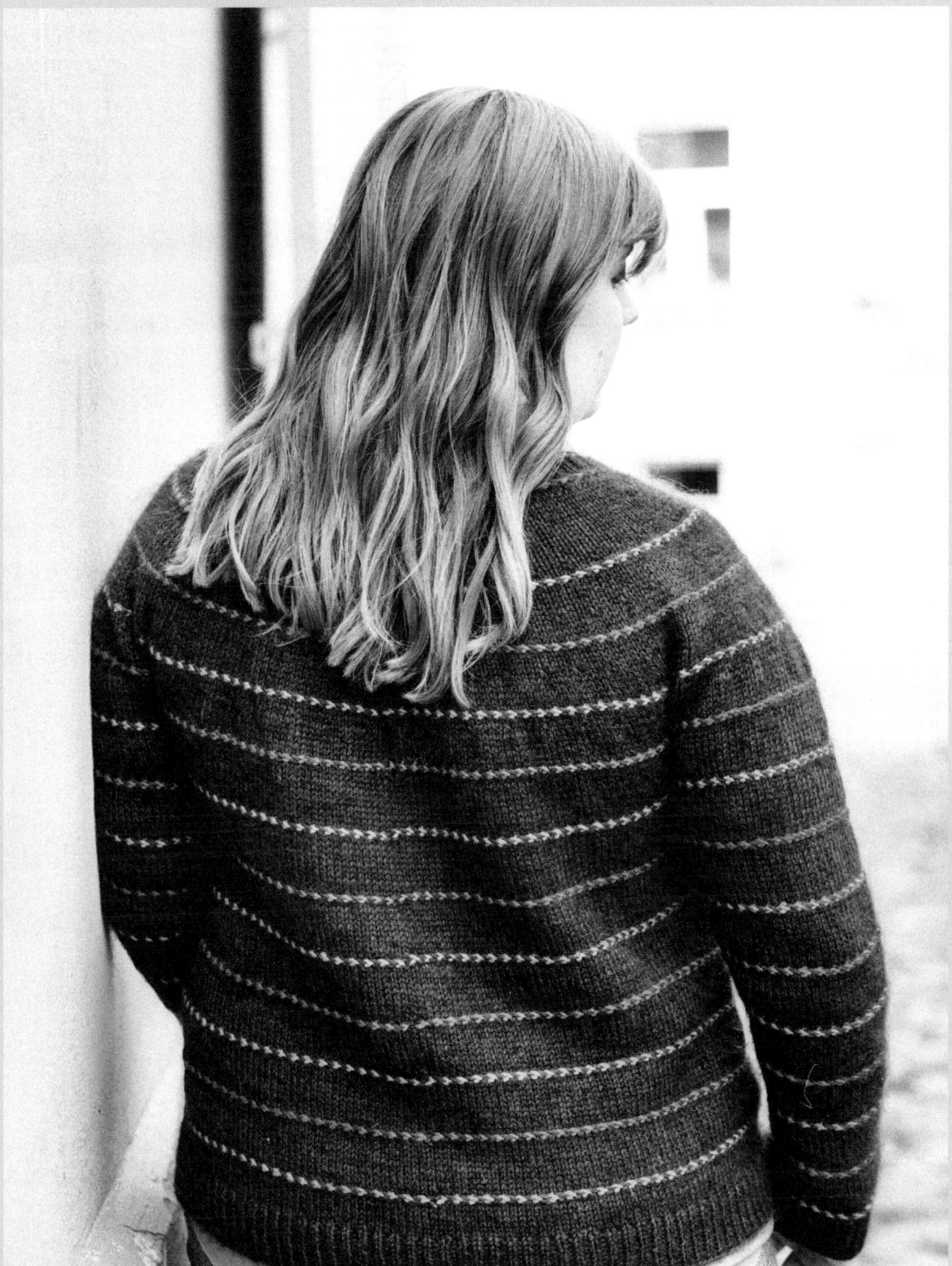

Größe 5

4. Zun-Rd: [2 M re, 1 li gen Zun], [-] noch 3-mal wh, [4 M re, 1 li gen Zun], [-] wh bis Ende. 322 M.

Größe 6

4. Zun-Rd: 1 M re, 1 li gen Zun, [5 M re, 1 li gen Zun], [-] wh bis Ende. 356 M.

Größe 10

4. Zun-Rd: 2 M re, [5 M re, 1 li gen Zun], [-] wh bis 2 M vor Ende, 2 M re. 436 M.

Größen 1, 2, 3, 4

4 (4, 4 4, -) [-, -, -, -, -] Rd re str.

Folg. 2 Rd: Kihnu Vits in HF und KF2 arbeiten. KF2 abschneiden.

3 (3, 3, 3, 8) [8, 8, 9, 9, 9] Rd re str.

Größen 5, 6, 7, 8, 9, 10

Folg. 2 Rd: Kihnu Vits in HF und KF1 arbeiten. KF1 abschneiden.

Größen 1 & 10

5. Zun-Rd: 3 M re, [6 (-, -, -, -) [-, -, -, , 5] M re, 1 li gen Zun], [-] wh bis 3 M vor Ende, 3 M re. 258 (-, -, -, -) [-, -, -, -, 522] M.

Größen 2 & 7

5. Zun-Rd: - (4, -, -,) [, 3, -, ,] M re, 1 li gen Zun, [- (6, -, -, -) [-, 5, -, -, -] M re, 1 li gen Zun], [-] wh bis Ende. - (292, -, -, -) [-, 454, -, -, -] M.

Größen 3 & 9

5. Zun-Rd: [- (-, 5, -, -) [-, -, -, 6, -] M re, 1 li gen Zun], [-] wh bis Ende. - (-, 324, -, -) [-, -, -, 504, -] M.

Größe 4

5. Zun-Rd: 1 M re, 1 li gen Zun, 2 M re, 1 li gen Zun, [5 M re, 1 li gen Zun], [-] wh bis 2 M vor Ende, 2 M re, 1 li gen Zun. 362 M.

Größen 5 & 8

5. Zun-Rd: [2 M re, 1 li gen Zun], [-] noch 2-mal wh, - (-, -, -, 1) [-, -, 0, -, -] M re, [- (-, -, -, 5) [-, -, 6, -, -] M re, 1 li gen Zun], [-] wh bis Ende. - (-, -, -, 388) [-, -, 478, -, -] M.

Größe 6

5. Zun-Rd: [2 M re, 1 li gen Zun], [-] noch 3-mal wh, [6 M re, 1 li gen Zun], [-] wh bis Ende. 418 M.

Alle Größen

258 (292, 324, 362, 388) [418, 454, 478, 504, 522] M.
4 (4, 6, 5, 5) [8, 8, 7, 8, 8] Rd re str.

Größen 3 & 7

Folg. 2 Rd: Kihnu Vits in HF und - (-, KF1, -, -) [-, KF2, -, -, -] arbeiten. KF abschneiden.

ÄRMEL ABTEILEN

Vorbereitungs-Rd: 39 (44, 49, 54, 58) [63, 68, 73, 78, 82] M re, folg. 52 (58, 64, 74, 79) [83, 91, 94, 96, 97] M auf M-Halter oder Hilfsfaden stilllegen, 4 (4, 4, 4, 4) [4, 4, 5, 5, 5] M anschl, MMs für neuen Rd-Anf, 4 (4, 4, 4, 5) [5, 5, 5, 5, 6] M anschl, 77 (88, 98, 107, 115) [126, 136, 145, 156, 164] M re, folg. 52 (58, 64, 74, 79) [83, 91, 94, 96, 97] M auf M-Halter oder Hilfsfaden stilllegen, 8 (8, 8, 8, 9) [9, 9, 10, 10, 11] M anschl, re M bis MM. 170 (192, 212, 230, 248) [270, 290, 310, 332, 350] M.

RUMPF

2 (2, 10, 1, 4) [0, 10, 2, 1, 1] Rd re str.

Folg. 2 Rd: Kihnu Vits in HF und KF1 (KF1, KF2, KF1, KF2) [KF2, KF1, KF2, KF2, KF2] arbeiten. KF abschneiden.

Weiter glatt re str und in jeder 11. (11., 11., 11., 10.) [10., 10., 11., 11., 11.] Rd beginnend Kihnu Vits in HF und abwechselnd KF1 und KF 2 arbeiten.

Im Muster fortfahren, bis der Rumpf ab der Achsel 33,5 (34,5, 34,5, 35, 35) [35,5, 35,5, 35,5, 35,5, 35,5] cm lang ist oder bis 5 cm vor der gewünschten Gesamtlänge. Falls Sie mit Kihnu Vits enden, vor Beginn des gerippten Bündchens noch 1 Rd in HF re str.

Zu den 3,75-mm-Nadeln wechseln.
5 cm im 1/1-Rippenmuster stricken: [1 M re, 1 M li], [-] fortl. wh.

M locker im 1/1-Rippenmuster abk, wie sie erscheinen.

ÄRMEL

Mit 4-mm-Nadeln und HF aus den angeschlagenen M der Achsel 8 (8, 8, 8, 9) [9, 9, 10, 10, 11] M aufn und re str, 52 (58, 64, 74, 79) [83, 91, 94, 96, 97] M von M-Halter oder Hilfsfaden re str, 4 (4, 4, 4, 4) [4, 4, 5, 5, 5] M re, MMs für Rd-Anf. 60 (66, 72, 82, 88) [92, 100, 104, 106, 108] M.
1 (1, 9, 0, 3) [0, 9, 1, 0, 0] Rd re str.

Folg. 2 Rd: Kihnu Vits in HF und KF1 (KF1, KF2, KF1, KF2) [KF2, KF1, KF2, KF2, KF2] arbeiten. KF abschneiden.

5 (5, 6, 0, 0) [6, 6, 5, 6, 6] Rd re str.

Abnahme-Rd: 1 M re, 2 M re zus, re M bis 3 M vor MM, SSK, 1 M re (2 M abgen).

4 (4, 3, 0, 3) [2, 1, 4, 2, 2] Rd re str.

Größen 1, 2, 3

1.–2. Rd: Kihnu Vits in HF und abwechselnder KF arbeiten. KF abschneiden.
3. Rd: Abnahme-Rd stricken.
4.–8. Rd: Re M.
9. Rd: Abnahme-Rd stricken.
10.–12. Rd: Re M.

Die 1.–12. Rd noch 3 (4, 5, -, -, -) [-, -, -, -, -]-mal wh. Dann die 1.–3. Rd noch 1-mal wh. 40 (42, 44, -, -) [-, -, -, -, -] M.

9 Rd re str.

Folg. 2 Rd Kihnu Vits in HF und abwechselnder KF arbeiten. KF abschneiden.

Größe 4

1.–9. Rd: Re M.
10.–11. Rd: Kihnu Vits in HF und abwechselnder KF arbeiten. KF abschneiden.
12. Rd: Re M.
13. Rd: Abnahme-Rd stricken.
14.–16. Rd: Re M.
17. Rd: Abnahme-Rd stricken.
18.–19. Rd: Re M.
20. Rd: Abnahme-Rd stricken.

Die 10.–20. Rd noch 4-mal wh. Dann die 14.–17. Rd noch 1-mal wh. 48 M.

8 Rd re str.

Folg. 2 Rd: Kihnu Vits in HF und abwechselnder KF arbeiten. KF abschneiden.

Größe 5

1. Rd: Abnahme-Rd stricken.
2.–4. Rd: Re M.
5. Rd: Abnahme-Rd stricken.
6.–7. Rd: Kihnu Vits in HF und abwechselnder KF arbeiten. KF abschneiden.
8. Rd: Re M.
9. Rd: Abnahme-Rd stricken.
10.-12. Rd: Re M.
13. Rd: Abnahme-Rd stricken.
14.-15. Rd: Re M.
16. Rd: Abnahme-Rd stricken.

Die 6.-16. Rd noch 4-mal wh. 52 M.

Die 6.-15. Rd noch 1-mal wh. 48 M.

Folg. 2 Rd: Kihnu Vits in HF und abwechselnder KF arbeiten. KF abschneiden.

Größe 6

1.–2. Rd: Kihnu Vits in HF und abwechselnder KF arbeiten. KF abschneiden.
3. Rd: Abnahme-Rd stricken.
4.–6. Rd: Re M.
7. Rd: Abnahme-Rd stricken.
8.–10. Rd: Re M.
11. Rd: Abnahme-Rd stricken.
Die 1.–11. Rd noch 6-mal wh. 48 M.

Folg. 2 Rd: Kihnu Vits in HF und abwechselnder KF arbeiten. KF abschneiden.

Größe 7

1. Rd: Abnahme-Rd stricken.
2.–3. Rd: Kihnu Vits in HF und abwechselnder KF arbeiten. KF abschneiden.
4. Rd: Re M.
5. Rd: Abnahme-Rd stricken.
6.–7. Rd: Re M.
8. Rd: Abnahme-Rd stricken.
9.–10. Rd: Re M.
11. Rd: Abnahme-Rd stricken.
12. Rd: Re M.

Die 2.–12. Rd noch 7-mal wh. 48 M.

Folg. 2 Rd: Kihnu Vits in HF und abwechselnder KF arbeiten. KF abschneiden.

Größe 8

1.–2. Rd: Kihnu Vits in HF und abwechselnder KF arbeiten. KF abschneiden.

3. Rd: Abnahme-Rd stricken.
4.–6. Rd: Re M.
7. Rd: Abnahme-Rd stricken.
8.–10. Rd: Re M.
11. Rd: Abnahme-Rd stricken.
12. Rd: Re M.

Die 1.–12. Rd noch 3-mal wh. 78 M.

13.–14. Rd: Kihnu Vits in HF und abwechselnder KF arbeiten. KF abschneiden.
15. Rd: Abnahme-Rd stricken.
16.–17. Rd: Re M.
18. Rd: Abnahme-Rd stricken.
19.–20. Rd: Re M.
21. Rd: Abnahme-Rd stricken.
22.–23. Rd: Re M.
24. Rd: Abnahme-Rd stricken.

Die 13.–24. Rd noch 2-mal wh. Dann die 13.–15. Rd noch 1-mal wh. 50 M.

Größen 9 & 10
1. Rd: Abnahme-Rd stricken
2.–3. Rd: Kihnu Vits in HF und abwechselnder KF arbeiten. KF abschneiden.
4. Rd: Abnahme-Rd stricken.
5.–6. Rd: Re M.
7. Rd: Abnahme-Rd stricken.
8.–9. Rd: Re M.
10. Rd: Abnahme-Rd stricken.
11.–12. Rd: Re M.
13. Rd: Abnahme-Rd stricken.

Die 2.–13. Rd noch 5-mal wh. Dann die 2.–4. Rd noch 1-mal wh. - (-, -, -, -) [-, -, -, 52, 54] M.

Größe 9: 9 Rd re str.

Größe 10: Die 5.–7. Rd noch 1-mal wh, dann 6 Rd re str.
- (-, -, -, -) [-, -, -, 52, 52] M.

Folg. 2 Rd: Kihnu Vits in HF und abwechselnder KF arbeiten. KF abschneiden.

Alle Größen
40 (42, 44, 48, 48) [48, 48, 50, 52, 52] M.

Weiter glatt re str und in jeder 11. (11., 11., 11., 10.) [10., 10., 11., 11., 11.] Rd beginnend Kihnu Vits in HF und abwechselnd KF1 und KF 2 arbeiten, bis der Ärmel 38 (38, 40,5, 40,5, 42) [42, 43, 43, 43, 43] cm lang ist oder bis 5 cm vor der gewünschten Gesamtlänge. Falls Sie mit Kihnu Vits enden, vor Beginn des Ärmelbündchens noch 1 Rd in HF re str.

ÄRMELBÜNDCHEN
Mit der HF und den 3,75-mm-Nadeln 5 cm im 1/1-Rippenmuster stricken: [1 M re, 1 M li], [-] fortl. wh.

M locker im 1/1-Rippenmuster abk, wie sie erscheinen.

FERTIGSTELLUNG
Fäden vernähen und den Pullover auf Maß spannen.

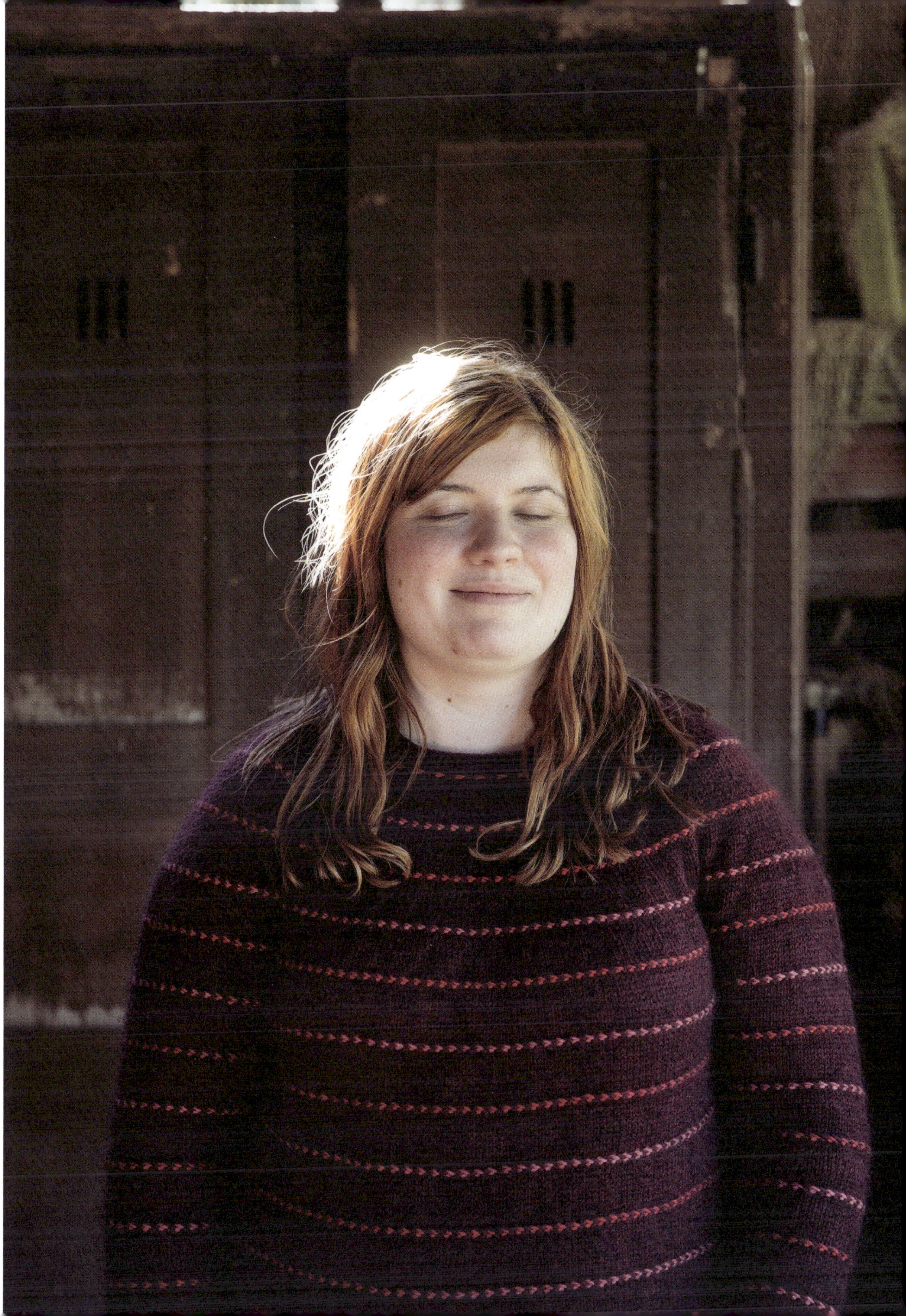

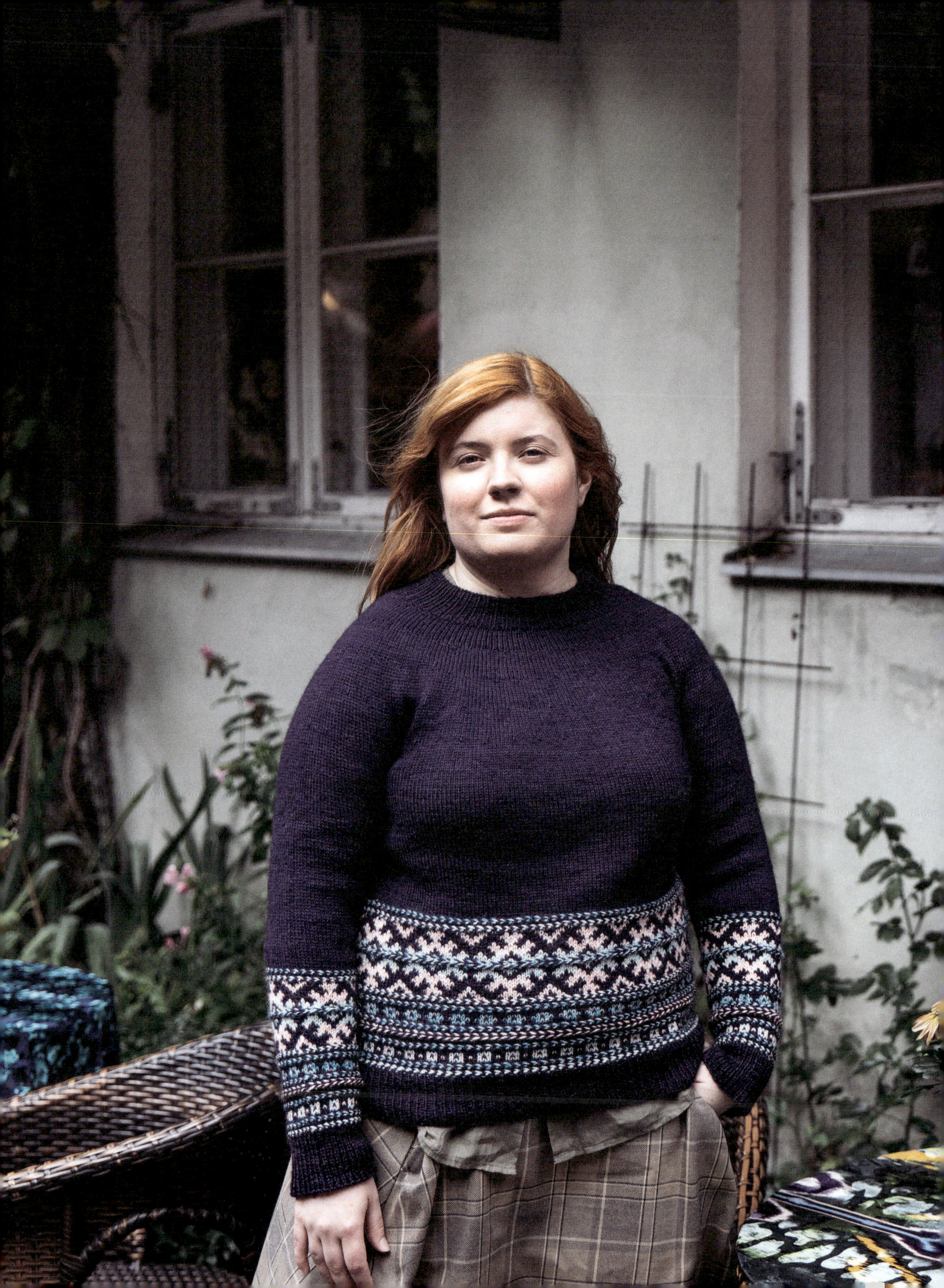

TULJAK

Tuljak ist ein schneller Volkstanz, bei dem die Trachtenröcke und gewebten Gürtel der Frauen unisono herumwirbeln. Diese Gürtel waren die Inspiration zu einer prachtvollen Kombination aus Jacquardmustern und Flechtborten, die Saum und Ärmelbündchen dieses Pullovers schmücken.

GRÖSSEN

1 (2, 3, 4, 5) [6, 7, 8, 9, 10]
Empfohlene Mehrweite: 5–10 cm.

FERTIGE MASSE

Brustumfang: 82,5 (97,5, 105, 113, 128) [135, 143, 158, 165, 173] cm
Oberarmumfang: 31 (32,5, 36,5, 41,5, 44) [46, 50, 51,5, 52,5, 54] cm
Länge ab der Achsel: 38,5 (38,5, 39, 39, 40) [40, 40,5, 40,5, 40,5, 40,5] cm
Umfang Ärmelbündchen: 22,5 (22,5, 27,5, 27,5, 27,5) [27,5, 30, 30, 30, 30] cm
Ärmellänge: 43 (43, 45,5, 45,5, 47) [47, 48, 48, 48, 48] cm
Höhe des Halsbündchens: 5 cm

GARN

La Bien Aimée Helix (75 % Falkland-Merinowolle, 25 % Gotlandschaf-Schurwolle, LL 650 m/100 g)
HF: Farbe Gaji, 3 (3, 4, 4, 4) [5, 5, 5, 6, 6] Stränge
KF1: Farbe French Grey, 1 Strang
KF2: Farbe Sophie, 1 Strang

La Bien Aimée Felix (75 % Falkland-Merinowolle, 25 % Corriedale-Schurwolle, LL 650 m/100 g)
KF3: Farbe Seaglass, 1 Strang
KF4: Farbe Fluoro Morganite, 1 Strang

Oder vergleichbares Garn (Lace-Stärke) in folgender Menge:
HF: 1605 (1820, 2044, 2318, 2537) [2752, 2999, 3214, 3388, 3557] m
KF1: 182 (201, 234, 247, 266) [279, 305, 331, 337, 350] m
KF2: 71 (78, 91, 98, 104) [111, 117, 130, 130, 136] m
KF3: 59 (65, 78, 84, 91) [91, 104, 111, 111, 117] m
KF4: 59 (65, 78, 84, 91) [91, 104, 111, 111, 117] m

STRICKNADELN

3,25 mm: Rundnadel 80 cm, Nadelspiel für Glattrechts-Partien und Bündchen
3,5 mm: Rundnadel 80 cm und Nadelspiel für Jacquardmuster

SONSTIGES

Wollnadel, Maschenmarkierer, Garnrest oder Maschenhalter

MASCHENPROBE

24 M x 32 Rd = 10 x 10 cm, glatt rechts rundgestrickt, nach dem Spannen
24 M x 28 Rd = 10 x 10 cm, im Jacquardmuster rundgestrickt, nach dem Spannen

ANMERKUNGEN ZUR ANLEITUNG

Dieser Pullover wird nahtlos von oben nach unten gestrickt und beginnt mit einem niedrigen Schildkrötkragen.

Eine Musterpartie mit Jacquard und zwei Arten von Flechtborten, Kihnu Vits und Gedrehte Flechtborte, wird direkt oberhalb des Bündchens an Saum und Ärmeln gearbeitet. Jacquard und Flechtborten werden jeweils mit doppelten Fäden in zwei verschiedenen Kontrastfarben gestrickt – so entsteht ein Melange-Effekt.

Der gesamte Pullover wird doppelfädig gestrickt.

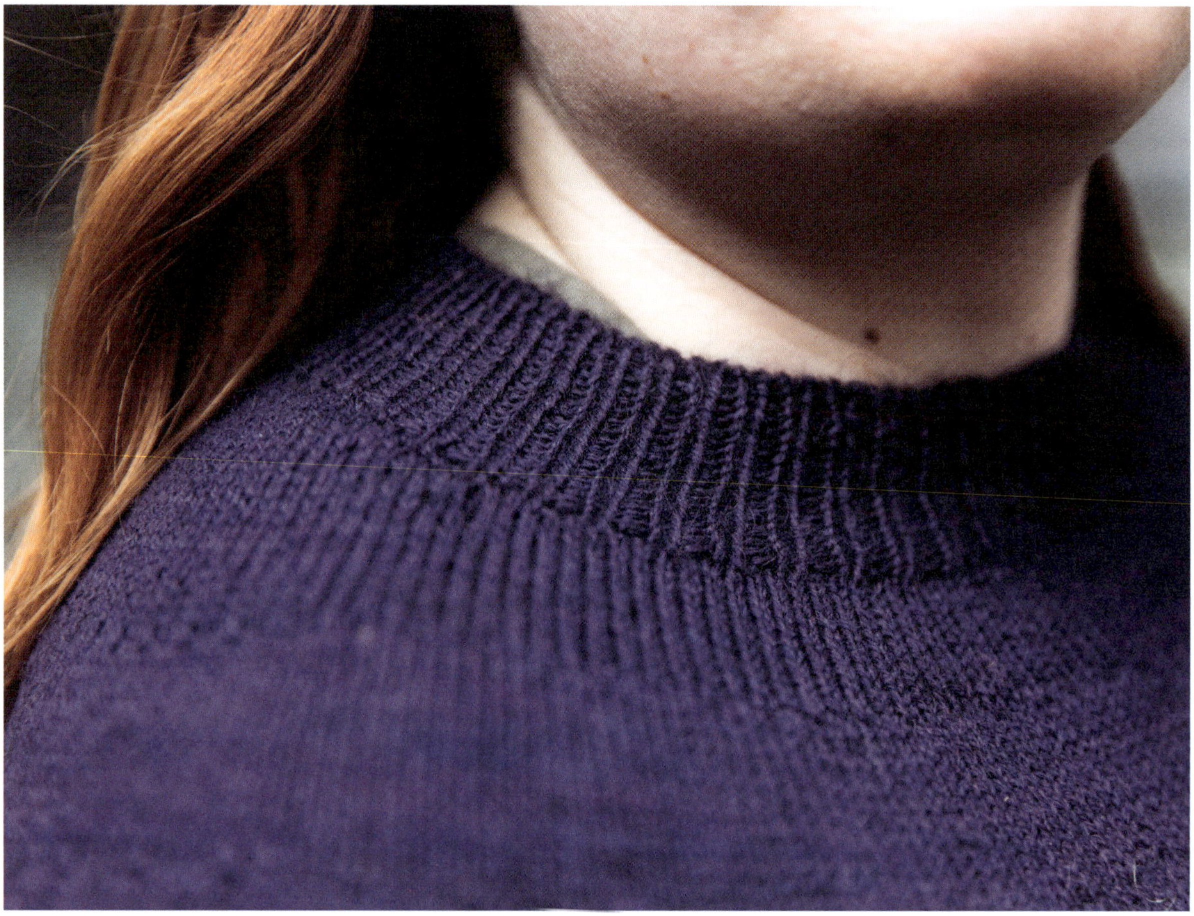

Auf die Details kommt es an: Der Pullover beginnt mit einem eleganten Schlauchanschlag, bevor später die bunt gemusterte Saumpartie gestrickt wird.

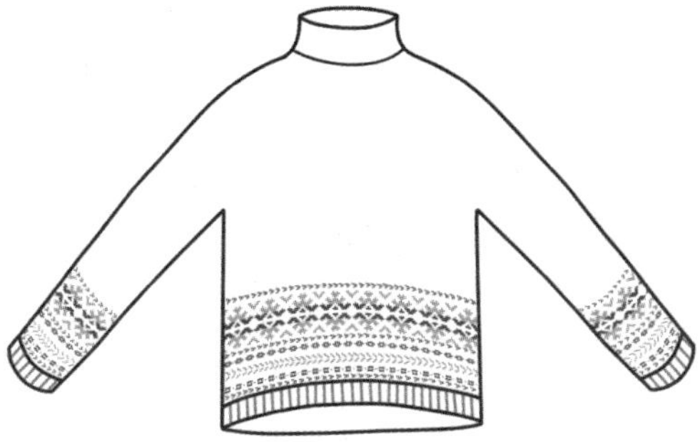

ANLEITUNG

Mit doppelt genommener HF und 3,25-mm-Nadeln im italienischen Maschenanschlag (Schlauchanschlag) 96 (96, 96, 96, 100) [104, 104, 108, 108, 108] M anschl.

1. R: [1 M re, 1 M abh mFv], [-] fortl. wh.
2. R: [1 M re, 1 M abh mFv], [-] fortl. wh. Zur Rd schließen, MMs für Rd-Anf.

5 cm im 1/1-Rippenmuster str: [1 M re, 1 M li], [-] fortl. wh.

Folg. Rd: Re M.

1. Zun-Rd: [2 (2, 2, 2, 2) [1, 2, 1, 1, 1] M re, 1 li gen Zun], [-] fortl. wh. 144 (144, 144, 144, 150) [208, 156, 216, 216, 216] M.

VERKÜRZTE REIHEN ZUR FORMGEBUNG

1. R (Hin-R): 36 (36, 36, 36, 38) [52, 39, 54, 54, 54] M re, wenden.
2. R (Rück-R): Rück-R DM, li M bis MM, MMa, 36 (36, 36, 36, 38) [52, 39, 54, 54, 54] M li, wenden.
3. R (Hin-R): Hin-R DM, re M bis MM, MMa, re M bis vorige Wende-M, DM der verk. R als 2 M re zus str, 2 M re, wenden.
4. R (Rück-R): Rück-R DM, li M bis MM, MMa, li M bis vorige Wende-M, DM der verk. R als 2 M li zus str, 2 M li, wenden.

Die 3.–4. R noch 3-mal wh.

10 (10, 11, 11, 12) [12, 13, 13, 14, 14] Rd re str.

Größen 1, 2, 3, 4, 5, 7, 8, 9, 10
2. Zun-Rd: [4 (3, 2, 2, 2) [-, 2, 3, 2, 2] M re, 1 li gen Zun], [-] fortl. wh. 180 (192, 216, 216, 225) [-, 234, 288, 324, 324] M.

Größe 6
2. Zun-Rd: 1 M re, [3 M re, 1 li gen Zun], [-] fortl. wh. - (-, -, -, -) [277, -, -, -, -] M.

11 (11, 12, 12, 13) [13, 14, 14, 15, 15] Rd re str.

Größen 1, 2, 3, 4, 7, 8, 9, 10
3. Zun-Rd: [4 (4, 4, 3, -) [-, 3, 3, 3, 4] M re, 1 li gen Zun], [-] fortl. wh. 225 (240, 270, 288, -) [-, 312, 384, 432, 405] M.

Größen 5 & 6
3. Zun-Rd: 1 M re, [- (-, -, -, 2) [4, -, -, -, -] M re, 1 li gen Zun], [-] fortl. wh. - (-, -, -, 337) [346, -, -, -, -] M.

11 (11, 12, 12, 13) [13, 14, 14, 15, 15] Rd re str.

Größen 1, 2, 3, 4, 7, 8, 10
4. Zun-Rd: [5 (5, 5, 4, -) [-, 3, 4, -, 5] M re, 1 li gen Zun], [-] fortl. wh. 270 (288, 324, 360, -) [-, 416, 480, -, 486] M.

Größen 5 & 9
4. Zun-Rd: 1 M re, [5 M re, 1 li gen Zun], [-] wh bis 1 M vor Ende, 1 M re. - (-, -, -, 404) [-, -, -, 518, -] M.

Größe 6
4. Zun-Rd: 1 M re, [5 M re, 1 li gen Zun], [-] fortl. wh. - (-, -, -, -) [415, -, -, -, -] M.

11 (11, 12, 12, 13) [13, 14, 14, 15, 15] Rd re str.

Größe 1
5. Zun-Rd: [8 M re, 1 li gen Zun, 7 M re, 1 li gen Zun], [-] fortl. wh. 306 (-, -, -, -) [-, -, -, -, -] M.

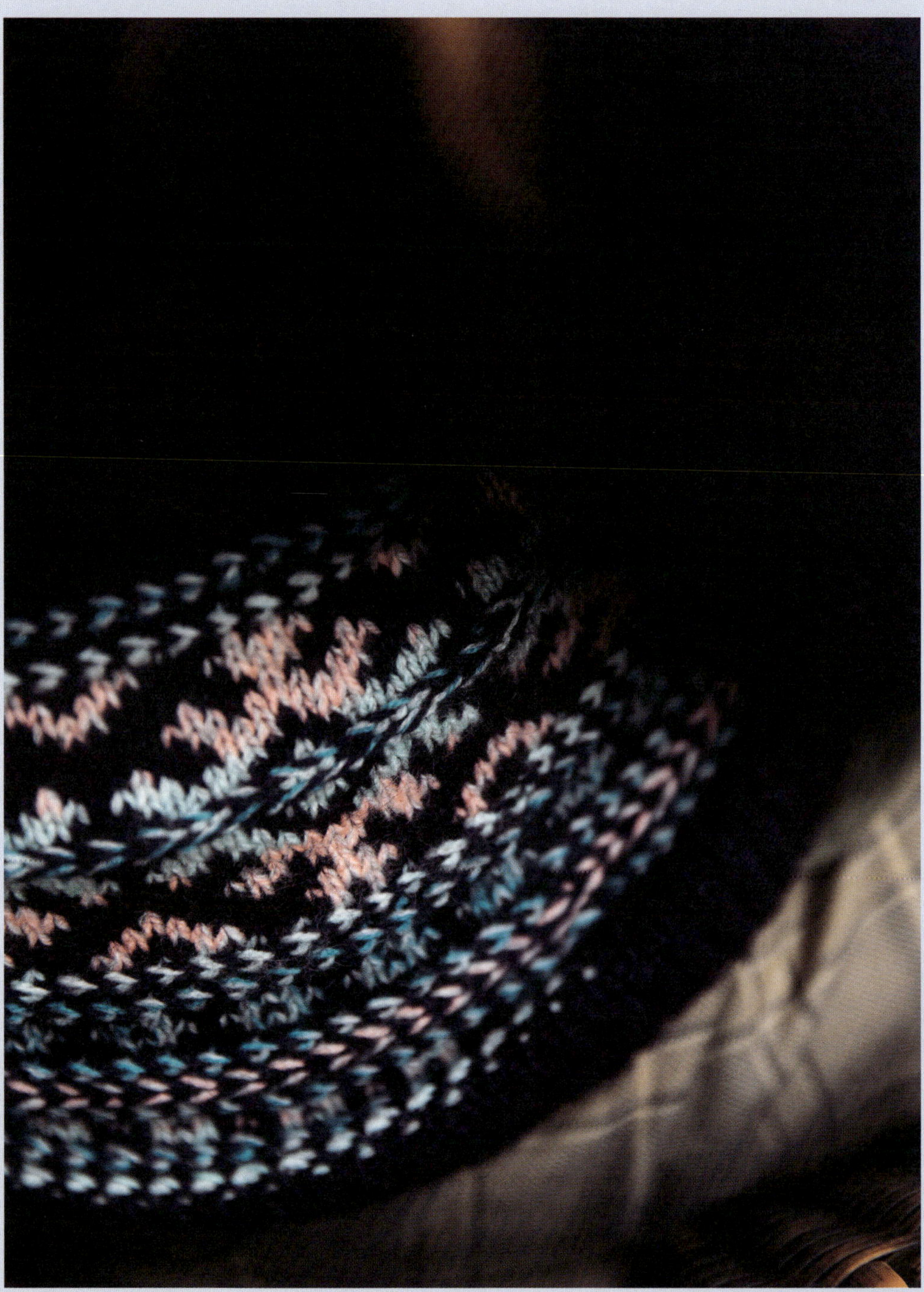

Größe 2

5. Zun-Rd: 1 M re, 1 li gen Zun, [5 M re, 1 li gen Zun], [-] wh bis 2 M vor Ende, 2 M re. - (346, -, -, -) [-, -, -, -, -] M.

Größen 3 & 4

5. Zun-Rd: [3 M re, 1 li gen Zun], [-] 1-mal wh, [6 M re, 1 li gen Zun], [-] wh bis 6 M vor Ende, [3 M re, 1 li gen Zun], [-] wh bis Ende. - (-, 380, 422, -) [-, -, -, -, -] M.

Größe 5

5. Zun-Rd: 2 M re, 1 li gen Zun, [4 M re, 1 li gen Zun], [-] 1-mal wh, [8 M re, 1 li gen Zun], [-] wh bis 10 M vor Ende, [4 M li, 1 li gen Zun], [-] 1-mal wh, 2 M re, 1 li gen Zun. - (-, -, -, 458) [-, -, -, -, -] M.

Größe 6

5. Zun-Rd: 1 M re, 1 li gen Zun, [6 M re, 1 li gen Zun], [-] fortl. wh. - (-, -, -, -) [484, -, -, -, -] M.

Größe 7

5. Zun-Rd: [2 M re, 1 li gen Zun], [-] 1-mal wh, [4 M re, 1 li gen Zun], [-] wh bis 4 M vor Ende, [2 M re, 1 li gen Zun], [-] wh bis Ende. - (-, -, -, -) [-, 522, -, -, -] M.

Größe 8

5. Zun-Rd: [3 M re, 1 li gen Zun], [-] 1-mal wh, [6 M re, 1 li gen Zun], [-] wh bis 6 M vor Ende, [3 M re, 1 li gen Zun], [-] wh bis Ende. - (-, -, -, -) [-, -, 562, -, -] M.

Größe 9

5. Zun-Rd: 3 M re, 1 li gen Zun, [8 M re, 1 li gen Zun], [-] wh bis 3 M vor Ende, 3 M re, 1 li gen Zun. - (-, -, -, -) [-, -, -, 584, -] M.

Größe 10

5. Zun-Rd: 1 M re, 1 li gen Zun, [2 M re, 1 li gen Zun], [-] 1-mal wh, [4 M re, 1 li gen Zun], [-] wh bis 1 M vor Ende, 1 M re, 1 li gen Zun. - (-, -, -, -) [-, -, -, -, 610] M.

Alle Größen

Gesamt 306 (346, 380, 422, 458) [484, 522, 562, 584, 610] M.

11 (11, 12, 12, 13) [13, 14, 14, 15, 15] Rd re str.

ÄRMEL ABTEILEN

45 (53, 57, 62, 69) [74, 78, 87, 91, 96] M re, folg. 64 (67, 76, 88, 91) [95, 105, 108, 110, 114] M auf M-Halter oder Hilfsfaden stilllegen, 10 (11, 12, 12, 15) [15, 15, 16, 16, 16] M anschl, 89 (106, 114, 123, 138) [147, 156, 173, 182, 191] M re, folg. 64 (67, 76, 88, 91) [95, 105, 108, 110, 114] M auf M-Halter oder Hilfsfaden stilllegen, 10 (11, 12, 12, 15) [15, 15, 16, 16, 16] M anschl, 94 (111, 120, 129, 145) [154, 163, 181, 190, 199] M re, MMs für neuen Rd-Anf. Rd-Anf jetzt an der seitlichen Mitte.

198 (234, 252, 270, 306) [324, 342, 378, 396, 414] M.

RUMPF

Weiter glatt re str, bis der Rumpf ab der Achsel 14,5 (14,5, 15, 15, 16) [16, 16,5, 16,5, 16,5, 16,5] cm misst oder bis 24 cm vor der gewünschten Länge.

Zu den 3,5-mm-Nadeln wechseln.

Den 18 M breiten Rapport der Strickschr Rumpf bis zum Rd-Ende fortl. wh. (57 Rd)
Alle KF abschneiden.

Folg. Rd: Nur in HF re str.

Zu den 3,25-mm-Nadeln wechseln.

6,5 cm im 1/1-Rippenmuster str: [1 M re, 1 M li], [-] fortl. wh.

Die M im 1/1-Rippenmuster abk, wie sie erscheinen.

ÄRMEL

Mit doppelt genommener HF und 3,25-mm-Nadeln aus den angeschlagenen M der Achsel 10 (11, 12, 12, 15) [15, 15, 16, 16, 16] M aufn und re str, 64 (67, 76, 88, 91) [95, 105, 108, 110, 114] M von M-Halter oder Hilfsfaden re str, 5 (6, 6, 6, 7) [7, 7, 8, 8, 8] M re, MMs für Rd-Anf. 74 (78, 88, 100, 106) [110, 120, 124, 126, 130] M.
8 Rd re str.

Abn-Rd: 1 M re, 2 M re zus, re M bis 3 M vor MM, SSK, 1 M re.

Die Abn-Rd noch 9 (11, 7, 13, 16) [18, 14, 16, 17, 19]-mal in jeder 5. (4., 7., 4., 3.) [3., 4., 4., 3., 3.] Rd wh. 54 (54, 72, 72, 72) [72, 90, 90, 90, 90] M.

Weiter glatt re str, bis der Ärmel ab der Achsel 19 (19, 21,5, 21,5, 23) [23, 24, 24, 24, 24] cm lang ist oder bis 24 cm vor der gewünschten Länge.

Zu den 3,5-mm-Nadeln wechseln.

Über 27 Rd den 18 M breiten Rapport der Strickschr Rumpf bis zum Rd-Ende fortl. wh (27 Rd).

Größen 1 & 2

Über 30 Rd den 6 M breiten Rapport der Strickschr Ärmel bis zum Rd-Ende fortl. wh (30 Rd). Alle KF abschneiden.

Größen 3, 4, 5, 6, 7, 8, 9, 10

Den 6 M breiten Rapport der Strickschr Ärmel bis zum Rd-Ende fortl. wh und GLEICHZEITIG in der 1., 3. und 6. Rd folg. Abnahmen arb:

1. Rd: 1 M re in HF, 2 M re zus in KF1 & KF3, gemäß 6-M-Rapport der Strickschr [1 M re in HF, 1 M re in KF1 & KF3] bis 3 M vor Ende, SSK in HF, 1 M re in KF1 & KF3 (2 M abgen).

3. & 6. Rd: 1 M re, 2 M re zus, re M bis 3 M vor MM, SSK, 1 M re (2 M abgen). - (-, 66, 66, 66) [66, 84, 84, 84, 84] M.

Größen 3, 4, 5, 6

In den übrigen Rd den 6 M breiten Rapport der Strickschr Ärmel bis zum Rd-Ende fortl. wh (insgesamt 30 Rd). Alle KF abschneiden.

Größen 7, 8, 9, 10

Den 6 M breiten Rapport der Strickschr Ärmel bis zum Rd-Ende fortl. wh und GLEICHZEITIG in der 10., 14., 18., 25. und 28. Rd folg. Abnahmen arb:

10., 14., 18., 25. & 28. Rd: 1 M re, 2 M re zus, re M bis 3 M vor MM, SSK, 1 M re (2 M abgen).
- (-, -, -, -) [-, 74, 74, 74, 74] M.

Alle 30 Rd der Strickschr Ärmel stricken.

Folg. Rd: Nur in HF 1 M re, 2 M re zus, re M bis 3 M vor MM, SSK, 1 M re (2 M abgen). - (-, -, -, -) [-, 72, 72, 72, 72] M.

Größen 1, 2, 3, 4, 5, 6

Folg. Rd: Nur in HF re str.

Alle Größen

54 (54, 66, 66, 66) [66, 72, 72, 72, 72] M.

Zu den 3,25-mm-Nadeln wechseln.

6,5 cm im 1/1-Rippenmuster str: [1 M re, 1 M li], [-] fortl. wh.

Die M im 1/1-Rippenmuster abk, wie sie erscheinen.

Den 2. Ärmel genauso stricken.

FERTIGSTELLUNG

Fäden vernähen und den Pullover auf Maß spannen.

STRICKSCHRIFT RUMPF

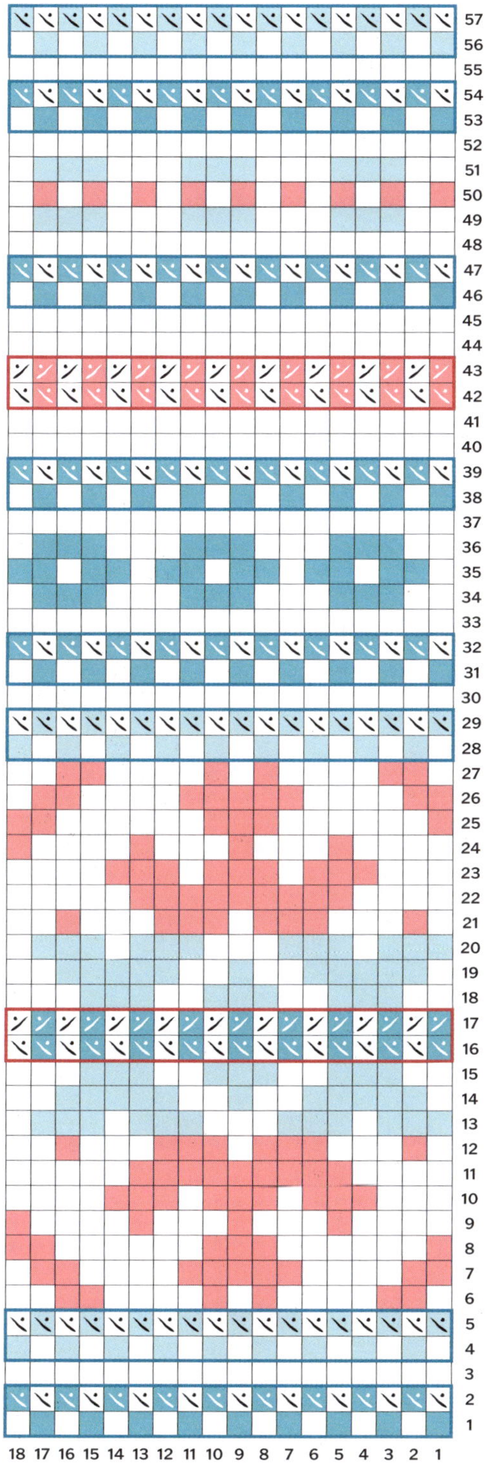

LEGENDE

- HF
- KF1 + KF2
- KF1 + KF3
- KF1 + KF4
- Beide Fäden vor der Arbeit, li M mit Faden ÜBER der anderen Farbe
- Beide Fäden vor der Arbeit, li M mit Faden UNTER der anderen Farbe
- Kihnu Vits
- Gedrehte Flechtborte

STRICKSCHRIFT ÄRMEL

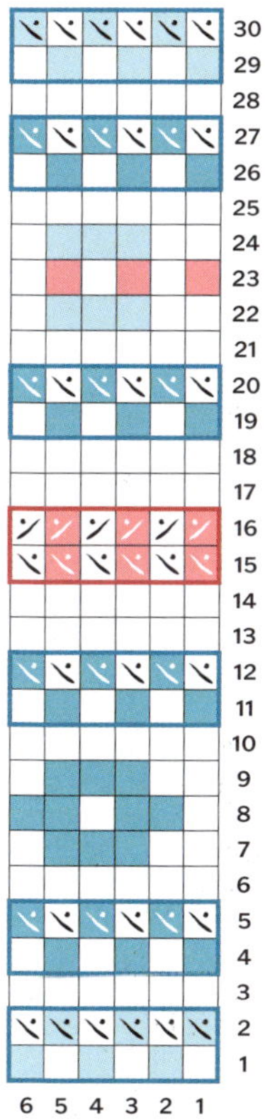

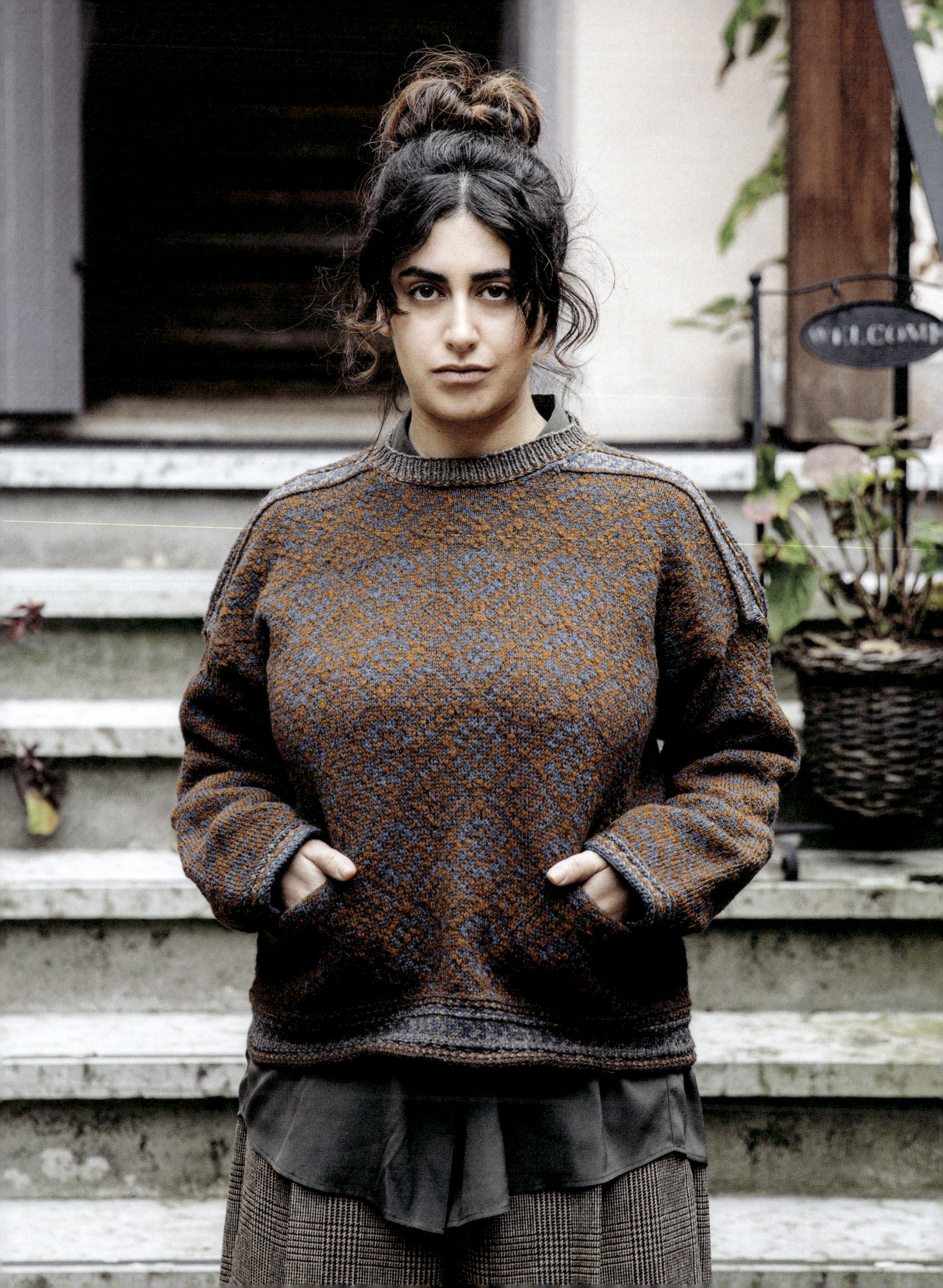

TROI

Der Troi ist der traditionelle Männerpullover von der Insel Kihnu. Troi-Pullover werden in zweifarbigen Allover-Jacquardmustern gestrickt und außerdem reich verziert. Früher wurden sie stets in Schwarz oder Blau und Weiß mit roten Flechtborten gearbeitet. Dieser moderne Troi hat praktische Taschen und kann in zwei Varianten gestrickt werden, als Pullover oder als Kleid.

GRÖSSEN

1 (2, 3, 4, 5) [6, 7, 8, 9, 10, 11]

Empfohlene Mehrweite: 10–15 cm

FERTIGE MASSE

Brustumfang: 104 (112, 120, 128, 136) [144, 152, 160, 168, 176, 184] cm

Oberarmumfang: 40 (40, 40, 40, 48) [48, 48, 48, 48, 56, 56] cm

Pullover, Länge ab der Achsel: 38,5 (38,5, 39,5, 39,5, 40) [40, 40,5, 40,5, 40,5, 40,5, 40,5] cm

Kleid, Länge ab der Achsel: 63,5 cm

Pullover, Länge von Saum bis Taschen: 20,5 cm

Kleid, Länge von Saum bis Taschen: 29 cm

Ärmellänge: 41,5 (43, 44, 44, 45,5) [45,5, 45,5, 45,5, 46,5, 46,5, 46,5] cm

GARN

Pullover

Retrosaria Rosa Pomar Vovó (100 % feine portugiesische Schurwolle, LL 143 m/50 g)

HF: Farbe Nr. 03, 7 (7, 7, 8, 9) [9, 10, 10, 11, 11, 12] Knäuel

KF1: Farbe 10, 10 (11, 11, 12, 13) [14, 15, 16, 16, 17, 18] Knäuel

KF2: Farbe 01, 3 (3, 3, 4, 4) [4, 4, 5, 5, 5, 5] Knäuel

Oder vergleichbares Garn (Stärke Sport) in folgender Menge:

HF: 877 (934, 999, 1045, 1170) [1244, 1319, 1371, 1431, 1540, 1602] m

KF1: 1379 (1464, 1569, 1643, 1838) [1954, 2074, 2153, 2249, 2420, 2517] m

KF2: 376 (400, 428, 449, 502) [534, 566, 587, 614, 661, 687] m

Kleid

Rauwerk No 2 (100 % bayerische Merinowolle, LL 300 m/100 g)

HF: Farbe Kalk, 5 (6, 6, 6, 7) [7, 8, 8, 8, 9, 9] Stränge

KF1: Farbe Obsidian, 5 (6, 6, 6, 7) [7, 8, 8, 9, 9, 9] Stränge

KF2: Farbe Kohlröschen, 2 (2, 2, 2, 2) [2, 2, 2, 3, 3, 3] Stränge

Oder vergleichbares Garn (Stärke Sport) in folgender Menge:

HF: 1467 (1561, 1663, 1748, 1925) [2045, 2156, 2246, 2347, 2511, 2615] m

KF1: 1500 (1596, 1701, 1788, 1969) [2090, 2205, 2296, 2400, 2568, 2674] m

KF2: 376 (400, 428, 449, 502) [534, 566, 587, 614, 661, 687] m

STRICKNADELN

3 mm: Rundnadel 60 cm für Rippenmuster

3,25 mm: Rundnadel 80 cm und Nadelspiel für Jacquardmuster

SONSTIGES

Wollnadel, Garnrest, Maschenmarkierer

ANLEITUNG TROI

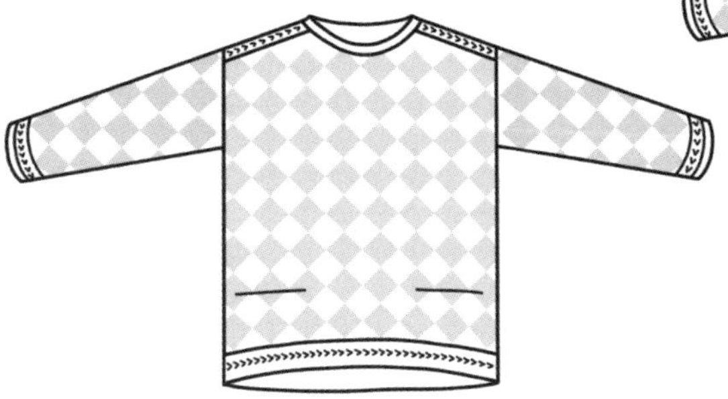

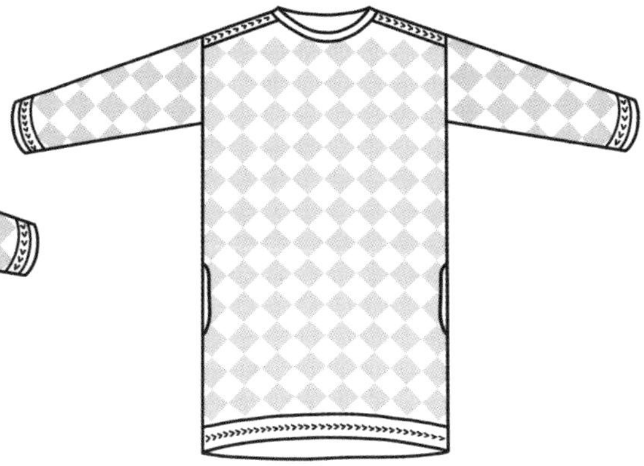

MASCHENPROBE

30 M x 26 Rd = 10 x 10 cm, im Jacquardmuster rundgestrickt, nach dem Spannen

ANMERKUNGEN ZUR ANLEITUNG

Sowohl der Pullover als auch das Kleid werden im Jacquardmuster nahtlos von unten nach oben gestrickt. Saum, Ärmelbündchen und Schultern und der Halsausschnitt werden mit Kihnu Vits verziert.

Der Rumpf wird vom Saum nach oben gestrickt; dabei werden die Armausschnitte und der Halsausschnitt mit Steeks gebildet und geformt.

Die Schultern werden nahtlos durch Abketten mit drei Nadeln verbunden.

Die Ärmelmaschen werden rings um den Steek des Armausschnitts aufgenommen; dann werden die Ärmel nach unten bis zum Bündchen gestrickt.

Es gibt zwei verschiedene Taschen: Das Kleid hat seitliche Taschen, die mithilfe von Steeks gebildet werden. Der Pullover hat Eingriffstaschen, für die bestimmte Maschen auf einem Hilfsfaden stillgelegt werden. Nach Fertigstellung des Rumpfs werden die Maschen für die Taschen in einer Kontrastfarbe entweder vom Hilfsfaden oder entlang der Steek-Kanten aufgenommen. Dann wird der Taschenbeutel rundgestrickt und unten im Maschenstich zusammengenäht.

SPEZIALTECHNIKEN

Zweifarbiger Kreuzanschlag

In HF und KF1 jeweils einen Laufknoten (Anfangsschlinge) knüpfen und auf die rechte Nadel legen, sodass 2 Laufknoten (in jeder Farbe einer) auf der RN liegen. [Im Kreuzanschlag 1 M in HF anschl, also den Faden der HF durch die Fadenenden der KF1 ziehen, im Kreuzanschlag 1 M in KF 1 anschl, also den Faden der KF1 durch die Fadenenden der HF ziehen] [-] bis zur gewünschten Maschenzahl wh.

ABKETTEN MIT DREI NADELN

Mit zugewandter Vorderseite die Nadeln, auf denen die Maschen liegen, parallel zueinander legen. [Mit einer 3. Nadel in passender Stärke in die jeweils erste Masche auf beiden parallelen Nadeln einstechen wie zum Rechtsstricken, die beiden Maschen re zus str], [-] noch 1-mal wiederholen, die 2. M auf der 3. Nadel über die 1. M ziehen. Auf diese Weise fortfahren, d. h. stets 2 M re zus von den parallelen Nadeln und dann auf der 3. Nadel die 2. M über die 1. M ziehen, bis alle M gestrickt wurden. Garn abschneiden und das Fadenende durch die letzte Masche auf der 3. Nadel ziehen.

ANLEITUNG

Mit HF, KF1 und 3,25-mm-Nadeln 272 (292, 312, 336, 356) [376, 396, 416, 440, 460, 480] M im zweifarbigen Kreuzanschlag anschl. Zur Rd schließen, MMs für Rd-Anf. Rd-Anf an der seitl. Mitte.

Die Strickschr Saum fortl. bis zum Rd-Ende wh.

Alle 23 Rd der Strickschr Saum stricken.

Größe 1

24. Rd (Zun): Nur in KF1 [6 M re, 1 li gen Zun, 4-mal (7 M re, 1 li gen Zun)], [-] fortl. wh. 312 M.

Größen 2, 6, 10

24. Rd (Zun): Nur in KF1 5 M re, 1 li gen Zun, [4 M re, 1 li gen Zun], [-] noch 3-mal wh, [7 M re, 1 li gen Zun], [-] wh bis 5 M vor Ende, 5 M re, 1 li gen Zun. - (336, -, -, -) [432, -, -, -, 528, -] M.

Größen 3 & 8

24. Rd (Zun): Nur in KF1 [7 M re, 1 li gen Zun, 6 M re, 1 li gen Zun], [-] fortl. wh. - (-, 360, -, -) [-, -, 480, -, -, -] M.

Größe 4

24. Rd (Zun): Nur in KF1 4 M re, 1 li gen Zun, [7 M re, 1 li gen Zun], [-] wh bis 3 M vor Ende, 3 M re. 384 M.

Größe 5

24. Rd (Zun): Nur in KF1 3 M re, 1 li gen Zun, [7 M re, 1 li gen Zun], [-] wh bis 3 M vor Ende, 3 M re, 1 li gen Zun. 408 M.

Größe 7

24. Rd (Zun): Nur in KF1 [4 M re, 1 li gen Zun], [-] noch 3-mal wh, [7 M re, 1 li gen Zun], [-] wh bis 16 M vor Ende, [4 M re, 1 li gen Zun], [-] wh bis Ende. 456 M.

Größe 9

24. Rd (Zun): Nur in KF1 [6 M re, 1 li gen Zun, 7-mal (7 M re, 1 li gen Zun)], [-] wh bis Ende. 504 M.

Größe 11

24. Rd (Zun): Nur in KF1 [6 M re, 1 li gen Zun, 2-mal (7 M re, 1 li gen Zun)], [-] wh bis Ende. 522 M.

Alle Größen

312 (336, 360, 384, 408) [432, 456, 480, 504, 528, 552] M.

Pullover

Die Strickschr Troi fortl. bis zum Rd-Ende wh. Im Muster bis zur Höhe von 20,5 cm ab MA oder bis zur gewünschten Länge bis zur Tasche stricken.

Kleid

Die Strickschr Troi fortl. bis zum Rd-Ende wh. Im Muster bis zur Höhe von 29,5 cm ab MA oder bis zur gewünschten Länge bis zur Tasche stricken.

PULLOVER: BEGINN NACHTRÄGLICHE TASCHE

Taschen-Vorbereit.-Rd: 16 (16, 19, 21, 27) [31, 37, 43, 47, 53, 59] M im Muster Strickschr Troi str. KF1 abschneiden. Mit Garnrest 34 M re, diese 34 M zurück auf LN heben und 34 M nochmals in HF str. KF1 wieder anschließen. Weiter im Muster Strickschr Troi 56 (68, 74, 82, 82) [86, 86, 86, 90, 90, 90] M re. KF1 abschneiden. Mit Garnrest 34 M re, diese 34 M zurück auf LN heben und 34 M nochmals in HF str. KF1 wieder anschließen. Weiter im Muster Strickschr Troi bis Rd-Ende.

Strickschr Troi fortl. bis Rd-Ende wh. Im Muster str, bis die Arbeit 38,5 (38,5, 39,5, 39,5, 40) [40, 40,5, 40,5, 40,5, 40,5, 40,5] cm hoch ist oder bis zur gewünschten Höhe bis zum Armausschnitt.

KLEID: BEGINN STEEK-TASCHE

Taschen-Steek Vorbereit.-Rd: 5 M aufstricken, dabei Farben wechseln wie folgt: KF1, HF, KF1, HF, KF1, MMs, 156 (168, 180, 192, 204) [216, 228, 240, 252, 264, 276] M im Muster Strickschr Troi re str, MMs, 5 M aufstricken, dabei die Farben wechseln wie folgt: KF1, HF, KF1, HF, KF1, MMs, weiter im Muster Strickschr Troi bis Rd-Ende. 322 (346, 370, 394, 418) [442, 466, 490, 514, 538, 562] M.

Taschen-Rd: [1 M re in KF1, 1 M re in HF], [-] 1-mal wh, 1 M re in KF1, MMa, Strickschr Troi bis MM, MMa, [1 M re in KF1, 1 M re in HF], [-] 1-mal wh, 1 M re in KF1, MMa, Strickschr Troi bis Ende.

Die Taschen-Rd wh, bis die Taschen-Steeks 10 cm hoch sind.

Folg. Rd: 1 M re in KF1, 1 M re in HF, die 2. M auf der RN über die 1. M ziehen, 1 M re in KF1, die 2. M auf der RN über die 1. M ziehen, 1 M re in HF, die 2. M auf der RN über die 1. M ziehen, 1 M re in KF1, die 2. M auf der RN über die 1, M ziehen, MMe, 1 M im Muster Strickschr Troi str, die 2. M auf der RN über die 1. M ziehen, weiter im Muster Strickschr Troi bis MM, MMe, 1 M re in KF1, 1 M re in HF, die 2. M

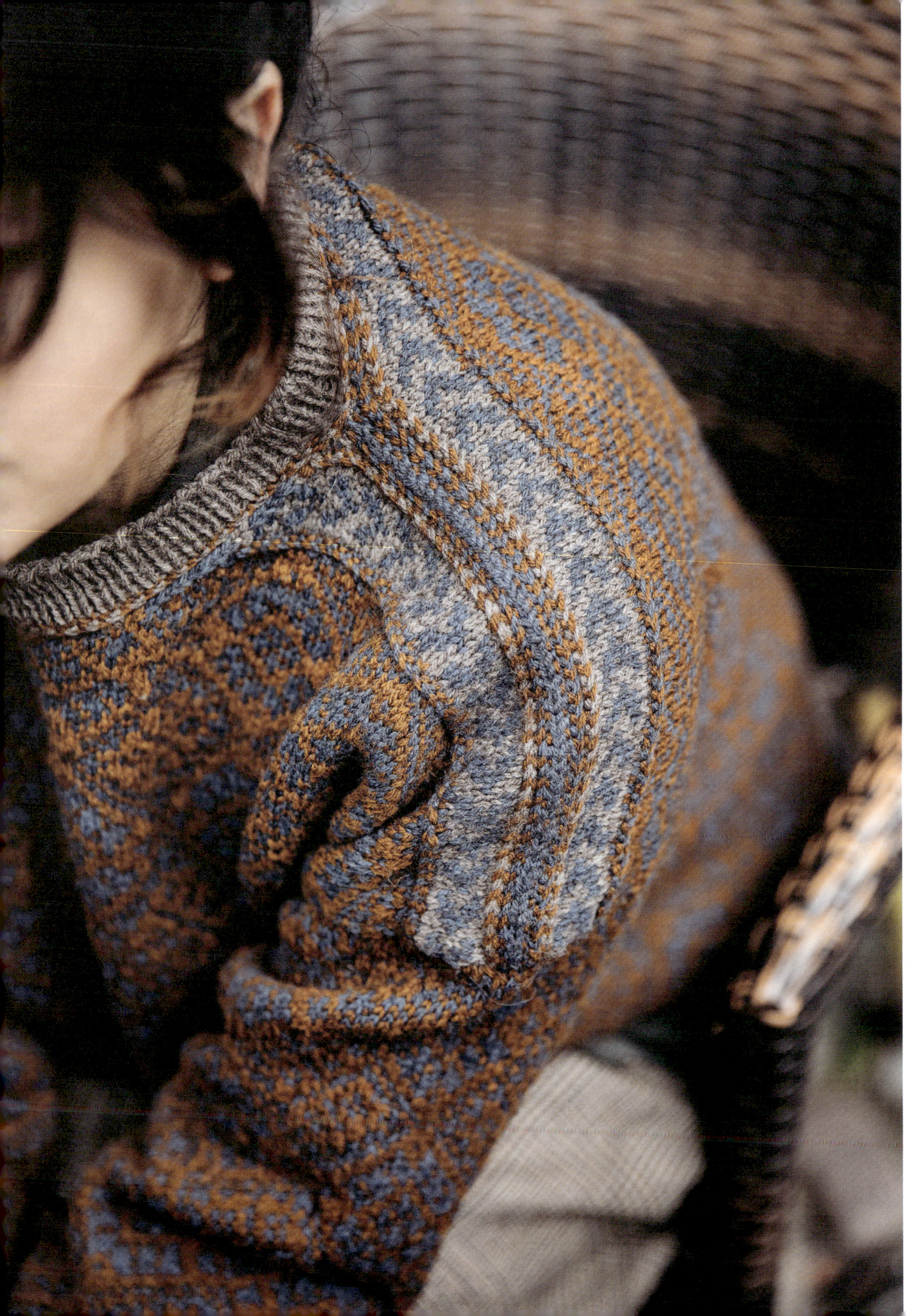

auf der RN über die 1. M ziehen, 1 M re in KF1, die 2. M auf der RN über die 1. M ziehen, 1 M re in HF, die 2. M auf der RN über die 1. M ziehen, 1 M re in KF1, die 2. M auf der RN über die 1. M ziehen, MMe, 1 M im Muster Strickschr Troi str, die 2. M auf der RN über die 1. M ziehen, weiter im Muster Strickschr Troi bis Ende. 312 (336, 360, 384, 408) [432, 456, 480, 504, 528, 552] M.

Die Strickschr Troi fortlaufend bis zum Ende str. Im Muster str, bis die Arbeit 63,5 cm hoch ist oder bis zur gewünschten Höhe bis zum Armausschnitt.

ARMAUSSCHNITT

Armausschnitt-Steek Vorbereitungs-Rd: 5 M aufstricken, dabei die Farben wechseln wie folgt: KF1, HF, KF1, HF, KF1, MMs, 156 (168, 180, 192, 204) [216, 228, 240, 252, 264, 276] M im Muster Strickschr Troi re str, MMs, 5 M aufstricken, dabei die Farben wechseln wie folgt: KF1, HF, KF1, HF, KF1, MMs, weiter im Muster Strickschr Troi bis zu den aufgestrickten M str. Gesamt 322 (346, 370, 394, 418) [442, 466, 490, 514, 538, 562] M: 5 M je Armausschnitt-Steek.

1. Rd: 1 M re in KF1, [1 M re in HF, 1 M re in KF1], [-] wh bis MM, MMa, Strickschr Troi bis MM, MMa, 1 M re in KF1, [1 M re in HF, 1 M re in KF1], [-] wh bis MM, MMa, Strickschr Troi bis Ende.

Die 1. Rd wh, bis die Armausschnitt-Steeks 14 (15, 16,5, 16,5, 17) [19, 20,5, 20,5, 21, 21, 21,5] cm hoch sind.

HALSAUSSCHNITT

Halsausschnitt-Steek Vorbereitungs-Rd: 1 M re in KF1, [1 M re in HF, 1 M re in KF1], [-] wh bis MM, MMa, 68 (74, 80, 86, 92) [98, 104, 108, 114, 120, 126] M nach Strickschr Troi str, MMs, 20 (20, 20, 20, 20) [20, 20, 24, 24, 24, 24] M abketten, 5 M aufstricken, dabei die Farben wechseln wie folgt: KF1, HF, KF1, HF, KF1, MMs, weiter im Muster Strickschr Troi bis MM, MMa, 1 M re in KF1, [1 M re in HF, 1 M re in KF1], (-) wh bis MM, MMa, weiter im Muster Strickschr Troi bis Ende. Gesamt 307 (331, 355, 379, 403) [427, 451, 471, 495, 519, 543] M: 5 M je Steek, 68 (74, 80, 86, 92) [98, 104, 108, 114, 120, 126] M je Vorderteil beidseits des Halsausschnitt-Steeks, 156 (168, 180, 192, 204) [216, 228, 240, 252, 264, 276] Rücken-M.

Die Schulterpartie des Troi ist reich verziert mit Jacquardmustern und Flechtborten. Diese moderne Version spielt mit zeitgemäßen Farben.

1. Rd (Abn): 1 M re in KF1 [1 M re in HF, 1 M re in KF1], [-] wh bis MM, MMa, weiter im Muster Strickschr Troi bis 3 M vor MM, 2 M re zus in KF1, 1 M re in HF, MMa, 1 M re in KF1, [1 M re in HF, 1 M re in KF1], [-] wh bis MM, MMa, 1 M re in HF, SSK in KF1, weiter im Muster Strickschr Troi bis MM, MMa, 1 M re in KF1, [1 M re in HF, 1 M re in KF1], [-] wh bis MM, MMa, weiter im Muster Strickschr Troi bis Ende (2 M abgen).

Die 1. Rd noch 5-mal wh. Gesamt 295 (319, 343, 367, 391) [415, 439, 459, 483, 507, 531] M: 5 M je Steek, 62 (68, 74, 80, 86) [92, 98, 102, 108, 114, 120] M je Vorderteil beidseits des Halsausschnitt-Steeks, 156 (168, 180, 192, 204) [216, 228, 240, 252, 264, 276] Rücken-M.

KIHNU VITS

7. Rd (Abn): 1 M re in KF1, [1 M re in HF, 1 M re in KF1], [-] wh bis MM, MMa, [1 M re in HF, 1 M re in KF1], [-] wh bis 4 M vor MM, 1 M re in HF, 2 M re zus in KF1, 1 M re in HF, MMa, 1 M re in KF1, [1 M re in HF, 1 M re in KF1], [-] wh bis MM, MMa, 1 M re in HF, SSK in KF1, [1 M re in HF, 1 M re in KF1], [-] wh bis MM, MMa, 1 M re in KF1, [1 M re in HF, 1 M re in KF1], [-] wh bis MM, MMa, [1 M re in HF, 1 M re in KF1], [-] wh bis Ende (2 M abgen).

8. Rd: 1 M re in KF1, [1 M re in HF, 1 M re in KF1], [-] wh bis MM, MMa. HF- und KF1-Garn nach vorn legen, [1 M li in KF1 über HF, 1 M li in HF über KF1], [-] wh bis 3 M vor MM, 2 M li zus in KF1 über HF, 1 M li in HF über KF1, MMa. HF- und KF1-Garn nach hinten legen, 1 M re in KF1, [1 M re in HF, 1 M re in KF1], [-] wh bis MM, MMa. HF- und KF1-Garn nach vorn legen, 1 M li in HF über KF1, 2 M li verschr zus in KF1 über HF, [1 M li in HF über KF1, 1 M li in KF1 über HF], [-] wh bis MM, MMa. HF- und KF1-Garn nach hinten legen, 1 M re in KF1, [1 M re in HF, 1 M re in KF1], [-] wh bis MM, MMa, HF- und KF1-Garn nach vorn legen, [1 M li in KF1 über HF, 1 M li in HF über KF1], [-] wh bis Ende. HF abschneiden. (2 M abgen)

SCHULTER

9. Rd (Abn): KF2 anschließen. Nur in KF2 re M bis MM, MMa, re M bis 3 M vor MM, 2 M re zus, 1 M re, MMa, re M bis MM, MMa, 1 M re, SSK, re M bis MM, MMa, re M bis MM, MMa, re M bis Ende (2 M abgen).

10.–14. Rd (Abn): 1 M re in KF2, [1 M re in KF1, 1 M re in KF2], [ ] wh bis MM, MMa, Strickschr Schulter

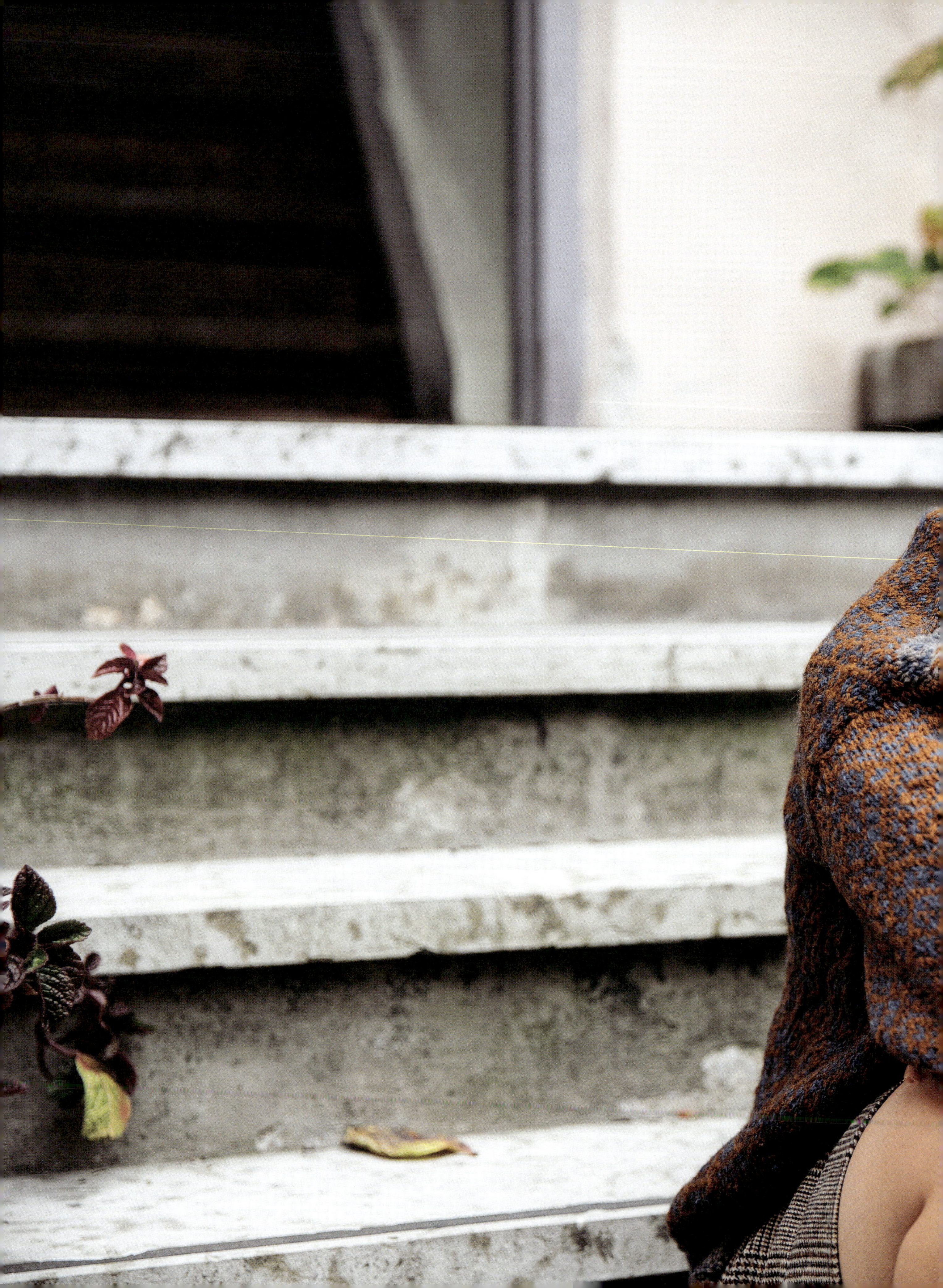

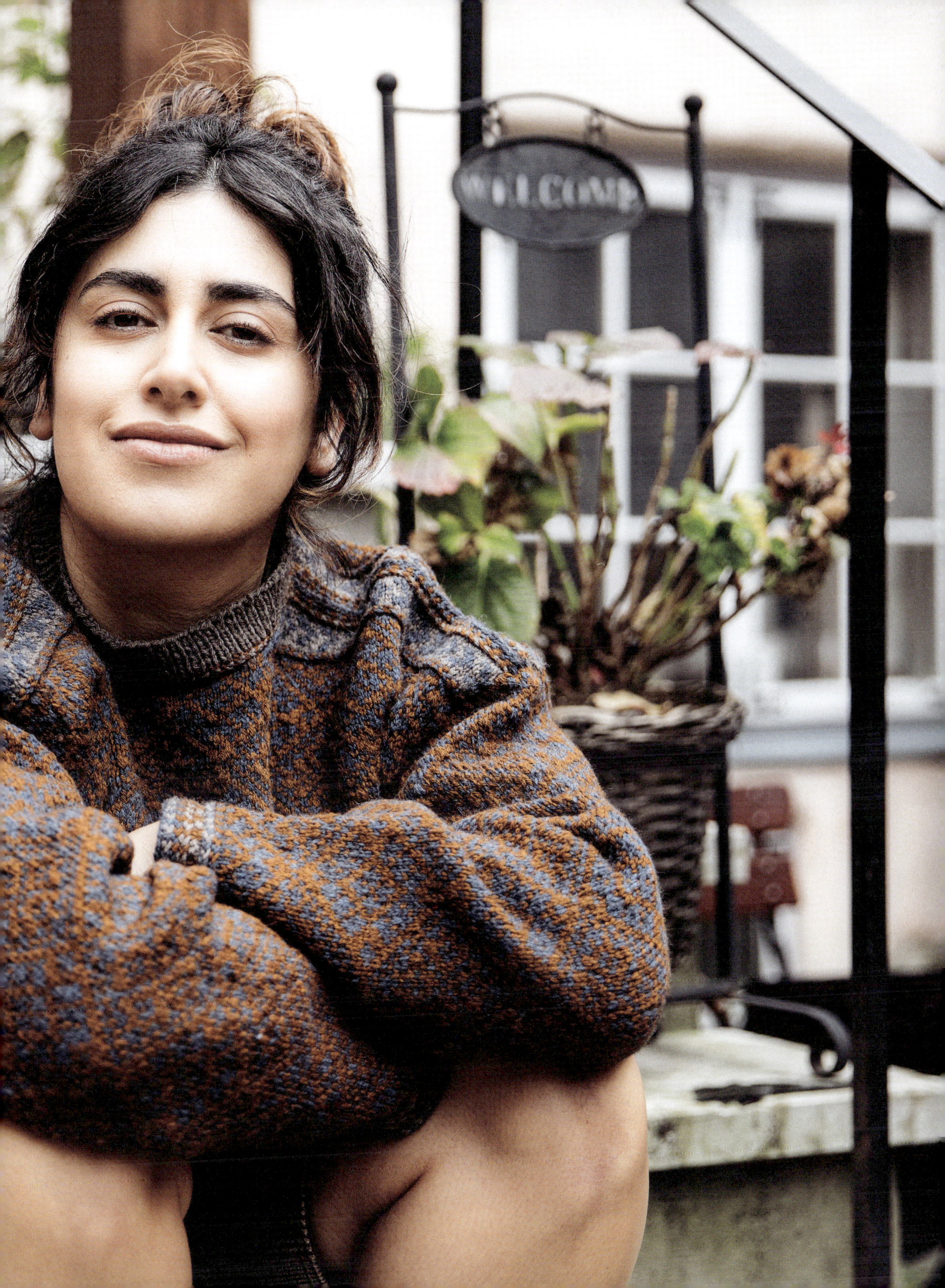

arb bis 3 M vor MM, 2 M re zus in KF1, 1 M re in KF2, MMa, 1 M re in KF2, [1 M re in KF1, 1 M re in KF2], [-] wh bis MM, MMa, 1 M re in KF2, SSK in KF1, Strickschr Schulter arb bis MM, MMa, 1 M re in KF2, [1 M re in KF1, 1 M re in KF2], [-] wh bis MM, MMa, Strickschr Schulter arb bis Ende. KF1 abschneiden (2 M abgen).

Gesamt 279 (303, 327, 351, 375) [399, 423, 443, 467, 491, 515] M: 5 M je Steek, 54 (60, 66, 72, 78) [84, 90, 94, 100, 106, 112] M je Vorderteil beidseits des Halsausschnitt-Steeks, 156 (168, 180, 192, 204) [216, 228, 240, 252, 264, 276] Rücken-M.

15. Rd (Abn): Nur in KF2 re M bis MM, MMa, re M bis 3 M vor MM, 2 M re zus, 1 M re, MMa, re M bis MM, MMa, 1 M re, SSK, re M bis MM, MMa, re M bis MM, MMa, re M bis Ende (2 M abgen).

KIHNU VITS

16. Rd (Abn): 1 M re in KF2, HF anschließen, [1 M re in HF, 1 M re in KF2], [-] wh bis MM, MMa, [1 M re in HF, 1 M re in KF2], [-] wh bis 3 M vor MM, 2 M re zus in HF, 1 M re in KF2, MMa, 1 M re in KF2, [1 M re, in HF, 1 M re in KF2], [-] wh bis MM, MMa, 1 M re in HF, SSK in KF2, [1 M re in HF, 1 M re in KF2], [-] wh bis MM, MMa, 1 M re in KF2, [1 M re in HF, 1 M re in KF2], [-] wh bis MM, MMa, [1 M re in HF, 1 M re in KF2], [-] wh bis Ende (2 M abgen).

17. Rd (Abn): 1 M re in KF2, [1 M re in HF, 1 M re in KF2], [-] wh bis MM, MMa. HF- und KF2-Garn nach vorn legen, [1 M li in KF2 über HF, 1 M li in HF über KF2], [-] wh bis 3 M vor MM, 2 M li zus in HF über KF2, 1 M li in KF2 über HF, MMa. HF- und KF2-Garn nach hinten legen, 1 M re in KF2, [1 M re in HF, 1 M re in KF2], [-] wh bis MM, MMa. HF- und KF2-Garn nach vorn legen, 1 M li in HF über KF2, 2 M li verschr zus in KF2 über HF, [1 M li in HF über KF2, 1 M li in KF2 über HF], [-] wh bis MM, MMa. HF- und KF2-Garn nach hinten legen, 1 M re in KF2, [1 M re in HF, 1 M re in KF2], [-] wh bis MM, MMa. HF- und KF2-Garn nach vorn legen, [1 M li in KF2 über HF, 1 M li in HF über KF2], [-] wh bis Ende. KF2 abschneiden (2 M abgen).

18. Rd (Abn): KF1 anschließen. 1 M re in KF1, [1 M re in HF, 1 M re in KF1], [-] wh bis MM, MMa, [1 M re in HF, 1 M re in KF1], [-] wh bis 3 M vor MM, 2 M re zus in HF, 1 M re in KF1, MMa, 1 M re in KF1, [1 M re in HF, 1 M re in KF1], [-] wh bis MM, MMa, 1 M re in KF1, SSK in HF, [1 M re in KF1, 1 M re in HF], [-] wh bis MM, MMa, 1 M re in KF1, [1 M re in HF, 1 M re in KF1], [-] wh bis MM, MMa, [1 M re in HF, 1 M re in KF1], [-] wh bis Ende (2 M abgen).

Gesamt 271 (295, 319, 343, 367) [391, 415, 435, 459, 483, 507] M: 5 M je Steek, 50 (56, 62, 68, 74) [80, 86, 90, 96, 102, 108] M je Vorderteil beidseits des Halsausschnitt-Steeks, 156 (168, 180, 192, 204) [216, 228, 240, 252, 264, 276] Rücken-M.

19. Rd: 1 M re in KF1, [1 M re in HF, 1 M re in KF1], [-] wh bis MM, MMa. KF1- und HF-Garn nach vorn legen, [1 M li in KF1 über HF, 1 M li in HF über KF1], [-] wh bis MM, MMa. KF1- und HF-Garn nach hinten legen, 1 M re in KF1, [1 M re in HF, 1 M re in KF1], [-] wh bis MM, MMa. KF1- und HF-Garn nach vorn legen, [1 M li in HF über KF1, 1 M li in KF1 über HF], [-] wh bis MM, MMa. KF1- und HF-Garn nach hinten legen, 1 M re in KF1, [1 M re in HF, 1 M re in KF1], [-] wh bis MM, MMa. KF1- und HF-Garn nach vorn legen, [1 M li in KF1 über HF, 1 M li in HF über KF1], [-] wh bis Ende. HF abschneiden.

ABKETTEN

Nur in KF1 5 M abketten, MMe. Für die Schulter mit einer anderen 3,25-mm-Nadel mit zugewandter Vorderseite die ersten und letzten 50 (56, 62, 68, 74) [80, 86, 90, 96, 102, 108] M links auf links legen und durch Abketten mit drei Nadeln abketten (jeweils 2 korrespondierende Maschen re zus str). 5 M des Vorderteils abketten (Halsausschnitt-Steek). Die folg. 56 (56, 56, 56, 56) [56, 56, 60, 60, 60, 60] Rücken-M auf Hilfsfaden stilllegen. Für die Schulter mit zugewandter Vorderseite die ersten und letzten 50 (56, 62, 68, 74) [80, 86, 90, 96, 102, 108] M links auf links legen und durch Abketten mit drei Nadeln abketten (jeweils 2 korrespondierende Maschen von VT und RT re zus str). Übrige 5 M (Steek) abketten.

STEEKEN

Die Steeks an beiden Armausschnitten, dem Halsausschnitt und den Taschen des Kleids mit der Nähmaschine oder der Häkelmethode befestigen. Dazu an den Steek-Partien beidseits der mittleren KF-Maschensäule entlang nähen oder häkeln. An der mittleren KF-Maschensäule der Steek-Partien von Armausschnitten, Halsausschnitt und den Taschen des Kleids aufschneiden.

Das Kleid wird in traditionelleren Troi-Farben gestrickt. Die roten gestrickten Flechtborten sollen die Trägerin beschützen.

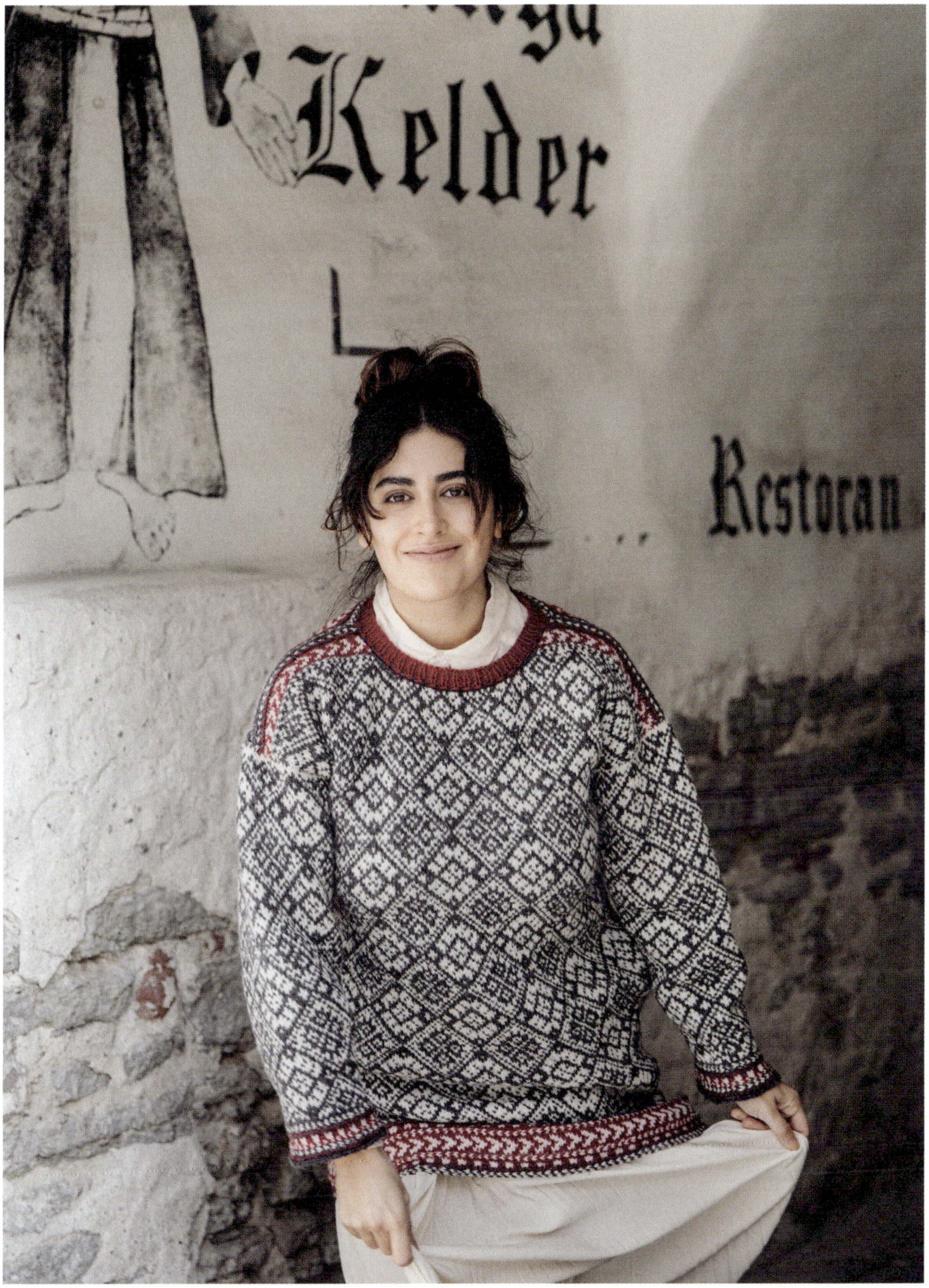
Kelder
Restoran

ÄRMEL

Vorbereitung: Mit 3,25-mm-Nadeln und KF1 an der Achsel beginnend zwischen den Steek-Kanten 1 M aufn und re str, entlang der Steek-Kante 58 (58, 58, 58, 70) [70, 70, 70, 70, 82, 82] M aufn und re str, aus der Schulterkante zwischen den Steek-Kanten 2 M aufn und re str, entlang der Steek-Kante 58 (58, 58, 58, 70) [70, 70, 70, 70, 82, 82] M aufn und re str, zwischen den Steek-Kanten 1 M aufn und re str, MMs für Rd-Anf. Rd-Anf an der Mitte der Achsel. Gesamt 120 (120, 120, 120, 144) [144, 144, 144, 144, 168, 168] M.

1.–10. Rd: HF anschließen und Strickschr Troi fortl. bis zum Rd-Ende wh.

Abn-Rd: 1 M re in HF, 2 M re zus in KF1, Strickschr Troi bis 3 M vor Ende, SSK in KF1, 1 M re in HF (2 M abgen).

Die Abn-Rd noch 23 (23, 23, 23, 33) [33, 33, 31, 31, 43, 43]-mal in jeder 3. (3., 3., 3., 2.) [2., 2., 2., 2., 2., 2.] Rd wh. Gesamt 72 (72, 72, 72, 76) [76, 76, 80, 80, 80, 80] M.

Auf diese Weise stricken, bis der Ärmel 35,5 (37, 38, 38, 39,5) [39,5, 39,5, 39,5, 40,5, 40,5, 40,5] cm lang ist oder bis 7,5 cm vor der gewünschten Länge.

ÄRMELBÜNDCHEN

Folg. Rd: Nur in KF 1 re str.

Folg. 14 Rd: Strickschr Ärmelbündchen fortl. bis zum Rd-Ende str.

2-farbig abketten: [1 M re in HF, 1 M re in KF1, die 2. M auf der RN über die 1. M ziehen], [-] fortl. wh. HF und KF1 abschneiden und Fadenenden durch die letzte M ziehen.

Den zweiten Ärmel genauso stricken.

HALSBÜNDCHEN

Vorbereitung: Mit 3-mm-Nadeln und KF2 zwischen RT und VT 1 M aufn und re str, entlang des VT 58 (58, 58, 58, 58) [58, 58, 62, 62, 62, 62] M aufn und re str (1 M je M der abgeketteten Kante und entlang des Halsausschnitts), zwischen VT und RT 1 M aufn und re str, dann die 56 (56, 56, 56, 56) [56, 56, 60, 60, 60, 60] stillgelegten M des RT wieder aufn. Zur Rd schließen, MMs für Rd-Anf. Gesamt 116 (116, 116, 116, 116) [116, 116, 124, 124, 124, 124] M.

KIHNU VITS

1. Rd: [1 M re in KF2, 1 M re in HF], [-] fortl. wh.
2. Rd: HF und KF nach vorn legen, [1 M li in HF über KF2, 1 M li in KF2 über HF], [-] wh bis Ende. HF abschneiden.

2,5 cm im 1/1-Rippenmuster str: [1 M re, 1 M li], [-] fortl. wh.

Die M im 1/1-Rippenmuster abk, wie sie erscheinen.

TASCHEN

Pullover-Taschen

Sorgfältig den Hilfsfaden der Taschen-Vorbereitungs-Rd entfernen und die 68 M auf 3,25-mm-Nadeln aufnehmen; je 34 M von der Ober- und Unterkante der entstandenen Taschenöffnung.

In KF2 34 M re, aus der Lücke zwischen Ober- und Unterkante 1 M aufn und re str, 34 M re, aus der Lücke zwischen Ober- und Unterkante 1 M aufn und re str, zur Rd schließen, MMs für Rd-Anf. 70 M.

Glatt rechts rundstricken, bis die Tasche 11,5 cm hoch ist.

Die Maschen im Maschenstich zusammennähen.

Die zweite Tasche genauso stricken.

Kleid – Taschen mit Steek

Mit 3,25-mm-Nadeln und KF2 an der unteren Steek-Öffnung beginnend aus jeder Steek-Kante 39 M aufn und re str, zur Rd schließen, MMs für Rd-Anf. 78 M.

Glatt rechts rundstricken, bis die Tasche 12,5 cm hoch ist.

Die Maschen im Maschenstich zusammennähen.

Die zweite Tasche genauso stricken.

FERTIGSTELLUNG

Fäden vernähen und Pullover oder Kleid auf Maß spannen.

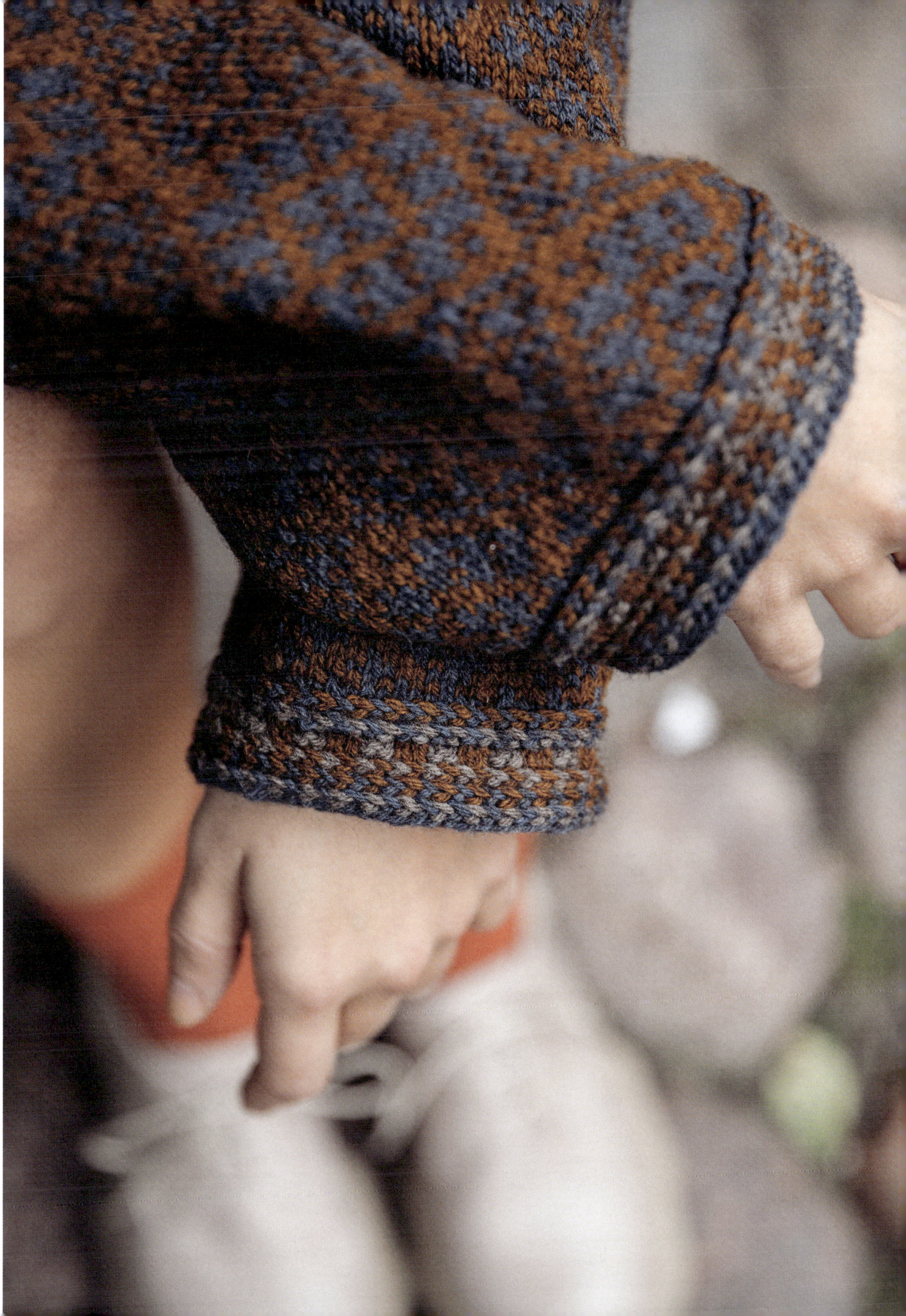

STRICKSCHRIFT TROI

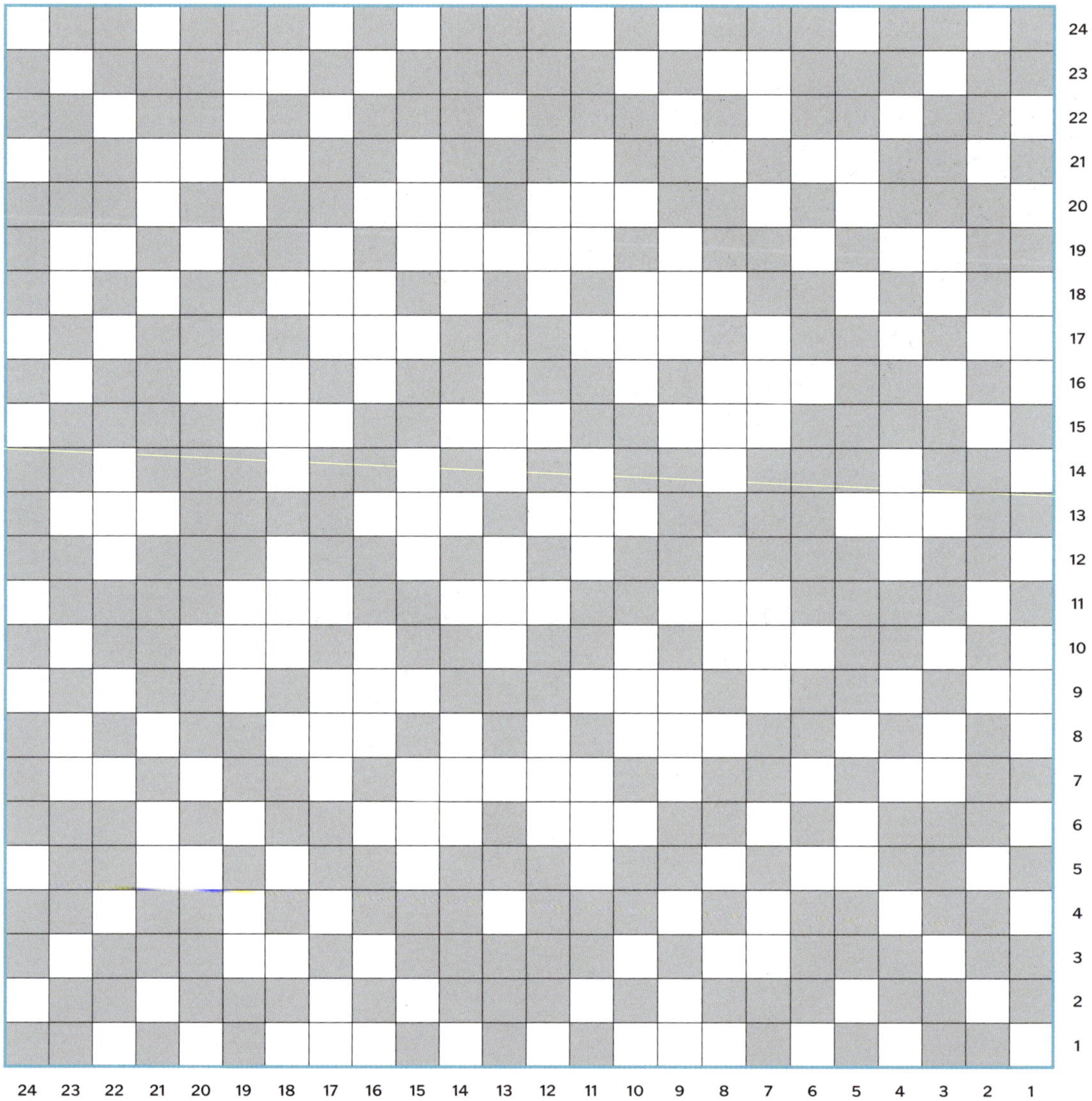

STRICKSCHRIFT SCHULTER

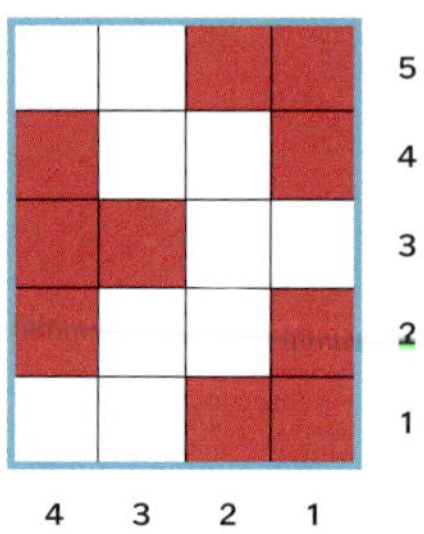

STRICKSCHRIFT SAUM

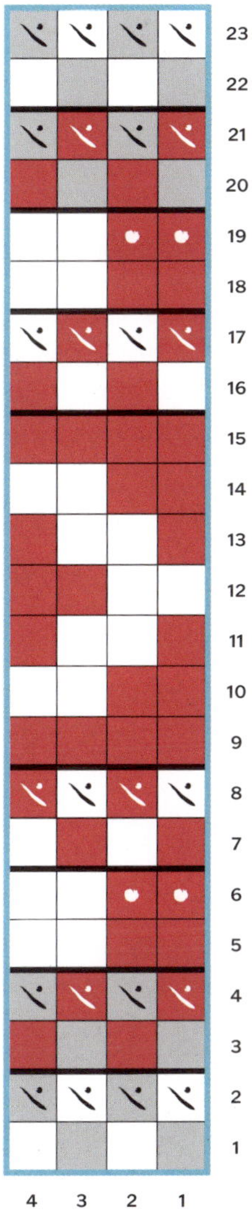

STRICKSCHRIFT ÄRMELBÜNDCHEN

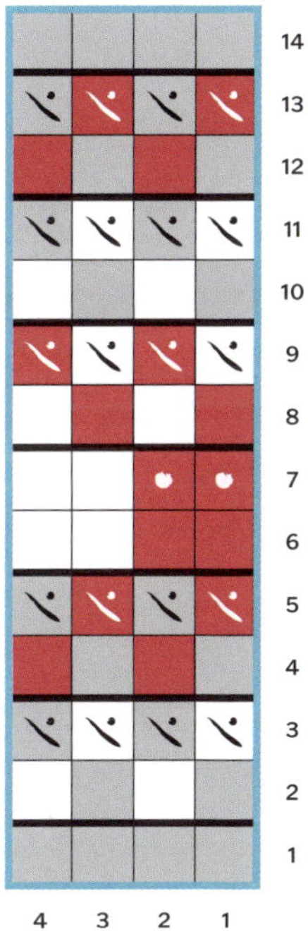

LEGENDE

- HF
- KF1
- KF2
- Li M
- Re M
- Beide Fäden vor der Arbeit, li M mit Faden ÜBER der anderen Farbe
- Kihnu Vits
- Rapport

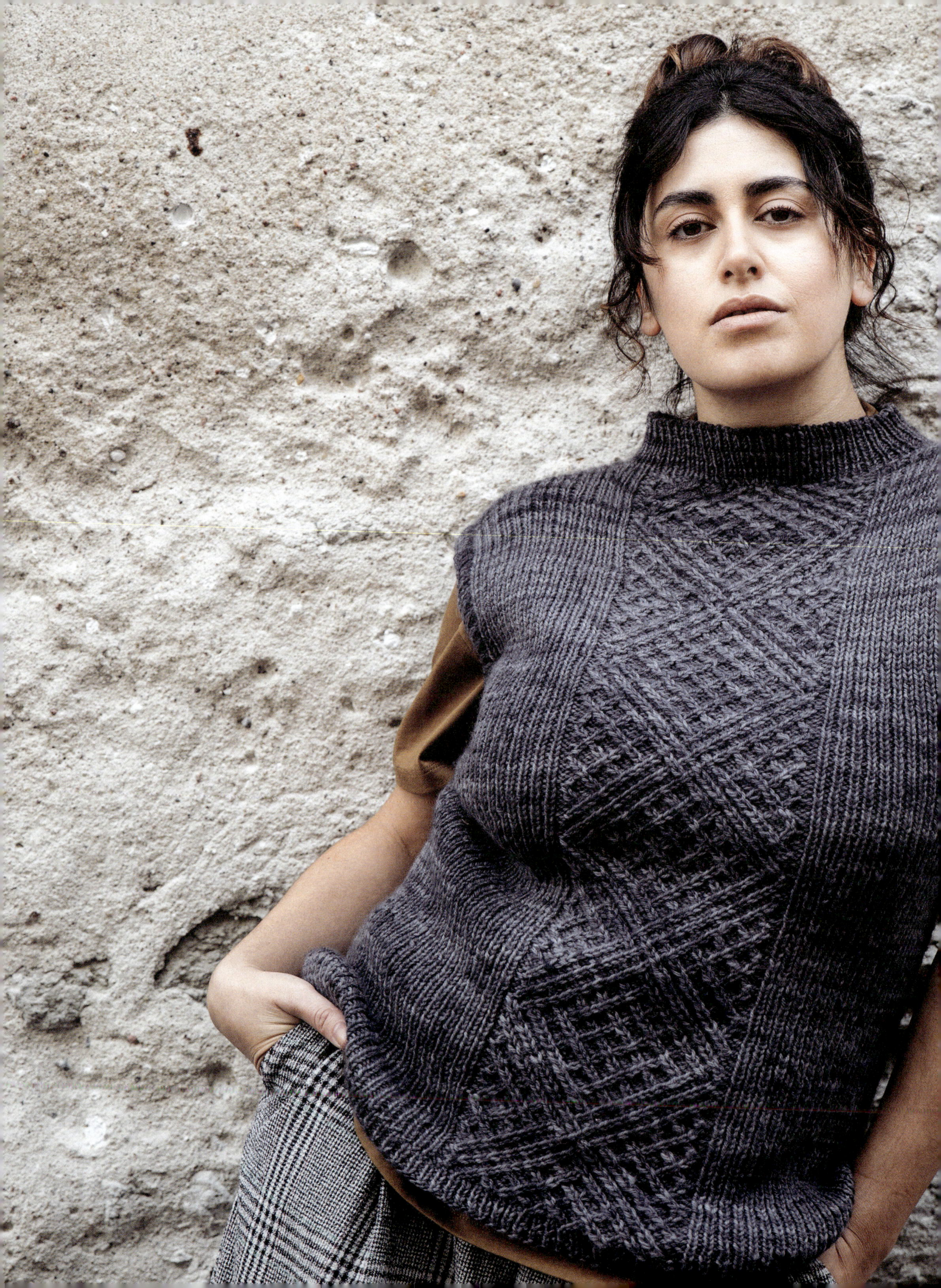

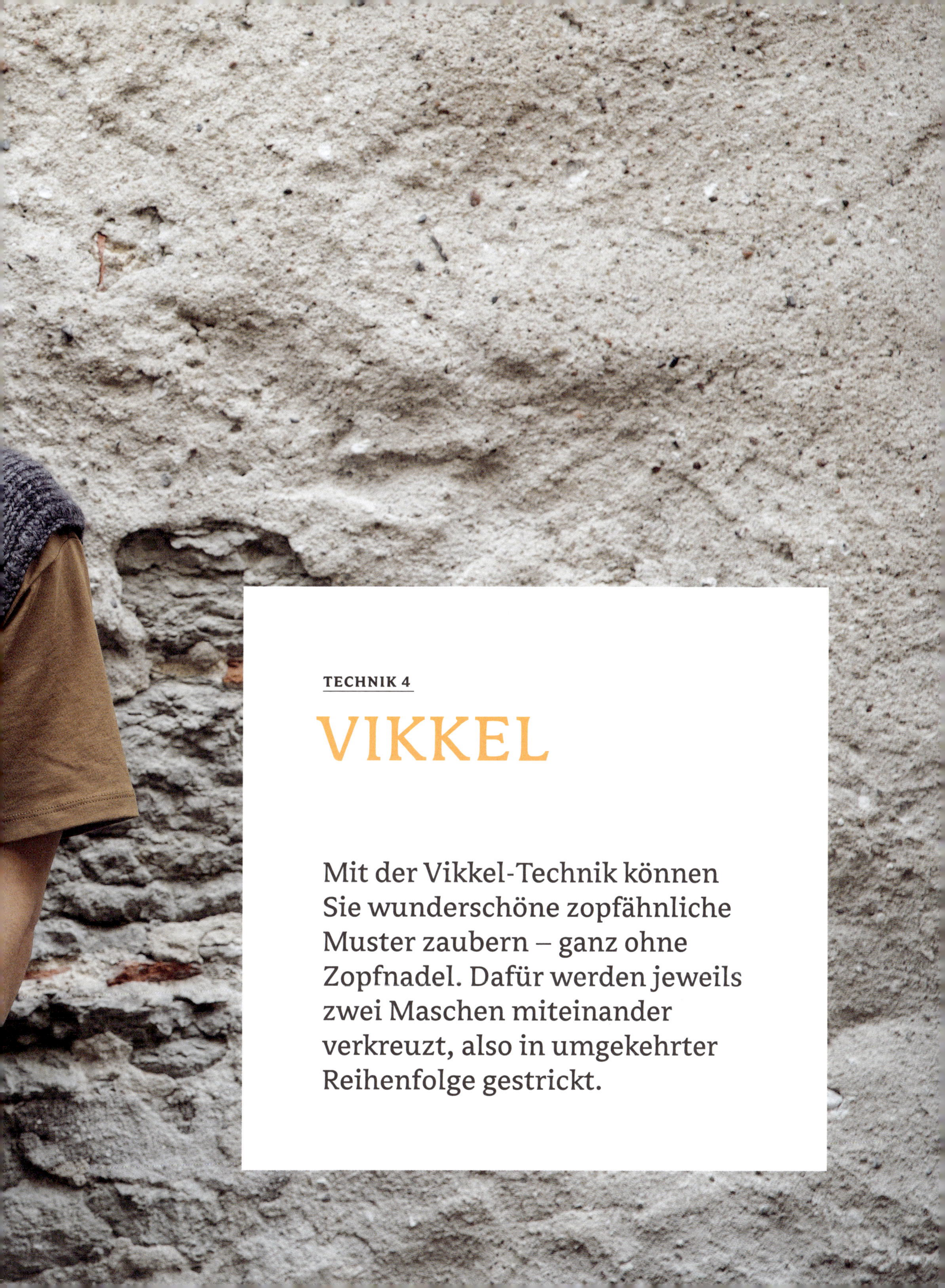

TECHNIK 4

VIKKEL

Mit der Vikkel-Technik können Sie wunderschöne zopfähnliche Muster zaubern – ganz ohne Zopfnadel. Dafür werden jeweils zwei Maschen miteinander verkreuzt, also in umgekehrter Reihenfolge gestrickt.

VIKKEL – VERKREUZTE MASCHEN ODER ZUGMASCHEN

EINE VIKKEL-MASCHE ist eine verkreuzte Masche oder Zugmasche, die ein zopfähnliches Muster bildet, ohne dass eine Zopfnadel benötigt wird. Die hübschen verschlungenen Muster finden sich traditionell auf den weißen gestrickten Strümpfen, Socken und Handschuhen der Inseln Muhu, Saaremaa, Kihnu, Ruhnu und Vormsi und reichen bis ins 19. Jahrhundert zurück.

DIE SCHMALEN Zöpfe entstehen, indem zwei Maschen verkreuzt bzw. in umgekehrter Reihenfolge gestrickt werden. Sie bilden schräge oder gewundene Linien vor einem Hintergrund aus rechten oder linken Maschen, woran man erkennt, von welcher Insel sie stammen. Verkreuzte Maschen vor einem rechts gestrickten Hintergrund kommen von der Insel Muhu, während Muster auf Linksmaschen von Saaremaa stammen. Die Inseln Kihnu, Ruhnu und Vormsi kombinieren verkreuzte Maschen vor linken und rechten Maschen, manchmal sogar innerhalb desselben Strickmusters.

Die traditionellen Vikkel-Muster wurden meist in Weiß oder in hellen Farben gestrickt.

DIESE ZOPFÄHNLICHEN Muster dienen traditionell der Verzierung der Seiten und Linien, die durch formgebende Zu- oder Abnahmen entlang von Bein und Ferse der Strümpfe und Socken aus Kihnu, Muhu und Ruhnu entstehen. Die traditionellen Vikkel-Muster wurden meist in Weiß oder in hellen Farben gestrickt, damit die Details besonders gut zur Geltung kamen.

1

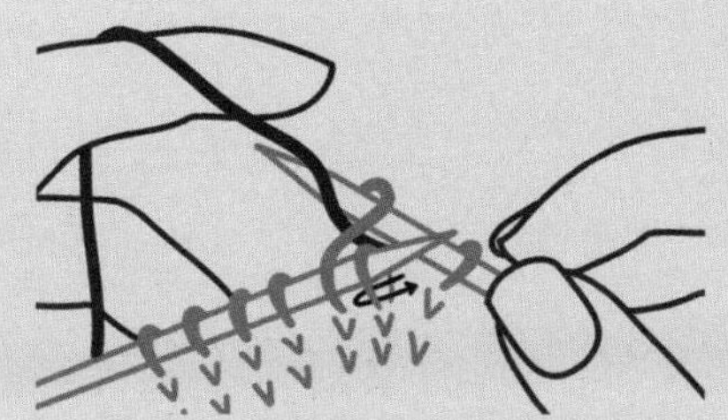

2

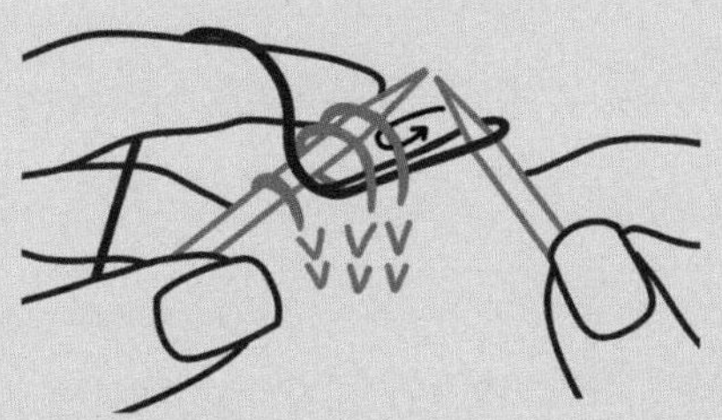

3

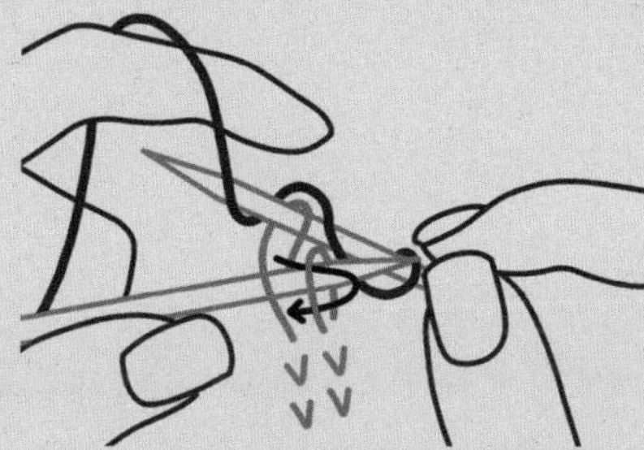

4

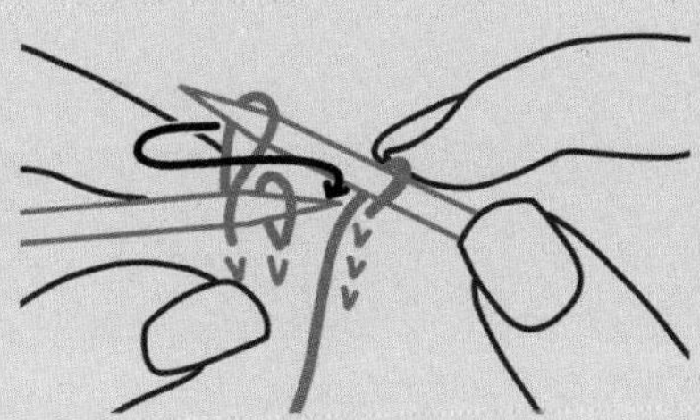

5

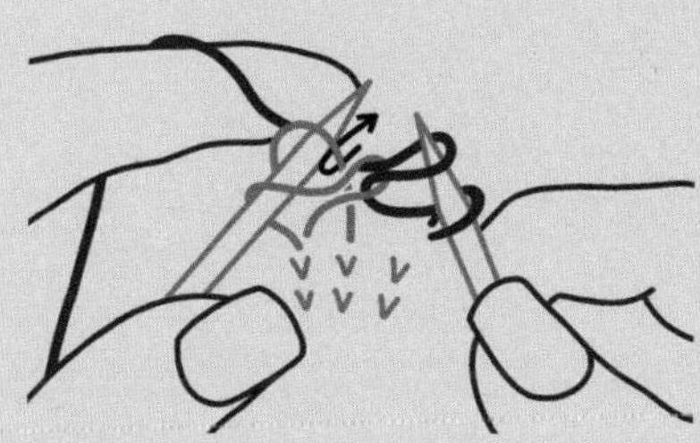

Diese verkreuzten Maschen werden ohne Hilfe einer Zopfnadel gearbeitet. Sie können jedoch eine Zopfnadel verwenden, falls Ihnen das Vertauschen der Maschenpositionen zu knifflig ist.

VERKREUZEN RECHTER MASCHEN

Nach links verkreuzen (1/1 lvkr) (Abb. 1) – die 2. M auf der linken Nadel re verschr str, dann die 1. M auf der der linken Nadel re str. Beide M von der linken Nadel heben.

Nach rechts verkreuzen (1/1 rvkr) (Abb. 2) – 2 M re zus str, ohne sie von der linken Nadel zu heben, die 1. M auf der linken Nadel erneut re str. Beide M von der linken Nadel heben.

Verkreuzen rechter Maschen über linken Maschen
Nach links verkreuzen mit li M (1/1 lvkr li) – dieses Verkreuzen kann auf zwei Arten gearbeitet werden, je nachdem, wie Sie Ihre Linksmaschen stricken:

Wenn Sie norwegisch links stricken (Norwegian purl, Abb. 3): Die 2. M auf der linken Nadel li verschr str, dann die 1. M re str. Beide M von der linken Nadel heben.

Alternativ (Abb. 4) den Faden vor die Arbeit legen, mit der rechten Nadel von hinten wie zum Links-verschränkt-Stricken in die 2. M auf der linken Nadel einstechen. Die beiden ersten M von der linken Nadel schieben, dabei die 2. M (li M) auf der rechten Nadel lassen. Mit der linken Nadel die zuvor 1. Masche der linken Nadel wieder aufnehmen (re M). Die M auf der rechten Nadel (li M) zurück auf die linke Nadel heben, dann die 1. M der linken Nadel li str, die 2. M re str.

Nach rechts verkreuzen mit li M (1/1 rvkr li) (Abb. 5) – die 2. M auf der linken Nadel re str, dann die 1. M li str. Beide M von der linken Nadel heben.

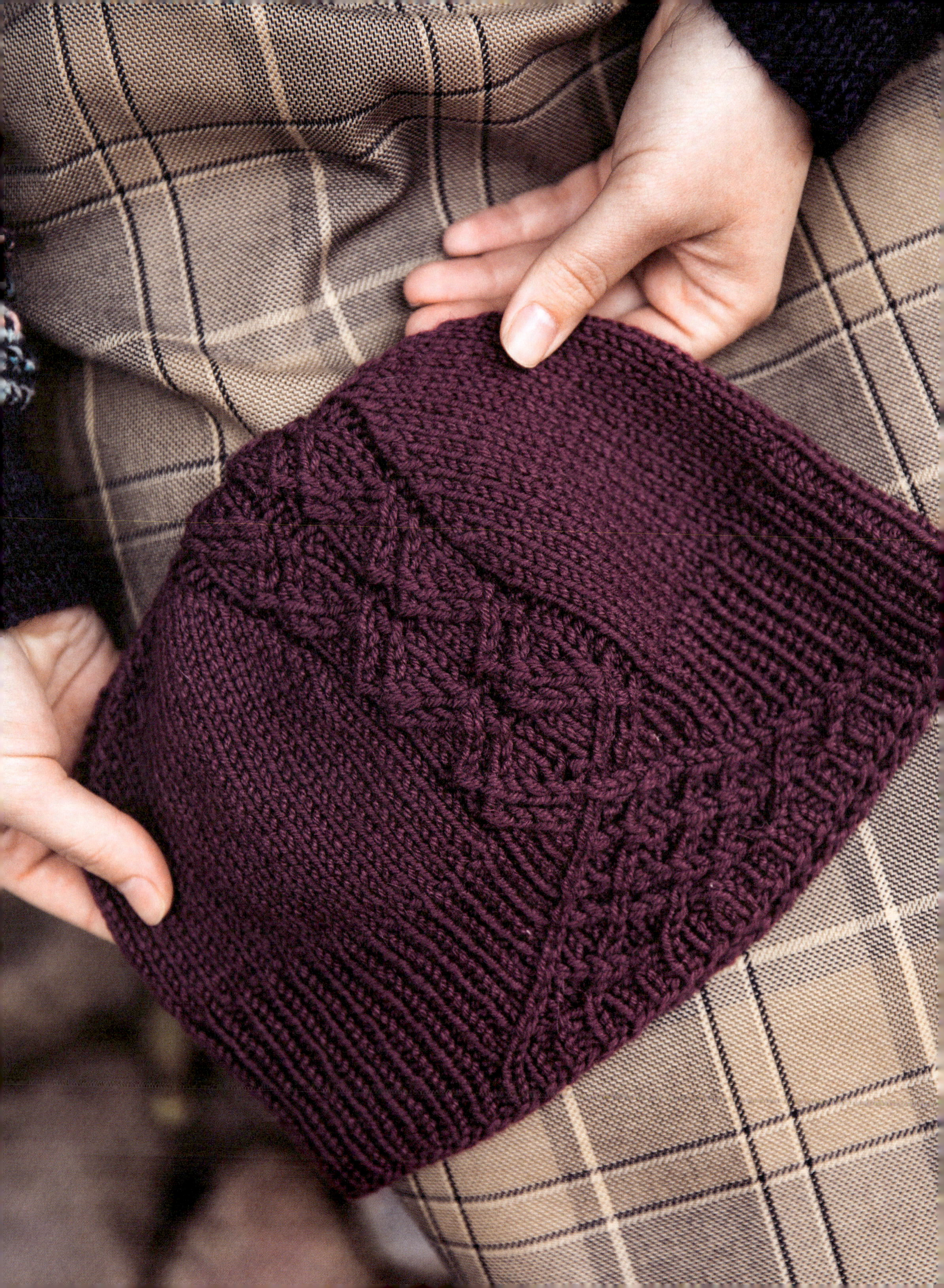

MARU

Nach dem Vorbild der Vikkel-Maschen-Strümpfe von der Insel Muhu spielt Maru mit ineinander verflochtenen Mustern und Formen aus verkreuzten Vikkel-Maschen. Das estnische Wort Maru bedeutet »Sturm« – und diese Mütze ist perfekt für stürmisches Winterwetter.

GRÖSSEN

1 (2, 3)

FERTIGE MASSE

Kopfumfang: 45,5 (51, 56) cm
Höhe: 20 cm

GARN

mYak Ra-Ku Fiocco die Cashmere Medium (100 % tibetischer Kaschmir, LL 117 m/50 g)
Farbe Mindful Mood, 1 (1, 2) Knäuel

Oder vergleichbares Garn (stärke DK) in folgender Menge:
117 (117, 128) m

MASCHENPROBE

20 M x 32 Rd = 10 x 10 cm, im Muster rundgestrickt auf 3,75-mm-Nadeln

STRICKNADELN

3,25 mm: 40-cm-Rundnadel für das Bündchen
3,75 mm: 40-cm-Rundnadel und Nadelspiel für Hauptteil und Spitze der Mütze

SONSTIGES

Maschenmarkierer, Wollnadel

ANMERKUNGEN ZUR ANLEITUNG

Die Mütze wird vom Bündchen nach oben gestrickt. Das gerippte Bündchen hat in der Mitte ein Muster aus verkreuzten Vikkel-Maschen, das sich als Streifen über den Hauptteil der Mütze bis zum Ende der Mützenspitze hinaufzieht.

ANLEITUNG MARU

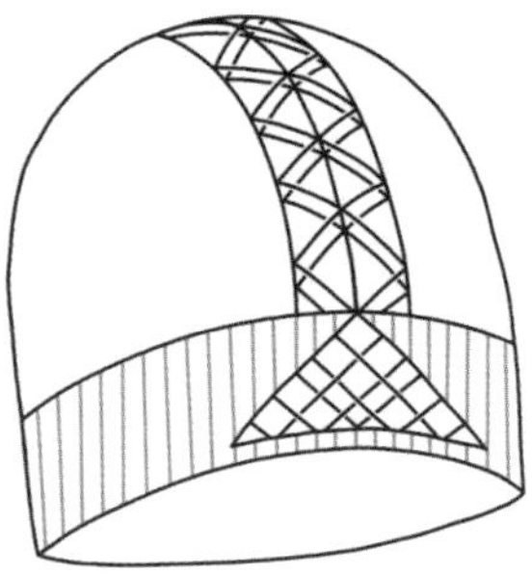

ANLEITUNG

BÜNDCHEN

Mit 3,25-mm-Nadeln 91 (101, 111) M anschl. Zur Rd schließen, MMs für Rd-Anf. Rd-Anf an der hinteren Mitte.

1. Rd: [1 M re, 1 M li], [-] noch 12 (15, 17)-mal wh, 1 M re, MMs, [1 M li, 1 M re], [-] noch 7-mal wh, 1 M li, 2 M re, [1 M li, 1 M re], [-] noch 7-mal wh, 1 M li, MMa, [1 M re, 1 M li], [-] wh bis Ende.

2.–3. Rd: [1 M re, 1 M li], [-] wh bis 1 M vor MM, 1 M re, MMa, [1 M li, 1 M re], [-] noch 7-mal wh, 1 M li, 2 M re, [1 M li, 1 M re], [-] wh bis 1 M vor MM, 1 M li, MMa, [1 M re, 1 M li], [-] wh bis Ende.

4. Rd: [1 M re, 1 M li], [-] wh bis 1 M vor MM, 1 M re, MMa, Strickschr Vikkel Bündchen, MMa, [1 M re, 1 M li], [-] wh bis Ende.

Die 4. Rd wh, bis alle 18 Rd der Strickschr Vikkel Bündchen fertig sind. 90 (100, 110) M.

HAUPTTEIL DER MÜTZE

Zu den 3,75-mm-Nadeln wechseln.

22. Rd: Re M bis MM, MMe, 10 M re, MMs, Strickschr Vikkel Streifen, MMs, re M bis MM, MMe, re M bis Ende.

23. Rd: Re M bis MM, MMa, Strickschr Vikkel Streifen, MMa, re M bis Ende.

Die 23. Rd wh, bis die Mütze ab dem MA 14 cm hoch ist oder bis 6 cm vor der gewünschten Höhe.

SPITZE

1. Rd (Abn): 2 M re zus, 19 (21, 23) M re, SSK, MMs, 2 M re zus, re M bis 2 M vor MM, SSK, MMa, Strickschr Vikkel Streifen, MMa, 2 M re zus, 11 (14, 16) M re, SSK, MMs, 2 M re zus, re M bis 2 M vor Ende, SSK. (8 M abgen) 82 (92, 102) M

2. Rd: [Re M bis MM, MMa], [-] 1-mal wh, Strickschr Vikkel Streifen, MMa, re M bis MM, MMa, re M bis Ende.

3. Rd (Abn): [2 M re zus, re M bis 2 M vor MM, SSK, MMa], [-] 1-mal wh, Strickschr Vikkel Streifen, [MMa, 2 M re zus, re M bis 2 M vor MM, SSK], [-] 1-mal wh (8 M abgen). 74 (84, 94) M.

4. Rd: Wie 2. Rd.

5. Rd (Abn): Wie 3. Rd (8 M abgen). 66 (76, 86) M.

6. Rd: Wie 2. Rd.

7. Rd (Abn): Wie 3. Rd (8 M abgen). 58 (68, 78) M.

8. Rd: Wie 2. Rd.

9. Rd (Abn): Wie 3. Rd (8 M abgen). 50 (60, 70) M.

10. Rd: Wie 2. Rd.

11. Rd (Abn): Wie 3. Rd (8 M abgen). 42 (52, 62) M.

Größe 1

12. Rd (Abn): 2 M re zus, re M bis 2 M vor MM, SSK, MMa, re M bis 2 M vor MM, SSK, MMa, Strickschr Vikkel Streifen, MMa, 2 M re zus, re M bis MM, MMa, 2 M re zus, re M bis 2 M vor MM, SSK (6 M abgen). 36 M.

13. Rd (Abn): 2 M re zus, re M bis 2 M vor MM, SSK, MMe, re M bis 2 M vor MM, SSK, MMa, Strickschr Vikkel Streifen, MMa, 2 M re zus, re M bis MM, MMe, 2 M re zus, re M bis 2 M vor MM, SSK (6 M abgen). 30 M.

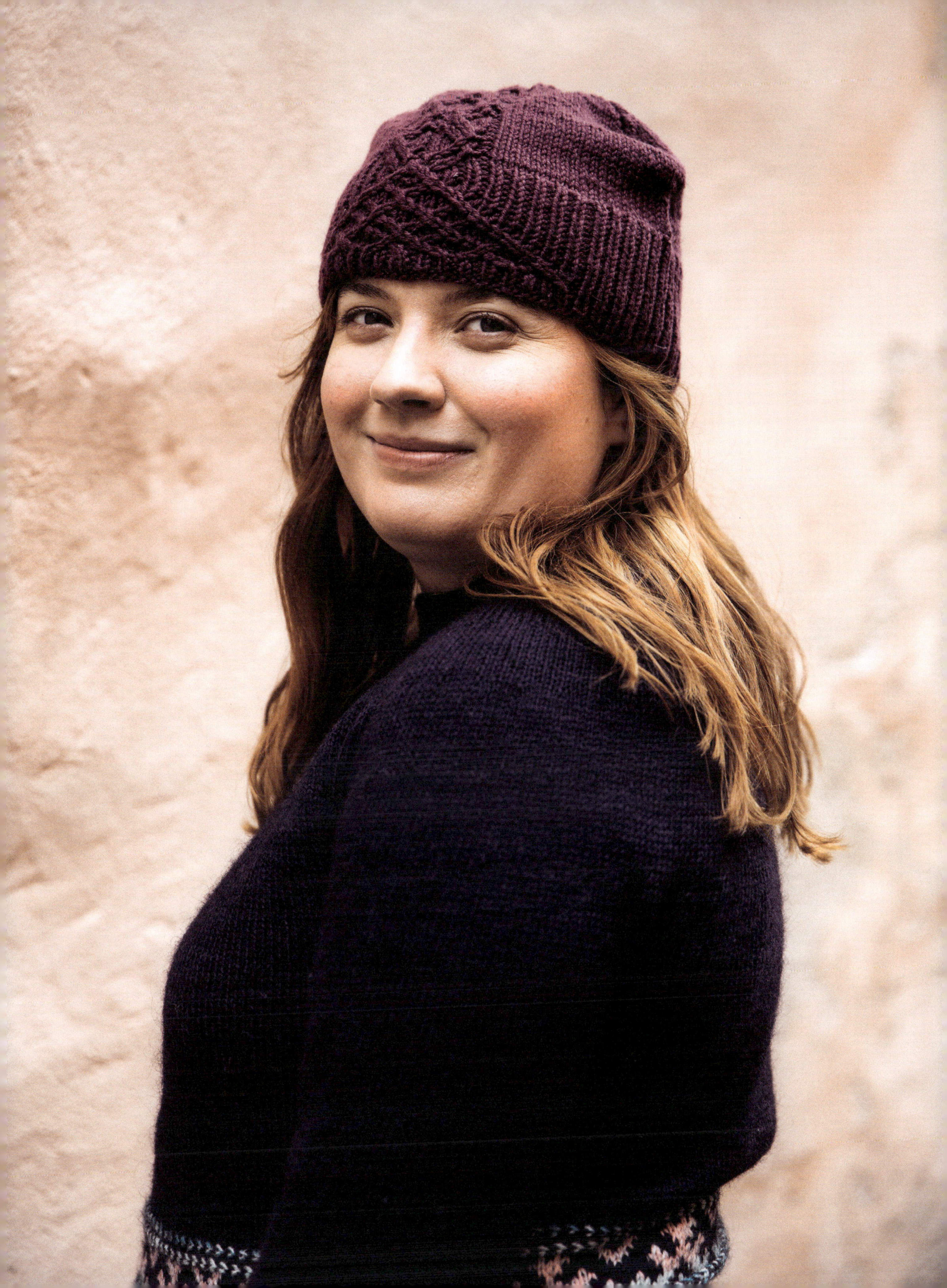

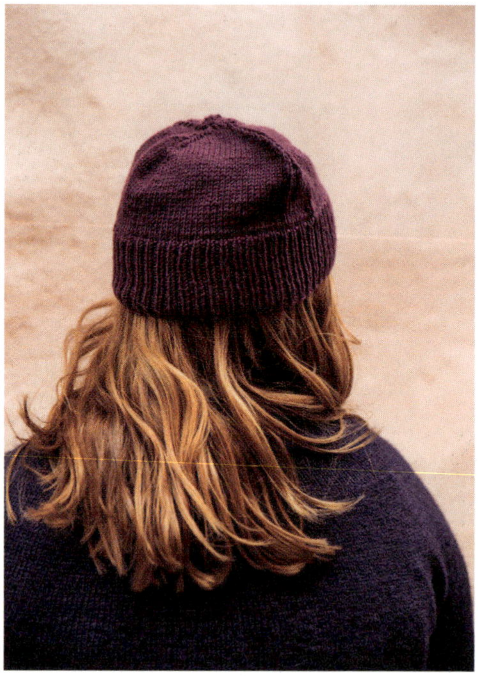

Größen 2 & 3

12. Rd (Abn): [2 M re zus, re M bis 2 M vor MM, SSK, MMa], [-] 1-mal wh, Strickschr Vikkel Streifen, [MMa, 2 M re zus, re M bis 2 M vor MM, SSK], [-] 1-mal wh (8 M abgen). - (44, 55) M.

13. Rd (Abn): [2 M re zus, re M bis 2 M vor MM, SSK, MMa], [-] 1-mal wh, Strickschr Vikkel Streifen, [MMa, 2 M re zus, re M bis 2 M vor MM, SSK], [-] 1-mal wh (8 M abgen). - (36, 46) M.

Größe 2

14. Rd (Abn): 2 M re zus, re M bis 2 M vor MM, SSK, MMe, SSK, MMa, Strickschr Vikkel Streifen, MMa, 2 M re zus, MMe, 2 M re zus, re M bis 2 M vor MM, SSK (6 M abgen). 30 M.

Größe 3

14. Rd (Abn): [2 M re zus, re M bis 2 M vor MM, SSK, MMa], [-] 1-mal wh, Strickschr Vikkel Streifen, [MMa, 2 M re zus, re M bis 2 M vor MM, SSK], [-] 1-mal wh (8 M abgen). - (-, 38) M.

15. Rd (Abn): 2 M re zus, re M bis 2 M vor MM, SSK, MMe, SSK, MMa, Strickschr Vikkel Streifen, MMa, 2 M re zus, MMe, 2 M re zus, re M bis 2 M vor MM, SSK (6 M abgen). 32 M.

Alle Größen

Abn-Rd: 2 M re zus, re M bis 2 M vor MM, SSK, MMa, Strickschr Vikkel Streifen, MMa, 2 M re zus, re M bis 2 M vor MM, SSK (4 M abgen).

Die Abn-Rd noch 1 (2, 3)-mal wh. 22 (18, 20) M.

Größen 1 & 3

2. Abn-Rd: 2 M re zus, re M bis MM, MMa, Strickschr Vikkel Streifen, MMa, re M bis 2 M vor MM, SSK (2 M abgen).

Die 2. Abn-Rd noch 1 (-, -)-mal wh. 18 M.

Alle Größen

Garn abschneiden, das Fadenende durch die übrigen 18 M ziehen und fest anziehen.

FERTIGSTELLUNG

Alle Fäden vernähen und die Mütze auf Maß spannen.

STRICKSCHRIFT VIKKEL BÜNDCHEN

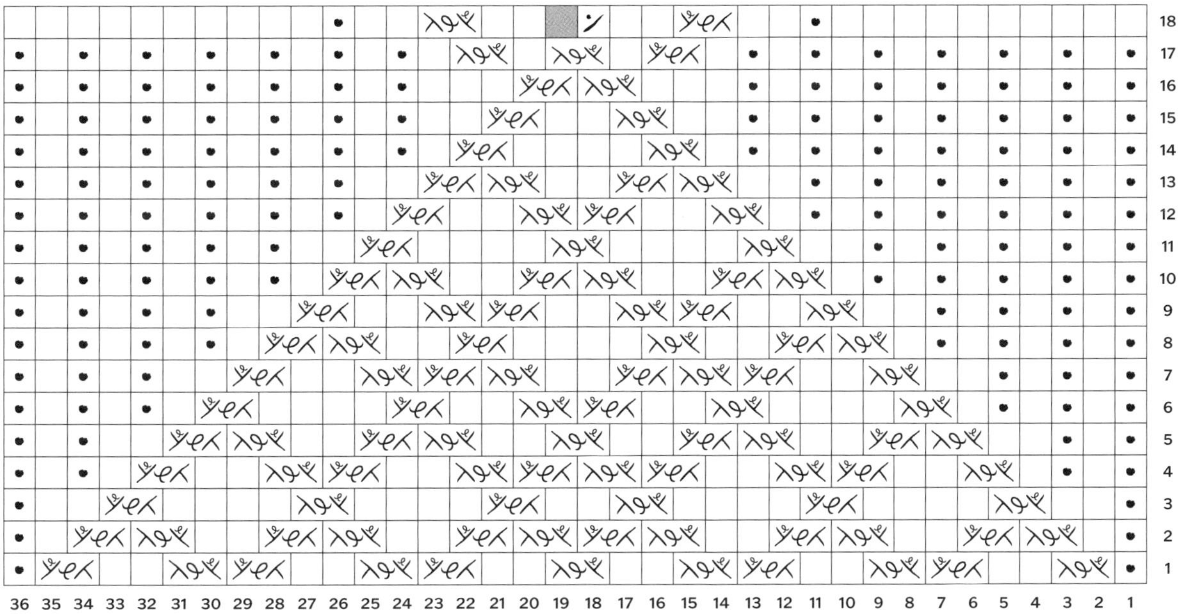

LEGENDE

- Re M
- 1/1 rvkr
- 1/1 lvkr
- Li M
- 2 M li zus
- Keine Masche

STRICKSCHRIFT VIKKEL STREIFEN

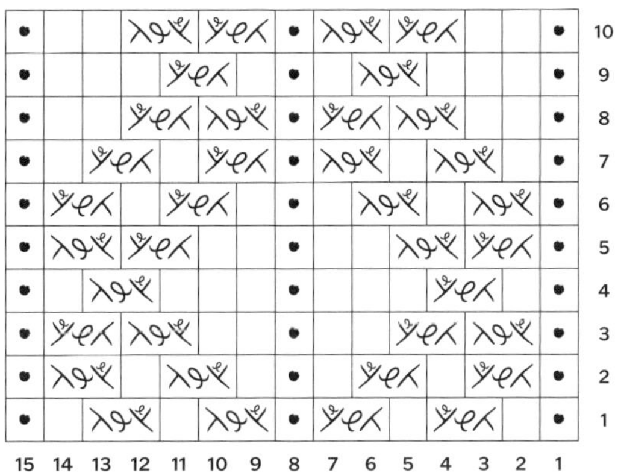

MUSTJALA

Mustjala, eine Gemeinde auf der größten estnischen Insel, ist für seine prachtvollen Vikkel-Maschen-Muster auf weißen Handschuhen, Fäustlingen und Strümpfen bekannt. Sie waren Vorbild für das Muster dieses ärmellosen Pullovers.

GRÖSSEN

1 (2, 3, 4, 5) [6, 7, 8, 9, 10]
Empfohlene Mehrweite: 0–10 cm

FERTIGE MASSE

Brustumfang: 85 (94,5, 105,5, 115, 125) [134,5, 145,5, 155, 165, 182] cm
Armausschnitt-Umfang: 39 (41, 41, 45, 46,5) [48,5, 48,5, 48,5, 50,5, 51,5] cm
Länge ab der Achsel: 35 (35,5, 35,5, 36, 36) [37, 37,5, 37,5, 37,5, 37,5] cm
Höhe des Halsbündchens: 5 cm
Umfang Halsbündchen: 44 (44, 45,5, 45,5, 45,5) [47,5, 49,5, 49,5, 49,5, 49,5] cm

GARN

The Grey Sheep Co. Stein Fine Wool 4ply (100 % britische Schurwolle ohne Superwash-Ausrüstung, LL 165 m/50 g)
Farbe Ace of Spades, 4 (5, 6, 6, 7) [8, 9, 10, 11, 11] Stränge

Oder vergleichbares Garn (Stärke 4ply Fingering) in folgender Menge:
626 (737, 840, 975, 1106) [1244, 1376, 1508, 1659, 1811] m

STRICKNADELN

3,25 mm: Rundnadel 60 cm für das Halsbündchen
3,75 mm: 2 Rundnadeln à 80 cm für den Rumpf

SONSTIGES

Wollnadel, 8 Maschenmarkierer

MASCHENPROBE

21 M x 31 Rd = 10 x 10 cm, im 1/1-Rippenmuster, nach dem Spannen

ANMERKUNGEN ZUR ANLEITUNG

Der ärmellose Pullover wird von unten nach oben gestrickt. Vorder- und Rückenteil haben eine breite Partie mit einem Vikkel-Maschen-Muster, die von einem 1/1-Rippenmuster eingerahmt wird.

Für die Öffnungen der Armausschnitte werden Steeks gearbeitet. Zwischen dem Steek und der Kante des Armausschnitts wird eine Runde rechter Maschen gearbeitet.
Die Schultern werden durch Abketten mit drei Nadeln verbunden; am Hals wird ein gerippter Stehkragen angestrickt, der italienisch abgekettet wird.

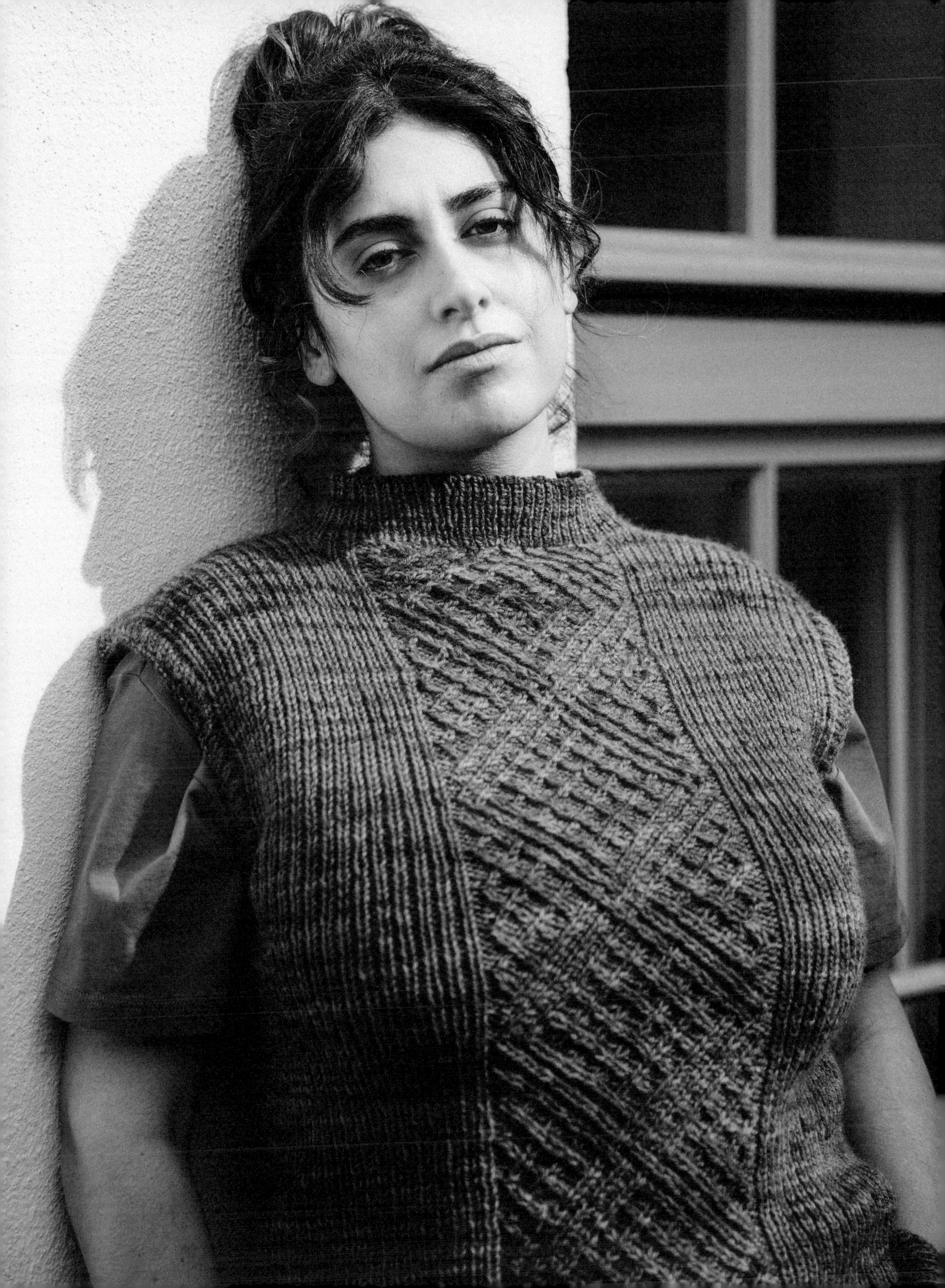

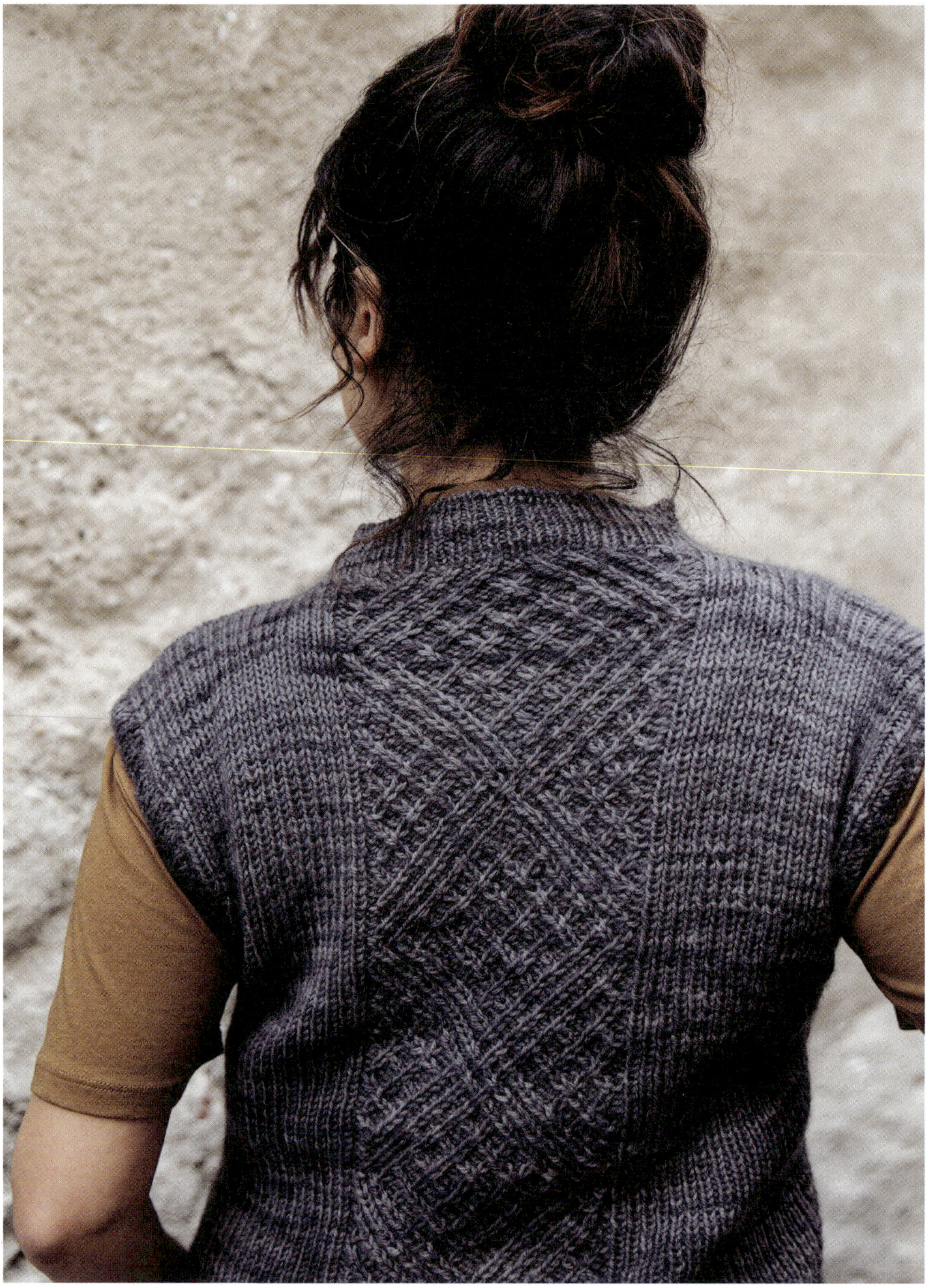

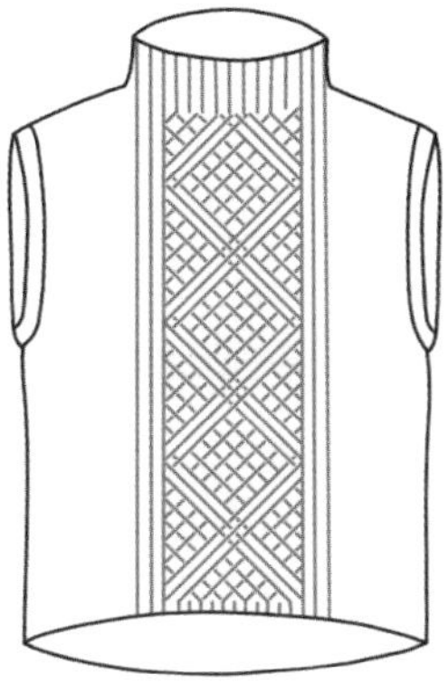

ANLEITUNG

176 (196, 220, 240, 260) [280, 304, 324, 344, 364] M anschl. Zur Rd schließen, ohne die Maschen zu verdrehen. MMs für Rd-Anf. Rd-Anf an der seitlichen Mitte.

1.–4. Rd: [1 M re, 1 M li], [-] fortl. wh.

Größen 1, 4, 6, 7, 9

5. Rd (Vorbereitung): [1 M re, 1 M li] über 24 (-, -, 40, -) [50, 56, -, 66, -] M, 1 M re, 1 li gen Zun (li M), MMs, 38 M re, MMs, [1 M li, 1 M re] über 24 (-, -, 40, -) [50, 56, -, 66, -] M, 1 M li, MMs, [1 M re, 1 M li] über 24 (-, -, 40, -) [50, 56, -, 66, -] M, 1 M re, 1 li gen Zun (li M), MMs, 38 M re, MMs, [1 M li, 1 M re] über 24 (-, -, 40, -) [50, 56, -, 66, -] M, 1 M li. 178 (-, -, 242, -) [282, 306, -, 346, -] M.

Größen 2, 3, 5, 8, 10

5. Rd (Vorbereitung): [1 M re, 1 M li] über - (30, 36, -, 46) [-, -, 62, -, 72] M, MMs, 38 M re, MMs, 1 li gen Zun (li M), [1 M re, 1 M li] über - (30, 36, -, 46) [-, -, 62, -, 72] M, MMs, [1 M re, 1 M li] über - (30, 36, -, 46) [-, -, 62, -, 72] M, MMs, 38 M re, MMs, 1 li gen Zun (li M), [1 M re, 1 M li] über - (30, 36, -, 46) [-, -, 62, -, 72] M. - (198, 222, -, 262) [-, -, 326, -, 366] M.

Alle Größen

6. Rd: Weiter im 1/1-Rippenmuster bis MM, MMa, Strickschr Vikkel, MMa, weiter im 1/1-Rippenmuster bis MM, MMa, weiter im 1/1-Rippenmuster bis MM, MMa, Strickschr Vikkel, MMa, weiter im 1/1-Rippenmuster bis Ende.

Die 6. Rd fortl. wh, dabei die Strickschr Vikkel stets fortsetzen und nach der 38. Rd der Strickschr wieder von vorn beginnen, bis die Arbeit ab dem MA 35 (35,5, 35,5, 36, 36) [37, 37,5, 37,5, 37,5, 37,5] cm hoch ist.

ARMAUSSCHNITT

7. Rd (Steek-Vorbereitung): [1 M re, 1 M li], [-] wh bis MM, MMa, Strickschr Vikkel, MMa, 1 M li, [1 M re, 1 M li], [-] wh bis MM, MMa, 5 M aufstricken (= Maschen für Armausschnitt-Steek), MMs, [1 M re, 1 M li], [-] wh bis MM, MMa, Strickschr Vikkel, MMa, 1 M li, [1 M re, 1 M li], [-] wh bis Ende, MMs, 5 M aufstricken (= Maschen für Armausschnitt-Steek). Gesamt 188 (208, 232, 252, 272) [292, 316, 336, 356, 376] M.

8. Rd: Weiter im 1/1-Rippenmuster bis MM, MMa, Strickschr Vikkel, MMa, weiter im 1/1-Rippenmuster bis MM, MMa, re M bis MM, MMa, weiter im 1/1-Rippenmuster bis MM, MMa, Strickschr Vikkel, MMa, weiter im 1/1-Rippenmuster bis MM, MMa, re M bis Ende.

9. Rd (Abn): 1 M re, SSK, weiter im 1/1-Rippenmuster bis MM, MMa, Strickschr Vikkel, MMa, weiter im 1/1-Rippenmuster bis 3 M vor MM, 2 M re zus, 1 M re, MMa, re M bis MM, MMa, 1 M re, SSK, weiter im 1/1-Rippenmuster bis MM, MMa, Strickschr Vikkel, MMa, weiter im 1/1-Rippenmuster bis 3 M vor MM, 2 M re zus, 1 M re, MMa, re M bis Ende (4 M abgen).

Die 8.–9. Rd noch 5 (5, 5, 5, 7) [7, 7, 7, 7, 7]-mal wh. Gesamt 164 (184, 208, 228, 240) [260, 284, 304, 324, 344] M: je 77 (87, 99, 109, 115) [125, 137, 147, 157, 167] M an VT und RT, 5 M je Steek.

10. Rd: Weiter im 1/1-Rippenmuster bis MM, MMa, Strickschr Vikkel, MMa, weiter im 1/1-Rippenmuster bis MM, MMa, re M bis MM, MMa, weiter im 1/1-Rippenmuster bis MM, MMa, Strickschr Vikkel, MMa, weiter im 1/1-Rippenmuster bis MM, MMa, re M bis Ende.

Die 10. Rd wh, bis die Arbeit ab dem Beginn des Armausschnitt-Steeks 24 (25,5, 25,5, 28, 29) [30,5, 30,5, 30,5, 32, 32,5] cm misst.

STRICKSCHRIFT VIKKEL

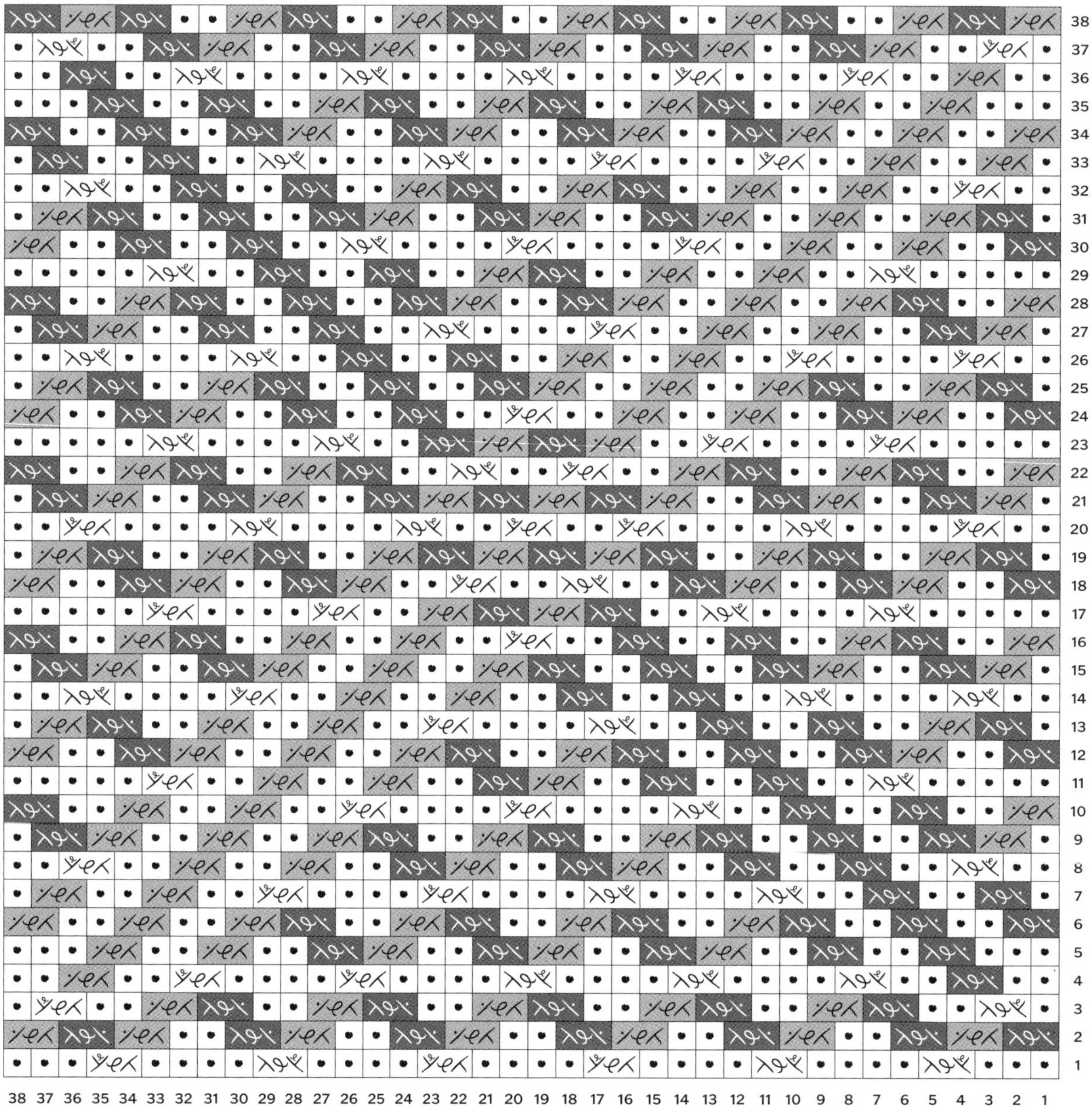

LEGENDE

- 1/1 lvkr li
- 1/1 rvkr li
- 1/1 lvkr
- 1/1 rvkr
- Li M

Folg. Rd: Weiter im 1/1-Rippenmuster bis MM, MMa, Strickschr Vikkel, MMa, weiter im 1/1-Rippenmuster bis MM, MMa, re M bis MM, MMa, weiter im 1/1-Rippenmuster bis MM, MMa, Strickschr Vikkel, MMa, weiter im 1/1-Rippenmuster bis MM, MMa, 5 M abk (Steek-M).

Mit einer weiteren 3,75-mm-Nadel die ersten und letzten 15 (20, 25, 30, 33) [37, 42, 47, 52, 57] M zusammen mit 3 Nadeln abketten, folg. je 47 (47, 49, 49, 49) [51, 53, 53, 53, 53] M des VT und RT stilllegen, die ersten und letzten 15 (20, 25, 30, 33) [37, 42, 47, 52, 57] M zusammen mit 3 Nadeln abketten, folg. 5 M abk (Steek-M).

HALSBÜNDCHEN

Die 94 (94, 98, 98, 98) [102, 106, 106, 106, 106] stillgelegten M auf 3,25-mm-Nadeln legen und zur Rd schließen. MMs für Rd-Anf.

5 cm oder bis zur gewünschten Höhe des Bündchens im 1/1 Rippenmuster str: [1 M re, 1 M li], [-] fortl. wh.

Alle Maschen italienisch abketten.

Armausschnitt: Öffnung und Bündchen
Die Steek-Kanten mit der Nähmaschine oder gehäkelten Kettmaschen befestigen. Entlang der mittleren der 5 Steek-Maschen aufschneiden.

Mit 3,25-mm-Nadeln aus der Steek-Kante rings um den Armausschnitt 82 (86, 86, 94, 98) [102, 102, 102, 106, 108] M aufn und re str, zur Rd schließen. MMs für Rd-Anf.

1.–5. Rd: [1 M re, 1 M li], [-] fortl. wh.

Mit einer zweiten Nadel von links (Innenseite) die Querfäden der links erscheinenden aufgenommenen 82 (86, 86, 94, 98) [102, 102, 102, 106, 108] M aufn, um ein Steek-Sandwich zu stricken.

1.–5. Rd: [1 M li, 1 M re], [-] fortl. wh.

Die Maschen beider Nadeln durch Abketten mit 3 Nadeln im Rippenmuster verbinden.

Den 2. Armausschnitt genauso stricken.

FERTIGSTELLUNG

Fäden vernähen und die Arbeit auf Maß spannen.

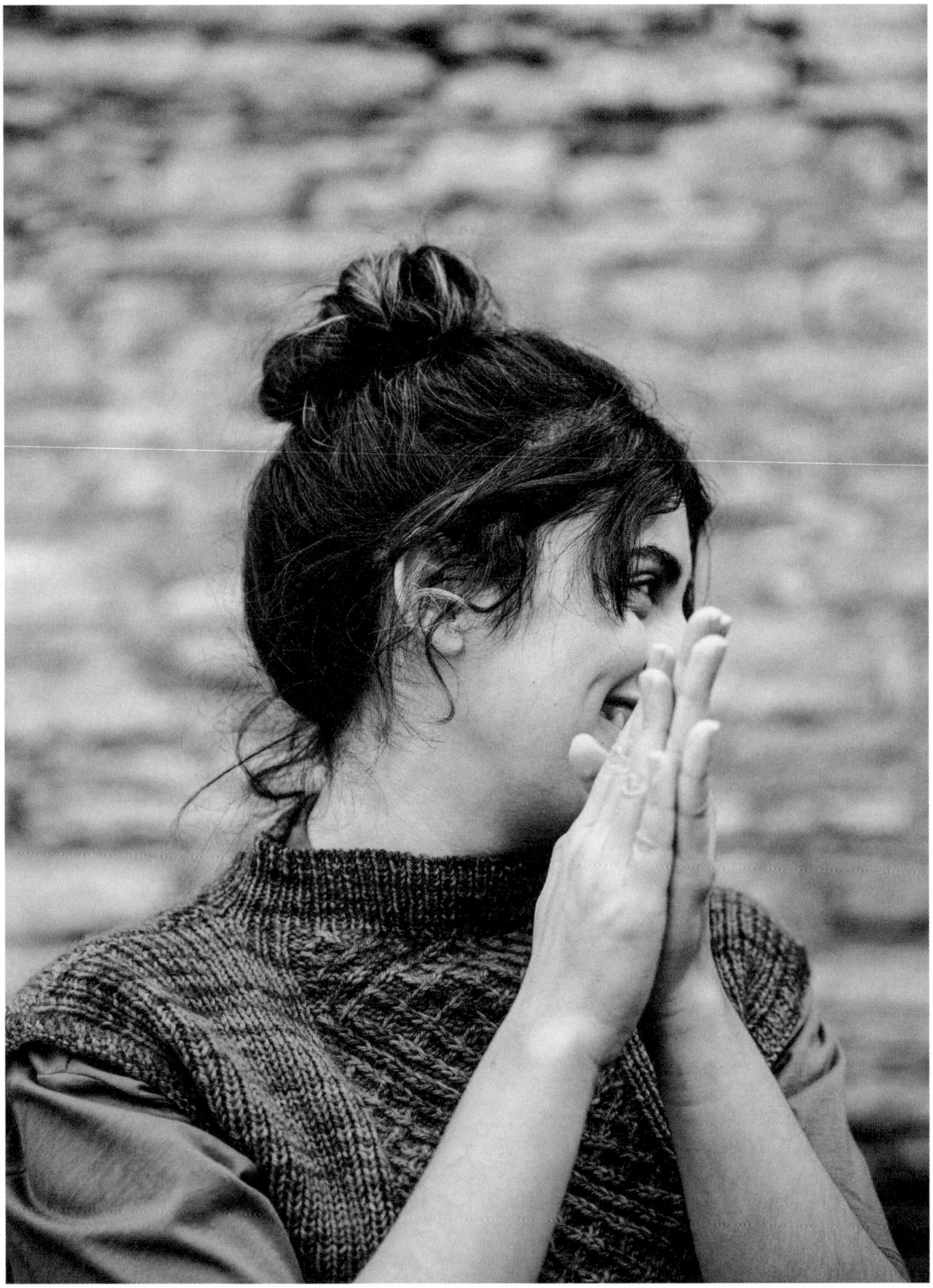

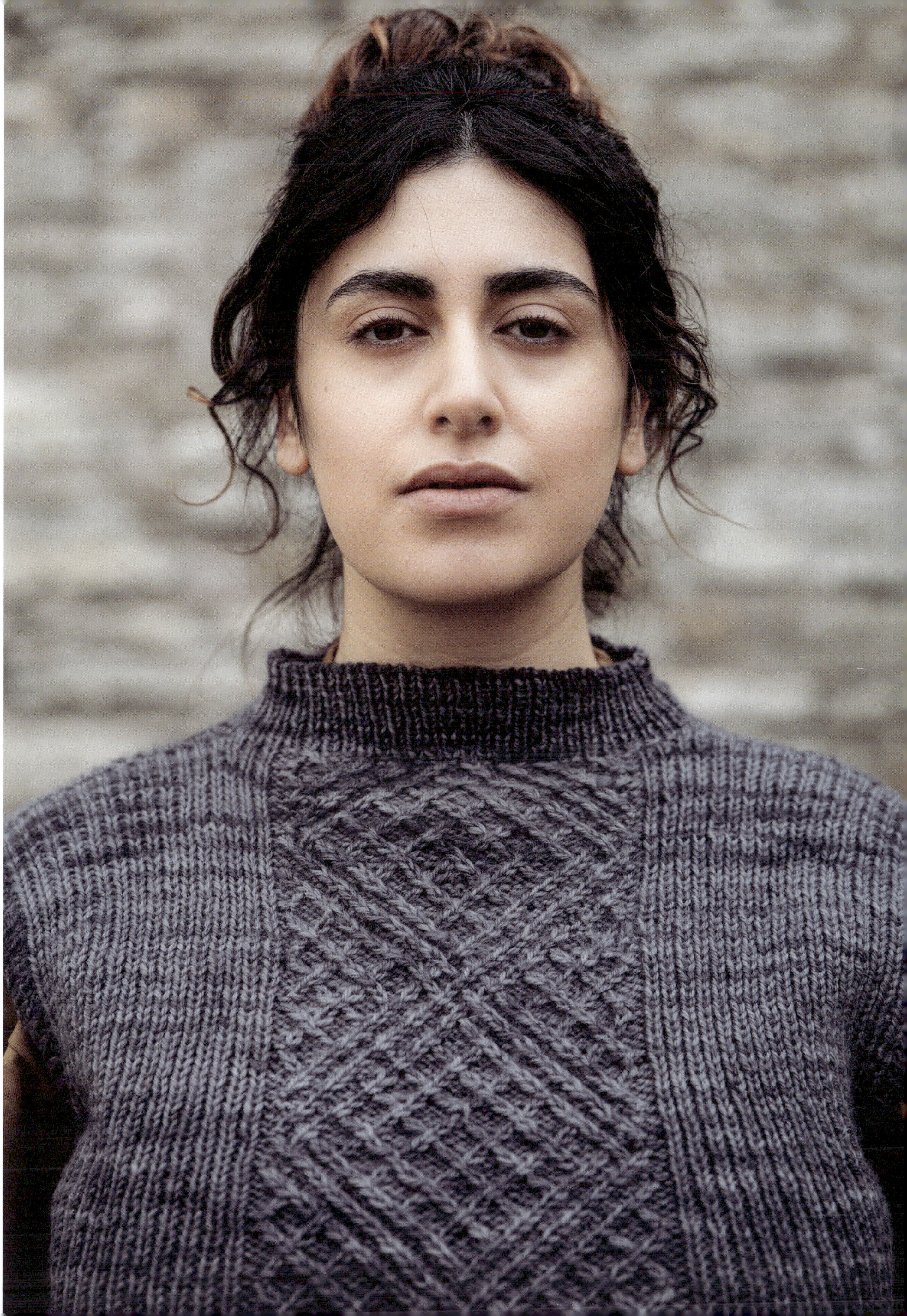

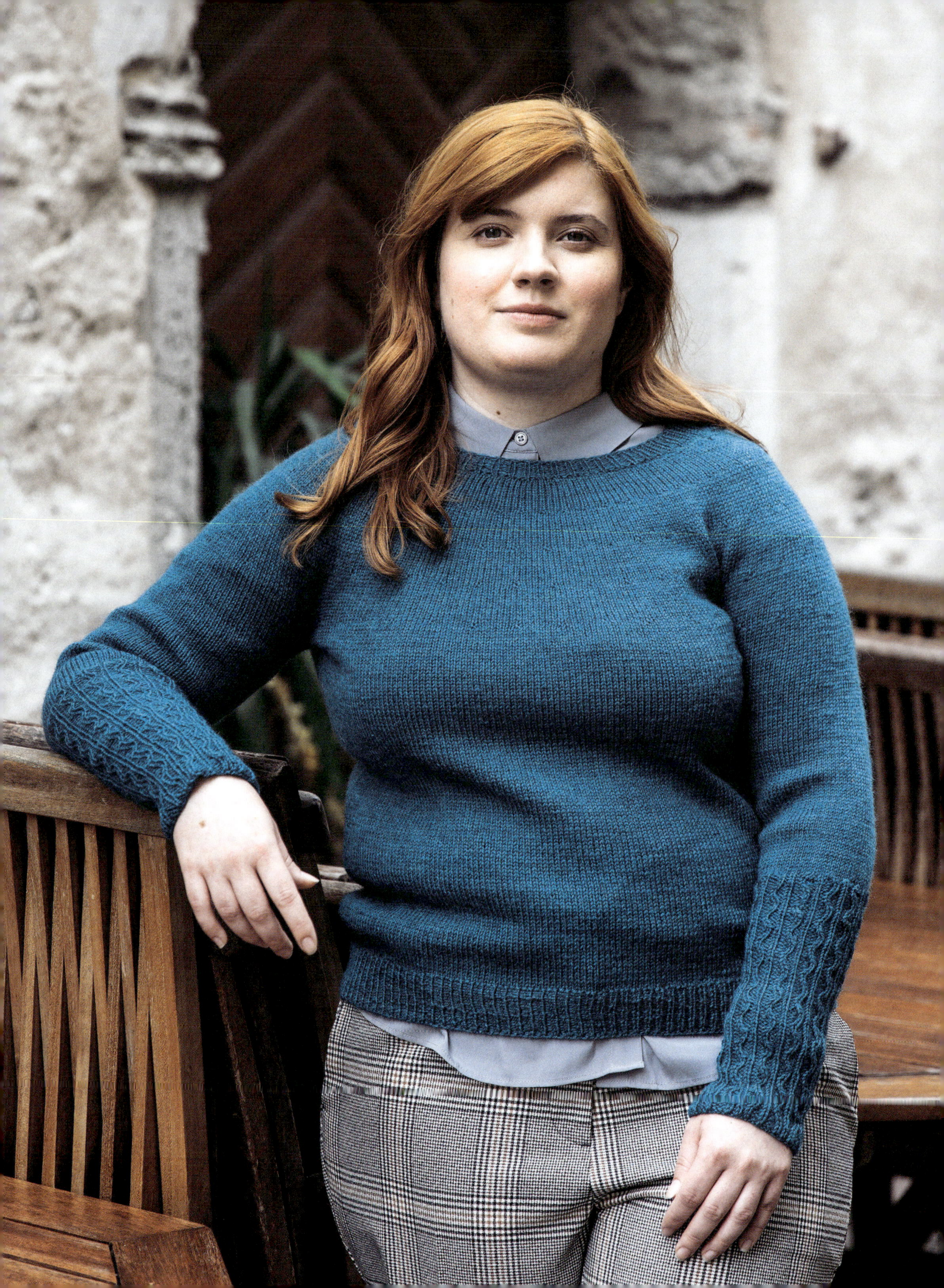

VORMSI

Vormsi ist eine von Estlands kleineren Inseln, und dieses Vikkel-Muster lehnt sich an das einer traditionellen Vormsi-Socke an. Das Muster soll an die Wellen in der Ostsee erinnern.

GRÖSSEN

1 (2, 3, 4, 5) [6, 7, 8, 9, 10]
Empfohlene Mehrweite: 5–10 cm.

FERTIGE MASSE

Brustumfang: 85 (95, 105, 115, 125) [135, 145, 155, 165, 175] cm
Oberarmumfang: 30 (32,5, 36,5, 41,5, 44) [46, 50, 51,5, 52,5, 54] cm
Länge ab der Achsel: 38,5 (39,5, 39,5, 40, 40) [40,5, 40,5, 40,5, 40,5, 40,5] cm
Umfang Ärmelbündchen: 21 (21,5, 23, 23, 23) [24,5, 25,5, 27,5, 28,5, 28,5] cm
Ärmellänge: 43,5 (43,5, 46, 46, 47) [47, 48,5, 48,5, 48,5, 48,5] cm

GARN

John Arbon Textiles Yarnadelic (100 % Falkland-Corriedale-Schurwolle, LL 333 m/100 g)
Farbe Of My Hands, 3 (3, 4, 4, 5) [5, 6, 6, 6, 7] Stränge

Oder vergleichbares Garn (Stärke Sport) in folgender Menge:
915 (920, 1170, 1325, 1450) [1570, 1715, 1840, 1940, 2030] m

STRICKNADELN

3 mm: Rundnadel 80 cm und Nadelspiel für Bündchen
3,25 mm: Rundnadel 80 cm und Nadelspiel für Glatt-rechts-Partien und Vormsi-Muster

SONSTIGES

Maschenmarkierer, Garnrest oder Maschenhalter, Wollnadel

MASCHENPROBE

24 M x 32 Rd = 10 x 10 cm, glatt rechts rundgestrickt, nach dem Spannen
26 M x 36 Rd = 10 x 10 cm, im Vormsi-Muster rundgestrickt, nach dem Spannen

ANMERKUNGEN ZUR ANLEITUNG

Dieser Pullover mit Rundpasse wird nahtlos von oben nach unten gestrickt.

Die Ärmel haben ein geripptes Vikkel-Muster von der Insel Vormsi, das etwa vom Ellbogen bis zum Ärmelsaum reicht. Die Ärmelabnahmen werden im Vikkel-Muster gearbeitet.

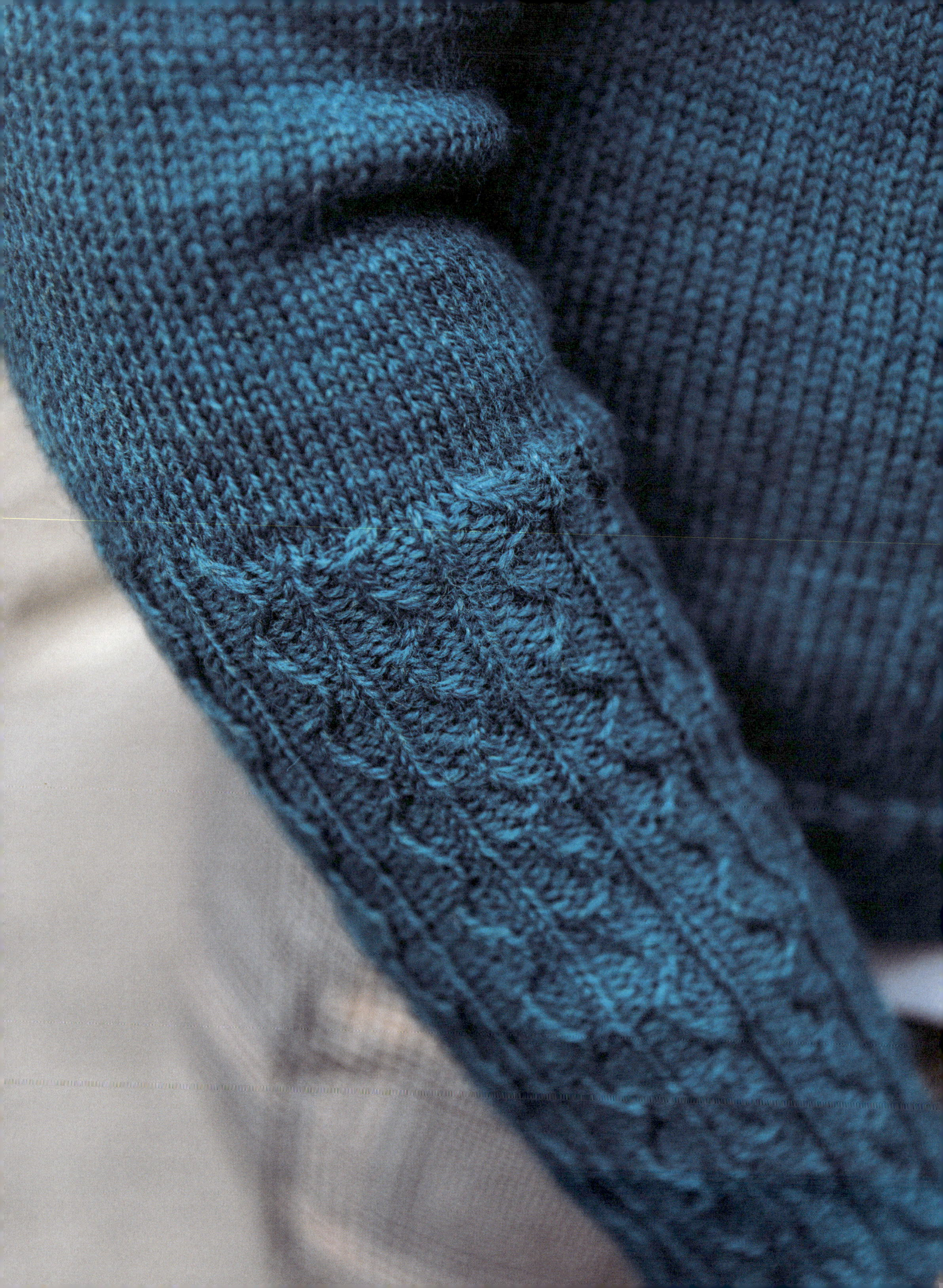

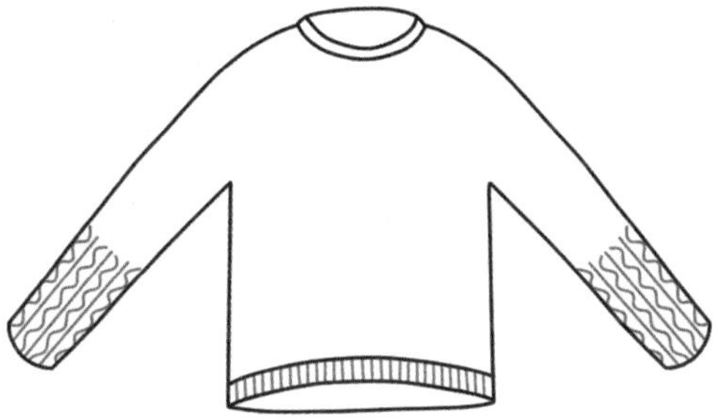

ANLEITUNG

Mit 3-mm-Nadeln 112 (112, 114, 114, 116) [120, 120, 124, 128, 130] M anschl. Zur Rd schließen, MMs für Rd-Anf.

2,5 cm im 1/1-Rippenmuster stricken: [1 M re, 1 M li], [-] fortl. wh.

Zu den 3,25-mm-Nadeln wechseln.

Folg. Rd: Re M.

1. Zun-Rd: [4 (4, 2, 2, 2) [2, 2, 2, 2, 2] M re, 1 li gen Zun], [-] fortl. wh. 140 (140, 171, 171, 174) [180, 180, 186, 192, 195] M.

VERKÜRZTE REIHEN ZUR FORMGEBUNG

1. Rd (Hin-R): 35 (35, 43, 43, 44) [45, 45, 47, 48, 49] M re, wenden.

2. Rd (Rück-R): Rück-R DM, li M bis MM, MMa, 35 (35, 43, 43, 44) [45, 45, 47, 48, 49] M li, wenden.

3. Rd (Hin-R): Hin-R DM, re M bis MM, MMa, re M bis vorige Wende-M, DM der verk. R als 2 M re zus str, 2 M re, wenden.

4. R (Rück-R): Rück-R DM, li M bis MM, MMa, li M bis vorige Wende-M, DM der verk. R als 2 M li zus str, 2 M li, wenden.

Dieses Vikkel-Muster ist eine Kombination aus verkreuzten Maschen und Rippen.

Die 3.–4. R noch 2-mal wh.

11 (11, 13, 13, 13) [13, 14, 14, 15, 15] Rd re str.

2. Zun-Rd: [2 (2, 3, 3, 3) [2, 2, 3, 2, 3] M re, 1 li gen Zun], [-] fortl. wh.

210 (210, 228, 228, 232) [270, 270, 248, 288, 260] M.

11 (11, 13, 13, 13) [13, 14, 14, 15, 15] Rd re str.

Größen 1, 2, 4, 5, 6, 7, 8, 9, 10

3. Zun-Rd: [5 (5, -, 4, 2) [3, 3, 2, 3, 2] M re, 1 li gen Zun], [-] fortl. wh.
252 (252, -, 285, 348) [360, 360, 372, 384, 390] M.

Größe 3

3. Zun-Rd: 2 M re, [5 M re, 1 li gen Zun], [-] bis 1 M vor Ende wh, 1 M re. - (-, 273, -, -) [-, -, -, -, -] M

11 (11, 13, 13, 13) [13, 14, 14, 15, 15] Rd re str.

Größen 1, 2, 4, 5, 6, 7, 8, 10

4. Zun-Rd: [9 (6, -, 5, 6) [6, 5, 4, -, 3] M re, 1 li gen Zun], [-] fortl. wh.
280 (294, -, 342, 406) [420, 432, 465, -, 520] M.

Größen 3 & 9

4. Zun-Rd: - (-, 2, -, -) [-, -, -, 2, -] M re, [- (-, 6, -, -) [-, -, -, 2, -] M re, 1 li gen Zun], [-] bis - (-, 1, -, -) [-, -, -, 2, -] M vor Ende wh, re M bis Ende. - (-, 318, -, -) [-, -, -, 460, -] M.

11 (11, 13, 13, 13) [13, 14, 14, 15, 15] Rd re str.

Größen 1, 2, 7, 9

5. Zun-Rd: [10 (7, -, -, -) [-, 6, -, 5, -] M re, 1 li gen Zun], [-] fortl. wh.
308 (336, -, -, -) [-, 504, -, 552, -] M.

Größen 3, 5, 6, 8

5. Zun-Rd: - (-, 2, -, 5) [6, -, 2, -, -] M re, 1 li gen Zun, [- (, 7, -, 12) [8, -, 7, -, -] M re, 1 li gen Zun], [-] bis - (-, 1, -, 5) [6, -, 1, -, -] M vor MM wh, re M bis Ende.
- (-, 364, -, 440) [472, -, 532, -, -] M.

Größe 4

5. Zun-Rd: 1 M re, 1 li gen Zun, [5 M re, 1 li gen Zun], [-] bis 1 M vor Ende wh, 1 M re, 1 li gen Zun.
- (-, -, 412, -) [-, -, -, -, -] M.

Größe 10

5. Zun-Rd: 4 M re, [8 M re, 1 li gen Zun], [-] bis 4 M vor Ende wh, re M bis Ende.
- (-, -, -, -) [-, -, -, -, 584] M.

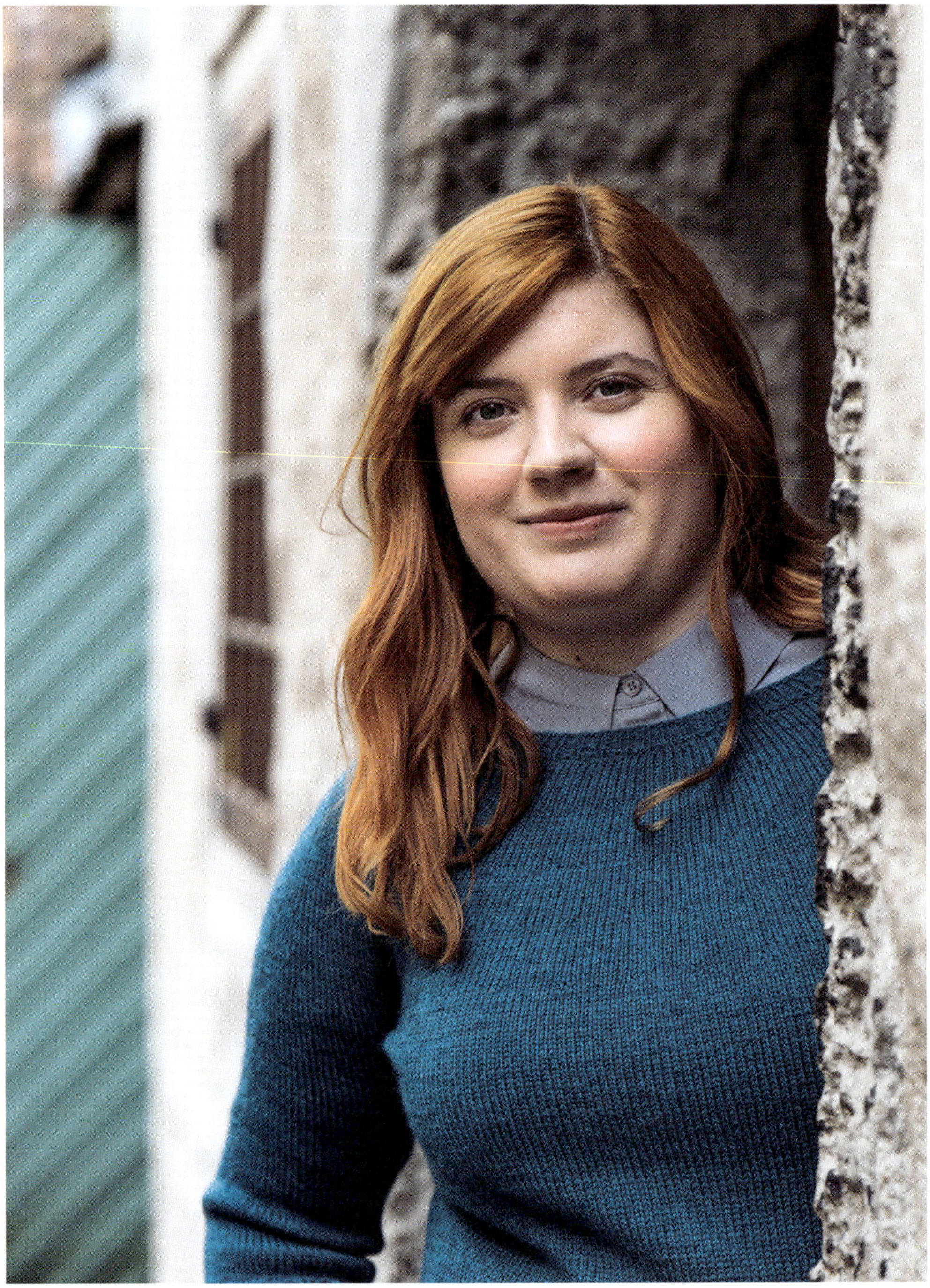

Alle Größen
308 (336, 364, 412, 440) [472, 504, 532, 552, 584] M.

ABTEILEN DER ÄRMEL

Vorbereitung: 46 (51, 55, 61, 66) [72, 77, 82, 87, 93] M re, folg. 62 (66, 72, 84, 88) [92, 99, 102, 102, 106] M auf M-Halter oder Hilfsfaden stilllegen, 10 (12, 16, 16, 18) [18, 21, 22, 24, 24] M anschl, 92 (102, 110, 122, 132) [144, 153, 164, 174, 186] M re, folg. 62 (66, 72, 84, 88) [92, 99, 102, 102, 106] M auf M-Halter oder Hilfsfaden stilllegen, 10 (12, 16, 16, 18) [18, 21, 22, 24, 24] M anschl, 97 (108, 118, 130, 141) [153, 164, 175, 186, 198] M re, MMs für neuen Rd-Anf an der seitl. Mitte. 204 (228, 252, 276, 300) [324, 348, 372, 396, 420] M.

RUMPF

Weiter glatt re gerade hoch str, bis der Rumpf ab der Achsel 33,5 (34,5, 34,5, 35, 35) [35,5, 35,5, 35,5, 35,5 35,5] cm lang ist oder bis 5 cm vor der gewünschten Gesamtlänge.

Zu den 3-mm-Nadeln wechseln.

5 cm im 1/1-Rippenmuster str: [1 M re, 1 M li], [-] fortl. wh.

M locker im 1/1-Rippenmuster abk, wie sie erscheinen.

ÄRMEL

Mit 3,25-mm-Nadeln aus den angeschlagenen M der Achsel 10 (12, 16, 16, 18) [18, 21, 22, 24, 24] M aufn und re str, 62 (66, 72, 84, 88) [92, 99, 102, 102, 106] M von M-Halter oder Hilfsfaden aufn, 5 (6, 8, 8, 9) [9, 10, 11, 12, 12] M re, MMs für Rd-Anf. 72 (78, 88, 100, 106) [110, 120, 124, 126, 130] M.

8 Rd re str.

Abn-Rd: 1 M re, 2 M re zus, re M bis 2 M vor Ende, SSK.

Die Abn-Rd noch 5 (8, 7, 13, 16) [12, 17, 19, 14, 16]-mal in jeder 12. (8., 9., 5., 4.) [5., 4., 3., 4., 4.] Rd wh. 60 (60, 72, 72, 72) [84, 84, 84, 96, 96] M.

Weiter glatt re str, bis der Ärmel ab der Achsel 25,5 cm lang ist oder bis 18 (18, 20,5, 20,5, 21,5) [21,5, 23, 23, 23, 23] cm vor der gewünschten Länge.

Folg. Rd: Den Rapport (12 M) der 1. Rd der Strickschr Vormsi fortl. wh.

Vormsi Abn-Rd: 1 M re, 2 M re zus, bis 2 M vor Ende Strickschr Vormsi arb, SSK.

Informationen zum Stricken der Abnahmen innerhalb der Strickschrift Vormsi: siehe Strickschrift Abnahmen.

Weiter nach Strickschr Vormsi arb, dabei GLEICHZEITIG noch 1 (1, 5, 5, 5) [9, 8, 5, 10, 10]-mal in jeder 8. Rd die Vormsi-Abn-Rd gemäß der Strickschr Abnahmen arb. 56 (56, 60, 60, 60) [64, 66, 72, 74, 74] M.

Die Strickschr Vormsi wh, bis das Muster 18 (18, 20,5, 20,5, 21,5] cm hoch ist oder bis zur gewünschten Ärmellänge.

Folg. Rd: Alle M im Rippenmuster str, wie sie erscheinen, re M oder li M.

M locker im 1/1-Rippenmuster abk, wie sie erscheinen.

Den zweiten Ärmel genauso stricken.

FERTIGSTELLUNG

Fäden vernähen und den Pullover auf Maß spannen.

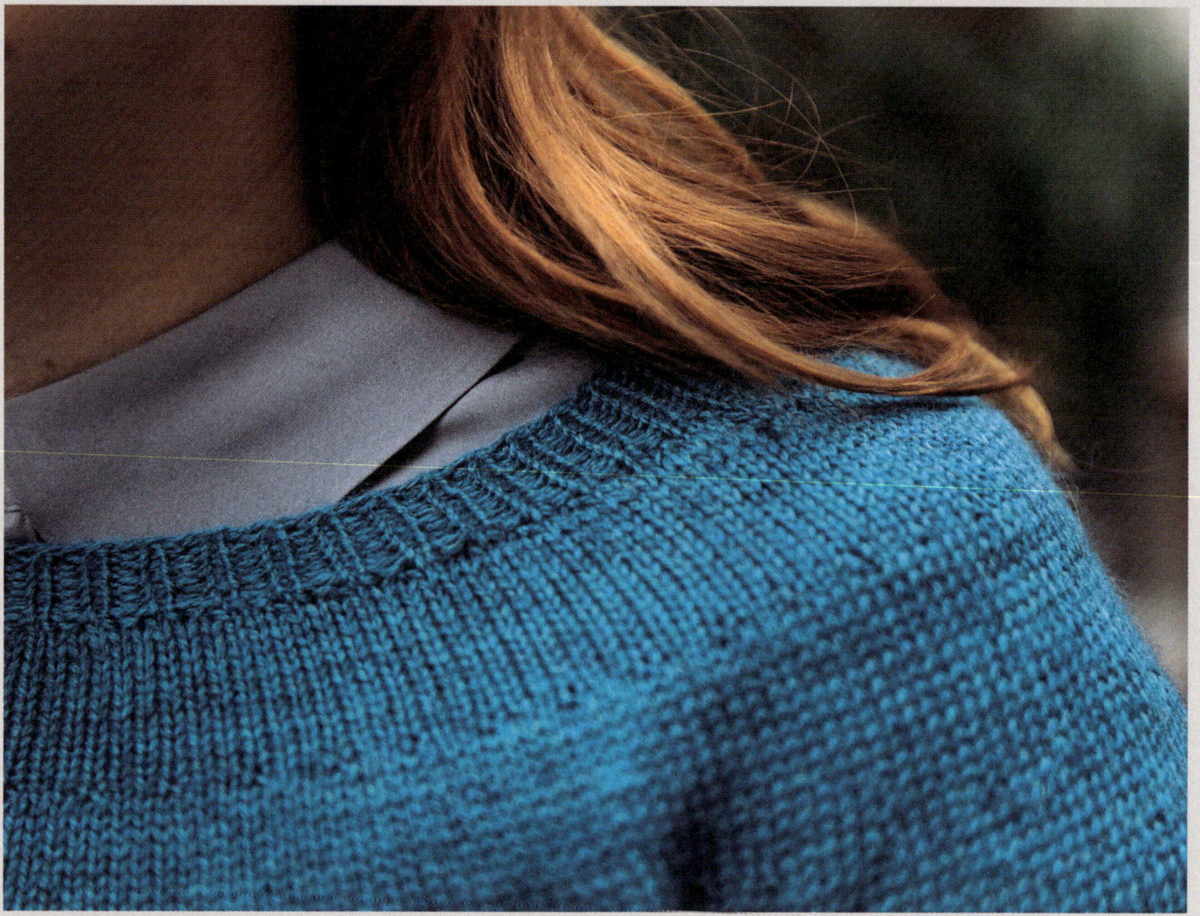

STRICKSCHRIFT VORMSI

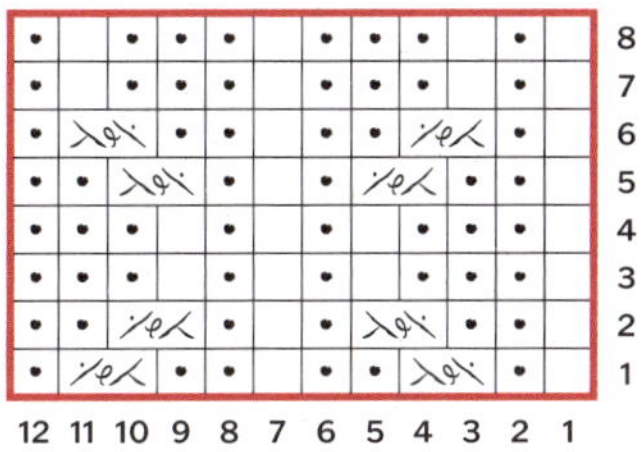

LEGENDE

- Re M
- Li M
- 2 M re zus
- SSK
- 2 M li zus
- 2 M li verschr zus
- 1/1 lvkr li
- 1/1 rvkr li
- Rapport Strickschrift Vormsi
- Rapporte Strickschrift Vormsi
- Ende der Abnahmen für angegeb. Größen

STRICKSCHRIFT ABNAHMEN

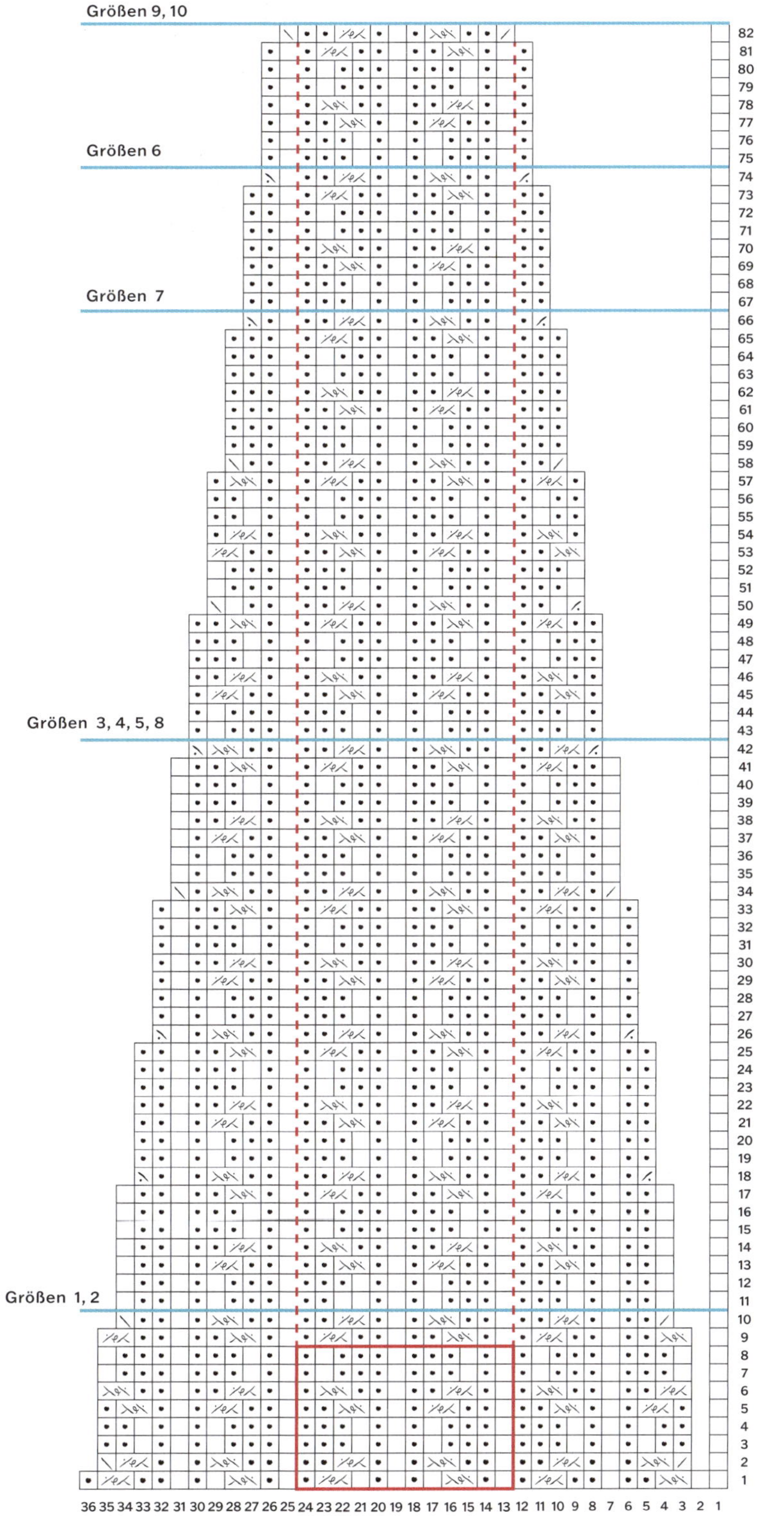

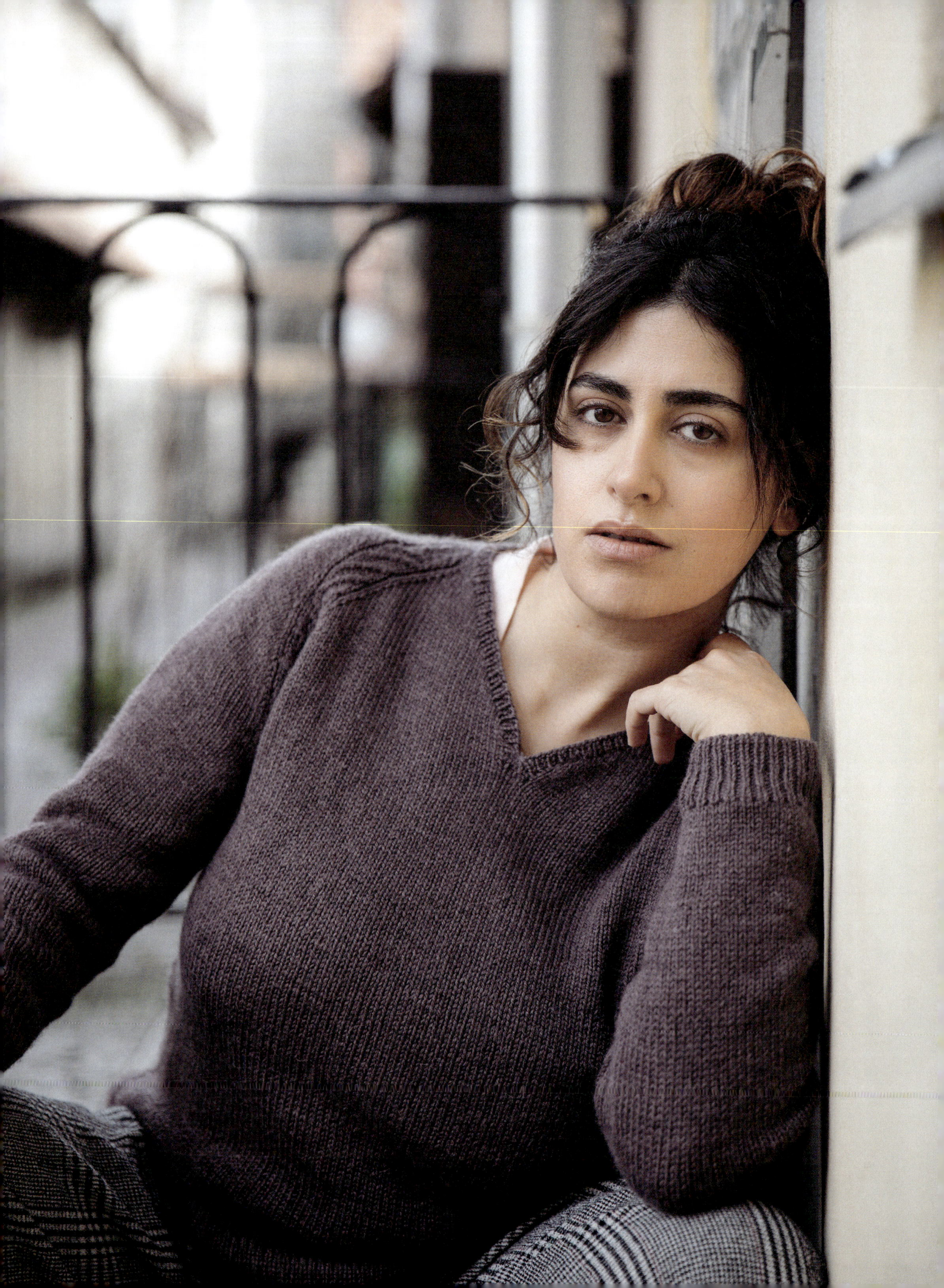

TUUL

Inspiration für dieses Design waren die vielen fließenden Muster mit verkreuzten Vikkel-Maschen, die typisch für Strickarbeiten der Insel Kihnu sind und die wie der Wind (»tuul«) über Socken und Handschuhe wehen. Hier streichen die verkreuzten Maschen über die Raglanlinien und an den Seiten des Pullovers entlang.

GRÖSSEN

1 (2, 3, 4, 5) [6, 7, 8, 9, 10]
Empfohlene Mehrweite: 5–10 cm

FERTIGE MASSE

Brustumfang: 85,5 (94,5, 105, 115, 125) [134,5, 145, 155, 165, 175] cm
Oberarmumfang: 32 (33,5, 37,5, 41, 45,5) [46,5, 51, 52,5, 54,5, 55,5] cm
Länge ab der Achsel: 40 cm
Umfang Handgelenk: 21 (21, 22, 22, 22,5) [22,5, 23,5, 25,5, 26,5, 26,5] cm
Ärmellänge: 44,5 (44,5, 45,5, 45,5, 47) [47, 47, 48, 48, 48] cm
V-Ausschnitt Tiefe: 12,5 (12,5, 12,5, 12,5, 12,5) [13, 14,5, 15, 15,5, 16,5] cm

GARN

Walcot Yarn Opus (70 % argentinische Merinowolle, 30 % Baby-Alpaka, LL 350 m/100 g)
Farbe Summer Storm, 4 (5, 5, 6, 6) [7, 7, 8, 8, 9] Stränge

Oder vergleichbares Garn (Stärke Sport) in folgender Menge:
1299 (1454, 1637, 1870, 2026) [2209, 2415, 2570, 2725, 2858] m

STRICKNADELN

3,5 mm: Rundnadel 80 cm und Nadelspiel für die Bündchen
3,75 mm: Rundnadel 80 cm und Nadelspiel

SONSTIGES

17 Maschenmarkierer, Wollnadel

MASCHENPROBE

22 M x 32 Rd = 10 x 10 cm, glatt rechts rundgestrickt, nach dem Spannen

ANMERKUNGEN ZUR ANLEITUNG

Dieser Raglanpullover mit V-Ausschnitt wird nahtlos von oben nach unten gestrickt. Bis zum Ende des V-Ausschnitts wird in Reihen gestrickt, dann werden Vorder- und Rückenteil zur Runde verbunden.

Entlang der Raglanlinien werden an den Ärmeln Bordüren aus verkreuzten Vikkel-Maschen gearbeitet, die an den Seiten des Rumpfs fortgesetzt werden. Bis zum Aufteilen in Ärmel und Rumpf werden die verkreuzten Maschen in Hinreihen und in jeder 2. Runde gestrickt, am Rumpf dann in jeder Runde.

Die falschen Seitennähte werden durch Vikkel-Muster verziert, die am unteren Saum auseinanderfließen.

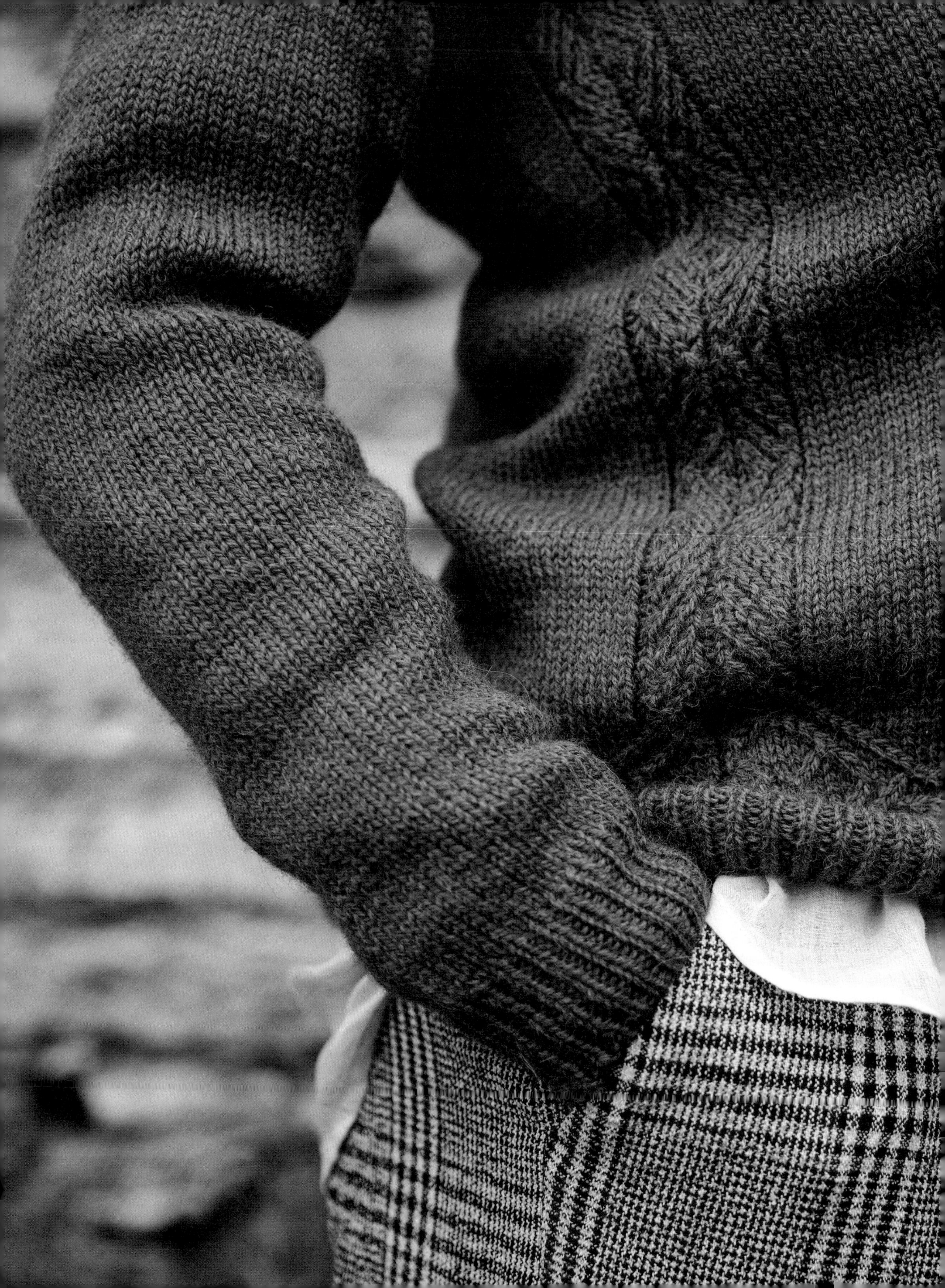

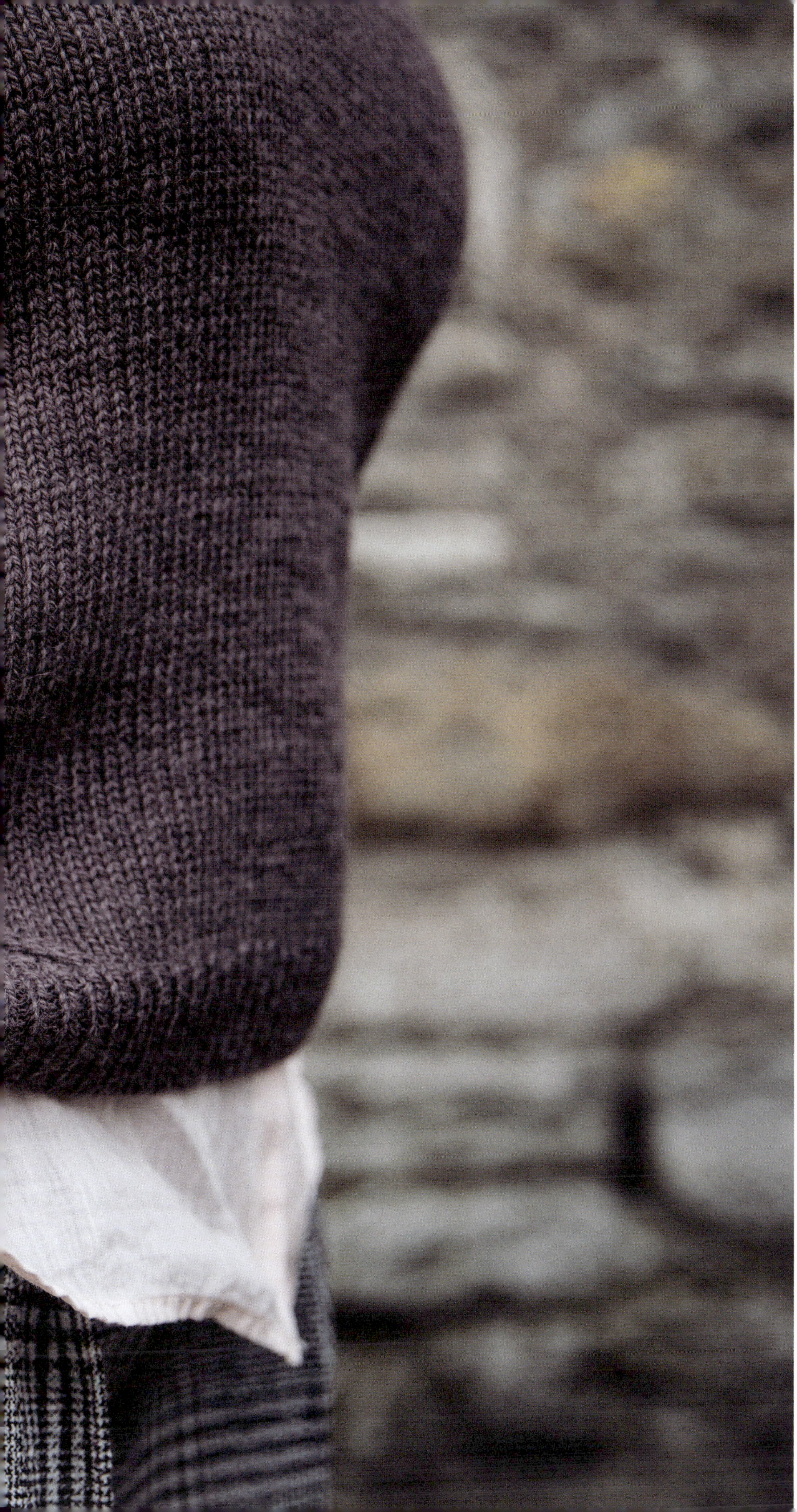

Die falschen Seitennähte werden durch Vikkel-Muster verziert, die am unteren Saum auseinanderfließen.

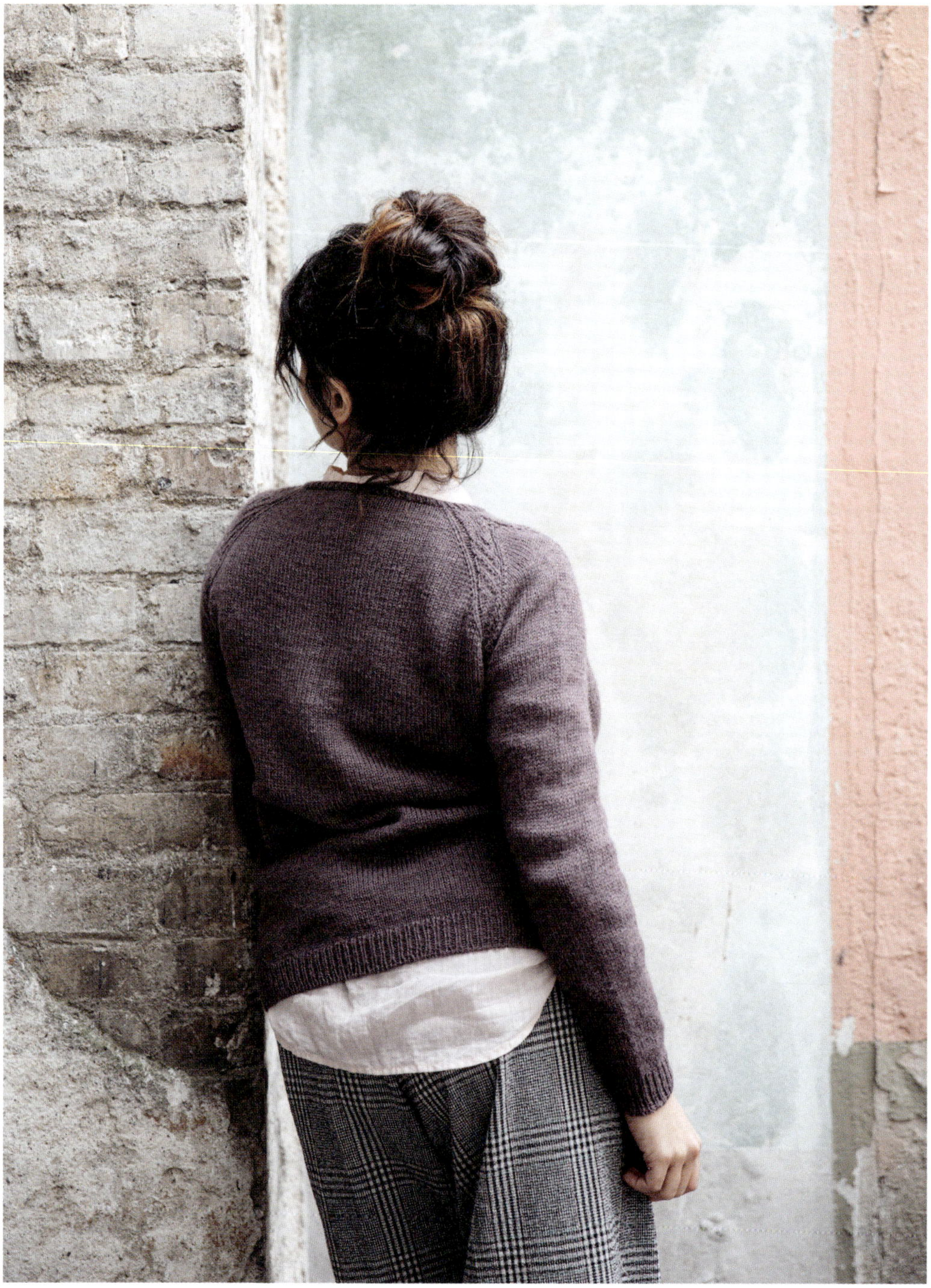

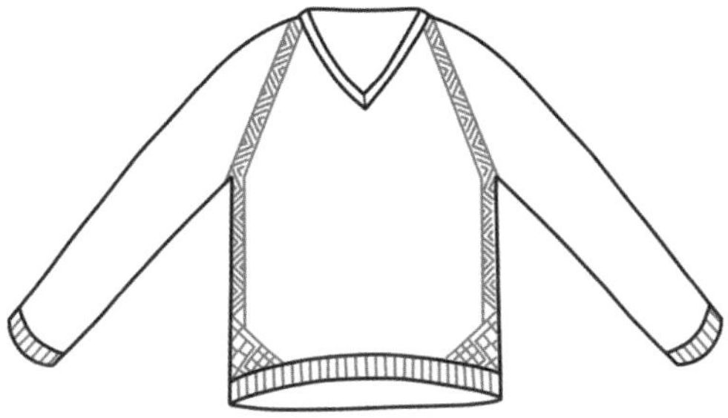

ANLEITUNG

Mit 3,75-mm-Nadeln 52 (56, 58, 64, 66) [68, 76, 78, 80, 82] M anschl. Nicht zur Rd schließen.

Vorbereitungs-R (Rück-R): 2 (2, 2, 2, 2) [2, 3, 3, 3, 3] M li für VT, MMs, 1 M re, 7 (7, 7, 7, 7) [7, 7, 7, 7, 7] M li, 1 M re für Ärmel, MMs, 30 (34, 36, 42, 44) [46, 52, 54, 56, 58] M li für RT, MMs, 1 M re, 7 (7, 7, 7, 7) [7, 7, 7, 7, 7] M li, 1 M re für Ärmel, MMs, 2 (2, 2, 2, 2) [2, 3, 3, 3, 3] M li für VT.

Größen 1, 2, 3, 4, 5, 6

1. R (Hin-R): 2 M re aus 1 M herausstr, 1 M re, 1 re gen Zun, MMa, Strickschr Vikkel Schulter, MMa, 1 M re, 1 li gen Zun, re M bis 1 M vor MM, 1 re gen Zun, 1 M re, MMa, Strickschr Vikkel Schulter, MMa, 1 li gen Zun, 1 M re, 2 M re aus 1 M herausstr. Gesamt 66 (70, 72, 78, 80) [82, -, -, -, -] M: 4 M je VT, 13 M je Ärmel, 32 (36, 38, 44, 46) [48, -, -, -, -] M für RT.

Größen 7, 8, 9, 10

1. R (Hin-R): 1 M re, 1 li gen Zun, 1 M re, 1 re gen Zun, 1 M re, MMa, Strickschr Vikkel Schulter, MMa, 1 M re, 1 li gen Zun, re M bis 1 M vor MM, 1 re gen Zun, 1 M re, MMa, Strickschr Vikkel Schulter, MMa, 1 M re, 1 li gen Zun, 1 M re, 1 re gen Zun, 1 M re.
Gesamt - (-, -, -, -) [-, 90, 92, 94, 96] M: 5 M je VT, 13 M je Ärmel, - (-, -, -, -) [-, 54, 56, 58, 60] M für RT.

Alle Größen

2. R (Rück-R): [Li M bis MM, MMa, Strickschr Vikkel Schulter, MMa], [-] 1-mal wh, li M bis Ende.

3. R (Hin-R): 1 M re, 1 li gen Zun, re M bis 1 M vor MM, 1 re gen Zun, 1 M re, MMa, Strickschr Vikkel Schulter, MMa, 1 M re, 1 li gen Zun, re M bis 1 M vor MM, 1 re gen Zun, 1 M re, MMa, Strickschr Vikkel Schulter, MMa, 1 M re, 1 li gen Zun, re M bis 1 M vor Ende, 1 re gen Zun, 1 M re.
Gesamt 76 (80, 82, 88, 90) [92, 100, 102, 104, 106] M: 6 (6, 6, 6, 6) [6, 7, 7, 7, 7] M je VT, 15 M je Ärmel, 34 (38, 40, 46, 48) [50, 56, 58, 60, 62] M für RT.

Die 2.–3. R noch 4-mal wh, dann die 2. R noch 1-mal wh. Gesamt 116 (120, 122, 128, 130) [132, 140, 142, 144, 146] M: 14 (14, 14, 14, 14) [14, 15, 15, 15, 15] M je VT, 23 M je Ärmel, 42 (46, 48, 54, 56) [58, 64, 66, 68, 70] M für RT.

13. R (Hin-R): 1 M re, 1 li gen Zun, re M bis 1 M vor MM, 1 re gen Zun, 1 M re, MMa, 1 M li, MMs, Strickschr Vikkel Reihen re, MMs, 1 M li, MMs, 1 M re, 1 li gen Zun, 5 M re, 1 re gen Zun, 1 M re, MMs, 1 M li, MMs, Strickschr Vikkel Reihen li, MMs, 1 M li, MMa, 1 M re, 1 li gen Zun, re M bis 1 M vor MM, 1 re gen Zun, 1 M re, MMa, 1 M li, MMs, Strickschr Vikkel Reihen re, MMs, 1 M li, MMs, 1 M re, 1 li gen Zun, 5 M re, 1 re gen Zun, 1 M re, MMs, 1 M li, MMs, Strickschr Vikkel Reihen li, MMs, 1 M li, MMa, 1 M re, 1 li gen Zun, re M bis 1 M vor Ende, 1 re gen Zun, 1 M re (10 M zugen).

14. R (Rück-R): [Li M bis MM, MMa, 1 M re, MMa], [-] noch 7-mal wh, li M bis Ende.

15. R (Hin-R): [1 M re, 1 li gen Zun, re M bis 1 M vor MM, 1 re gen Zun, 1 M re, MMa, 1 M li, MMa, Strickschr Vikkel Reihen re, MMa, 1 M li, MMa, 1 M re, 1 li gen Zun, re M bis 1 M vor MM, 1 re gen Zun. 1 M re, MMa, 1 M li, MMa, Strickschr Vikkel Reihen li, MMa, 1 M li, MMa], [-] 1-mal wh, 1 M re, 1 li gen Zun, re M bis 1 M vor Ende, 1 re gen Zun, 1 M re (10 M zugen).

Die 14.–15. R noch 5 (7, 8, 11, 12) [13, 15, 16, 17, 18]-mal wh.
Gesamt 186 (210, 222, 258, 270) [282, 310, 322, 334, 346] M: 28 (32, 34, 40, 42) [44, 49, 51, 53, 55] M je VT, 37 (41, 43, 49, 51) [53, 57, 59, 61, 63] M je Ärmel, 56 (64, 68, 80, 84) [88, 98, 102, 106, 110] M für RT.

Größen 1, 2, 3, 4

16. R (Rück-R): [Li M bis MM, MMa, 1 M re, MMa], [-] noch 7-mal wh, li M bis Ende.
17. R (Hin-R): [Re M bis 1 M vor MM, 1 re gen Zun, 1 M re, MMa, 1 M li, MMa, Strickschr Vikkel Reihen re, MMa, 1 M li, MMa, 1 M re, 1 li gen Zun, re M bis 1 M vor MM, 1 re gen Zun, 1 M re, MMa, 1 M li, MMa, Strickschr Vikkel Reihen li arb, MMa, 1 M li, MMa, 1 M re, 1 li gen Zun], [-] 1-mal wh, re M bis Ende (8 M zugen).

Die 16.–17. R noch 6 (4, 3, 0, -) [-, -, -, -, -]-mal wh. Gesamt 242 (250, 254, 266, -) [-, -, -, -, -] M: 35 (37, 38, 41, -) [-, -, -, -, -] M je VT, 51 (51, 51, 51, -) [-, -, -, -, -] M je Ärmel, 70 (74, 76, 82, -) [-, -, -, -, -] M für RT.

Alle Größen

Gesamt 242 (250, 254, 266, 270) [282, 310, 322, 334, 346] M: 35 (37, 38, 41, 42) [44, 49, 51, 53, 55] M je VT, 51 (51, 51, 51, 51) [53, 57, 59, 61, 63] M je Ärmel, 70 (74, 76, 82, 84) [88, 98, 102, 106, 110] M für RT.

Zur Rd schließen, MMs für Rd-Anf. Rd-Anf an der vord. Mitte.

Größen 3, 4, 5, 6, 7, 8, 9, 10

1. Rd: [Re M bis MM, MMa, 1 M li, MMa, re M bis MM, MMa, 1 M li, MMa, re M bis MM, MMa, 1 M li, MMa, re M bis MM, MMa, 1 M li, MMa], [-] 1-mal wh, re M bis Ende.

2. Rd (Zun): [Re M bis 1 M vor MM, 1 re gen Zun, 1 M re, MMa, 1 M li, MMa, Strickschr Vikkel Reihen re, MMa, 1 M li, MMa, 1 M re, 1 li gen Zun, re M bis 1 M vor MM, 1 re gen Zun, 1 M re, MMa, 1 M li, MMa, Strickschr Vikkel Reihen li, MMa, 1 M li, MMa, 1 M re, 1 li gen Zun], [-] 1-mal wh, re M bis Ende (8 M zugen).

Die 1.–2. Rd noch - (-, 4, 9, 14) [12, 15, 13, 11, 10]-mal wh.

Gesamt - (-, 294, 346, 390) [386, 438, 434, 430, 434] M: je - (-, 86, 102, 114) [114, 130, 130, 130, 132] M an VT und RT, - (-, 61, 71, 81) [79, 89, 87, 85, 85] M je Ärmel.

Größen 1, 2, 3, 4, 5, 6, 8, 9, 10

1. Rd: [Re M bis MM, MMa, 1 M li, MMa, re M bis MM, MMa, 1 M li, MMa, re M bis MM, MMa, 1 M li, MMa, re M bis MM, MMa, 1 M li, MMa], [-] 1-mal wh, re M bis Ende.

2. Rd (Zun nur an VT & RT): [Re M bis 1 M vor MM, 1 re gen Zun, 1 M re, MMa, 1 M li, MMa, Strickschr Vikkel Reihen re, MMa, 1 M li, MMa, re M bis MM, MMa, 1 M li, MMa, Strickschr Vikkel Reihen li, MMa, 1 M li, MMa, 1 M re, 1 li gen Zun], [-] 1-mal wh, re M bis Ende (4 M zugen).

3. Rd: Wie 1. Rd.

4. Rd (Zun): [Re M bis 1 M vor MM, 1 re gen Zun, 1 M re, MMa, 1 M li, MMa, Strickschr Vikkel Reihen re, MMa, 1 M li, MMa, 1 M re, 1 li gen Zun, re M bis 1 M vor MM, 1 re gen Zun, 1 M re, MMa, 1 M li, MMa, Strickschr Vikkel Reihen li, MMa, 1 M li, MMa, 1 M re, 1 li gen Zun], [-] 1-mal wh, re M bis Ende (8 M zugen).

Die 1.–4. Rd noch 1 (3, 4, 2, 0) [0, -, 0, 0, 0]-mal wh. Gesamt 266 (298, 354, 382, 402) [398, -, 446, 442, 446] M: je 78 (90, 106, 114, 118) [118, -, 134, 134, 136] M an VT und RT, 55 (59, 71, 77, 83) [81, -, 89, 87, 87] M je Ärmel.

Größen 1 & 2

5. Rd: [Re M bis MM, MMa, 1 M li, MMa, re M bis MM, MMa, 1 M li, MMa, re M bis MM, MMa, 1 M li, MMa, re M bis MM, MMa, 1 M li, MMa], [-] 1-mal wh, re M bis Ende.

6. Rd (Zun nur an VT & RT): [Re M bis 1 M vor MM, 1 re gen Zun, 1 M re, MMa, 1 M li, MMa, Strickschr Vikkel Reihen re, MMa, 1 M li, MMa, re M bis MM, MMa, 1 M li, MMa, Strickschr Vikkel Reihen li, MMa, 1 M li, MMa, 1 M re, 1 li gen Zun], [-] 1-mal wh, re M bis Ende (4 M zugen).

7. Rd: Wie 5. Rd.

8. Rd (Zun nur an Ärmeln): [Re M bis MM, MMa, 1 M li, MMa, Strickschr Vikkel Reihen re, MMa, 1 M li, MMa, 1 M re, 1 li gen Zun, re M bis 1 M vor MM, 1 re gen Zun, 1 M re, MMa, 1 M li, MMa, Strickschr Vikkel Reihen li, MMa, 1 M li, MMa], [-] 1-mal wh, re M bis Ende (4 M zugen).

Die 5.–8. Rd noch 2 (1, -, -, -) [-, -, -, -, -]-mal wh. Gesamt 290 (314, -, -, -) [-, -, -, -, -] M: je 84 (94, -, -, -) [-, -, -, -, -] M an VT und RT, 61 (63, -, -, -) [-, -, -, -, -] M je Ärmel.

Größen 5, 6, 8, 9

5. Rd: [Re M bis MM, MMa, 1 M li, MMa, re M bis MM, MMa, 1 M li, MMa, re M bis MM, MMa, 1 M li, MMa, re M bis MM, MMa, 1 M li, MMa], [-] 1-mal wh, re M bis Ende.

6. Rd (Zun nur an VT & RT): [Re M bis 1 M vor MM, 1 re gen Zun, 1 M re, MMa, 1 M li, MMa, Strickschr Vikkel Reihen re, MMa, 1 M li, MMa, re M bis MM, MMa, 1 M li, MMa, Strickschr Vikkel Reihen li, MMa, 1 M li, MMa, 1 M re, 1 li gen Zun], [-] 1-mal wh, re M bis Ende (4 M zugen).

7. Rd (Zun nur an VT & RT): [Re M bis 1 M vor MM, 1 re gen Zun, 1 M re, MMa, 1 M li, MMa, re M bis MM, MMa, 1 M li, MMa, re M bis MM, MMa, 1 M li, MMa, re M bis MM, MMa, 1 M li, MMa, 1 M re, 1 li gen Zun], [-] 1-mal wh, re M bis Ende (4 M zugen).

8. Rd (Zun): [Re M bis 1 M vor MM, 1 re gen Zun, 1 M re, MMa, 1 M li, MMa, Strickschr Vikkel Reihen re, MMa, 1 M li, MMa, 1 M re, 1 li gen Zun, re M bis 1 M vor MM, 1 re gen Zun, 1 M re, MMa, 1 M li, MMa, Strickschr Vikkel Reihen li, MMa, 1 M li, MMa, 1 M re, 1 li gen Zun], [-] 1-mal wh, re M bis Ende (8 M zugen).
Gesamt [- (-, -, -, 418) [414, -, 462, 458, -] M: je - (-, -, -, 124) [124, -, 140, 140, -] an VT und RT, - (-, -, -, 85) [83, -, 91, 89, -] M je Ärmel.

Größe 7

3. Rd (Zun nur an VT & RT): [Re M bis 1 M vor MM, 1 re gen Zun, 1 M re, MMa, 1 M li, MMa, re M bis MM, MMa, 1 M li, MMa, re M bis MM, MMa, 1 M li, MMa, re M bis MM, MMa, 1 M li, MMa, 1 M re, 1 li gen Zun], [-] 1-mal wh, re M bis Ende (4 M zugen).

4. Rd (Zun): [Re M bis 1 M vor MM, 1 re gen Zun, 1 M re, MMa, 1 M li, MMa, Strickschr Vikkel Reihen re, MMa, 1 M li, MMa, 1 M re, 1 li gen Zun, re M bis 1 M vor MM, 1 re gen Zun, 1 M re, MMa, 1 M li, MMa, Strickschr Vikkel Reihen li, MMa, 1 M li, MMa, 1 M re, 1 li gen Zun], [-] 1-mal wh, re M bis Ende (8 M zugen).
Gesamt 450 M: je 134 M an VT und RT, 91 M je Ärmel.

Größen 6, 7, 8, 9, 10

9. Rd (Zun nur an VT & RT): [Re M bis 1 M vor MM, 1 re gen Zun, 1 M re, MMa, 1 M li, MMa, re M bis MM, MMa, 1 M li, MMa, re M bis MM, MMa, 1 M li, MMa, re M bis MM, MMa, 1 M li, MMa, 1 M re, 1 li gen Zun], [-] 1-mal wh, re M bis Ende. (4 M zugen)

10. Rd (Zun nur an VT & RT): [Re M bis 1 M vor MM, 1 re gen Zun, 1 M re, MMa, 1 M li, MMa, Strickschr Vikkel Reihen re, MMa, 1 M li, MMa, re M bis MM, MMa, 1 M li, MMa, Strickschr Vikkel Reihen li, MMa, 1 M li, MMa, 1 M re, 1 li gen Zun], [-] 1-mal wh, re M bis Ende (4 M zugen).

11. Rd: Wie 9. Rd.

12. Rd (Zun): [Re M bis 1 M vor MM, 1 re gen Zun, 1 M re, MMa, 1 M li, MMa, Strickschr Vikkel Reihen re, MMa, 1 M li, MMa, 1 M re, 1 li gen Zun, re M bis 1 M vor MM, 1 re gen Zun, 1 M re, MMa, 1 M li, MMa, Strickschr Vikkel Reihen li, MMa, 1 M li, MMa, 1 M re, 1 li gen Zun], [-] 1-mal wh, re M bis Ende (8 M zugen).

Die 9.–12. Rd noch - (-, -, -, -,) [0, 0, 0, 1, 2]-mal wh.
Gesamt - (-, -, -, -,) [434, 470, 482, 498, 506] M: je - (-, -, -, -,) [132, 142, 148, 156, 160] M an VT & RT, - (-, -, -, -,) [85, 93, 93, 93, 93] M je Ärmel.

Größe 1

9. Rd: [Re M bis MM, MMa, 1 M li, MMa, re M bis MM, MMa, 1 M li, MMa, re M bis MM, MMa, 1 M li, MMa, re M bis MM, MMa, 1 M li, MMa], [-] 1-mal wh, re M bis Ende.

10. Rd (Zun nur an VT & RT): [Re M bis 1 M vor MM, 1 re gen Zun, 1 M re, MMa, 1 M li, MMa, Strickschr Vikkel Reihen re, MMa, 1 M li, MMa, re M bis MM, MMa, 1 M li, MMa, Strickschr Vikkel Reihen li, MMa, 1 M li, MMa, 1 M re, 1 li gen Zun], [-] 1-mal wh, re M bis Ende (4 M zugen).
Gesamt 294 M: je 86 M an VT & RT, 61 M je Ärmel.

Größe 10

13. Rd (Zun nur an VT & RT): [Re M bis 1 M vor MM, 1 re gen Zun, 1 M re, MMa, 1 M li, MMa, re M bis MM, MMa, 1 M li, MMa, re M bis MM, MMa, 1 M li, MMa, re M bis MM, MMa, 1 M li, MMa, 1 M re, 1 li gen Zun], [-] 1-mal wh, re M bis Ende (4 M zugen).

14. Rd (Zun nur an VT & RT): [Re M bis 1 M vor MM, 1 re gen Zun, 1 M re, MMa, 1 M li, MMa, Strickschr Vikkel Reihen re, MMa, 1 M li, MMa, re M bis MM, MMa, 1 M li, MMa, Strickschr Vikkel Reihen li, MMa, 1 M li, MMa, 1 M re, 1 li gen Zun], [-] 1-mal wh, re M bis Ende (4 M zugen).
Gesamt 514 M: je 164 M an VT und RT, 93 M je Ärmel.

Alle Größen

Gesamt 294 (314, 354, 382, 418) [434, 470, 482, 498, 514] M: je 86 (94, 106, 114, 124) [132, 142, 148, 156, 164] M an VT und RT, 61 (63, 71, 77, 85) [85, 93, 93, 93, 93] M je Ärmel.

ABTEILEN DER ÄRMEL

Re M bis MM, MMa, folg. 61 (63, 71, 77, 85) [85, 93, 93, 93, 93] M einschl. MM auf Halter stilllegen, 8 (10, 10, 12, 14) [16, 18, 22, 26, 28] M anschl, re M bis MM, folg. 61 (63, 71, 77, 85) [85, 93, 93, 93, 93] M einschl. MM auf Halter legen, 8 (10, 10, 12, 14) [16, 18, 22, 26, 28] M anschl, re M bis MM, MMe, 47 (52, 58, 63, 69) [74, 80, 85, 91, 96] M re, MMs für neuen Rd-Anf. Rd-Anf an der Mitte der li Seite.
Gesamt 188 (208, 232, 252, 276) [296, 320, 340, 364, 384] M.

STRICKSCHRIFT VIKKEL SCHULTER

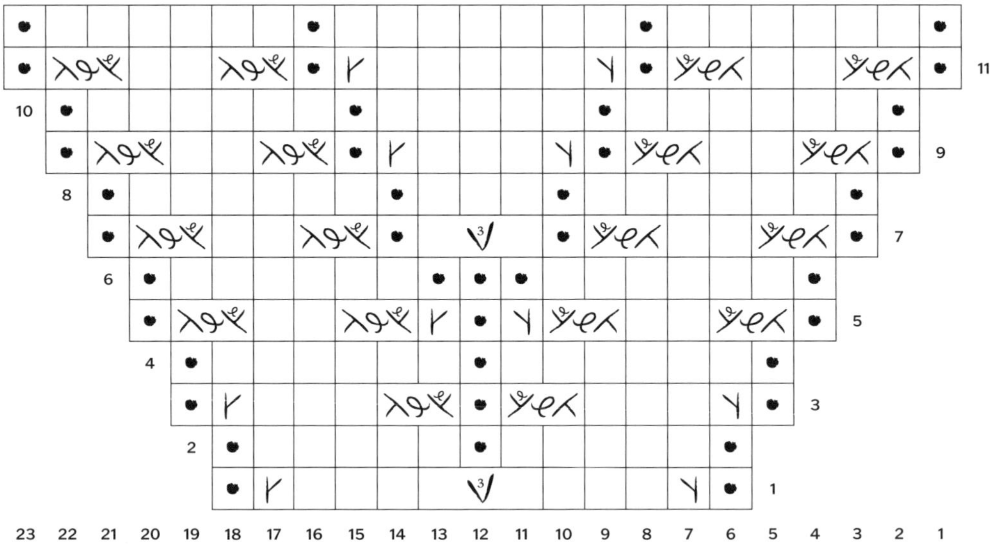

LEGENDE

- Hin-R: Re M
  Rück-R: Li M
- 1/1 rvkr
  1/1 lvkr
- Hin-R: 1 li gen Zun
  Rück-R: 1 li gen Zun (li M)
- Hin-R: 1 re gen Zun
  Rück-R: 1 re gen Zun (li M)
- Hin-R: (1 M re, 1 M li, 1 M re) in 1 M
  Rück-R: (1 M li, 1 M re, 1 M li) in 1 M
- Hin-R: Li M
  Rück-R: Re M

RUMPF

Vorbereitungs-Rd: 1 M li, MMs, Strickschr Vikkel Rumpf li, MMs, 1 M li, MMs, 79 (89, 101, 111, 123) [133, 145, 155, 167, 177] M re, MMs, 1 M li, MMs, Strickschr Vikkel Rumpf re, MMs, 1 M li, Strickschr Vikkel Rumpf li, MMs, 1 M li, MMs, re M bis 7 M vor Ende, MMs, 1 M li, MMs, Strickschr Vikkel Rumpf re.

1. Rd: 1 M li, MMa, Strickschr Vikkel Rumpf li, MMa, 1 M li, MMa, re M bis MM, MMa, 1 M li, MMa, Strickschr Vikkel Rumpf re, MMa, 1 M li, MMa, Strickschr Vikkel Rumpf li, MMa, 1 M li, MMa, re M bis MM, MMa, 1 M li, MMa, Strickschr Vikkel Rumpf re.

Die 1. Rd stets wh, dabei die Strickschriften Vikkel Rumpf re und li fortführen, bis die Strickschriften insgesamt 4-mal gestrickt wurden oder bis 12,5 cm vor der gewünschten Länge; dabei mit Ende des Rapports der Strickschriften Vikkel Rumpf re und li enden.

SAUM

1. Rd (Vorbereitung): 1 M li, MMa, Strickschr Vikkel Saum li arb (25 M), dabei alle vorkommenden MM entf, MMs, 43 (53, 65, 75, 87) [97, 109, 119, 131, 141] M re, MMs, Strickschr Vikkel Saum re arb (25 M), dabei alle vorkommenden MM entf, MMa, 1 M li,

MMa, Strickschr Vikkel Saum li arb (25 M), dabei alle vorkommenden MM entf, MMs, 43 (53, 65, 75, 87) [97, 109, 119, 131, 141] M re, MMs, Strickschr Vikkel Saum re arb (25 M), dabei alle vorkommenden MM entf.

2. Rd: 1 M li, MMa, Strickschr Vikkel Saum li, MMa, re M bis MM, MMa, Strickschr Vikkel Saum re, MMa, 1 M li, MMa, Strickschr Vikkel Saum li, MMa, re M bis MM, MMa, Strickschr Vikkel Saum re.

Die 2. Rd wh, bis alle 24 Rd der Strickschriften Vikkel Saum li und re gestrickt wurden.

Folg. Rd: Re M.

Zu den 3,5-mm-Nadeln wechseln.

4,5 cm im 1/1-Rippenmuster str: [1 M re, 1 M li], [-] fortl. wh.

M locker im 1/1-Rippenmuster abk, wie sie erscheinen.

ÄRMEL

Vorbereitung: Mit 3,75-mm-Nadeln aus den angeschlagenen M der Achsel 8 (10, 10, 12, 14) [16, 18, 22, 26, 28] M aufn und re str, zwischen den angeschl. M und den stillgelegten M 1 M aufn und re str, MMs, die 61 (63, 71, 77, 85) [85, 93, 93, 93, 93] stillgelegten M wie folgt str: 1 M li, MMa, re M bis MM, MMa, 1 M li, MMa, re M bis MM, MMa, 1 M li, MMa, re M bis MM, MMa, 1 M li, MMs, 4 (5, 5, 6, 7) [8, 9, 11, 13, 14] M re, MMs für Rd-Anf. Rd-Anf in der Mitte der Achsel oder am rückwärtigen Ärmel. 70 (74, 82, 90, 100) [102, 112, 116, 120, 122] M.

1. Rd: Re M bis 2 M vor MM, 2 M re zus, MMa, 1 M li, MMa, re M bis MM, MMa, 1 M li, MMa, 1 M re, 1 re gen Zun, re M bis 1 M vor MM, 1 li gen Zun, 1 M re, MMa, 1 M li, MMa, re M bis MM, MMa, 1 M li, MMa, SSK, re M bis Ende.

Die 1. Rd noch 1 (2, 2, 3, 4) [5, 6, 8, 9, 9]-mal wh.

Größe 8

2. Rd (Abn): 1 M re, 2 M re zus, MMa, [1 M li, MMa, re M bis MM, MMa], [-] noch 2-mal wh, 1 M li, MMa, SSK (2 M abgen).

Größen 9 & 10

2. Rd (Abn): Re M bis 2 M vor MM, 2 M re zus, MMa, [1 M li, MMa, re M bis MM, MMa], [-] 1-mal wh, 1 M li, MMa, SSK, re M bis Ende. (2 M abgen)

Größe 10

Die 1. Rd noch 1-mal wh.

Größen 1, 2, 3, 4, 5, 6, 7, 9, 10

Folg. Rd: 1 M re, 2 M re zus, MMa, 1 M li, MMa, re M bis MM, MMa, 1 M li, MMa, 1 M re, 1 re gen Zun, re M bis 1 M vor MM, 1 li gen Zun, 1 M re, MMa, 1 M li, MMa, re M bis MM, MMa, 1 M li, MMa, SSK.

Alle Größen

3. Rd: MM am Rd-Anf entf, letzte M zurück auf LN heben, MMs für Rd-Anf, 2 M abh, 1 M re, die 2 abgeh. M überz (die M von Rd-Anf und Rd-Ende werden zus. gestrickt), MMa, 1 M li, MMa, re M bis MM, MMa, 1 M li, MMa, 1 M re, 1 re gen Zun, re M bis 1 M vor MM, 1 li gen Zun, 1 M re, MMa, 1 M li, MMa, re M bis MM, MMa, 1 M li, MMe.

Größen 1, 2, 3, 4, 5, 6, 8

4. Rd: MM am Rd-Anf entf, letzte M zurück auf LN heben, MMs für Rd-Anf, 2 M abh, 1 M li, die 2 abgeh. M überz, (die M von Rd-Anf und Rd-Ende werden zus. gestrickt), MMa, re M bis MM, MMa, 1 M li, MMa, 1 M re, 1 re gen Zun, re M bis 1 M vor MM, 1 li gen Zun, 1 M re, MMa, 1 M li, MMa, 6 M re, MMe.

Größen 7, 9, 10

4. Rd: MM am Rd-Anf entf, letzte M zurück auf LN heben, MMs für Rd-Anf, 2 M abh, 1 M li, die 2 abgeh. M überz, (die M von Rd-Anf und Rd-Ende werden zus. gestrickt), MMa, re M bis MM, MMa, 1 M li, MMa, re M bis MM, MMa, 1 M li, MMa, 6 M re, MMe (2 M abgen).

Größen 1, 2, 3, 4, 7, 9, 10

5. Rd: 1 M li, MMa, re M bis 2 M vor MM, 2 M re zus, MMa, 1 M li, MMa, 1 M re, 1 re gen Zun, re M bis 1 M vor MM, 1 li gen Zun, 1 M re, MMa, 1 M li, MMa, SSK, re M bis MM.

Größen 5, 6, 8

5. Rd: 1 M li, MMa, re M bis 2 M vor MM, 2 M re zus, MMa, 1 M li, MMa, re M bis MM, MMa, 1 M li, MMa, SSK, re M bis MM (2 M abgen).

Alle Größen

6. Rd: 1 M li, MMa, re M bis MM, MMa, 1 M li, MMa, re M bis MM, MMa, 1 M li, MMa, re M bis MM.

Größen 1, 5, 6, 8

7. Rd: 1 M li, MMa, re M bis 2 M vor MM, 2 M re zus, MMa, 1 M li, MMa, 1 M re, 1 re gen Zun, re M bis 1 M vor MM, 1 li gen Zun, 1 M re, MMa, 1 M li, MMa, SSK, re M bis MM.

Größen 2, 3, 4, 7, 9, 10

7. Rd: 1 M li, MMa, re M bis 2 M vor MM, 2 M re, zus, MMa, 1 M li, MMa, re M bis MM, MMa, 1 M li, MMa, SSK, re M bis MM (2 M abgen).

Alle Größen

8. Rd: Wie 6. Rd.

Größen 1, 6, 8

9. Rd: 1 M li, MMa, re M bis 2 M vor MM, 2 M re zus, MMa, 1 M li, MMa, re M bis MM, MMa, 1 M li, MMa, SSK, re M bis MM (2 M abgen).

Größen 2, 3, 4, 5, 7, 9, 10

9. Rd: 1 M li, MMa, re M bis 2 M vor MM, 2 M re zus, MMa, 1 M li, MMa, 1 M re, 1 re gen Zun, re M bis 1 M vor MM, 1 li gen Zun, 1 M re, MMa, 1 M li, MMa, SSK, re M bis MM.

Alle Größen

10. Rd: Wie 6. Rd.

Größen 1, 2, 3, 4, 6, 8

11. Rd: 1 M li, MMa, re M bis 2 M vor MM, 2 M re zus, MMa, 1 M li, MMa, 1 M re, 1 re gen Zun, re M bis 1 M vor MM, 1 li gen Zun, 1 M re, MMa, 1 M li, MMa, SSK, re M bis MM.

Größen 5, 7, 9, 10

11. Rd: 1 M li, MMa, re M bis 2 M vor MM, 2 M re zus, MMa, 1 M li, MMa, re M bis MM, MMa, 1 M li, MMa, SSK, re M bis MM (2 M abgen).

Alle Größen

12. Rd: Wie 6. Rd.

Größen 1, 2, 3, 5, 7, 8, 9, 10

13. Rd: 1 M li, MMa, 2 M re zus, MMa, 1 M li, MMa, 1 M re, 1 re gen Zun, re M bis 1 M vor MM, 1 li gen Zun, 1 M re, MMa, 1 M li, MMa, SSK (2 M abgen).

Größen 4 & 6

13. Rd: 1 M li, MMa, 2 M re zus, MMa, 1 M li, MMa, re M bis MM, MMa, 1 M li, MMa, SSK (2 M abgen).

Alle Größen

14. Rd: 1 M li, MMa, 1 M re, MMa, 1 M li, MMa, re M bis MM, MMa, 1 M li, MMe.

DIE STRICKSCHRIFTEN ZEIGEN NUR DIE HINREIHEN

STRICKSCHRIFT VIKKEL REIHEN LI

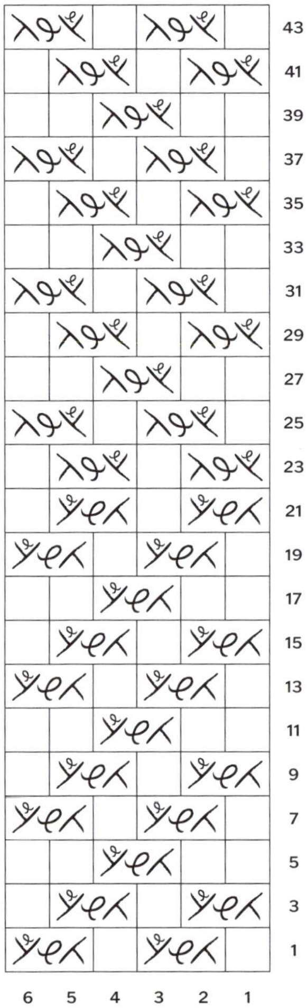

STRICKSCHRIFT VIKKEL REIHEN RE

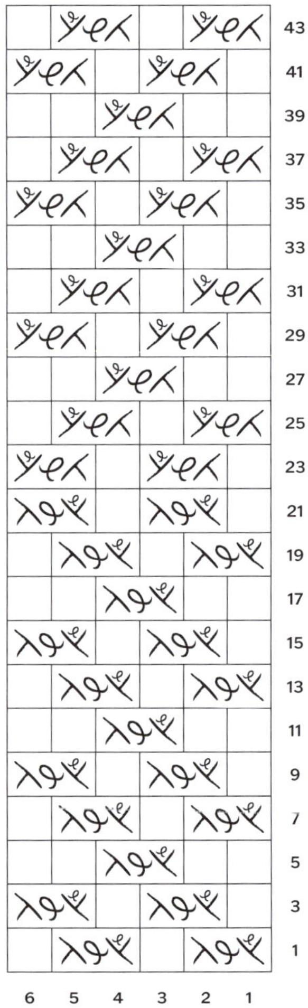

STRICKSCHRIFT VIKKEL RUMPF LI

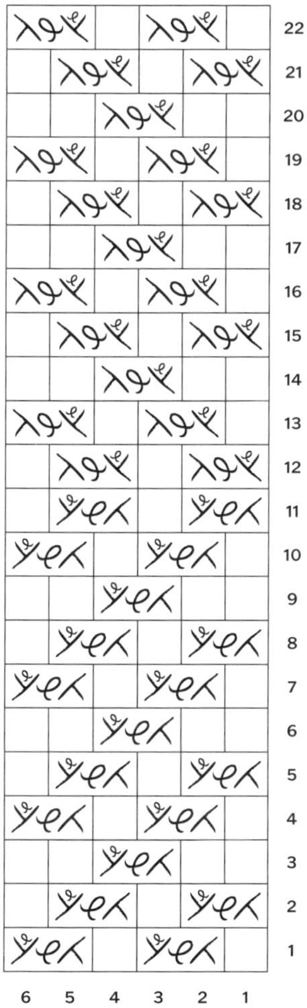

STRICKSCHRIFT VIKKEL RUMPF RE

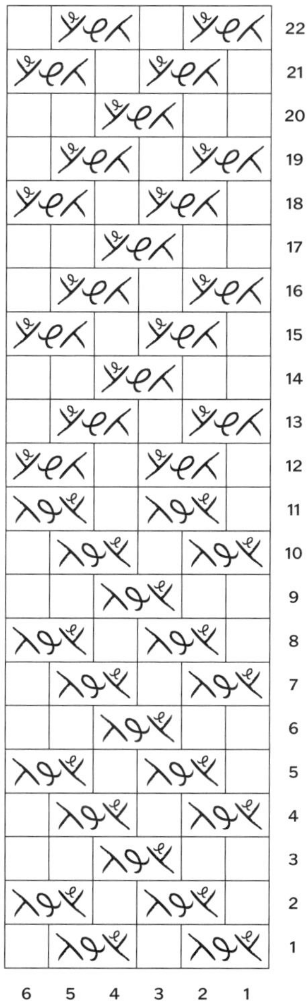

Rd ohne Abn: 1 M li, 1 M re, 1 M li, MMa, re M bis MM, MMa, 1 M li, 1 M re.

Die Rd ohne Abn noch 2 (0, 0, 4, 1) [1, 0, 0, 0, 0]-mal wh.

Abn-Rd: 1 M li, 1 M re, 1 M li, MMa, 2 M re zus, re M bis 2 M vor MM, SSK, MMa, 1 M li, 1 M re (2 M abgen).

Die Abn-Rd noch 10 (12, 15, 18, 22) [22, 26, 26, 26, 27]-mal in jeder 9. (8., 6., 5., 5.) [4., 4., 4., 4., 4.] Rd wh. 46 (46, 48, 48, 50) [50, 52, 56, 58, 58] M.

Weiter die Rd ohne Abn str, bis der Ärmel 39,5 (39,5, 40,5, 40,5, 42) [42, 42, 43, 43, 43] cm lang ist oder bis 5 cm vor der gewünschten Länge.

ÄRMELBÜNDCHEN

Zu den 3,5-mm-Nadeln wechseln und 5 cm im 1/1-Rippenmuster str: [1 M re, 1 M li], [-] fortl. wh.

Im Rippenmuster abketten.

Den 2. Ärmel genauso stricken.

HALSBÜNDCHEN

Vorbereitungs-Rd: Mit 3,5-mm-Nadeln ab der Mitte des V-Ausschnitts 129 (133, 135, 141, 143) [149, 163, 169, 175, 181] M aufn und re str, zur Rd schließen, MMs für Rd-Anf.

1. Rd: 1 M re, SSK, [1 M li, 1 M re], [-] bis 2 M vor Ende wh, 2 M re zus (2 M abgen).

2. Rd: 1 M re, SSK, [1 M re, 1 M li], [-] bis 2 M vor Ende wh, 2 M re zus (2 M abgen).

3. Rd: 1 M re, SSK, [1 M li, 1 M re], [-] bis 2 M vor Ende wh, 2 M re zus. (2 M abgen)

Alle M im Rippenmuster abketten.

FERTIGSTELLUNG

Fäden vernähen und den Pullover auf Maß spannen.

ANLEITUNG TUUL

STRICKSCHRIFT VIKKEL SAUM LI

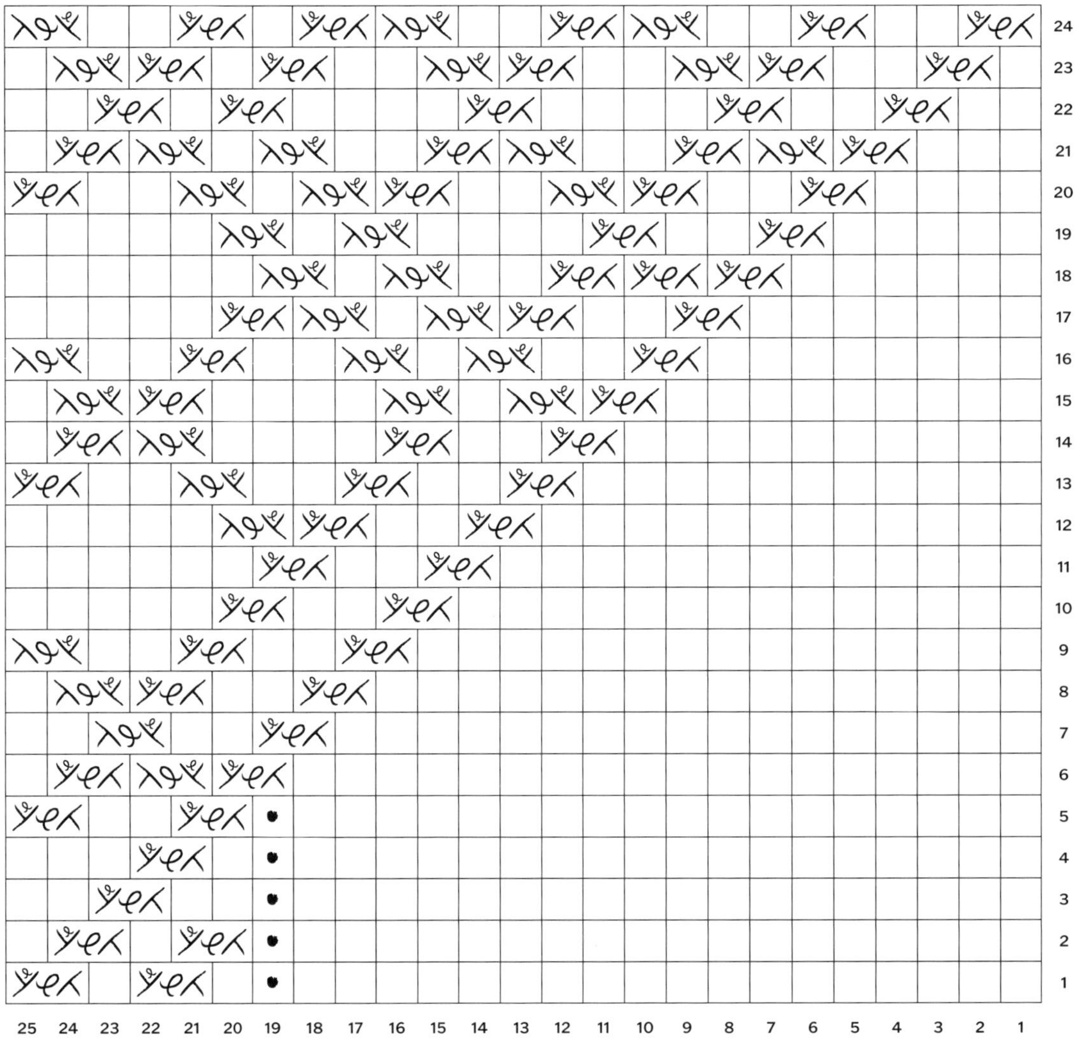

LEGENDE

- (leeres Kästchen) Hin-R: Re M
Rück-R: Li M
- (Symbol) 1/1 re verkr
- (Symbol) 1/1 li verkr
- • Li M

STRICKSCHRIFT VIKKEL SAUM RE

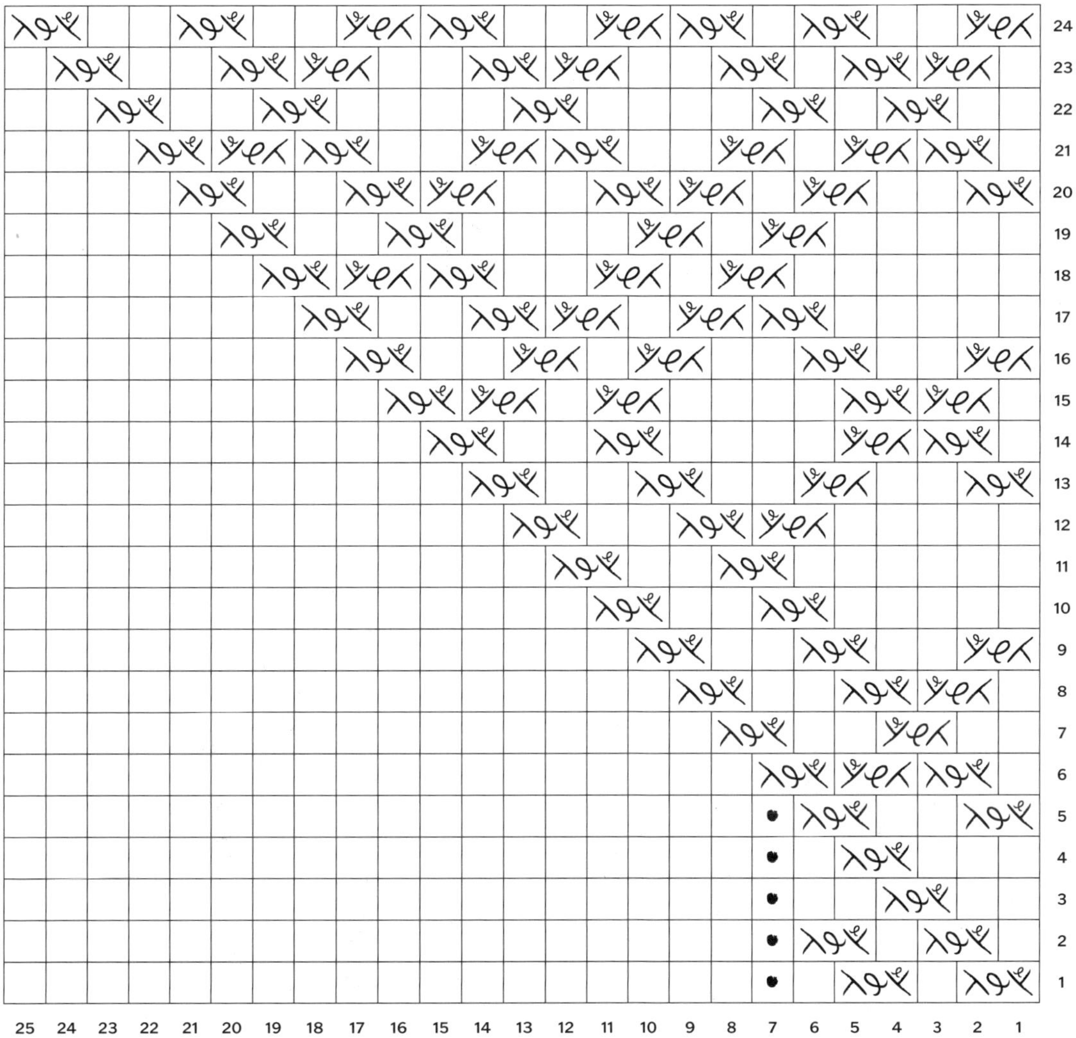

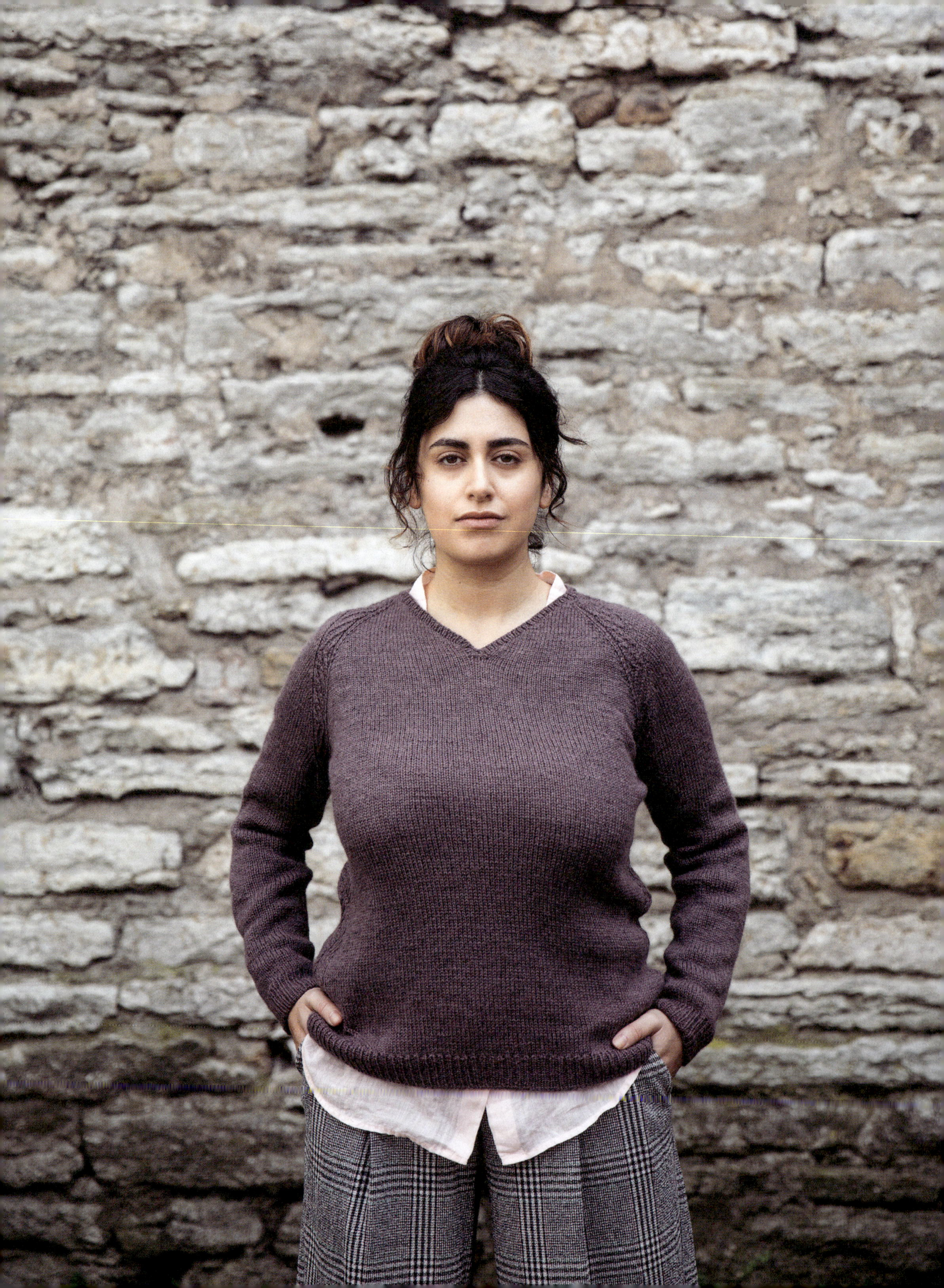

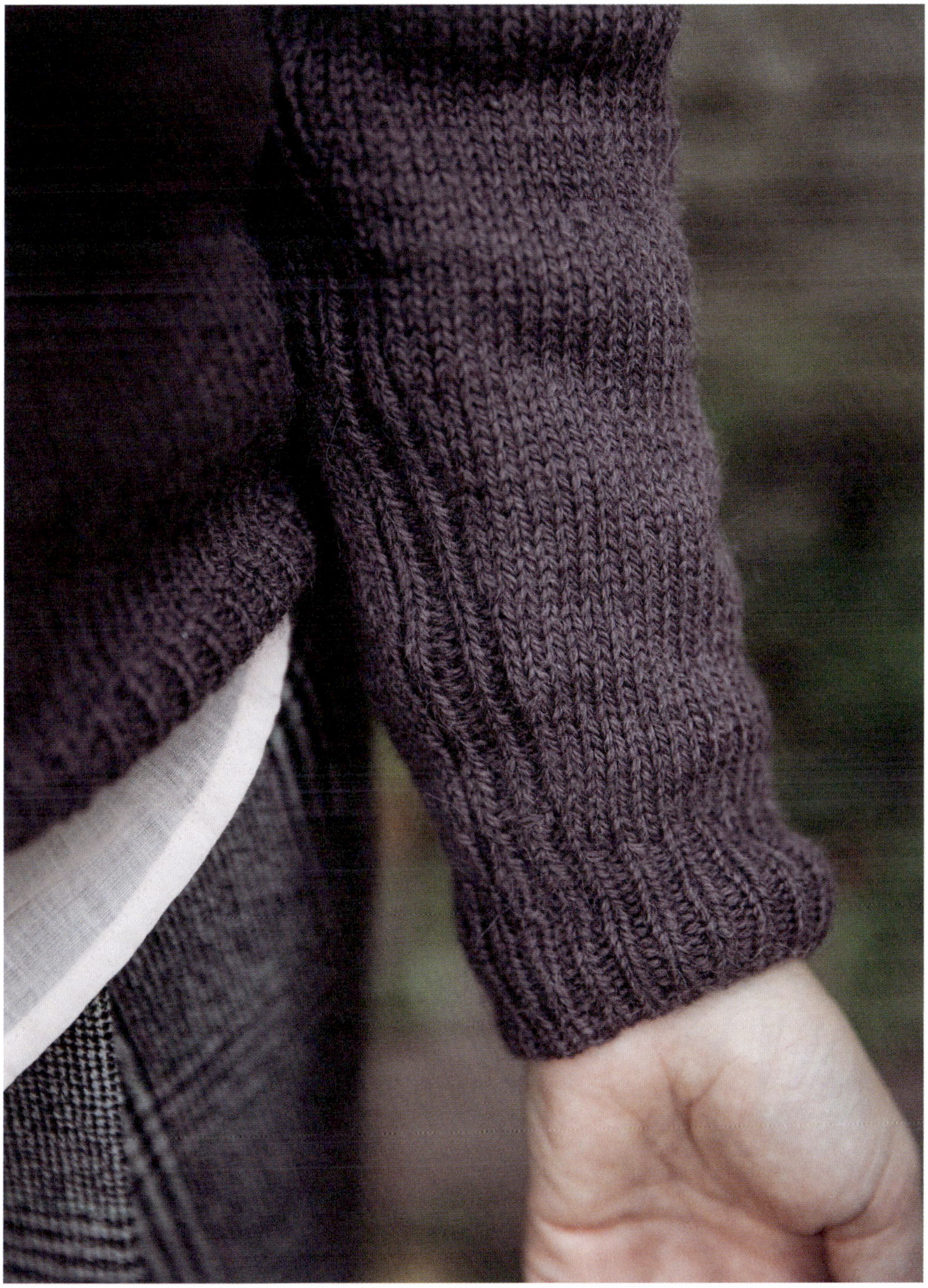

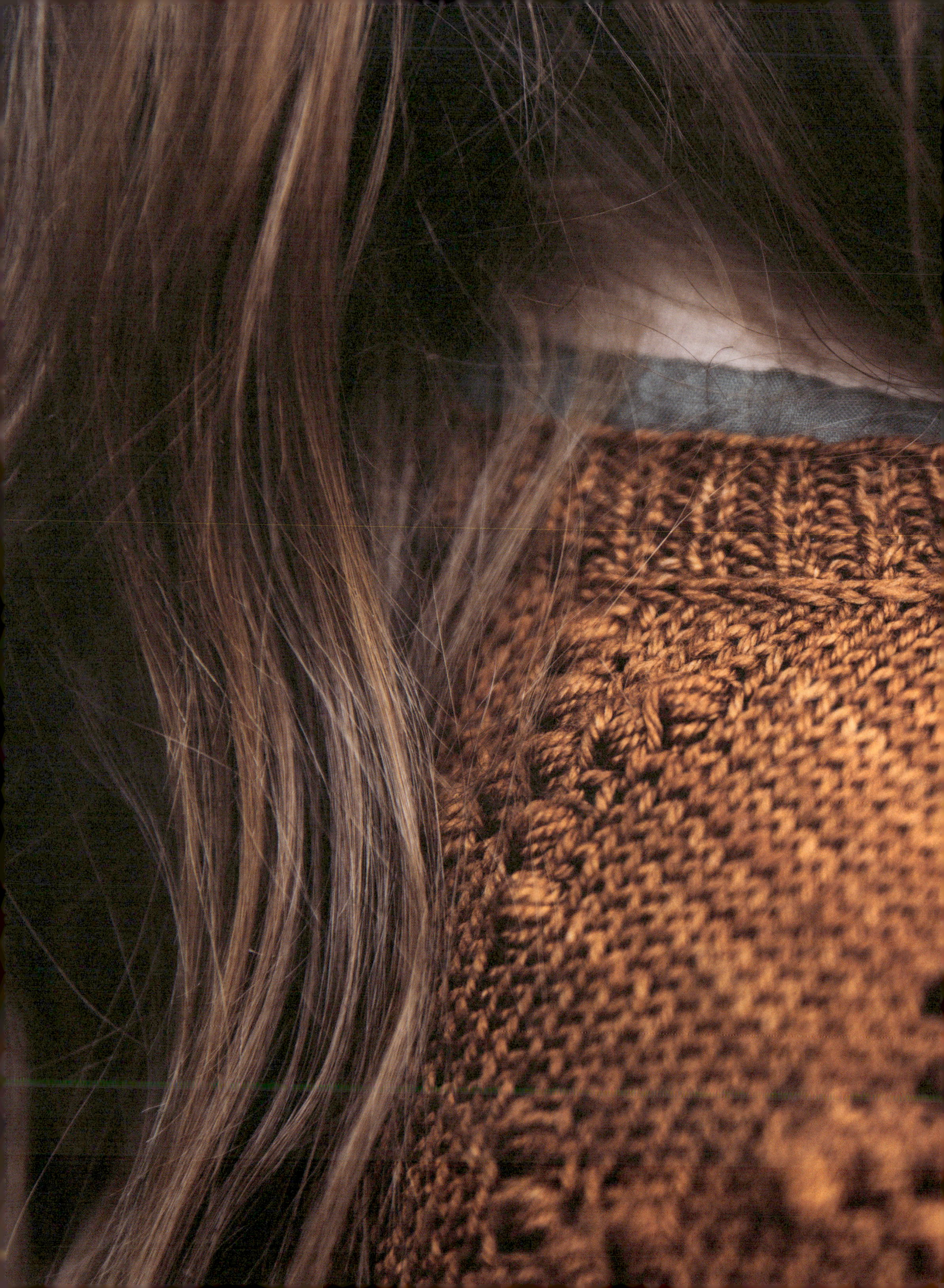

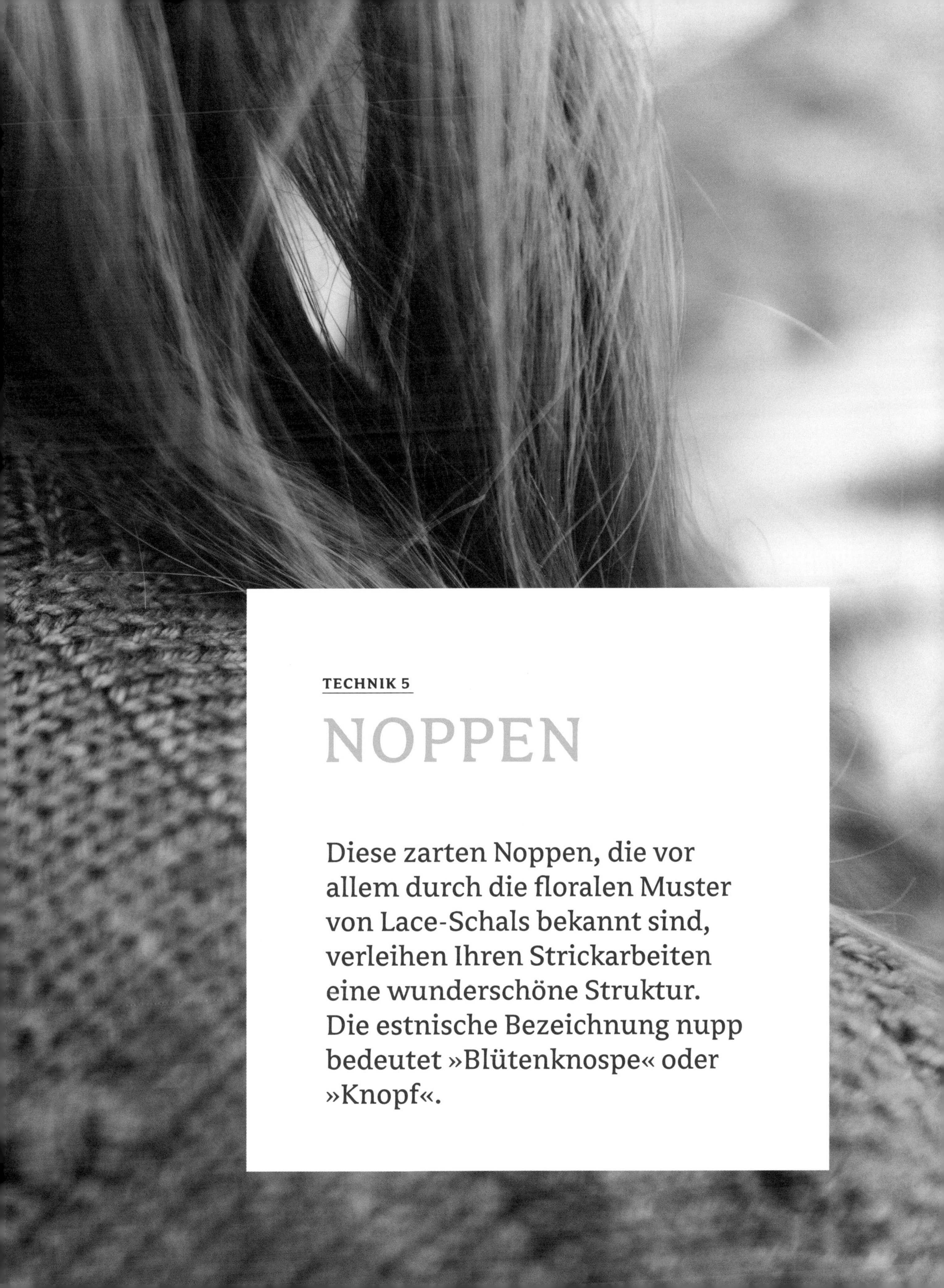

TECHNIK 5

NOPPEN

Diese zarten Noppen, die vor allem durch die floralen Muster von Lace-Schals bekannt sind, verleihen Ihren Strickarbeiten eine wunderschöne Struktur. Die estnische Bezeichnung nupp bedeutet »Blütenknospe« oder »Knopf«.

NOPPEN – NUPPUD

EIN NUPP, die wohl bekannteste estnische Stricktechnik, ist eine feine Noppe, die oft in den Mustern der fantastischen Lace-Schals aus dem Küstenstädtchen Haapsalu vorkommt. An diesen hauchzarten Schals und Tüchern kann man bis zu 100 Nuppud (der Plural von Nupp) finden, die häufig florale Motive bilden und durch die sich kunstvoll handgestrickte Stücke von maschinengestrickten Imitaten abheben. Diese raffinierte Strickweise und das Wissen darüber werden durch Meisterstrickerinnen wie Linda Elgas sowie viele andere aus dem Haapsalu Käsitööselts, dem Handarbeitsverein aus Haapsalu, lebendig erhalten.

Ein Nupp ist eine feine Noppe, die oft in den Mustern der fantastischen Lace-Schals aus dem Küstenstädtchen Haapsalu vorkommt.

DAS WORT Nupp bedeutet »Blütenknospe« oder auch »Knopf«, und genau so sehen die gestrickten Nupps auch aus. Obwohl Nupps vor allem typisch für estnische Lacestrickerei sind, kommen sie auch auf einem glatt rechts gestrickten Hintergrund gut zur Geltung und verleihen eine interessante Struktur.

1

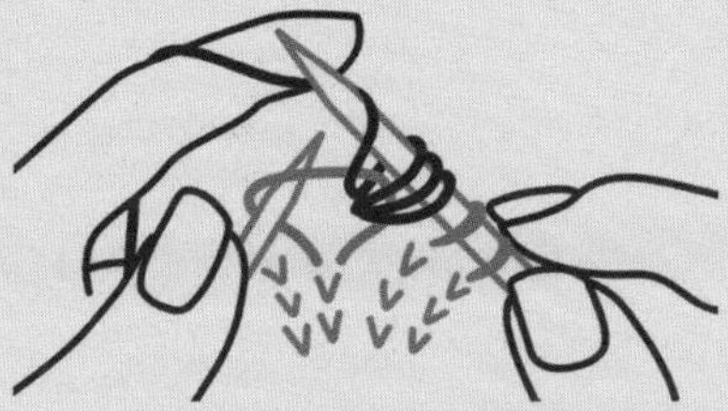

2

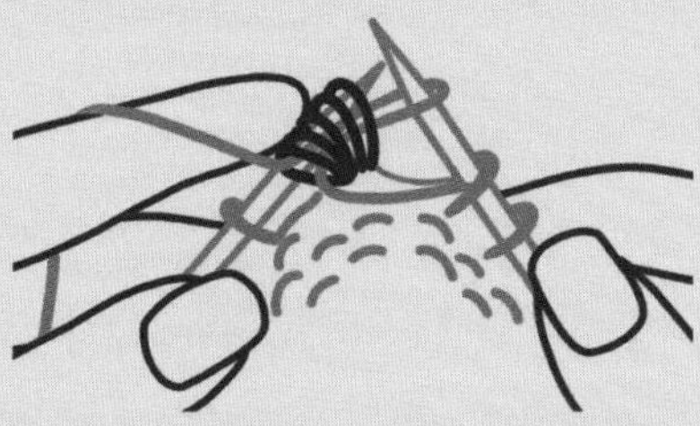

3

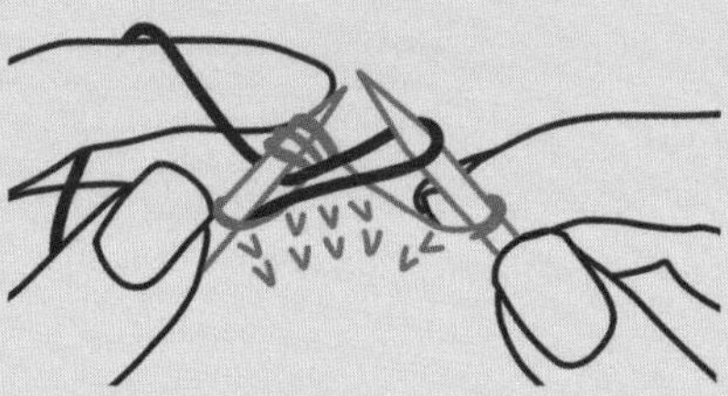

4

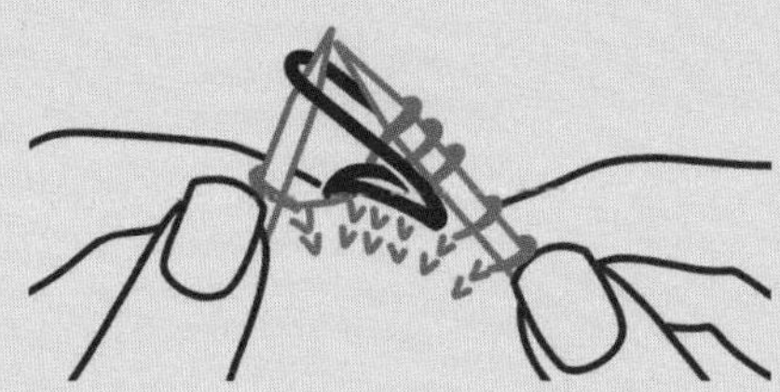

Ein Nupp entsteht, indem aus einer Masche zahlreiche Maschen – meist eine ungerade Zahl zwischen 5 und 11 – herausgestrickt werden. Je mehr Maschen, desto größer wird die Noppe.

Zum Herausstricken mehrerer Maschen aus einer Masche wie folgt vorgehen: [Die Masche rechts stricken, aber auf der linken Nadel lassen, 1 Umschlag arbeiten], [-] wiederholen, bis man 1 Masche weniger als die benötigte Maschenzahl (die ungerade sein sollte) hat (Abb. 1). Dann die Masche rechts stricken und von der linken Nadel heben.

Wenn man wieder an die Stelle der zugenommenen Nupp-Maschen gelangt – je nach Strickweise entweder in der nächsten Runde oder in der Rückreihe –, alle Maschen wieder zu einer einzigen Masche zusammenstricken (in Runden rechts zusammenstricken, in Reihen links zusammenstricken) (Abb. 2). Dabei kann man eine Häkelnadel zu Hilfe nehmen.

WICKELNOPPE – TÖSTETUD-NUPP ODER VÄIKE-NUPP

Diese Art Noppe ist nicht sehr gebräuchlich. An einem Rippenmuster erzeugt sie einen smokartigen Effekt. Sie sieht aus wie eine überdimensionale linke Masche und entsteht, indem das Garn um mehrere Maschen herumgewickelt wird (Ton in Ton oder in einer Kontrastfarbe) oder als kurzer Roosimine-Spannfaden mitgeführt wird.

Dazu mit der rechten Nadel im Abstand der gewünschten Nupp-Breite zwischen den Maschen auf der linken Nadel einstechen. Das Garn für die Noppe durchziehen, um auf der rechten Nadel eine Masche zu erhalten (Abb. 3). Diese neue Masche auf die linke Nadel heben und mit dem Garn für die Noppe erneut rechts stricken. Die Masche locker stricken, da der Faden über mehrere Maschen gespannt wird.

Die Maschen der linken Nadel normal weiterstricken bis zu der Stelle, an der das Noppengarn für die zusätzliche Masche durchgezogen wurde.

Die Noppenmasche (die 2-mal im Noppengarn gestrickt wurde) über die gerade gestrickten Maschen auf der rechten Nadel ziehen (Abb. 4).

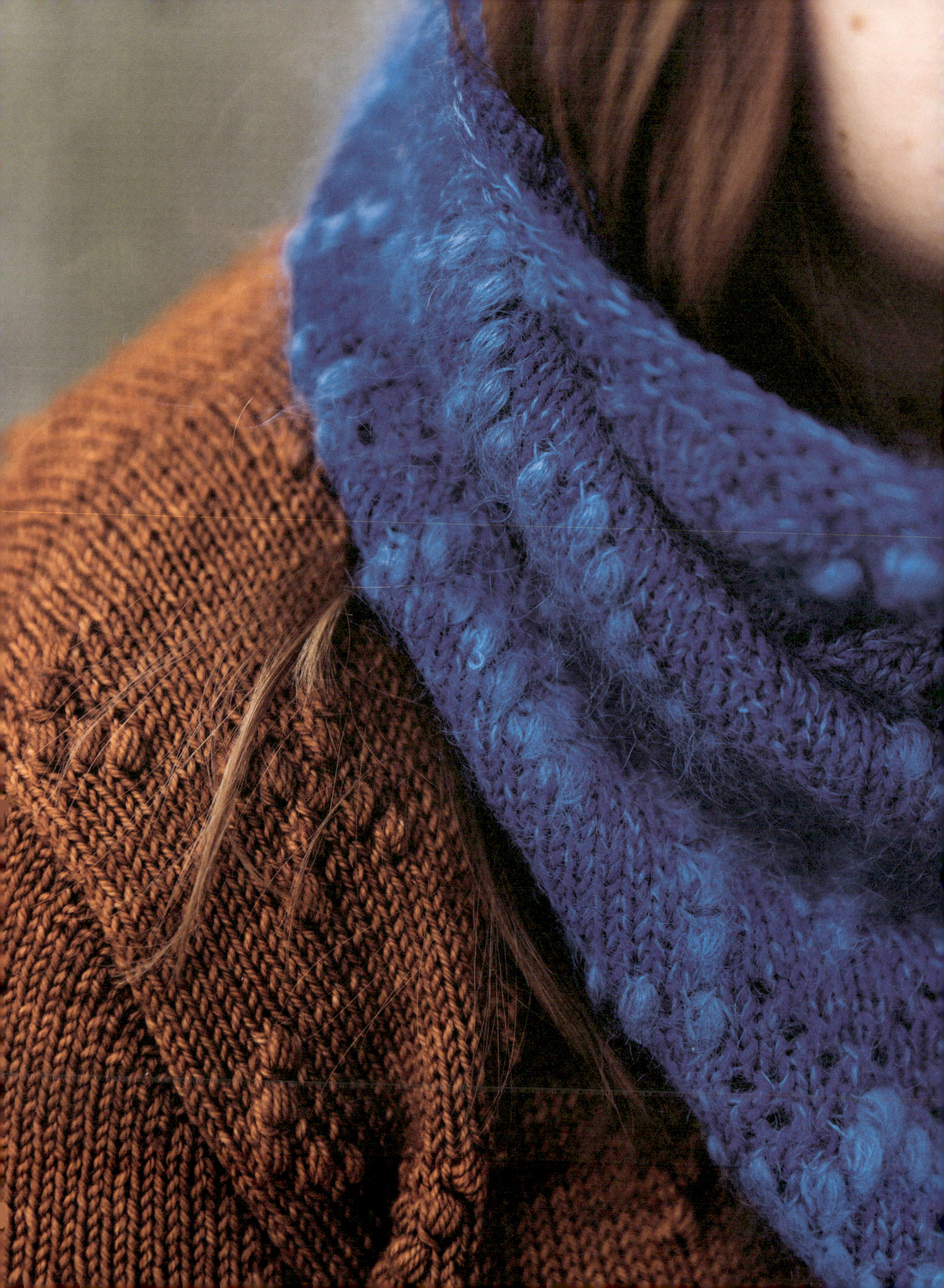

RUKKILILL

Zu diesem Loopschal haben mich zwei der Nationalsymbole Estlands inspiriert: die Kornblume (»rukkilill«) und die Schwalbe. Rukkilill wird im Stil eines traditionellen Haapsalu-Lace-Schals gestrickt, allerdings mit leichten Abwandlungen – einer schlichten Kraus-rechts-Kante und in kontrastierendem Mohairgarn gearbeiteten Noppen.

FERTIGE MASSE (FLACH LIEGEND, VOR DEM ZUSAMMENNÄHEN)

Breite/Umfang: 66 cm
Höhe: 53 cm

GARN

Stärke 4ply Fingering: Neighborhood Fiber Co. Organic Studio Sock (100 % Merinowolle aus kbT, LL 366 m/100 g)
Farbe Georgetown: 1 Strang

Stärke Lace: Neighborhood Fiber Co. Loft (60 % Mohair, 40 % Seide, LL 320 m/28 g)
Farbe Washington Circle: 2 Stränge

Oder vergleichbares Garn in folgender Menge:
Stärke 4ply Fingering: 191 m
Stärke Lace: 343 m

STRICKNADELN

3,25 mm: Rundnadel 80 cm

SONSTIGES

Wollnadel, Maschenmarkierer

MASCHENPROBE

18 M x 28 Rd = 10 x 10 cm, im Lacemuster in Reihen gestrickt, nach dem Spannen

ANMERKUNGEN ZUR ANLEITUNG

Dieser Loopschal wird ab dem dreiseitigen Maschenanschlag an der Spitze in Reihen nach oben gestrickt. Die Zunahmen für die Breite werden durch Umschläge gearbeitet. Die Seitenkanten und die Oberkante des dreieckigen Loops werden kraus rechts gestrickt.

Der fertige Loopschal wird flach gespannt und dann an den kurzen Seiten zusammengenäht.

Die beiden Garne (4ply Fingering und Lacegarn) werden zusammen verstrickt – dadurch wirken die Lacepartien dezent meliert. Die estnischen Nupps werden in Hin- und Rückreihen nur mit dem Lacegarn gearbeitet, sodass sie sich farblich etwas abheben.

Die Strickschrift des Loopschals reicht über zwei Buchseiten.

SPEZIALTECHNIK

Nupp (Noppe)
Hin-R: Mit dem Lacegarn 15 M aus 1 M herausstricken: [1 M re, 1 U], [-] noch 7-mal in dieselbe M wh, 1 M re.
Rück-R: Mit dem Lacegarn alle 15 M zusammenstricken, sodass man wieder 1 Masche erhält: 15 M li zus.

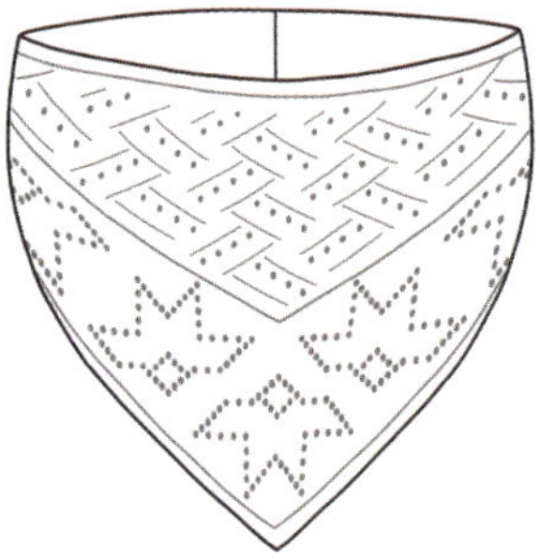

ANLEITUNG

Dreiseitiger Maschenanschlag
Mit beiden Garnen zusammen 3 M anschl.

1.–7. R: Re M.

Am Ende der 7. R die Arbeit nicht wenden, sondern um 90 Grad drehen und aus den links erscheinenden Maschen der seitlichen Kante 3 M aufn und re str. Dann aus der Kante des MA 3 M aufn und re str. 9 M.

8. R (Rück-R): 3 M re, 3 M li, 3 M re.

9. R (Hin-R): 3 M re, U, re M bis 3 M vor Ende, U, 3 M re (2 M zugen).

10. R (Rück-R): 3 M re, li M bis 3 M vor Ende, 3 M re.

Die 9.-10. R noch 5-mal wh. 21 M.

STRICKSCHRIFT

Ab jetzt nach der Strickschrift arbeiten. Die Strickschrift zeigt nur die Hinreihen.

1. R Strickschr (Hin-R): Bis zum Ende nach der Strickschr stricken (2 M zugen).

Rückreihen Strickschr: 3 M re, li M bis 3 M vor Ende (dabei alle Nupp-M mit dem Lacegarn 15 M li zus), 3 M re.

3.–102. R: Alle Hinreihen (ungerade Reihenzahlen) gemäß der Strickschr arbeiten, wie für die 1. R beschrieben. Alle Rückreihen (gerade Reihenzahlen) wie oben beschrieben arbeiten. 123 M.

103. R der Strickschr (Hin-R): Bis zum Ende nach der Strickschr stricken.

Rückreihen Strickschr: Li M (dabei alle Nupp-M mit dem Lacegarn 15 M li zus).

105.–148. R: Alle Hinreihen (ungerade Reihenzahlen) gemäß der Strickschr arbeiten, wie für die 103. R beschrieben. Alle Rückreihen (gerade Reihenzahlen) wie oben beschrieben arbeiten.

Folg. 4 R: Re str.

Alle M abketten, dabei einen gut 30 cm langen Faden zum Zusammennähen hängen lassen.

FERTIGSTELLUNG

Die Arbeit flach hingelegt auf Maß spannen.

Die kurzen Seiten (Kanten ohne Umschläge) mit dem Fadenende vom Abketten im Matratzenstich zusammennähen.

Übrige Fadenenden vernähen.

STRICKSCHRIFT LACEMUSTER FÜR MASCHENPROBE

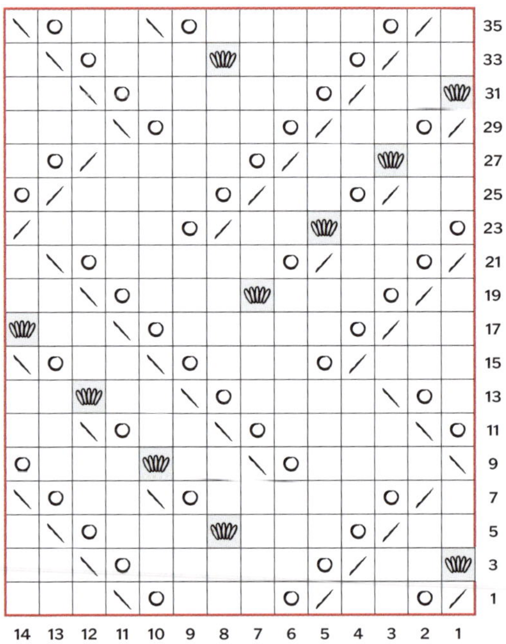

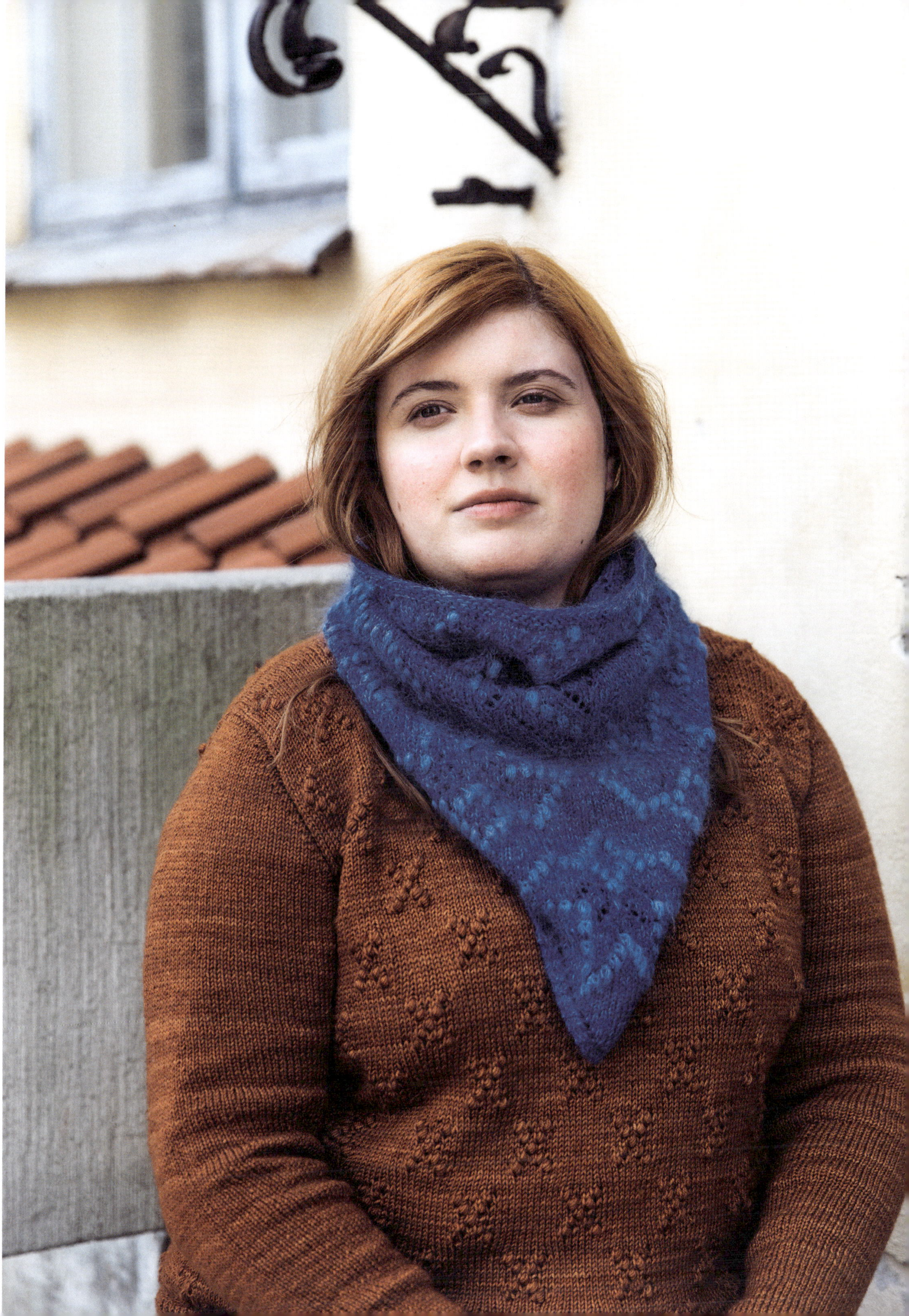

ANLEITUNG RUKKILILL

STRICKSCHRIFT LOOPSCHAL

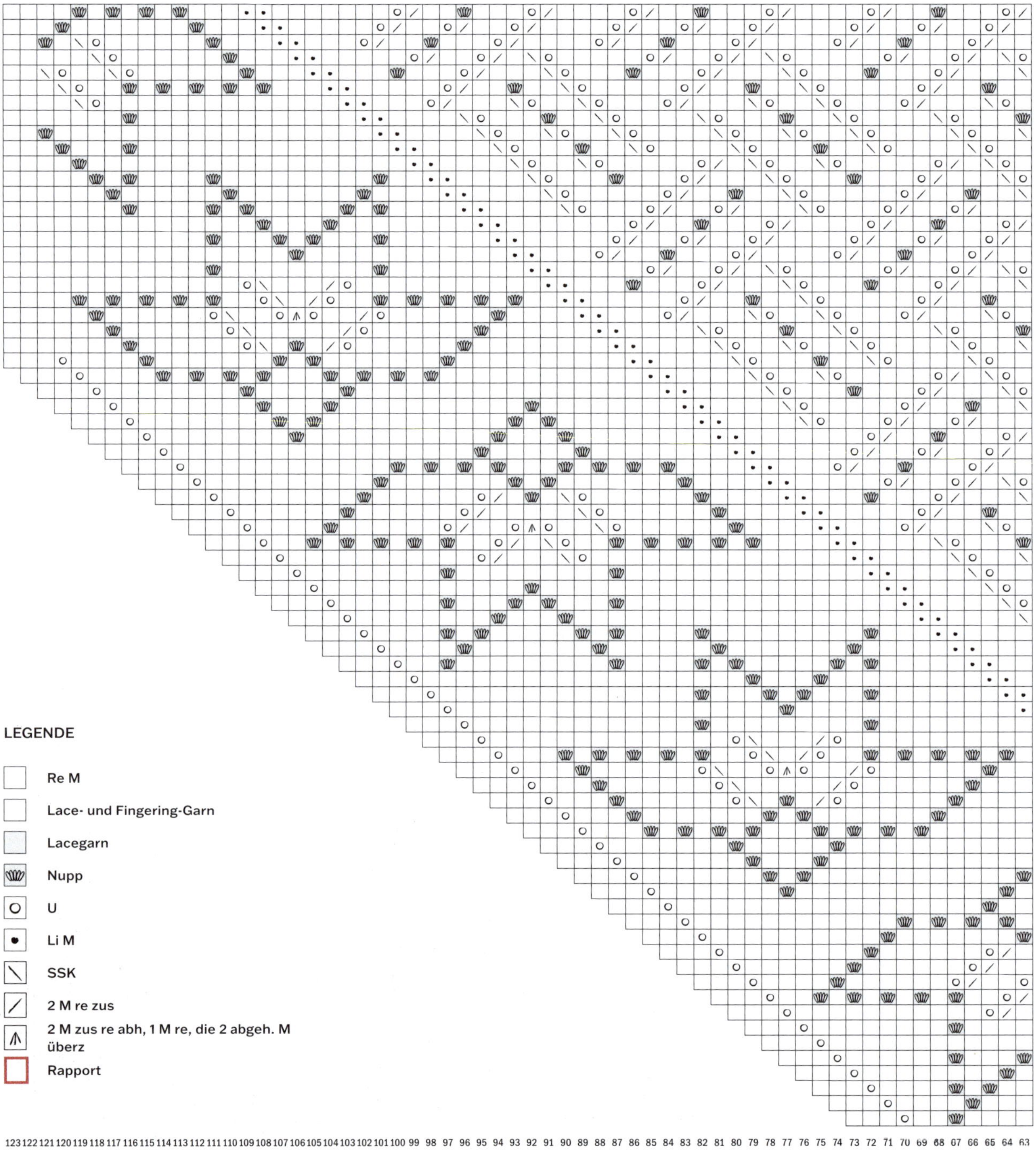

LEGENDE

- Re M
- Lace- und Fingering-Garn
- Lacegarn
- Nupp
- O U
- • Li M
- \ SSK
- / 2 M re zus
- ⋀ 2 M zus re abh, 1 M re, die 2 abgeh. M überz
- Rapport

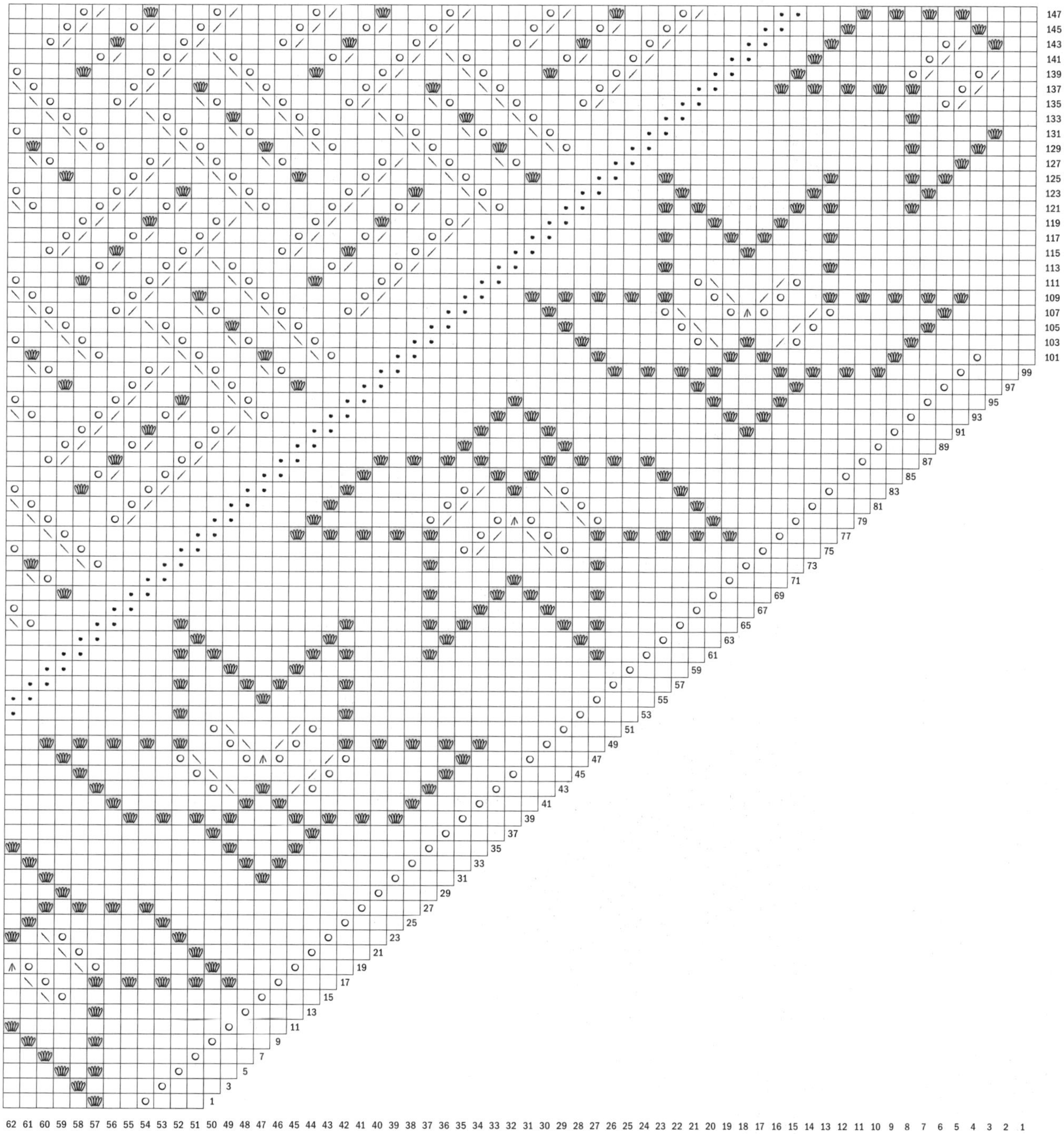

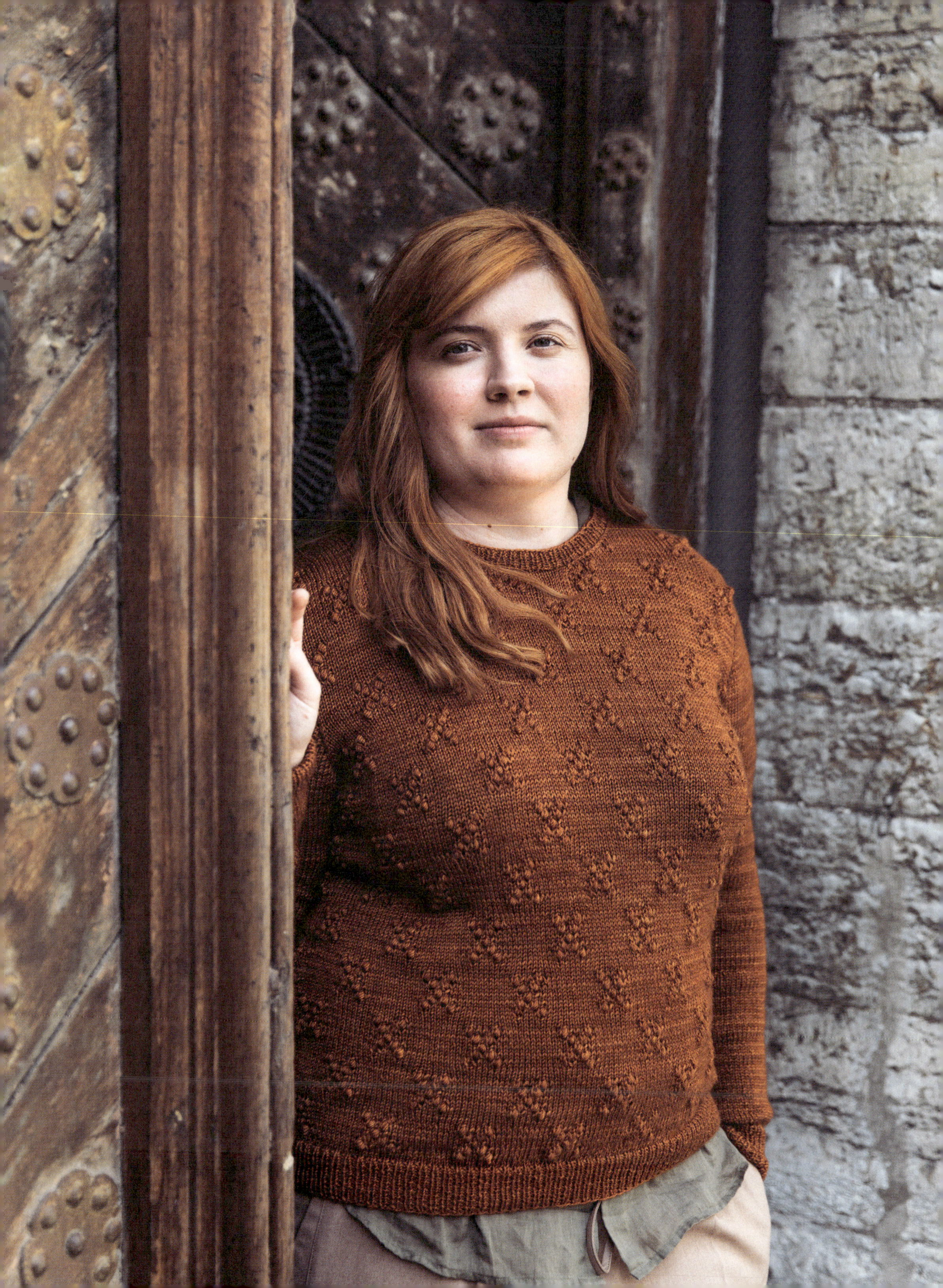

MULIN

Mulin bezeichnet das gluckernde Geräusch von Wasser, das über Steine plätschert oder in einem Topf kocht. Dieser Pullover hat ein Muster aus Noppen, die traditionell an Lace-Schals gestrickt werden. Hier tanzen sie wie plätscherndes Wasser über den Pullover und erzählen Geschichten, die nichts mit zarter Spitze zu tun haben.

GRÖSSEN

1 (2, 3, 4, 5) [6, 7, 8, 9, 10, 11]
Empfohlene Mehrweite: 5–10 cm.

FERTIGE MASSE

Brustumfang: 86,5 (93,5, 100, 106,5, 113,5) [120, 133,5, 140, 153,5, 160, 173,5] cm
Oberarmumfang: 29 (31, 34, 36, 36) [36, 39, 43, 44,5, 46, 46] cm
Länge ab der Achsel: 41,5 cm
Umfang Ärmelbündchen: 21 (21, 21,5, 21,5, 22,5) [22,5, 24, 24, 26, 26, 26] cm
Ärmellänge ab der Achsel: 44,5 (44,5, 45,5, 45,5, 47) [47, 47, 48, 48, 48, 48] cm

GARN

Magpie Fibers Swanky Sock (80 % Superwash-Merinowolle, 10 % Kaschmir, 10 % Nylon), LL 366 m/115 g)
Farbe Spicy Beaver, 4 (4, 4, 4, 5) [5, 5, 6, 6, 7, 7] Stränge

Oder vergleichbares Garn (Stärke 4ply Fingering) in folgender Menge:
1116 (1226, 1335, 1427, 1537) [1592, 1811, 1921, 2104, 2268, 2396] m

STRICKNADELN

2,75 mm: Rundnadel 80 cm, Nadelspiel für Bündchen
3 mm: Rundnadel 80 cm und Nadelspiel für Glatt-rechts-Partien und Strickschrift

SONSTIGES

Wollnadel, Maschenmarkierer, Garnrest oder Maschenhalter

MASCHENPROBE

24 M x 32 Rd = 10 x 10 cm, im Muster der Strickschrift rundgestrickt, nach dem Spannen

ANMERKUNGEN ZUR ANLEITUNG

Von unten nach oben gestrickter Pullover mit nahtlos angestrickten Ärmeln und estnischem Noppenmuster am Rumpf.

Der Rumpf wird von unten nach oben bis zum Armausschnitt rundgestrickt. Dann werden Vorder- und Rückenteil in Reihen gestrickt und an den Schultern durch Abketten mit 3 Nadeln verbunden. Die rundgestrickte Partie wird nach der Strickschrift Muster gearbeitet, nach dem Aufteilen in Vorder- und Rückenteil wird nach der Strickschrift Muster in Reihen weitergestrickt. Dabei unbedingt an der entsprechenden gleichen Stelle der Strickschrift fortfahren, damit die kreuzförmigen Motive auf einer Linie bleiben.

Die Ärmel werden nach dem Aufnehmen von Maschen aus dem Armausschnitt bis nach unten zum Bündchen gestrickt.

Bei den Abnahmen für Arm- und Halsausschnitt die Noppen nie weniger als 2 M vom Rand entfernt arbeiten.

SPEZIALTECHNIKEN

Nupp (Noppe)
1. R/Rd (Hin-R): 7 M aus 1 M herausstricken: [1 M re, 1 U], [-] noch 3-mal in dieselbe M wh, 1 M re.
Folg. R/Rd: Alle 7 M zusammenstricken, sodass man wieder 1 Masche erhält: in Runden 7 M re zus, in Rückreihe 7 M li zus.

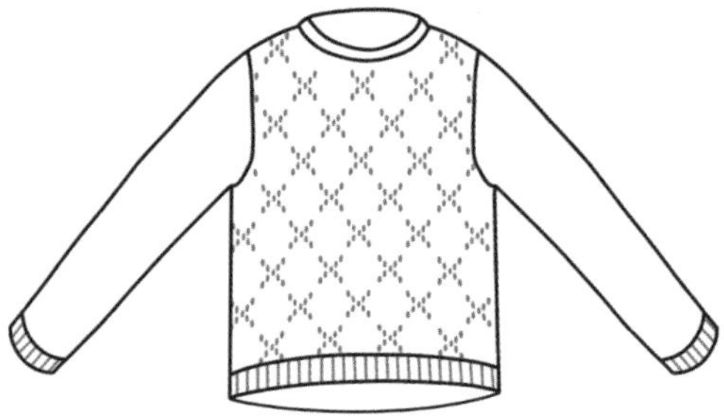

Abketten mit drei Nadeln
Mit zugewandter Rückseite der Arbeit die Nadeln mit den Maschen parallel zueinander halten. [Mit einer dritten Nadel in passender Stärke wie zum Rechtsstricken in die jeweils erste Masche auf beiden parallelen Nadeln einstechen und diese 2 M re zus], [-] noch 1-mal wh, die 2. M auf der 3. Nadel über die 1. M ziehen.
Weiter 2 M re zus von den parallelen Nadeln und die 2. M der 3. Nadel über die 1. M ziehen, bis alle M gestrickt wurden. Garn abschneiden und Fadenende durch die letzte M auf der 3. Nadel ziehen.

ANLEITUNG

Mit 2,75-mm-Nadeln 208 (224, 240, 256, 272) [288, 320, 336, 368, 384, 416] M anschl. Zur Rd schließen, MMs für Rd-Anf.

5 cm im 1/1-Rippenmuster stricken: [1 M re, 1 M li], [-] fortl. wh.

Zu den 3-mm-Nadeln wechseln.

1.–4. Rd: Re M.

Ab jetzt nach der Strickschr Muster arbeiten (16 M), die Strickschr bis zum Ende stricken.

Die 28 Rd der Strickschr Muster noch 3-mal wh oder bis zur gewünschten Länge bis zur Achsel str.

VORDERTEIL

ARMAUSSCHNITT

2 (2, 2, 4, 4) [4, 4, 6, 6, 6, 6] M abketten, 99 (107, 115, 119, 127) [135, 151, 155, 171, 179, 195] M weiter im Muster der Strickschr arb, 3 (3, 3, 5, 5) [5, 5, 7, 7, 7, 7] M re. Die übrigen 104 (112, 120, 128, 136) [144, 160, 168, 184, 192, 208] M für das Rückenteil auf M-Halter oder Hilfsfaden stilllegen.

1. R (Rück-R): 2 (2, 2, 4, 4) [4, 4, 6, 6, 6, 6] M abketten, li M bis Ende.

2. R (Hin-R): 1 M re, SSK, weiter im Muster der Strickschr (Strickschr Muster in Reihen) bis 3 M vor Ende, 2 M re zus, 1 M re (2 M abgen).

3. R (Rück-R): 1 M li, 2 M li zus, weiter nach Strickschr Muster in Reihen bis 3 M vor Ende, 2 M li verschr zus, 1 M li (2 M abgen).

Die schimmernden Nuppud heben sich plastisch vor dem glatt rechts gestrickten Hintergrund ab und verleihen dem Pullover eine interessante Struktur.

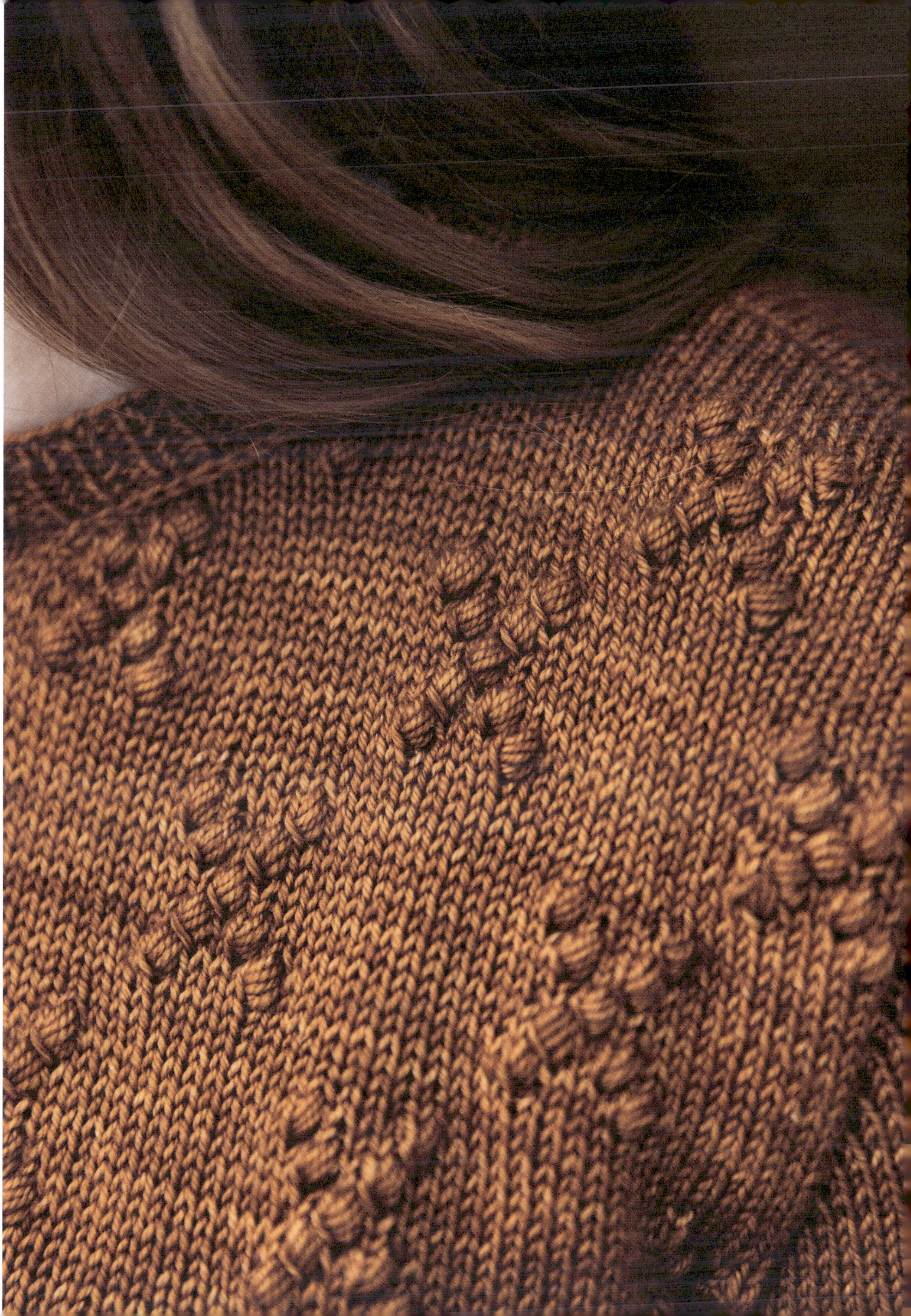

Die 2.–3. R noch 2 (3, 5, 2, 5) [6, 11, 12, 15, 16, 15]-mal wh. 88 (92, 92, 108, 104) [108, 104, 104, 108, 112, 132] M.

Größen 1, 2, 3, 4, 5, 6, 7, 8

4. R (Hin-R): 1 M re, SSK, weiter nach Strickschr Muster in Reihen bis 3 M vor Ende, 2 M re zus, 1 M re (2 M abgen).

5. R (Rück-R): Li M.

Die 4.–5. R noch 1 (0, 0, 5, 3) [5, 1, 0, -, -, -]-mal wh. 84 (90, 90, 96, 96) [96, 100, 102, -, -, -] M.

Alle Größen

84 (90, 90, 96, 96) [96, 100, 102, 108, 112, 132] M.

6. R (Hin-R): Fortl. nach Strickschr Muster in Reihen.

7. R (Rück-R): Fortl. nach Strickschr Muster in Reihen.

Die 6.–7. R noch 14 (16, 15, 13, 14) [12, 13, 15, 15, 17, 18]-mal wh.

HALSAUSSCHNITT

1 M re, folg. 33 (36, 36, 39, 39) [39, 40, 42, 44, 46, 55] M weiter nach Strickschr Muster in Reihen, 1 M re, 14 (14, 14, 14, 14) [14, 16, 14, 16, 16, 18] M abk, weiter nach Strickschr bis 1 M vor Ende, 1 M re. Die 35 (38, 38, 41, 41) [41, 42, 44, 46, 48, 57] M des re VT auf M-Halter oder Hilfsfaden stilllegen. Weiter mit li VT.

LINKES VORDERTEIL

1. R (Rück-R Abn): 1 M li, weiter nach Strickschr Muster in Reihen bis 3 M vor Ende, 2 M li verschr zus, 1 M li (1 M abgen).

2. R (Hin-R Abn): 1 M re, SSK, weiter nach Strickschr Muster in Reihen bis 1 M vor Ende, 1 M re (1 M abgen).

Die 1.–2. R noch 4 (4, 5, 5, 6) [6, 6, 6, 7, 7, 8]-mal wh. 25 (28, 26, 29, 27) [27, 28, 30, 30, 32, 39] M.

Größen 1, 2, 3, 4, 5, 6, 7, 8, 9, 10

3. R (Rück-R): 1 M li, weiter nach Strickschr Muster in Reihen bis 1 M vor Ende, 1 M li.

4. R (Hin-R Abn): 1 M re, SSK, weiter nach Strickschr Muster in Reihen bis 1 M vor Ende, 1 M re (1 M abgen).

Die 3.–4. R noch 3 (3, 2, 2, 1) [1, 1, 1, 0, 0, -] mal wh. 21 (24, 23, 26, 25) [25, 26, 28, 29, 31, -] M.

Alle Größen

21 (24, 23, 26, 25) [25, 26, 28, 29, 31, 39] M.

1. R (Hin-R): 1 M re, weiter nach Strickschr Muster in Reihen bis 1 M vor Ende, 1 M re.

2. R (Rück-R): 1 M li, weiter nach Strickschr Muster in Reihen bis 1 M vor Ende, 1 M li.

Die 1.–2. R noch 2 (2, 2, 2, 2) [2, 3, 3, 3, 3, 3]-mal wh.

Die Maschen des li VT auf Hilfsfaden oder M-Halter stilllegen.

RECHTES VORDERTEIL

Die 35 (38, 38, 41, 41) [41, 42, 44, 46, 48, 57] stillgelegten M des re VT auf 3-mm-Nadeln legen.

Mit einer Rückreihe beginnen.

1. R (Rück-R Abn): 1 M li, 2 M li zus, weiter nach Strickschr Muster in Reihen bis 1 M vor Ende, 1 M li (1 M abgen).

2. R (Hin-R Abn): 1 M re, weiter nach Strickschr Muster in Reihen bis 3 M vor Ende, 2 M re zus, 1 M re (1 M abgen).

Die 1.–2. R noch 4 (4, 5, 5, 6) [6, 6, 6, 7, 7, 8]-mal wh. 25 (28, 26, 29, 27) [27, 28, 30, 30, 32, 39] M.

Größen 1, 2, 3, 4, 5, 6, 7, 8, 9, 10

3. R (Rück-R): 1 M li, weiter nach Strickschr Muster in Reihen bis 1 M vor Ende, 1 M li.

4. R (Hin-R Abn): 1 M re, weiter nach Strickschr Muster in Reihen bis 3 M vor Ende, 2 M re zus, 1 M re (1 M abgen).

Die 3.–4. R noch 3 (3, 2, 2, 1) [1, 1, 1, 0, 0, -] mal wh. 21 (24, 23, 26, 25) [25, 26, 28, 29, 31, -] M.

Alle Größen

1. R (Hin-R): 1 M re, weiter nach Strickschr Muster in Reihen bis 1 M vor Ende, 1 M re.

2. R (Rück-R): 1 M li, weiter nach Strickschr Muster in Reihen bis 1 M vor Ende, 1 M li.

Die 1.–2. R noch 2 (2, 2, 2, 2) [2, 3, 3, 3, 3, 3]-mal wh.

Die Maschen des re VT auf Hilfsfaden oder M-Halter stilllegen.

RÜCKENTEIL

ARMAUSSCHNITT

Die 104 (112, 120, 128, 136) [144, 160, 168, 184, 192, 208] stillgelegten Rücken-M auf 3-mm-Nadeln legen.

Vorbereitung (Hin-R): Garn neu anschließen, 2 (2, 2, 4, 4) [4, 4, 6, 6, 6, 6] M abk, weiter nach Strickschr Muster in Reihen bis Ende.

Die 1. bis einschließlich 5. R der Anleitung für den Armausschnitt am VT in der gewählten Größe arb.

Alle Größen

6. R (Hin-R): 1 M re, weiter nach Strickschr Muster in Reihen bis 1 M vor Ende, 1 M re.

7. R (Rück-R): 1 M li, weiter nach Strickschr Muster in Reihen bis 1 M vor Ende, 1 M li.

Die 6.–7. R noch 22 (24, 23, 21, 22) [20, 22, 24, 23, 25, 26]-mal wh.

RÜCKWÄRTIGER HALSAUSSCHNITT

1 M re, folg. 27 (30, 29, 32, 31) [31, 32, 34, 37, 39, 47] M weiter nach Strickschr Muster in Reihen, 1 M re, Maschen auf der RN auf Hilfsfaden oder M-Halter legen, 26 (26, 28, 28, 30) [30, 32, 30, 30, 30, 34] M abk, 1 M re, weiter nach Strickschr Muster in Reihen bis 1 M vor Ende, 1 M re.

LINKES RÜCKENTEIL

1. R (Rück-r Abn): 1 M li, weiter nach Strickschr Muster in Reihen bis 3 M vor Ende, 2 M li verschr zus, 1 M li (1 M abgen).

2. R (Hin-R Abn): 1 M re, SSK, weiter nach Strickschr Muster in Reihen bis 1 M vor Ende, 1 M re (1 M abgen).

Die 1.–2. R noch 3 (3, 3, 3, 3) [3, 3, 3, 4, 4, 4]-mal wh.
21 (24, 23, 26, 25) [25, 26, 28, 29, 31, 39] M.

Folg. R: Re M.
Den Pullover auf links wenden.

Die 21 (24, 23, 26, 25) [25, 26, 28, 29, 31, 39] M des li VT auf eine zweite 3-mm-Nadel legen.

Die M des li VT und des li RT durch Abketten mit 3 Nadeln verbinden. Das Fadenende durch die letzte M ziehen.

RECHTES RÜCKENTEIL

Die 29 (32, 32, 35, 34) [34, 35, 36, 38, 40, 49] M des re RT zurück auf 3-mm-Nadel legen.

Mit Rück-R beginnen.

1. R (Rück-R Abn): 1 M li, 2 M li zus, weiter nach Strickschr Muster in Reihen bis 1 M vor Ende, 1 M li (1 M abgen).

2. R (Hin-R Abn): 1 M re, weiter nach Strickschr Muster in Reihen bis 3 M vor Ende, 2 M re zus, 1 M re (1 M abgen).

Die 1.–2. R noch 3 (3, 3, 3, 3) [3, 3, 3, 4, 4, 4]-mal wh.
21 (24, 23, 26, 25) [25, 26, 28, 29, 31, 39] M.

Folg. R: Re M.

Den Pullover auf links wenden.

Die 21 (24, 23, 26, 25) [25, 26, 28, 29, 31, 39] M auf eine zweite 3-mm-Nadel legen.

Die M des re VT und des re RT durch Abketten mit 3 Nadeln verbinden. Das Fadenende durch die letzte M ziehen.

ÄRMEL

Mit 3-mm-Nadeln ab der Schulternaht entlang des Armausschnitts 32 (35, 35, 35, 37) [38, 41, 43, 45, 48, 48] M aufn und re str (jeweils 1 M auf 2 R).

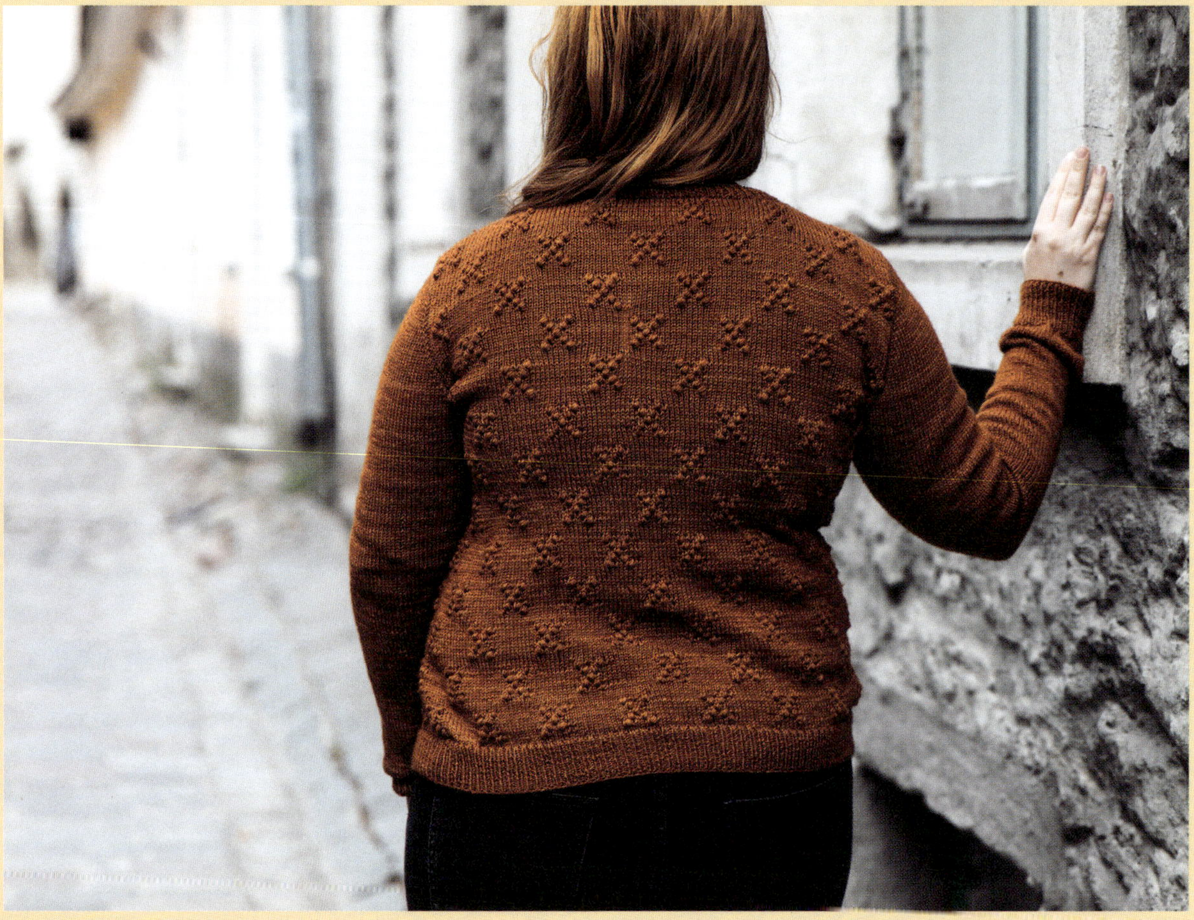

Aus der abgeketteten Kante der Achsel 2 (2, 2, 4, 4) [4, 4, 6, 6, 6, 6] M aufn und re str, MMs (dies wird nach der Partie der verkürzten Reihen der MM des Rd-Anf), aus der abgeketteten Kante der Achsel 2 (2, 2, 4, 4) [4, 4, 6, 6, 6, 6] M aufn und re str, entlang des Armausschnitts bis zur Schulter 32 (35, 35, 35, 37) [38, 41, 43, 45, 48, 48] M aufn und re str (jeweils 1 M auf 2 R), MMs. Gesamt 68 (74, 74, 78, 82) [84, 90, 98, 102, 108, 108] M.

ÄRMELKUGEL: VERKÜRZTE REIHEN

1. R (Hin-R): 12 (13, 13, 13, 13) [14, 15, 17, 17, 18, 18] M re, wenden.

2. R (Rück-R): Rück-R DM, li M bis MM, MMa, 12 (13, 13, 13, 13) [14, 15, 17, 17, 18, 18] M li, wenden.

3. R (Hin-R): Hin-R DM, re M bis MM, MMa, re M bis vorige Wende-M, DM der verk. R als 2 M re zus str, 1 M re, wenden.

4. R (Rück-R): Rück-R DM, li M bis MM, MMa, li M bis vorige Wende-M, DM der verk. R als 2 M li zus str, 1 M li, wenden.

Die 3.–4. Rd noch 21 (23, 23, 25, 27) [27, 29, 31, 33, 35, 35]-mal wh oder bis alle M bis zum MM des Rd-Anf gearbeitet wurden.

Ab jetzt in Runden str. Den MM oben an der Schulter entf. Bei Erreichen der letzten DM der verk. R die DM als 2 M re zus str.

1.–10. R: Re M.

Abn-Rd: 1 M re, 2 M re zus, re M bis 2 M vor Ende, SSK (2 M abgen).

Die Abn-Rd noch 8 (11, 10, 12, 13) [14, 15, 19, 19, 22, 22]-mal in jeder 11. (10., 9., 8., 8.) [8., 7., 6., 6., 5., 5.] Rd wh. 50 (50, 52, 52, 54) [54, 58, 58, 62, 62, 62] M.

Weiter in Rd stricken, bis der Ärmel ab der Achsel 39,5 (39,5, 40,5, 40,5, 42) [42, 42, 43, 43, 43, 43] cm lang ist oder bis 5 cm vor der gewünschten Gesamtlänge.

Zu den 2,75-mm-Nadeln wechseln und 5 cm im 1/1-Rippenmuster str: [1 M re, 1 M li], [-] fortl. wh.

Alle M im Rippenmuster abketten.

Den 2. Ärmel genauso stricken.

HALSBÜNDCHEN

Mit 2,75-mm-Nadeln ab der Schulternaht aus dem Halsausschnitt 116 (116, 118, 118, 120) [120, 124, 124, 130, 130, 136] M aufn und re str, zur Rd schließen, MMs für Rd-Anf.

2,5 cm im 1/1-Rippenmuster str: [1 M re, 1 M li], [-] fortl. wh.

Alle M locker im Rippenmuster abketten.

FERTIGSTELLUNG

Fäden vernähen und den Pullover auf Maß spannen.

STRICKSCHRIFT MUSTER

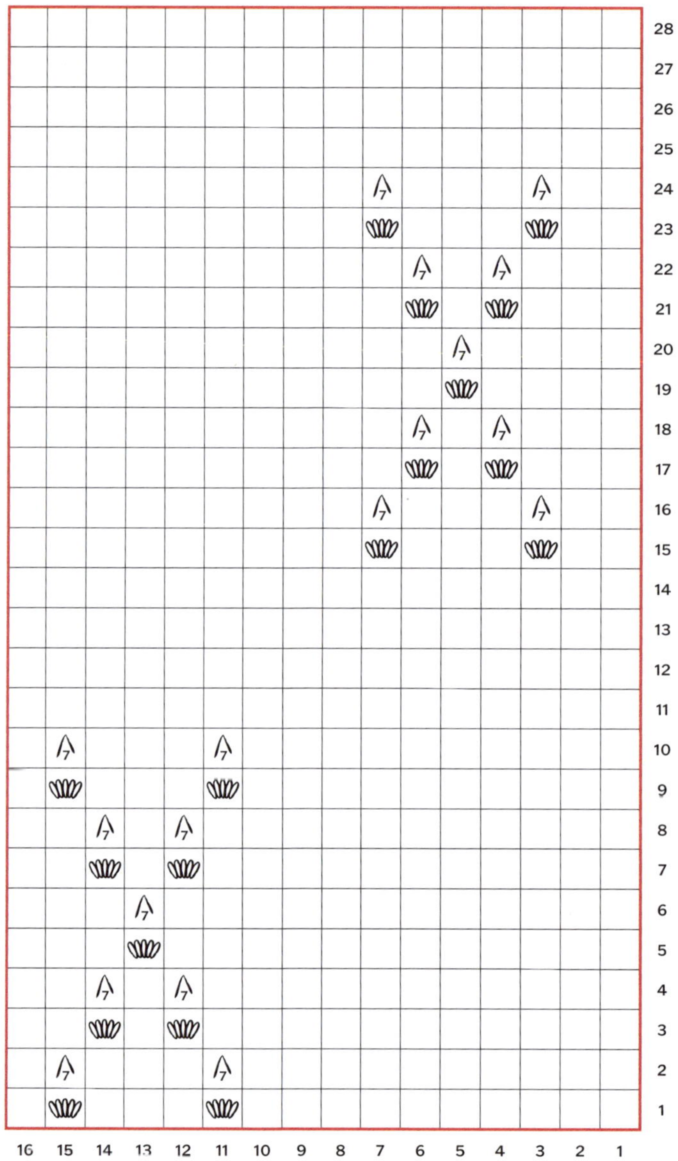

LEGENDE

- Hin-R: Re M
  Rück-R: Li M
- 7-M-Nupp
- In Rd: 7 M re zus
  In Rück-R: 7 M li zus
- Rapport

STRICKSCHRIFT MUSTER IN REIHEN

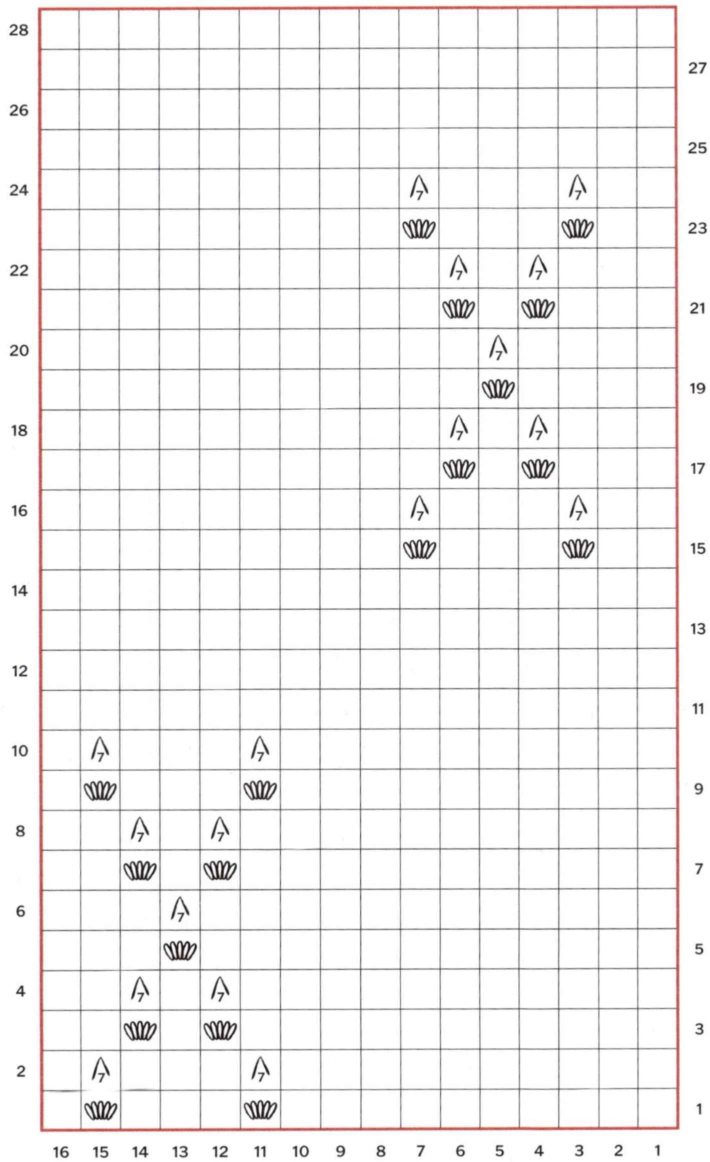

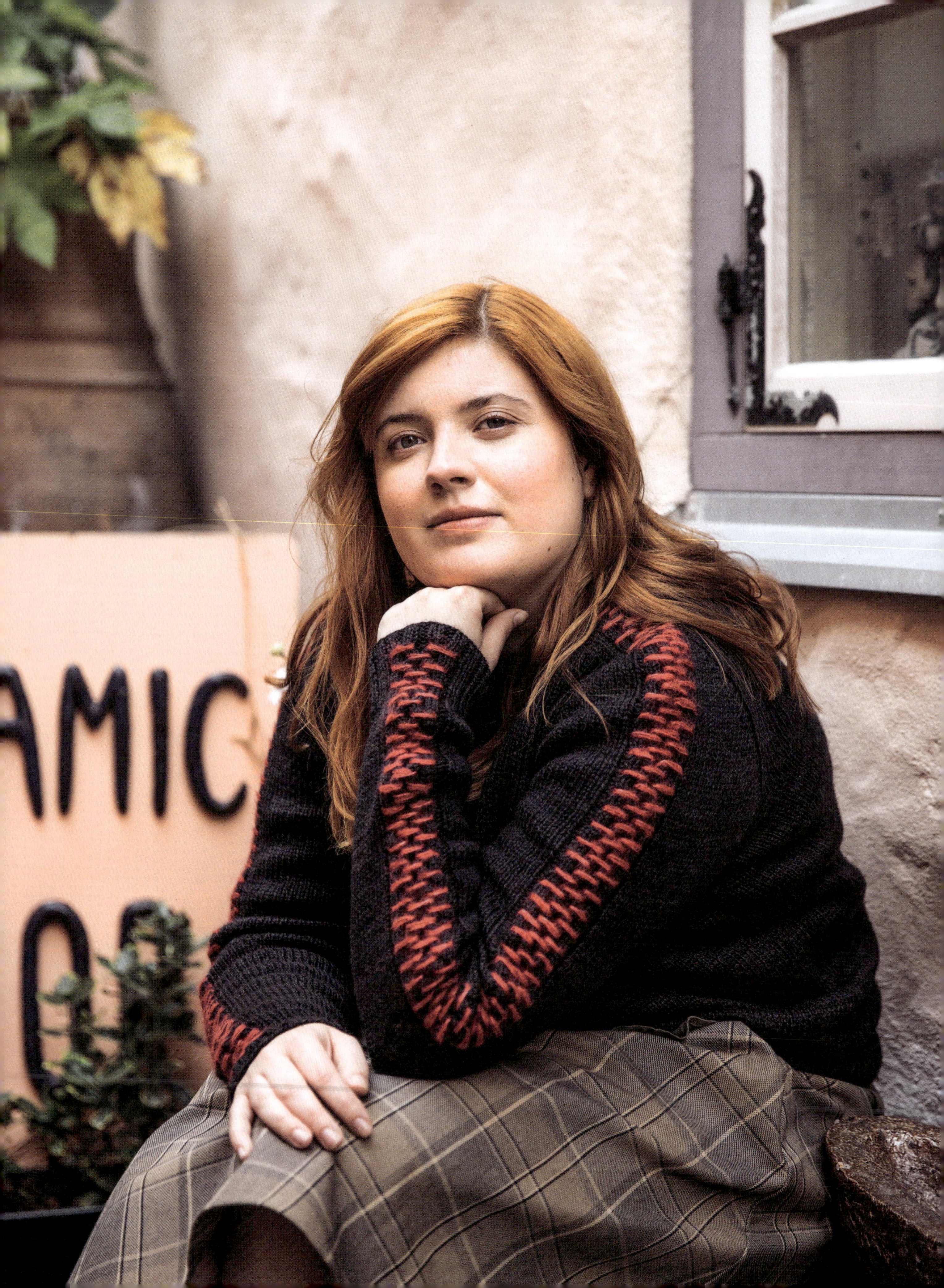
AMIC

MULGI

Mulgi werden sowohl der regionale Dialekt als auch die Menschen aus der Region Mulgimaa in Südestland genannt. Mulgimaa ist für seine besonderen schwarzen Trachtenmäntel der Männer bekannt, die mit roten Paspeln verziert sind. In Anlehnung daran erhält der Mulgi-Pullover dekorative rote Wickelnoppen.

GRÖSSEN

1 (2, 3, 4, 5) [6, 7, 8, 9, 10]

Empfohlene Mehrweite: 5–10 cm.

FERTIGE MASSE

Brustumfang: 86 (94, 104, 116, 126) [136, 146, 156, 166, 174] cm

Oberarmumfang: 32 (34, 35, 38, 39) [41, 43, 48, 54, 56] cm

Länge ab der Achsel: 39,5 cm

Umfang Ärmelbündchen: 21,5 (21,5, 23,5, 23,5, 23,5) [23,5, 25,5, 25,5, 25,5, 25,5] cm

Ärmellänge: 44,5 (44,5, 45,5, 45,5, 47) [47, 47, 48, 48, 48] cm

GARN

Dyed by Delz British DK (75 % BFL-Schurwolle, 25 % Masham-Schurwolle), LL 240 m/100 g)

Farbe Moira's Black Rose, 3 (4, 4, 5, 5) [6, 6, 6, 7, 7] Stränge

Oder vergleichbares Garn (Stärke DK) in folgender Menge:

721 (819, 920, 1042, 1141) [1234, 1348, 1447, 1523, 1598] m

Dyed by Delz Suri (74 % Baby-Suri-Alpaka, 26 % Maulbeerseide), LL 300 m/50 g)

KF: Farbe Lyra's Hat, 1 Strang

Oder vergleichbares Garn (Stärke Lace) in folgender Menge:

KF: 29 (29, 29, 29, 29) [29, 29, 37, 37, 37] m

STRICKNADELN

3,75 mm: Rundnadel 80 cm, Nadelspiel für Bündchen

4 mm: Rundnadel 80 cm und Nadelspiel für Glattrechts-Partien und Wickelnoppen

SONSTIGES

Wollnadel, Maschenmarkierer, Garnrest oder Maschenhalter

MASCHENPROBE

20 M x 28 Rd = 10 x 10 cm, glatt rechts gestrickt, nach dem Spannen

ANLEITUNG MULGI

ANMERKUNGEN ZUR ANLEITUNG

Die Sattelschulter dieses Pullovers wird mit Wickelnoppen in einer Kontrastfarbe verziert. Durch den gerippten Hintergrund der Noppen entsteht ein Smok-Effekt.

Die Sattelkonstruktion wird nahtlos von oben nach unten gearbeitet. Dafür werden zwei Sattel oder schmale Streifen gestrickt, während die übrigen Maschen für die Ärmel auf einem Hilfsfaden oder Maschenhalter stillgelegt werden. Für das Vorder- und Rückenteil werden aus der Kante des Sattels Maschen aufgenommen.

Vorder- und Rückenteil werden bis zur Achsel in Reihen gestrickt und danach zur Runde verbunden.

Die Ärmelmaschen werden aus der Kante des Armausschnitts und den stillgelegten Sattelmaschen aufgenommen, dann werden die Ärmel von oben bis zum Bündchen gestrickt.

SPEZIALTECHNIKEN

Wickelnoppe

Mit der RN zwischen der 6. und 7. M auf der LN einstechen und die KF durchholen, die KF-Schlaufe auf die LN legen und mit KF re str. Mit HF 2 M re, 2 M li, 2 M re, die KF-Masche auf der RN über die ersten 6 M auf der RN ziehen.

Gerippter Sattel mit Wickelnoppe in Reihen

1. R (Hin-R): 2 M re, 1 M li, 2 M re, 2 M li, Wickelnoppe, 2 M li, 2 M re, 1 M li, 2 M re.

2. R (Rück-R): 2 M li, 1 M re, [2 M li, 2 M re], [-] noch 2-mal wh, 2 M li, 1 M re, 2 M li.

3. R (Hin-R): 2 M re, 1 M li, Wickelnoppe, 2 M li, Wickelnoppe, 1 M li, 2 M re.

4. R (Rück-R): Wie 2. R.

Gerippter Sattel mit Wickelnoppe in Runden

1. Rd: 2 M re, 1 M li, 2 M re, 2 M li, Wickelnoppe, 2 M li, 2 M re, 1 M li, 2 M re.

2. Rd: 2 M re, 1 M li, [2 M re, 2 M li], [-] noch 2-mal wh, 2 M re, 1 M li, 2 M re.

3. Rd: 2 M re, 1 M li, Wickelnoppe, 2 M li, Wickelnoppe, 1 M li, 2 M re.

4. Rd: Wie 2. R.

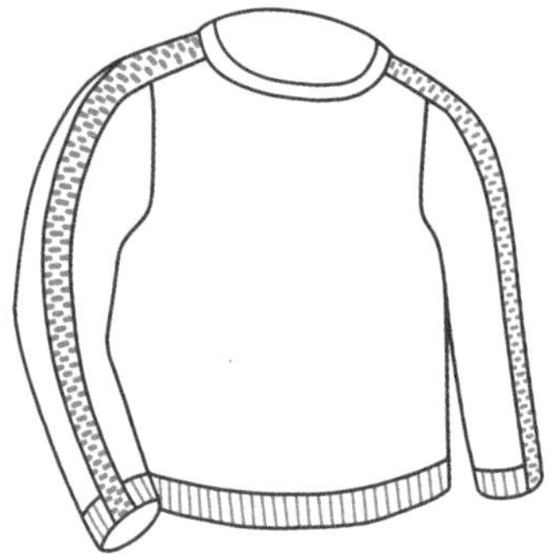

ANLEITUNG

SATTEL

Mit 4-mm-Nadeln und HF 20 M anschl.

1. R (Rück-R): 2 M li, 1 M re, [2 M li, 2 M re], [-] noch 2-mal wh, 2 M li, 1 M re, 2 M li.

2. R (Hin-R): 2 M re, 1 M li, [2 M re, 2 M li], [-] noch 2-mal wh, 2 M re, 1 M li, 2 M re.

3. R (Rück-R): Wie 1. R.

4.–7. R: Die 1.–4. R der Spezialtechnik Gerippter Sattel mit Wickelnoppe in Reihen str.

Die 4.–7. R noch 2 (3, 3, 3, 3) [4, 4, 4, 4, 5]-mal wh.

Größen 1, 4, 5, 8, 9

Die 4.–6. R wh.

Größen 2, 3, 6, 7, 10

Die 4. R wh.

Alle Größen

Die 20 M auf Hilfsfaden oder M-Halter stilllegen.

Den 2. Sattel genauso stricken.

RÜCKENTEIL

An einem Sattel mit zugewandter Vorderseite an der zuletzt gestrickten R beginnen. Mit 4-mm-Nadeln und HF entlang der Seitenkante des Sattels bis zum MA 18 (20, 20, 22, 22) [24, 24, 26, 26, 28] aufn und re str, MMs, 36 (36, 36, 38, 38) [38, 38, 40, 42, 42] M anschl, MMs.

An dem 2. Sattel mit zugewandter Vorderseite am MA beginnen. Mit der HF entlang der Seitenkante des Sattels 18 (20, 20, 22, 22) [24, 24, 26, 26, 28] aufn und re str.
72 (76, 76, 82, 82) [86, 86, 92, 94, 98] M.

VERKÜRZTE REIHEN AN DER SCHULTER
1. R (Rück-R): Li M.

2. R (Hin-R): [Re M bis MM, MMa], [–] 1-mal wh, 2 M re, wenden.

3. R (Rück-R): Rück-R DM, [li M bis MM, MMa], [-] 1-mal wh, 2 M li, wenden.

4. R (Hin-R): Hin-R DM, [re M bis MM, MMa], [-] 1-mal wh, re M bis vorige Wende-M, DM der verk. R als 2 M re zus str, 2 M re, wenden.

5. R (Rück-R): Rück-R DM, [li M bis MM, MMa], [-] 1-mal wh, li M bis vorige Wende-M, DM der verk. R als 2 M li zus str, 2 M li, wenden.

Die 4.–5. R noch 2-mal wh.

10. R (Hin-R): Hin-R DM, [re M bis MM, MMe], [-] 1-mal wh, re M bis vorige Wende-M, DM der verk. R als 2 M re zus str, re M bis Ende.

11. R (Rück-R): Li M bis vorige Wende-M, DM der verk. R als 2 M li zus str, li M bis Ende.

Das Rückenteil glatt rechts stricken, bis es ab der Kante des Sattels 12 (13,5, 12,5, 13,5, 12) [12,5, 12, 14, 16, 16] cm misst.

ARMAUSSCHNITT
Größen 1, 2, 4, 5, 6
12. R (Hin-R): 1 M re, 1 li gen Zun, re M bis 1 M vor Ende, 1 re gen Zun, 1 M re (2 M zugen).

13. R (Rück-R): Li M.

Die 12.-13. R noch 2 (0, -, 0, 1) [0, -, -, -, -]-mal wh. 78 (78, -, 84, 86) [88, -, -, -, -] M.

Alle Größen
14. R (Hin-R): 1 M re, 1 li gen Zun, re M bis 1 M vor Ende, 1 re gen Zun, 1 M re (2 M zugen).

15. R (Rück-R): 1 M li, 1 re gen Zun (li M), li M bis 1 M vor Ende, 1 li gen Zun (li M), 1 M li (2 M zugen).

Die 14.–15. R noch 0 (2, 5, 5, 7) [9, 11, 11, 11, 11]-mal wh. 82 (90, 100, 108, 118) [128, 134, 140, 142, 146] M.

Die 82 (90, 100, 108, 118) [128, 134, 140, 142, 146] M auf Hilfsfaden oder M-Halter stilllegen.

LINKES VORDERTEIL

Am linken Sattel mit zugewandter Vorderseite an der Kante des MA beginnen. Mit 4-mm-Nadeln und HF entlang der Kante des Sattels bis zu den stillgelegten M 18 (20, 20, 22, 22) [24, 24, 26, 26, 28] M aufn und re str.

1. R (Rück-R): Li M.

2. R (Hin-R): 1 M re, 1 li gen Zun, re M bis Ende (1 M zugen).

3. R (Rück-R): Li M bis 1 M vor Ende, 1 re gen Zun (li M), 1 M li (1 M zugen).

Die 2.–3. R noch 5-mal wh. 30 (32, 32, 34, 34) [36, 36, 38, 38, 40] M.
Beiseitelegen; weiter mit dem re Vorderteil.

RECHTES VORDERTEIL

Am rechten Sattel mit zugewandter Vorderseite an der zuletzt gestrickten R beginnen. Mit 4-mm-Nadeln und HF entlang der Kante des Sattels bis zum MA 18 (20, 20, 22, 22) [24, 24, 26, 26, 28] M aufn und re str.

1. R (Rück-R): Li M.

2. R (Hin-R): Re M bis 1 M vor Ende, 1 re gen Zun, 1 M re (1 M zugen).

3. R (Rück-R): 1 M li, 1 li gen Zun (li M), li M bis Ende (1 M zugen).

Die 2.–3. R noch 5-mal wh. 30 (32, 32, 34, 34) [36, 36, 38, 38, 40] M.

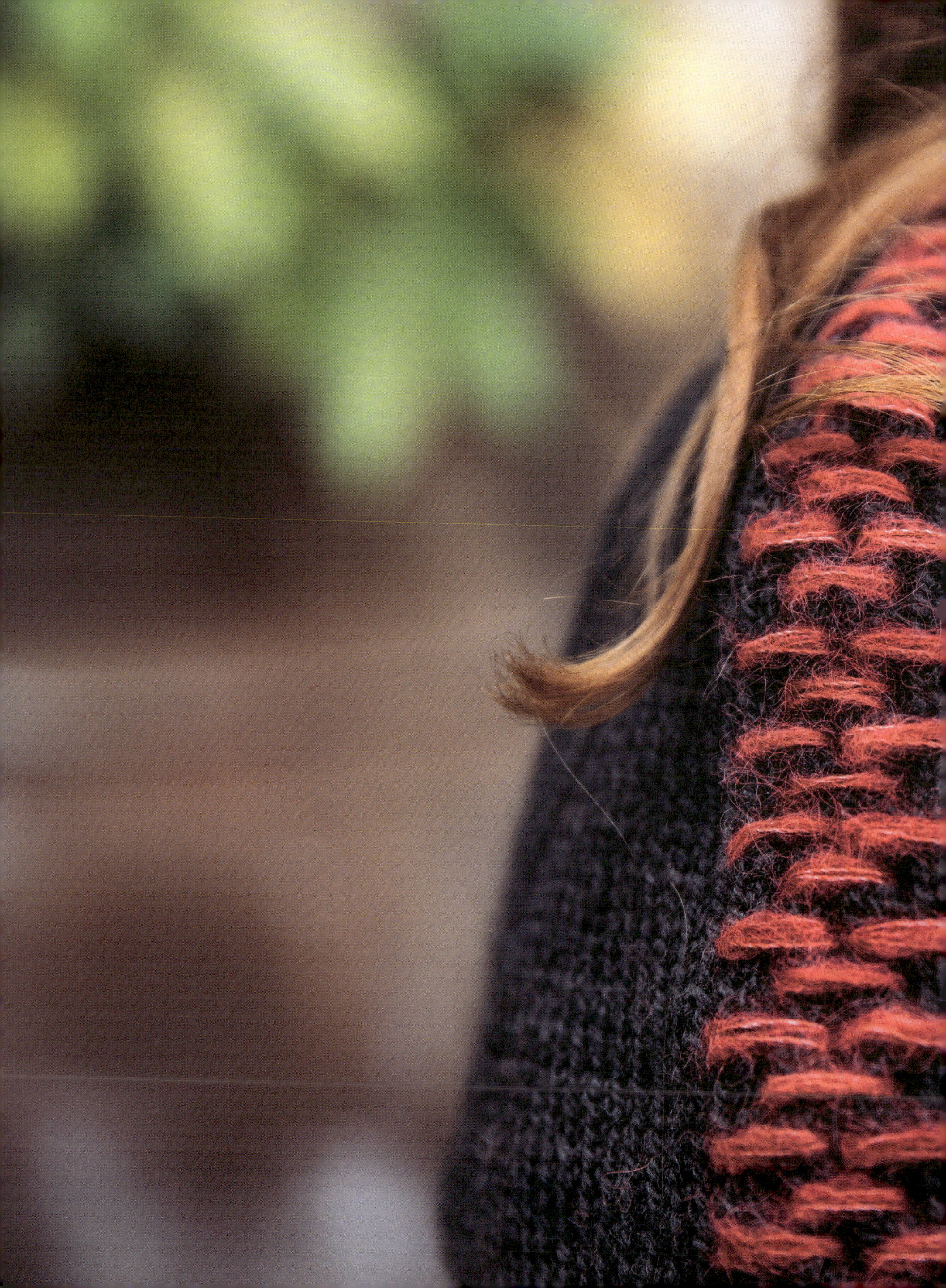

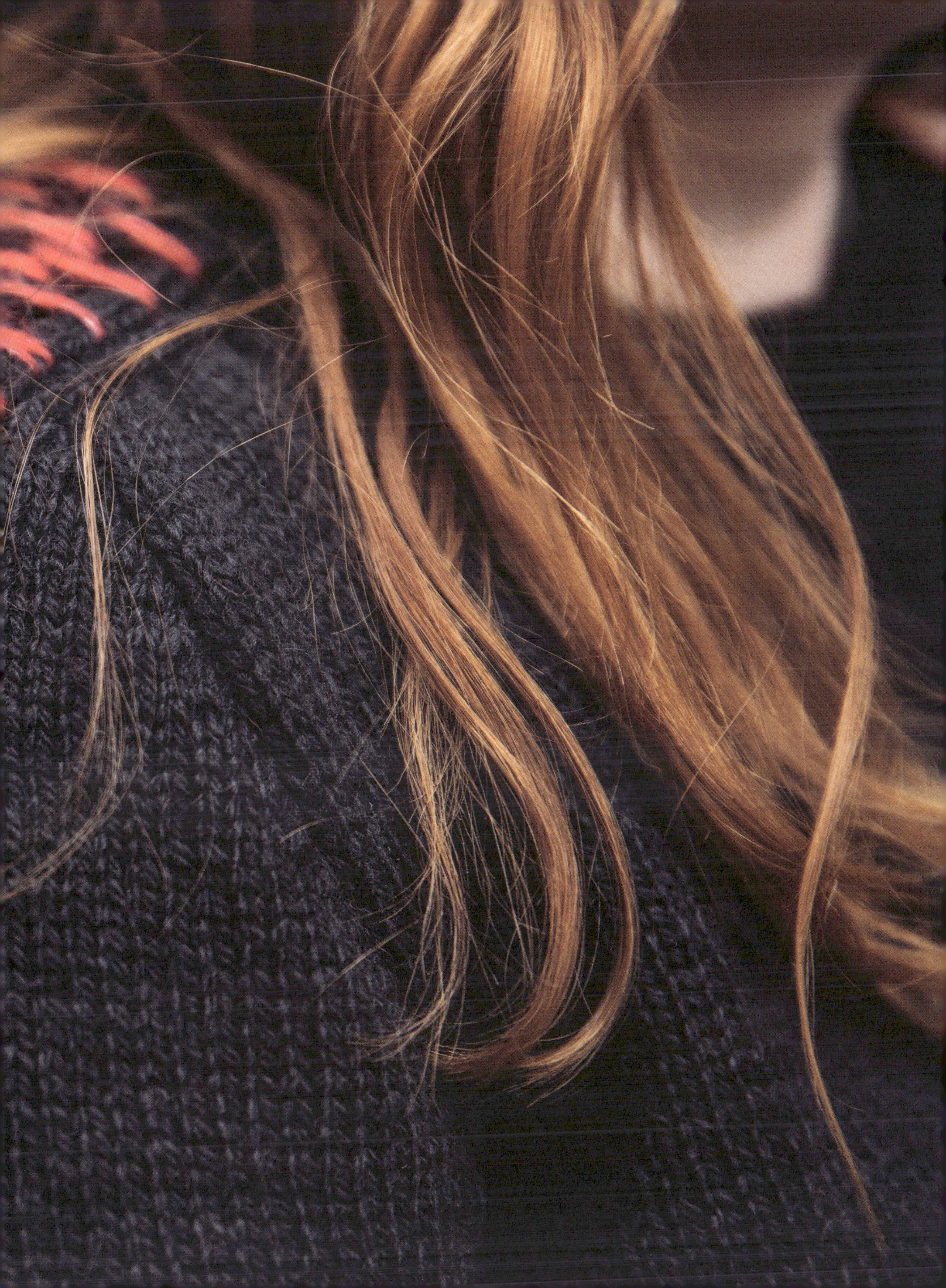

VERBINDEN DER VORDERTEILE

Vorbereitung: Die 30 (32, 32, 34, 34) [36, 36, 38, 38, 40] M des re VT re str, 12 (12, 12, 14, 14) [14, 14, 16, 18, 18] M anschl, die stillgelegten 30 (32, 32, 34, 34) [36, 36, 38, 38, 40] M des li VT re str. 72 (76, 76, 82, 82) [86, 86, 92, 94, 98] M.

Glatt rechts stricken, bis das VT ab der Kante des Sattels 12 (13,5, 12,5, 13,5, 12) [12,5, 12, 14, 16, 16] cm misst.

Die Armausschnitte wie am Rückenteil arbeiten.

VERBINDEN VON VORDER- UND RÜCKENTEIL

Vorbereitung: Die 82 (90, 100, 108, 118) [128, 134, 140, 142, 146] M des VT re str, 4 (4, 4, 8, 8) [8, 12, 16, 24, 28] M anschl, die 82 (90, 100, 108, 118) [128, 134, 140, 142, 146] M des RT re str, 2 (2, 2, 4, 4) [4, 6, 8, 12, 14] M anschl. Rd-Anf in der Mitte der rechten Seite. 172 (188, 208, 232, 252) [272, 292, 312, 332, 348] M.

RUMPF

Weiter glatt rechts stricken, bis der Rumpf ab der Achsel 34,5 cm misst oder bis 5 cm vor der gewünschten Länge.

Zu den 3,75-mm-Nadeln wechseln.

5 cm im 1/1-Rippenmuster str: [1 M re, 1 M li], [-] fortl. wh.

M locker im Rippenmuster abk, wie sie erscheinen.

ÄRMEL

Vorbereitung: Am linken Ende der stillgelegten Sattelmaschen beginnen. Mit 4-mm-Nadeln und HF entlang der Kante des Armausschnitts 20 (22, 23, 24, 25) [27, 27, 30, 32, 32] M aufn und re str (immer 1 M auf 2 R). Aus den angeschlagenen Maschen der Achsel 2 (2, 2, 4, 4) [4, 6, 8, 12, 14] aufn und re str, MMs (dies wird nach den verk. R der MM des Rd-Anf), aus den angeschlagenen M der Achsel 2 (2, 2, 4, 4) [4, 6, 8, 12, 14] aufn und re str, entlang der Kante des Armausschnitts bis zur Schulternaht 20 (22, 23, 24, 25) [27, 27, 30, 32, 32] M aufn und re str (immer 1 M auf 2 R), MMs. Die 20 Sattel-M nach der Anleitung für die 4. (2., 2., 4., 4.) [2., 2., 4., 4., 2.] Reihe der Spezialtechnik Gerippter Sattel mit Wickelnoppe in Runden arb, MMs, 1 M re, wenden. 64 (68, 70, 76, 78) [82, 86, 96, 108, 112] M.

Ärmelkugel mit verkürzten Reihen

1. R (Rück-R): Rück-R DM, MMa, Spezialtechnik Gerippter Sattel mit Wickelnoppe in Runden arb, MMa, 1 M li, wenden.

2. R (Hin-R): Hin-R DM, MMa, Spezialtechnik Gerippter Sattel mit Wickelnoppe in Runden arb, MMa, re M bis vorige Wende-M, DM der verk. R als 2 M re zus str, 1 M re, wenden.

3. R (Rück-R): Rück-R DM, li M bis MM, MMa, Spezialtechnik Gerippter Sattel mit Wickelnoppe in Runden arb, MMa, li M bis vorige Wende-M, DM der verk. R als 2 M li zus str, 1 M li, wenden.

Die 2.–3. R noch 20 (22, 23, 26, 27) [29, 31, 36, 42, 44]-mal wh, dabei das Muster der Spezialtechnik Gerippter Sattel mit Wickelnoppe in Runden stets fortführen.

In der Partie mit den verk. R sollten nun alle Ärmelmaschen bis zum MM des Rd-Anf gearbeitet sein.

Ab jetzt in Runden stricken.

1.–10. Rd: Re M bis MM, MMa, Spezialtechnik Gerippter Sattel mit Wickelnoppe in Runden arb, MMa, re M bis Ende.

Abn-Rd: 1 M re, 2 M re zus, re M bis MM, MMa, Spezialtechnik Gerippter Sattel mit Wickelnoppe in Runden arb, MMa, re M bis 2 M vor Ende, SSK.

Folg. Rd (keine Abn): Re M bis MM, MMa, Spezialtechnik Gerippter Sattel mit Wickelnoppe in Runden arb, MMa, re M bis Ende.

Die Abn-Rd noch 9 (11, 10, 13, 14) [16, 16, 21, 27, 29]-mal in jeder 8. (7., 7., 6., 6.) [5., 5., 4., 3., 3.] Rd wh. 44 (44, 48, 48, 48) [48, 52, 52, 52, 52] M.

Folg. Rd: Re M bis MM, MMa, Spezialtechnik Gerippter Sattel mit Wickelnoppe in Runden arb, MMa, re M bis Ende.

Die zuletzt gestrickte Rd wh, bis der Ärmel ab der Achsel 39,5 (39,5, 40,5, 40,5, 42) [42, 42, 43, 43, 43] cm misst oder bis 5 cm vor der gewünschten Länge.

ÄRMELBÜNDCHEN

1. Rd: [1 M re, 1 M li], [-] bis MM wh, MMa, Spezialtechnik Gerippter Sattel mit Wickelnoppe in Runden arb, MMa, [1 M li, 1 M re], [-] wh bis 2 M vor Ende, 2 M li zus (1 M abgen). 43 (43, 47, 47, 47) [47, 51, 51, 51, 51] M.

2. Rd: [1 M re, 1 M li], [-] wh bis MM, MMa, Spezialtechnik Gerippter Sattel mit Wickelnoppe in Runden arb, MMa, 1 M li, [1 M re, 1 M li], [-] wh bis Ende.

3.–12. Rd: Wie 2. Rd; dabei nach der 1. oder 3. Rd der Spezialtechnik Gerippter Sattel mit Wickelnoppe in Runden enden.

13.–16. Rd: [1 M re, 1 M li], [-] wh bis MM, MMa, 2 M re, 1 M li, [2 M re, 2 M li], [-] noch 2-mal wh, 2 M re, 1 M li, 2 M re, MMa, 1 M li, [1 M re, 1 M li], [-] wh bis Ende.

M locker im Rippenmuster abk, wie sie erscheinen.

Den 2. Ärmel genauso stricken.

HALSBÜNDCHEN

Entlang des rechten Sattels beginnen. Mit der HF und den 3,75-mm-Nadeln aus dem Halsausschnitt 96 (96, 96, 100, 100) [100, 100, 104, 108, 108] M aufn und re str, zur Rd schließen, MMs für Rd-Anf.

2,5 cm im 1/1-Rippenmuster str: [1 M re, 1 M li], [-] fortl. wh.

M locker im Rippenmuster abk, wie sie erscheinen.

FERTIGSTELLUNG

Fäden vernähen und den Pullover auf Maß spannen.

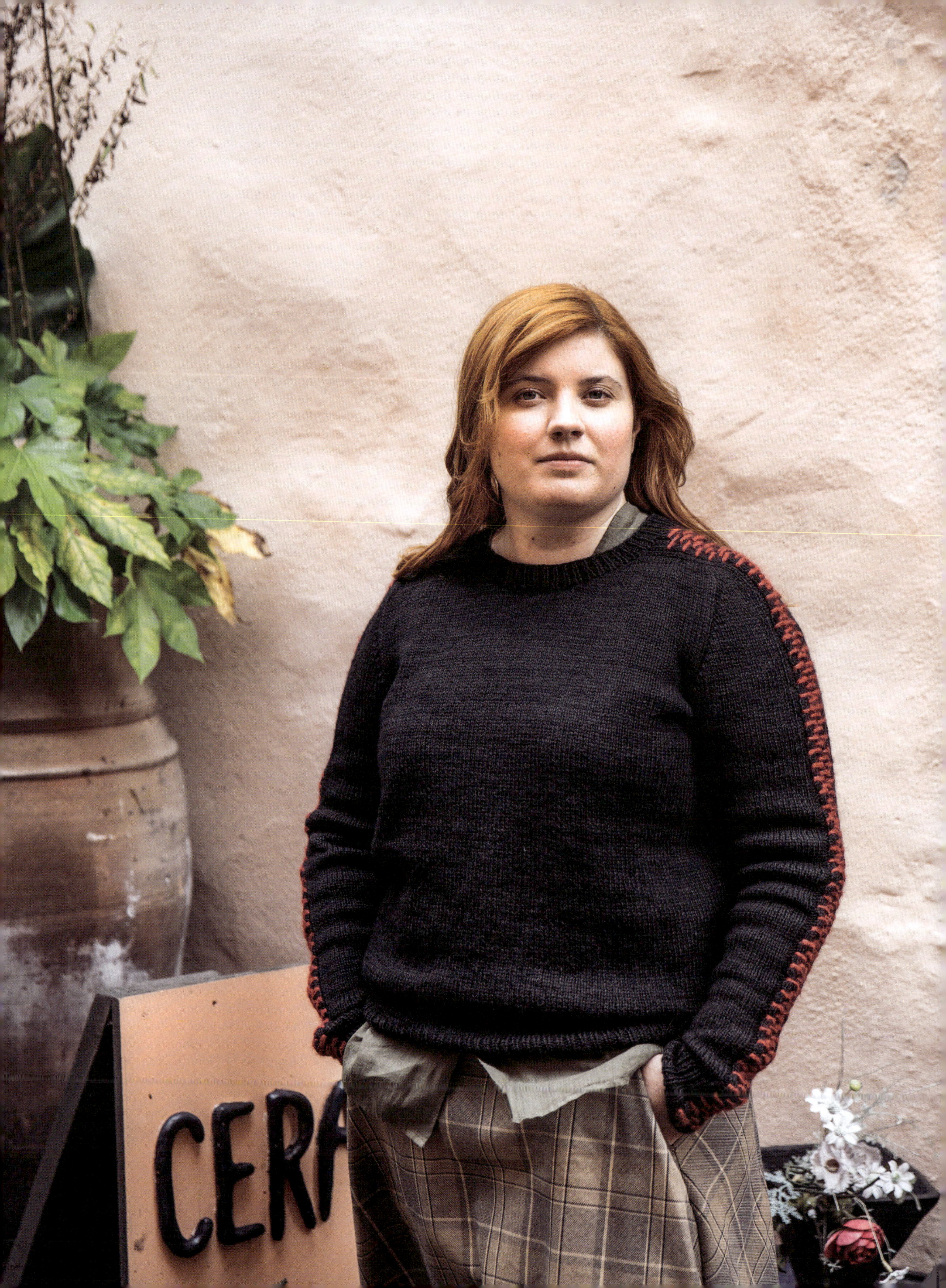

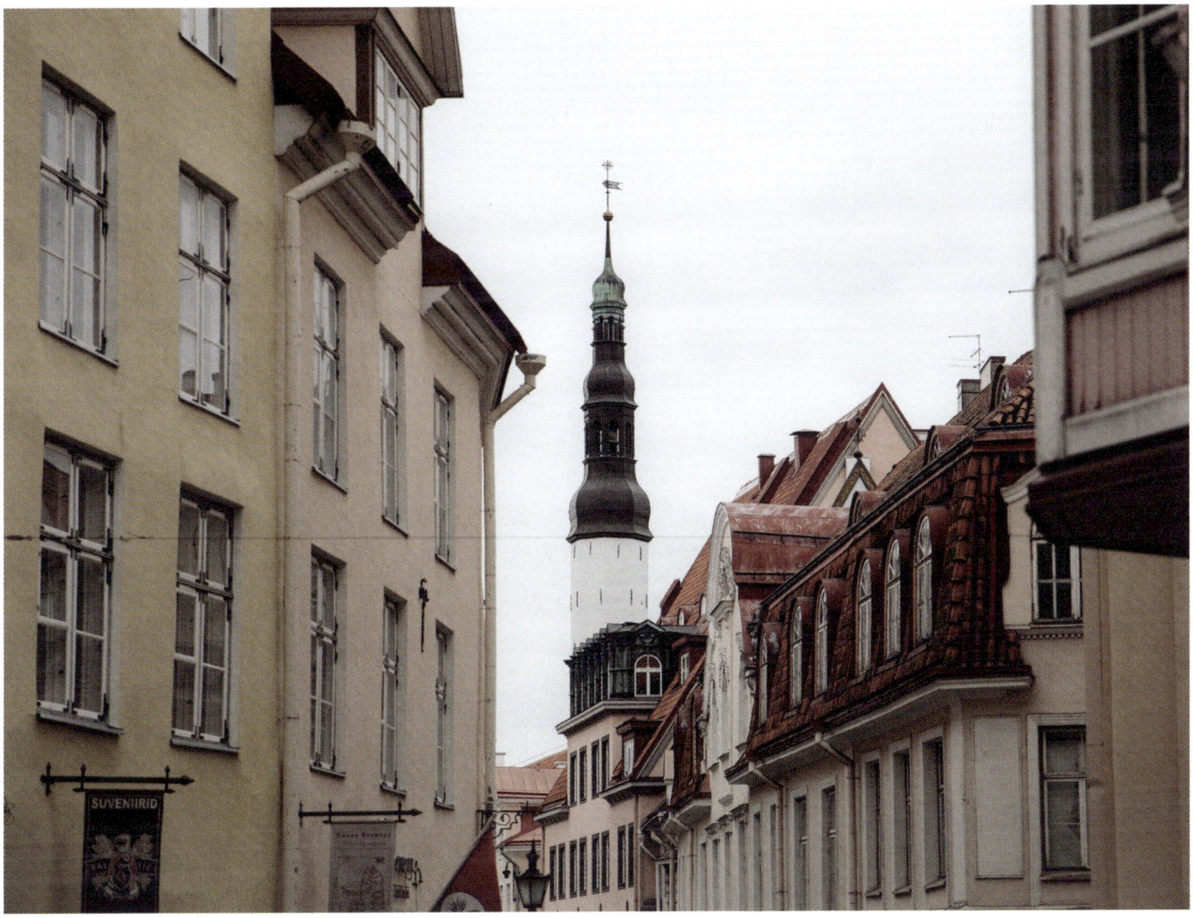
SUVENIIRID

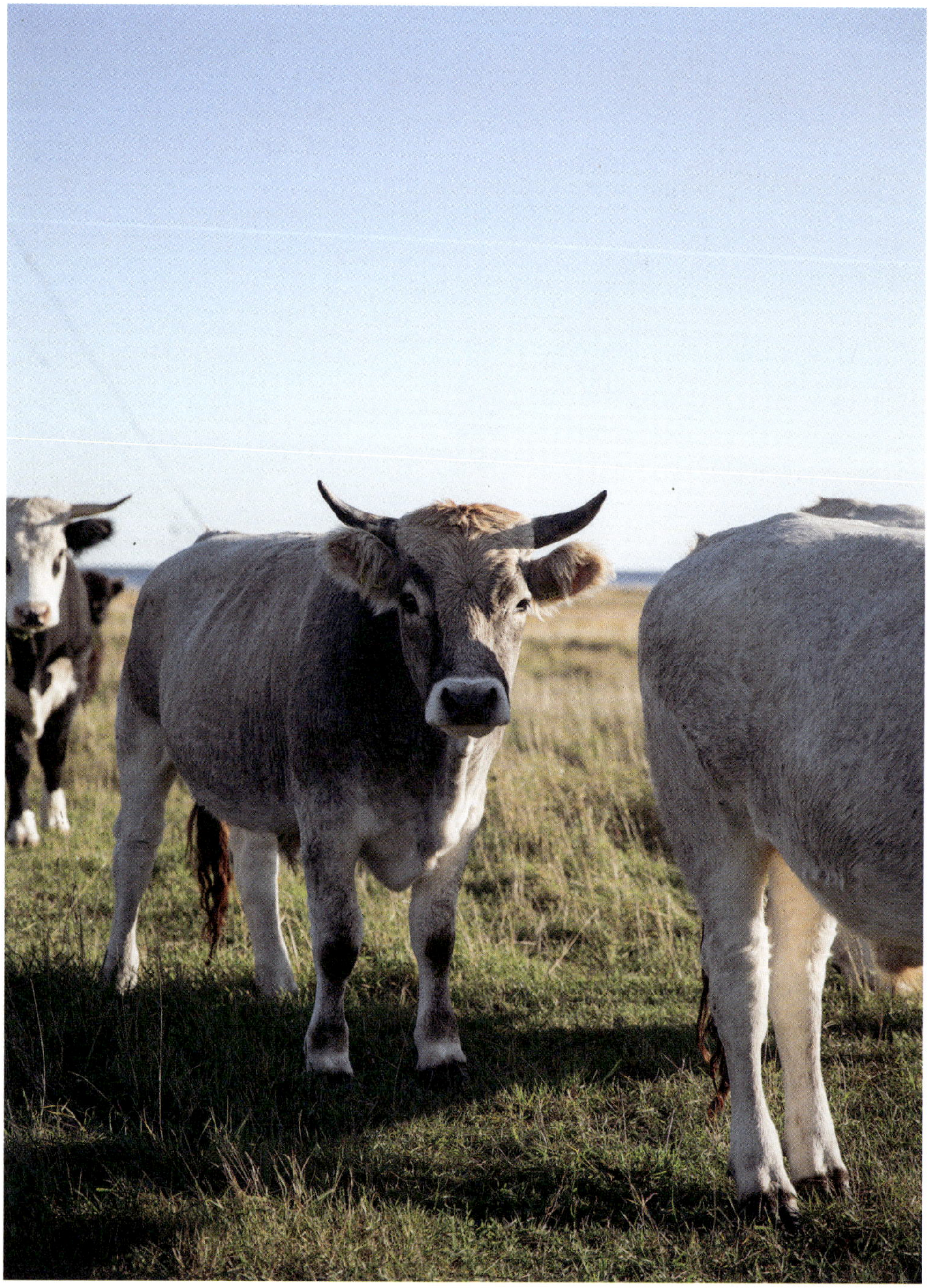

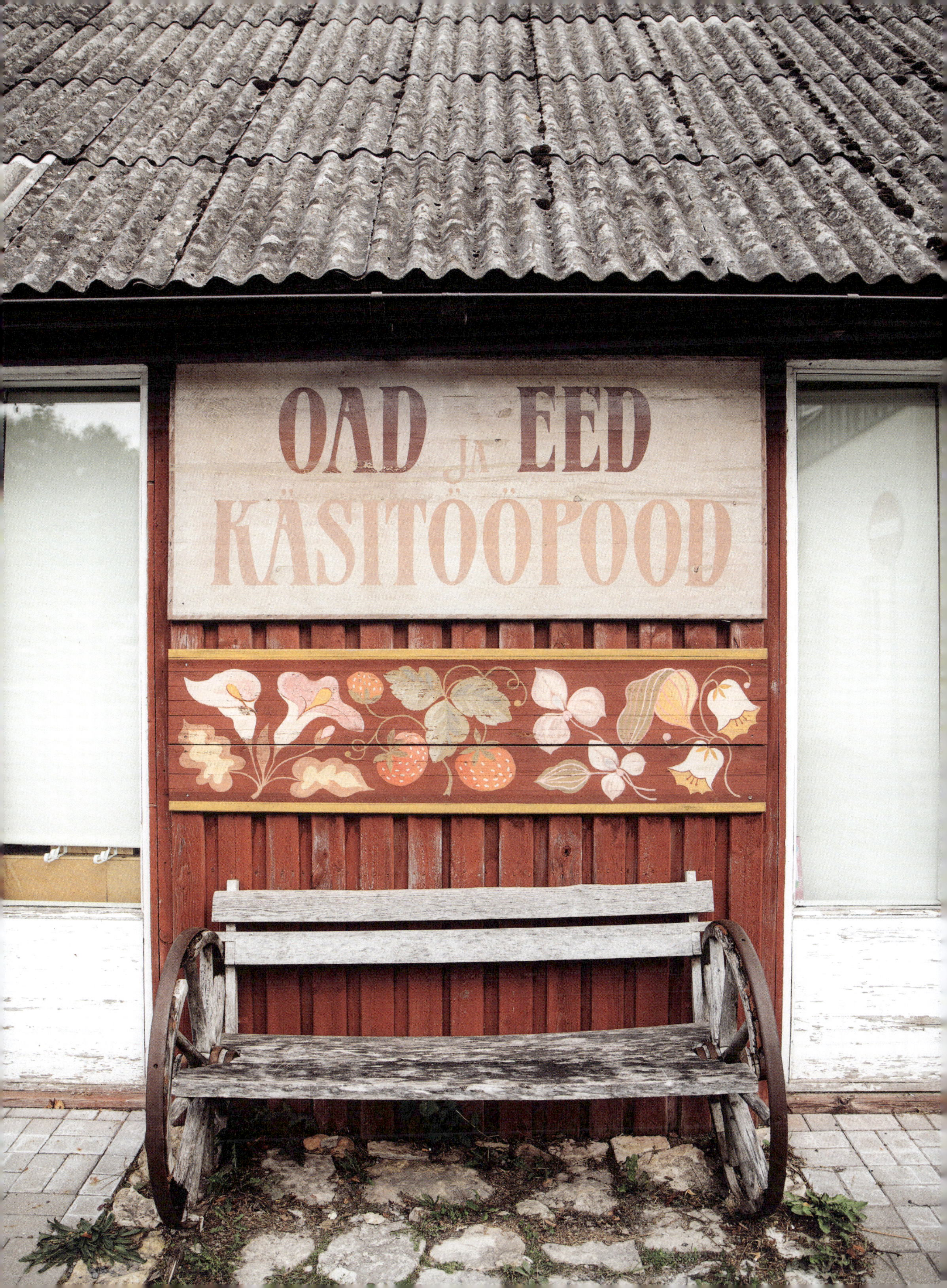
OAD JA EED
KÄSITÖÖPOOD

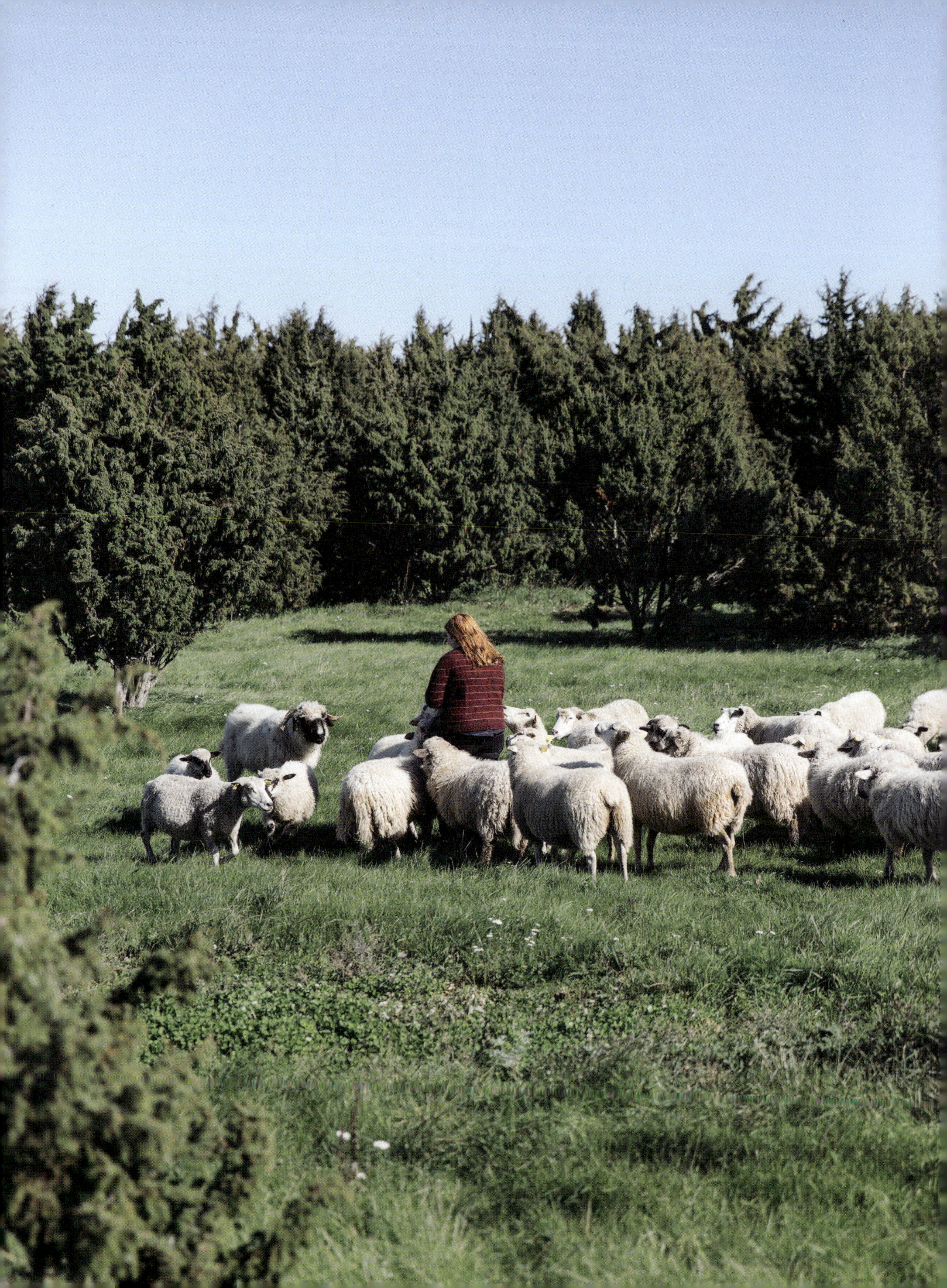

DANKE – AITÄH

MEIN DANK gilt den vielen Menschen, die mitgeholfen haben, dieses Buch und meine Ideen zu verwirklichen.

MEINEN ELTERN, die meine kreativen Einfälle und Projekte immer bedingungslos unterstützt und mir stets mit Teststricken, Modellstricken und guten Ratschlägen zur Seite gestanden haben.

MEINE VANAEMA, die mich mit ihrem Talent und ihren Geschichten im Geiste weiterhin inspiriert.

JONNA HIETALA & Sini Kramer, die an meine Vision von diesem Buch geglaubt und es mit ihrer Unterstützung, Freundschaft und den wunderschönen Fotos bereichert haben.

JEAN LEPP und seiner netten brotliebenden Schafherde auf der Insel Udriku.

ANU RANDMAA, die meine Roosimine-Arbeiten so gefördert und Roosimine und Tõstamaa ins Rampenlicht der Strickwelt gerückt hat. Sie war es, die damit begonnen hat, Roosimine wieder in die estnischen Strickereien einzuführen, und ich freue mich, ihr bei der Fortsetzung dieser Mission behilflich zu sein.

ELLY KARJAM, die mir so geduldig alles über die Troi-Pullover der Insel Kihnu erzählt und beigebracht hat. Deine Arbeiten, mit denen du diese Tradition fortführst, sind so unglaublich kunstvoll und schön!

DAVINA RUNGASAMY, die Wortschmiedin, die wie ein großes Klangbrett ist, sodass sich meine Sätze immer noch so viel besser anhören.

CARMEN SCHMIDT, meine begeisterte Cheerleaderin.

HELI RAJAVAARA & Paulina Karru, meine fantastischen technischen Redakteurinnen, die aus meinen Anleitungen schlau geworden sind und ihnen den letzten Schliff gegeben haben.

DIE TALENTIERTEN Färber*innen und Garnhersteller*innen – dank euch konnten diese Modelle in eurer wunderbaren Wolle entstehen.

MEINE GRANDIOSEN Modellstrickerinnen Hyatt Connors, Elaine Tom, Gwen Greenwod und Sandra Fletcher – dank eurer unglaublichen Arbeit konnten diese Modelle Wirklichkeit werden.

MEINE WUNDERVOLLEN Teststricker*innen, die dazu beigetragen haben, diese Anleitungen zu perfektionieren.

Liebe Leser:innen,

wir freuen uns, dass wir Sie mit diesem Buch inspirieren und Teil Ihrer kreativen Reise sein dürfen. Noch mehr Inspiration, originelle Ideen und besondere Themen finden Sie auf unserer Verlagsseite www.stiebner.com.

Lassen Sie uns zusammen kreativ werden!

Wir sind immer offen für Ihre Anregungen, Wünsche und Kritik – schreiben Sie uns gerne unter verlag@stiebner.com.

Da geteilte Freude bekanntlich doppelte Freude ist: Zeigen Sie uns Ihre kreativen Ideen und fertige Projekte auf Social Media! Markieren Sie uns mit @stiebnerverlag oder nutzen Sie die folgenden Hashtags:
#StiebnerVerlag #StiebnerKreativ #EstnischStricken

Erstmals erschienen 2022 unter dem Titel »Traditions Revisited« bei Laine Publishing Oy

Die deutsche Ausgabe entstand unter Vermittlung der Ferly Agency.
Text und Anleitungen: Aleks Byrd
Fotografie: Jonna Hietala & Sini Kramer
Illustration: Aleks Byrd
Übersetzung aus dem Englischen: Katrin Marburger
Covergestaltung: Danai Afrati
Layout: Tiina Vaarakallio
Stylist: Anna Komonen
Haare & Make Up: Miika Kemppainen
Model: Haliz / As You Are Agency
Kleidung: Cut & Pret, Essentials, Sand, Tiger of Sweden, Vamsko
Projektleitung und Lektorat: Stefanie Klapetek
Druck und Bindung: Print Consult GmbH, München
Gedruckt in Tschechien

MIX
Papier | Fördert gute Waldnutzung
FSC® C084279

ISBN 978-3-8307- 2134-5

Bibliografische Information der Deutschen Nationalbibliothek:
Die Deutsche Nationalbibliothek verzeichnet diese Publikation in der Deutschen Nationalbibliografie; detaillierte bibliografische Daten sind im Internet über http://dnb.dnb.de abrufbar.

Wir produzieren unsere Bücher mit großer Sorgfalt und Genauigkeit. Trotzdem lässt es sich nicht ausschließen, dass uns in Einzelfällen Fehler passieren. Auf unserer Webseite finden sich bei dem jeweiligen Titel eventuelle Korrekturen (Errata). Sollten Sie in diesem Buch einen Fehler finden, so bitten wir um einen Hinweis an verlag@stiebner.com. Für solche Hinweise sind wir sehr dankbar, denn sie helfen uns, besser zu werden.

www.stiebner.com

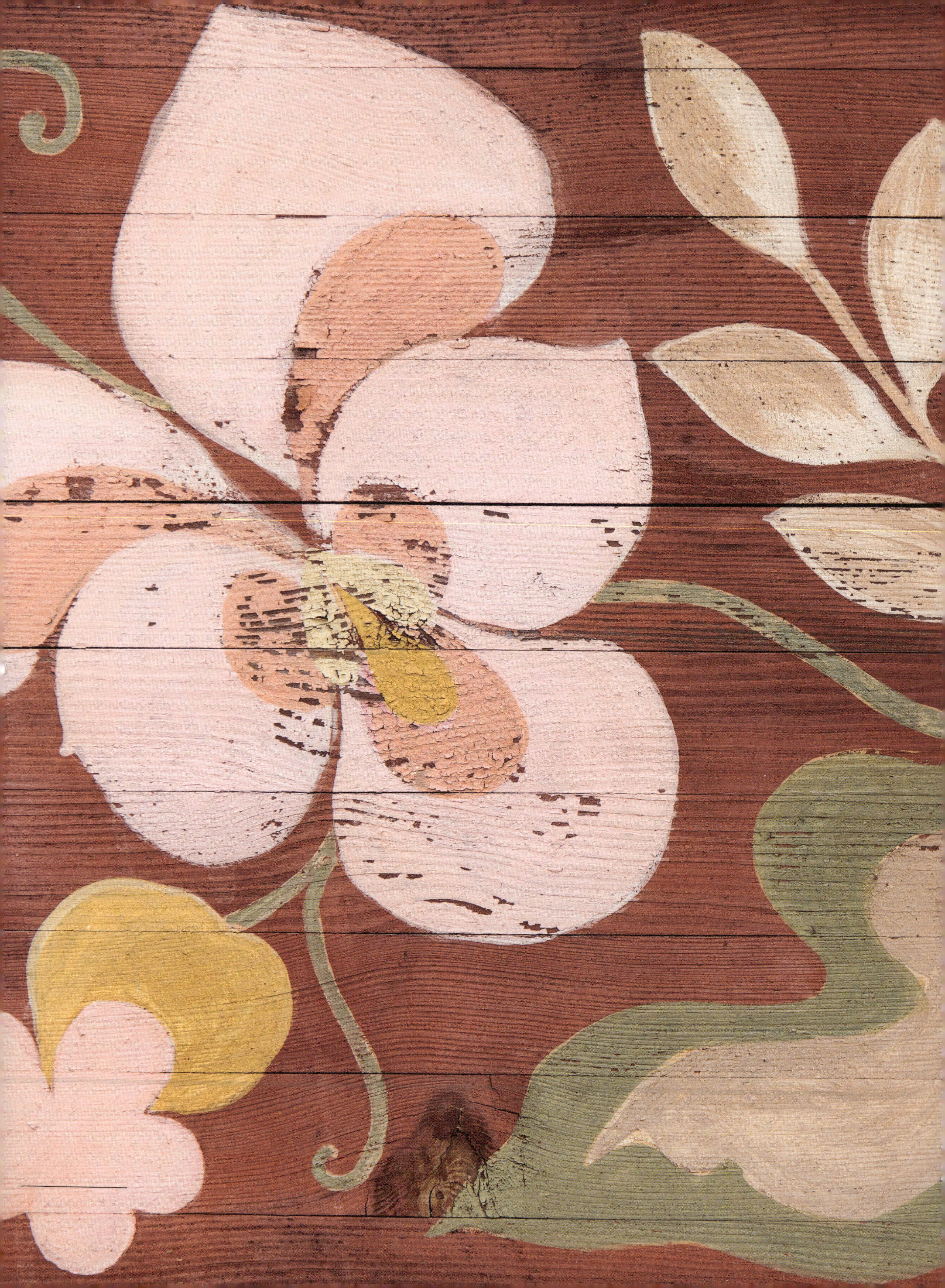